Theodor W. Adorno: Ästhetische Theorie

Klassiker Auslegen

Herausgegeben von
Otfried Höffe

Band 74

Theodor W. Adorno: Ästhetische Theorie

―

Herausgegeben von
Anne Eusterschulte und Sebastian Tränkle

DE GRUYTER

Gefördert durch die Deutsche Forschungsgemeinschaft (DFG) im Rahmen der Exzellenzstrategie des Bundes und der Länder innerhalb des Exzellenzclusters Temporal Communities: Doing Literature in a Global Perspective – EXC 2020 – Projekt-ID 390608380.

ISBN 978-3-11-067065-3
e-ISBN (PDF) 978-3-11-067219-0
e-ISBN (EPUB) 978-3-11-067235-0
ISSN 2192-4554

Library of Congress Control Number: 2021940722

Bibliografische Information der Deutschen Nationalbibliothek
Die Deutsche Nationalbibliothek verzeichnet diese Publikation in der Deutschen Nationalbibliografie; detaillierte bibliografische Daten sind im Internet über http://dnb.dnb.de abrufbar.

© 2021 Walter de Gruyter GmbH, Berlin/Boston
Umschlagabbildung: Theodor Adorno / akg-images
Druck und Bindung: CPI books GmbH, Leck

www.degruyter.com

Inhalt

Zitierweise —— VII

Vorwort —— IX

Anne Eusterschulte, Sebastian Tränkle
1	Einleitung —— 1

Robert Hullot-Kentor
2	Font Null. The First Sentence of *Aesthetic Theory* —— 21

Christoph Hesse
3	Kunst, Gesellschaft, Ästhetik —— 29

Philip Hogh
4	Situation —— 43

Josef Früchtl
5	Zu den Kategorien des Häßlichen, des Schönen und der Technik —— 59

J. M. Bernstein
6	Das Naturschöne —— 73

Georg W. Bertram
7	Das Kunstschöne: „apparition", Vergeistigung, Anschaulichkeit —— 89

Sebastian Tränkle
8	Schein und Ausdruck —— 105

Antonia Hofstätter
9	Rätselcharakter, Wahrheitsgehalt, Metaphysik —— 123

Lydia Goehr
10	Stimmigkeit und Sinn —— 139

Gertrud Koch
11 Subjekt–Objekt —— 155

Anne Eusterschulte
12 Zur Theorie des Kunstwerks —— 169

Peter E. Gordon
13 Universal and Particular —— 187

Martin Mettin, Robert Zwarg
14 Gesellschaft —— 203

Alexander García Düttmann
15 Paralipomena —— 219

Emil Angehrn
16 Theorien über den Ursprung der Kunst —— 233

Eva Geulen
17 Frühe Einleitung —— 241

Maxi Berger
18 Kant und Hegel in der *Ästhetischen Theorie* —— 257

Auswahlbibliographie —— 273

Hinweise zu den Autorinnen und Autoren —— 289

Personenregister —— 293

Sachregister —— 295

Zitierweise

Zitate aus der *Ästhetischen Theorie* werden allein durch Angaben der Seitenzahlen in Klammern ausgewiesen. Zitiert wird nach folgender Ausgabe:

Theodor W. Adorno, Ästhetische Theorie, in: Gesammelte Schriften, Band 7, hg. v. Rolf Tiedemann unter Mitwirkung von Gretel Adorno, Susan Buck-Morss und Klaus Schultz, Frankfurt a. M. 1971 (2., durchgesehene Auflage)

Die Werke Theodor W. Adornos, Walter Benjamins, G.W.F Hegels und Immanuel Kants werden nach folgenden Ausgaben zitiert:

AGS [Band], [Seite]: Theodor W. Adorno, Gesammelte Schriften, hg. v. Rolf Tiedemann unter Mitwirkung von Gretel Adorno, Susan Buck-Morss und Klaus Schultz, Frankfurt a. M. 1970 ff.

ANS [Abteilung].[Band], [Seite]: Theodor W. Adorno, Nachgelassene Schriften, hg. v. Theodor W. Adorno-Archiv, Frankfurt a. M. bzw. Berlin 1993 ff.

BGS [Band].[Teil], [Seite]: Walter Benjamin, Gesammelte Schriften, hg. v. Rolf Tiedemann und Herrmann Schweppenhäuser unter Mitwirkung von Theodor W. Adorno und Gershom Scholem, Frankfurt a. M. 1972 ff.

HWA [Band], [Seite]: G.W.F. Hegel, Werke in 20 Bänden, auf der Grundlage der Werke von 1832–1845 neu edierte Ausgabe, hg. v. Eva Moldenhauer und Karl Markus Michel, Frankfurt a. M. 1969 ff.

KWA [Band], [Seite]: Immanuel Kant, Werkausgabe, hg. v. Wilhelm Weischedel, Frankfurt a.M. 1977

Vorwort

Wer Theodor W. Adornos *Ästhetische Theorie* aufschlägt, sieht sich mit einer Vielzahl von Schwierigkeiten konfrontiert: ohne Einleitung setzt ein über 500-seitiger Text ein. Einzelne Abschnitte sind durch Spatien voneinander geschieden, darüber hinaus scheint der Text keine nachvollziehbare Ordnung aufzuweisen. Die sich in dieser Textgestalt artikulierenden Begriffs- und Problemkonstellationen verlangen geradezu eine kommentierende Erschließung. Gleichwohl hat die Frage nach der Möglichkeit einer Kommentierung unter den beteiligten Autorinnen und Autoren intensive Diskussionen hervorgerufen. Einerseits angesichts der methodischen Herausforderung, der Bewegung der Theoriebildung in der *Ästhetische Theorie* gerecht zu werden, andererseits eingedenk des editorischen Status der uns vorliegenden Textgestalt. Der plötzliche Tod Adornos im Sommer 1969 hat eine abschließende Überarbeitung unmöglich gemacht. Das 1970 erschienene Buch ist das Resultat der editorischen Arbeit von Gretel Adorno und Rolf Tiedemann. Vor diesem Hintergrund stellen sich prinzipielle Fragen: Wie lässt sich dem Format eines Kommentars entsprechen, ohne einem Referenztext Gewalt anzutun, der sich als dynamisches Denkgewebe entfaltet? Ist es überhaupt legitim, den einzelnen „Abschnitten" – die wir bewusst nicht als „Kapitel" fassen – textchronologisch zu folgen?

Der hier vorgelegte Band behält das bewährte Format der Reihe *Klassiker Auslegen* bei, sucht jedoch der an die Darstellungsform gebundenen Denkbewegung innerhalb der *Ästhetischen Theorie* über die jeweils gewählte Kommentierungsweise Rechnung zu tragen. Einige Beiträge verfolgen eine am Text entlangführende Kommentierung; andere wählen einen eher systematisierenden Zugriff, um Denkbewegungen zu rekonstruieren; wieder andere entfalten durch das Prisma prägnanter Formulierungen die Kommentierung eines Abschnitts. Die jeweiligen Verfahrensweisen schmiegen sich den Abschnitten an, von denen manche bruchstückhafte Überlegungen versammeln, während andere eine stringente Denkbewegung entfalten. Unserer Einleitung, die sich den methodischen, editorischen und systematischen Schwierigkeiten des Textverständnisses zuwendet, folgt ein kurzer Beitrag zum ersten Satz des Buchs, dem dessen Programm *in nuce* eingelegt ist. Die folgenden Kommentare widmen sich den thematischen Abschnitten, gefolgt von je einem Beitrag zu den *Paralipomena*, dem darin enthaltenen Exkurs zu *Theorien über den Ursprung der Kunst* und der *Frühen Einleitung*. Da es sich bei der *Ästhetischen Theorie* in vielerlei Hinsicht um einen Dialog Adornos mit Kant und Hegel handelt, enden wir mit einem Beitrag dazu. Ein nachgestellter Apparat beinhaltet eine Forschungsbibliographie, einen Personen- und einen Sachindex. Um der begrifflichen Vernetzungsstruktur zumindest annährungsweise Genüge zu tun, markieren Querverweise Intersektionen zwischen den einzelnen Kommentaren und damit einander korrespondierende Problematisierungen innerhalb der *Ästhetischen Theorie*. Exemplarisch zeigen die Beiträge Bezüge zu thematisch verwandten Auseinandersetzungen in anderen Schriften Adornos sowie zu kontextuellen Diskursen – synchron wie diachron. All das mag einen Eindruck der Netzwerkstruktur vermitteln, innerhalb derer sich die *Ästhetische Theorie* im Verhältnis zum Gesamtwerk Adornos wie zu Diskussionen um Ästhetik situieren lässt.

Wir danken Otfried Höffe für die Aufnahme unseres Bandes in die Reihe *Klassiker Auslegen* – und den beteiligten Autorinnen und Autoren, dass sie sich auf das Wagnis eines Kommentars zur *Ästhetischen Theorie* eingelassen haben. Die intensiven Diskussionen im Zuge der Konferenz *50 Jahre Adornos Ästhetische Theorie*, die im Januar 2020 an der *Freien Universität Berlin* stattfand, verdanken sich nicht zuletzt den Respondenzen von Iris Dankemeyer, Fabian Geier, Simon Godart, Christoph Hesse, Antonia Hofstätter, Irene Lehmann, Ansgar Martins, Bastian Ronge, Alexandra Schauer, Falko Schmieder, Elena Stingl, Christoph Türcke und Robert Ziegelmann. Die Expertise und Unterstützung von Michael Schwarz schlägt in diesem Band in vielfältiger Weise zu Buche. Antonia Hofstätter und Robert Zwarg haben Übersetzungen aus dem Englischen angefertigt. An der redaktionellen Fertigstellung des Bandes haben Johanna Pistorius, Anna Zrenner und Tobias Klein, der zudem die Bibliographie erstellt hat, unermüdlich mitgearbeitet. Miró Hermann hat die Register überprüft. Die *Hamburger Stiftung zur Förderung von Wissenschaft und Kultur* hat uns als Urheberrechtserbin von Theodor W. Adorno die Erlaubnis erteilt, aus unveröffentlichten Schriften zu zitieren. Die *Ernst-Reuter-Stiftung* und der SFB 980 *Episteme in Bewegung* haben die Autorentagung unterstützt. Ihnen allen sind wir zu großem Dank verpflichtet.

Berlin im März 2021   Anne Eusterschulte und Sebastian Tränkle

Anne Eusterschulte, Sebastian Tränkle
1 Einleitung

1.1 Ein „Kommentar" zur *Ästhetischen Theorie*?

Die Textgestalt der *Ästhetischen Theorie* fordert Lektüre wie Verstehen heraus. In ihr stellt sich die Verwobenheit und Verdichtung von Problemen dar. Gilt für die *Ästhetische Theorie*, was Adorno für seine Philosophie insgesamt reklamiert, dass sie „wesentlich nicht referierbar" ist (AGS 6, 44)? Was hieße das für einen Kommentar zu Adornos *Ästhetischer Theorie*?

Einerseits verweigert die Weise, wie Adorno seine systematischen Reflexionen entfaltet, je selbst kritisch befragt und vom Stand des Objekts aus fortwährend revidiert und präzisiert, eine Festschreibung von Befunden. Die konstellative Schreibweise, die dieses dialektische Verfahren kunstvoll darbietet, erlaubt keine isolierte Interpretation einzelner Abschnitte oder Thesen. Das heißt aber andererseits nicht, dass jegliche Form einer Kommentierung unmöglich gemacht würde. Weist doch bereits der Anspruch, mit dem die *Ästhetische Theorie* auftritt, sofern sie sich wesentlich als „Interpretation, Kommentar, Kritik" versteht (448), auf die unverzichtbare begriffliche „Explikation" (524) und „Entfaltung der Werke" (507). Aufgabe philosophischer Deutung und Kommentierung ist es, einen Reflexionsprozess begrifflich auszubilden, den die Kunst in sich vollzieht und damit zu sagen, was diese, als unbegriffliche, selbst nicht sagen kann (113). Die *Ästhetische Theorie* trägt die Spannung „zwischen dem *Nicht-sich-verstehen-Lassen* und dem *Verstanden-werden-Wollen*" aus, die laut Adorno „das Klima der Kunst" kennzeichnet (448 – Herv. AE/ST), und sucht dem Verstanden-werden-Wollen gerecht zu werden. Soll ihr das gelingen, so muss sie unter sprachlicher Anschmiegung an die Kunst gleichwohl als Theorie verständlich sein. Sofern die *Ästhetische Theorie* philosophischer Kommentar zur Kunst und selbst kunstvolle Darstellung ist, fordert sie die Beiträge dieses Bandes heraus, diese Spannung in den kommentierenden Ansätzen zu explizieren und für ein Verstehen zu öffnen.

Die Schwierigkeiten, denen damit zu begegnen ist, sind von systematischem Gewicht. Im Folgenden werden sie zunächst in Adornos Denk- und Darstellungsform (II.) aufgesucht. Damit rückt die Editionslage (III.) in ein anderes Licht, zeigt sich doch, dass der Fragmentcharakter des Textes Ausdruck eines theoretischen Reflexionsprozesses ist. Die systematische Bedeutung der Textgestalt wird durch die Diskussion des philosophischen Programms (IV.) erhärtet, das auf eine dialektische Ästhetik hinausläuft. Im Zuge dessen adressieren wir die Rezeptionsgeschichte, fragen nach der Auswirkung prominenter Lesarten auf das Verständnis der *Ästhetischen Theorie* und visieren abschließend ihre ungebrochene Brisanz.

1.2 Denkbewegung und Darstellungsform

An einen Kommentar mag die Erwartung gerichtet sein, Begriffsdefinitionen zu leisten, eine systematisch stringente, widerspruchsfreie und vor allem terminologisch eindeutige Argumentation freizulegen sowie grundlegende theoretische Aussagen sowohl kontextuell zu erschließen als auch summarisch zu erklären. Doch gegen einen solchem Modus kommentierender Auslegung sperrt sich die Denk- und Darstellungsweise von Adornos *Ästhetischer Theorie*. Keineswegs mangelt es dem Text an systematischer Luzidität oder begrifflicher Stringenz. Doch weder erstarrt Theorie hier zu einer Denkarchitektur auf dem Grundriss begrifflich fixierter Koordinaten, um ein in sich geschlossenes System zu konstituieren, noch lässt sich die Theoriebildung Adornos über einen methodischen Ansatz erfassen, der über begriffliche Ableitungen zu definitiven, d.h. zeitlosen, allgemeingültigen Wahrheitsansprüchen zu gelangen suchte.

Vielmehr verwirft Adorno dezidiert Konzeptionen einer Ästhetik als inadäquat, die ein geschichtsloses Wertesystem zu etablieren trachten, sofern ästhetische Kategorien allein in Rekurs auf den je spezifischen geschichtlichen Gehalt der konkreten Gegenstände zu bilden sind. „Ästhetik verläuft nicht in der Kontinuität wissenschaftlichen Denkens." (524 f.) Sein methodisches Vorgehen initiiert eine vielschichtige Denkbewegung, in der sich Ebenen der Reflexion überlagern. Gerade darin wird Adornos Begriffsarbeit theoriebildend. Sie bewegt sich in steter Auseinandersetzung mit traditionalen Kategorien, Bewertungsmaßstäben und Institutionalisierungen der Ästhetik als Disziplin, um eine abstrahierende, von den historisch-materialen Phänomenen „absehende" Ästhetik in Frage zu stellen. Adorno kritisiert deren Begriffe dort, wo sie als zeitlose Invarianten auftreten, um sie für eine reichere Reflexion auf die Phänomene der Künste, die Bedingungen ästhetischer Erfahrung wie die Möglichkeit einer philosophischen Ästhetik zurückzugewinnen. So entfaltet sich ein Denken, das sich einerseits in negativem Rekurs auf bestehende Theorieformationen positioniert, andererseits der spezifischen Eigenlogik ästhetischer Gegenstände zu folgen sucht. Es ist der postulierte „Vorrang des Objekts" (166; AGS 6, 185–190), der immer wieder neu ansetzende Perspektivierungen verlangt und über je unterschiedlich justierte Begriffsarrangements konstellative Dynamiken in Bewegung setzt, die von einem Begriffskern zeugen, d.h. einem Wahrheitsgehalt, der als solcher nicht diskursivierbar ist. So gilt es eine theoretische Sprache zu entwickeln, die die lebendige

Potentialität der Kunst im Medium philosophischer Begriffsbildungen zum Austrag kommen lässt. Gleich einem theoretischen Kristallisationsprozess, der vom Besonderen aus erst Allgemeines greifbar werden lässt und jenes nicht etwa diesem subsumiert. Ein solches Denken trägt sich in der Darstellungsform der *Ästhetischen Theorie* ab, die sich nicht als durchgängiger Text mit einer festgelegten Laufrichtung darbietet, sondern über die Fragmentarisierung und multiple Refiguration von Problemkomplexen in ihrer *Form* die Fixierung auf ein Sinnkontinuum unterläuft.

Die Frage der Darstellungsform, d.h. Adornos fortwährendes Nachdenken über eine angemessene Disposition der Materialien, steht stets in Analogie zur Reflexion auf die ästhetische Eigenlogik der Kunstwerke. Das hat nichts mit einer Verlagerung der Philosophie ins Ästhetische zu tun, sondern ist Ausdruck des Anspruchs, der Eigengesetzlichkeit des Objekts folgend eine entsprechende philosophische Auseinandersetzungs- und Darstellungslogik zu entwickeln. Und so verlangt die Disposition der *Ästhetischen Theorie* – entsprechend der Textgestalt und Schreibweise –, „daß man das Ganze aus einer Reihe von Teilkomplexen montieren muß, die gleichsam gleichgewichtig sind und konzentrisch angeordnet, auf gleicher Stufe; deren Konstellation, nicht die Folge, muß die Idee ergeben." (Zit. n. Tiedemann/Adorno 1971, 541) Das von Adorno als „parataktisch" (ebd.) bezeichnete Schreibverfahren zielt auf ein gleichgewichtiges und -berechtigtes Nebeneinander von Problemkomplexen, um eine unbegriffliche ästhetische Wahrheit über Begriffskonfigurationen zu Bewusstsein zu bringen. Dieser Versuch, das theoretisch Allgemeine in Hingabe an das je Besondere ästhetischer Gegenstände zu fassen, reflektiert immanent die ständige Gefahr abstrakter Theoriebildung. Ist theoretische Begriffsarbeit im Kontext einer philosophischen Ästhetik unverzichtbar, so bedarf sie der kritischen Einsicht in das Gewalttätige begrifflicher Abstraktion. Dieser Spannung sucht Adorno durch eine dynamische, polyzentrische Textgestalt, die Ausdruck einer ebensolchen Beweglichkeit des Denkens ist, gerecht zu werden, ist es „doch ihre Anstrengung, wie sie sich zusammensetzt, mit Begriffen so gut, wie es nur geht, zu reparieren, was die Begriffe anrichten." (Adorno 1966–68, 19658; vgl. ND, 62)

In der *Form* der Darstellung besteht eine strukturelle Verwandtschaft zur Kunst: „Wie diese in jedem Werk ein Kraftfeld ist, so müssen in der Ästhetik die gleichwohl unvermeidlichen Allgemeinbegriffe zu dynamischen Konstellationen zusammentreten, in denen eine jegliche durch ihr Verhältnis zur anderen sich spezifiziert und dadurch tendenziell den Anspruch auf Invarianz zurücknimmt, der jeder isolierten Kategorie innewohnt." (Adorno 1966–68, 19658) Nicht nur die Begriffe treten zu Konstellationen zusammen, auch die Problemkomplexe spezifizieren sich reziprok in einem variablen Zusammenhang, wodurch der vergegenständlichte Geist in einen „flüssigen Aggregatzustand" zurückversetzt wird (531).

Rekurse auf das Konzept des Kraftfeldes ziehen sich durch die gesamte *Ästhetische Theorie* und werden in systematischen Transpositionen akzentuiert. So treten spezifische Aspekte ästhetischer Reflexion in einen Diskussionszusammenhang ein, der von verschiedenen Ansatzpunkten aus geführt wird. Diese intratextuellen Bezugsfelder adressieren zudem Auseinandersetzungen im Horizont anderer Schriften Adornos wie von ihm herangezogener Referenzquellen. Das stellt eine teppichhafte Begriffs- und Reflexionsverflechtung her, die von monadischen Komplexionen gleichsam ausstrahlt und über die Verdichtung von Interferenzen theoretische Präzision gewinnt. Das heißt stets auch, musiktheoretisch formuliert, ein Thema in Variationen durchzuspielen und damit Tendenzen einzelner Momente in- und gegeneinander laufen zu lassen, um so systematische Zentrierungen auszudrücken.

Die parataktische Textdisposition bestimmt die *Ästhetische Theorie* insgesamt, aber ebenso die Koordination von Problemen innerhalb einzelner Abschnitte und reicht bis in die Strukturierung von Satz- und Wortfolgen hinein. Wir haben es mit einem multifokalen Schreibverfahren zu tun, das eine theoretische Vertiefung des Gedankens über die Konstitution relationaler Bezugsfelder vornimmt. Die Schreib- und Darstellungsweise, gleich der ästhetischen Form des Kunstwerks, bildet ein Kraftfeld und richtet sich gegen traditionelle Methodenideale und Denkmodelle, die über die Antagonismen einer zerklüfteten Welt hinwegtäuschen. Adorno hat dies in *Der Essay als Form* in Rekurs auf Walter Benjamin formuliert. Das *Wie* der Darstellung ist entscheidend. Begriffe über sich hinauszutreiben und „so darzustellen, daß sie einander tragen, daß ein jeglicher sich artikuliert je nach Konfigurationen mit anderen", heißt Verzicht auf einen gesicherten Richtungssinn, um eine lebendige Interaktion zu gewinnen. „Als Konfiguration aber kristallisieren sich die Elemente durch ihre Bewegung. Jene ist ein Kraftfeld, so wie unterm Blick des Essays jedes geistige Gebilde in ein Kraftfeld sich verwandeln muß." (AGS 11, 21 f.) Dies ist die methodische Herausforderung, der sich die *Ästhetische Theorie* in der Exploration einer Denk- und Schreibform stellt, um der „Kunstfremdheit" (Adorno 1961/62, 6370; 517) einer philosophischen Manie, Phänomene auf Immergleiches zurechtzustutzen, entgegenzutreten. Zu dynamisieren ist diesem Anspruch nach ebenso die Lesehaltung wie die Vollzugsweise der Theoriebewegung.

Die geforderte kritische „Mobilität des Gedankens" (520; vgl. Adorno 1961/62, 6385) führt auf die programmatische Konzeption einer „dialektischen Ästhetik" (siehe IV.), deren Begriffsbildungen die Widersprüche innerhalb begrifflicher Setzungen exponieren. Doch die dialektische Zertrümmerung illusionärer Identitätslogiken geht stets ein Risiko ein. „Affinität zur offenen geistigen Erfahrung", inklusive der Gefahr des Irrtums, „hat mit dem Mangel an jener Sicherheit zu zahlen, welchen die Norm des etablierten Denkens wie den Tod fürchtet." (AGS 11, 21) Für Adorno setzt diese mangelnde Rückversicherung der offenen Systematik jedoch erst eine kritische Reflexion frei. Wenn er für den Essay formuliert, dass sein Kunstähnliches darin bestehe, dass das „Bewußtsein der Nichtidentität von Darstellung und Sache [...] jene zur unbeschränkten Anstrengung" nötige (AGS 11, 26), dann mag dies auf die Darstellungsform der *Ästhetischen Theorie* zurückführen, deren Gesamtkomposition nichts mit Beliebigkeit zu tun hat. Deren offener, beweglicher Gedankengang bleibt nicht freischwebend, wenn er es vermag, sich konsequent an die Eigenlogik seines Gegenstandes zu binden: „Die Konsequenz seiner Durchführung aber, die Dichte des Gewebes trägt dazu bei, daß er trifft, was er soll." (AGS 6, 45) Die Darstellungsform der *Ästhetischen Theorie* zielt – hiervon zeugen die langjährigen Umarbeitungsschritte – auf die systematische Anstrengung, den Phänomenen der Kunst gerecht zu werden. In einer Notiz hält Adorno mit Blick auf die Endredaktion des Textes fest: „Hauptfehler meines Buches beim Stand vom 17. November 1961: zu abstrakt. Es darf kein Satz übrig bleiben, der nicht die Vermittlungen zur konkreten Kunst ausspräche. Dies wird ein Hauptdesiderat der endgültigen Redaktion sein." (Adorno 1961–69, 20685)

Nun könnte die Frage aufgeworfen werden, ob Adorno diesem Anspruch gerecht wird. Mag es doch so erscheinen, als habe die Vermittlung zu konkreten Gegenständen künstlerischer Praxis allenfalls in Abbreviaturen Eingang in die Publikationsgestalt der *Ästhetischen Theorie* gefunden. Doch eingehende Lektüre macht offenkundig, dass in den Text unablässig Referenzen auf konkrete Gegenstände eingeflochten sind. Die Theorieentwicklung lebt aus der Kunsterfahrung. Konstellativ laufen in der *Ästhetischen Theorie* Fäden aus einer Fülle von Einzelbeiträgen Adornos zur Musik, Bildenden Kunst, Literatur und Architektur etc. zusammen bzw. spinnen sich auf diese aus.

Die Gewebestruktur hat, insbesondere angesichts des Redaktionszustands der *Ästhetischen Theorie*, Diskussionen darüber provoziert, ob es sich hierbei um ein unfertiges Gebilde handle, das entsprechend keine stabile Referenzgrundlage für eine Auseinandersetzung biete, oder ob sich eine stringente Denkbewegung ihren Weg bahne. Widmen wir uns dem editorischen Zustand.

1.3 Zur Editionslage

Die *Ästhetische Theorie*, wie sie uns heute in der für die Suhrkamp-Werkausgabe besorgten Fassung vorliegt, wurde erstmals 1970 postum publiziert. Die Textkonstitution geht wesentlich auf die editorische Arbeit von Gretel Adorno und Rolf Tiedemann zurück. In einer geringfügig revidierten Fassung von 1971 gilt sie bis dato als Standardreferenztext. Eine historisch-kritische Gesamtausgabe liegt bislang nicht vor. Adorno hatte über viele Jahre mit der Abfassung dieser Schrift gerungen, sowohl mit der Anlage der Gesamtstruktur, der Integration von Textteilen wie der internen Organisation einzelner Passagen. Zurückgekehrt an das Frankfurter Institut für Sozialforschung hielt er zwischen den Jahren 1950 und 1968 wiederholt Vorlesungen zur Ästhetik, deren letzte im Sommersemester 1967 und darauffolgenden Wintersemester 1967/68 in die Zeit der Studentenunruhen fielen. Die Vorlesungen bildeten ein wichtiges Entwicklungs- und Erprobungsfeld seines Nachdenkens über ästhetische Theorie und stehen in direkter Beziehung zur Konzeption, Materialsammlung und Ausarbeitung des Buches. In den Vorlesungen, die Adorno auf der Basis von Stichworten frei gehalten hat, reagiert er direkt auf Fragen, bezieht zeitgeschichtliche politische wie kulturelle Ereignisse ein, lässt persönliche Beobachtungen zum Kunstgeschehen einfließen, holt zu Exkursen aus, extemporiert und bleibt bei all dem stets in direktem Kontakt zu den Studierenden. Er lässt sie den Gang seiner Gedanken mitvollziehen und entwickelt diese aus der Situation weiter. Die Vortragsform ist „für Adorno gewissermaßen das Laboratorium, in dem er seine Gedanken allererst entwickelt oder in dem sie jedenfalls – aus der Notwendigkeit, sich verständlich zu machen – zu einer Ordnung und Plastizität gebracht werden können, die der Komplexität der darin verwobenen Sachfragen erst abgetrotzt werden mußte." (Ortland 2009, 506)

Die Typoskripte, die auf der Grundlage von Tonbandaufnahmen der Vorlesungen entstanden, sind die Basis weiterer Bearbeitungsschritte. So zeugen die vollständig erhaltenen Tonbandabschriften der Ästhetik-Vorlesungen aus dem Wintersemester 1958/59 (publiziert) sowie dem Sommersemester 1961 und Wintersemester 1961/62 (in Vorbereitung) von einer steten kritischen Reflexion in Überarbeitungen am verschriftlichen Material. Als Arbeits- und Denkprozess fortwährender Prüfung, kommentierender Präzisierung und Verfeinerung bzw. Verwerfung stehen sie im ständigen Dialog mit dem im Entstehen begriffenen Buchmanuskript für die *Ästhetische Theorie*.

Adorno diktierte seine Ausführungen und arbeitete an den Typoskripten weiter. Der Verschriftlichungsprozess bis zur letzten, nicht mehr abschließend überarbeiteten Textgestalt, der sogenannten Fassung letzter Hand aus dem Jahre 1969, dokumentiert sein Hadern mit der endgültigen Strukturierung des Materials (Adorno 1969). An einem ersten zusammenhängenden Entwurf der *Ästhetischen*

Theorie arbeitete Adorno im Frühjahr und Sommer 1961.[1] Diese frühe Fassung folgt einer Ordnung nach Paragraphen. Nach Unterbrechungen zugunsten anderer Texte, etwa der *Negativen Dialektik*, setzt Adorno neu an, gibt die Paragraphenordnung auf und entwickelt im Zeitraum von Oktober 1966 bis Mitte Januar 1968 eine weitere Fassung, die nun einer Kapiteleinteilung folgt. Sie sollte eine Reihe von grundlegenden Umarbeitungen erfahren. Adorno annotiert die Typoskripte, nimmt handschriftliche Überarbeitungen vor, die tiefgehende Veränderungen nach sich ziehen. Damit beginnt der Prozess „einer eingreifenden handschriftlichen Umarbeitung des inzwischen in Maschinenschrift übertragenen Diktats, bei der kein Satz unverändert, kaum einer an seinem ursprünglichen Platz blieb; zahllose Passagen kamen neu hinzu, nicht wenige, zum Teil umfangreiche wurden rigoros gestrichen." (Tiedemann/Adorno 1971, 540) Die Fassung letzter Hand entsteht im Zeitraum von Oktober 1968 bis März 1969. Adorno führt Spatien ein, um eine Strukturierung des Gesamttextes anzuzeigen, die allerdings keine unverrückbare Abfolge bedeutet. Er nimmt auch an dieser vorläufigen Endfassung des Manuskripts wieder umfassende Umarbeitungen vor, vermerkt in der Typoskriptfassung nötige Einfügungen oder Passagen, die auszutauschen oder an anderer Stelle zu platzieren sind.

In den Randspalten des Typoskripts, deren Übertragung in eine finale Abschrift Adornos Sekretärin Elfriede Olbrich übernommen hat – Grundlage für die Publikationsfassung –, lässt sich eine innige und nicht selten kontroverse Diskussion zwischen Gretel Adorno und Theodor W. Adorno verfolgen, versetzt mit Bemerkungen Olbrichs. Die Randkommentare weisen auf eine anhaltende Auseinandersetzung über Umstellungen, Redundanzen, Streichungen, Fehlendes bzw. noch detaillierter zu Explizierendes. Wiederkehrende Kommentare wie „noch offen", „vielleicht verschieben", „vielleicht streichen" oder „schon gesagt, Wiederholung" legen Zeugnis davon ab, dass Theodor W. Adorno bis in die letzte von ihm bearbeitete Textgestalt immer wieder mit Gretel Adorno und seiner Sekretärin mögliche andere Konstellationen von Textpartien erwogen hat. In all dem manifestiert sich eine intensive, den jeweiligen Textstatus stets kritisch in Frage stellende Zusammenarbeit. Gretel Adorno hat die Redaktionsarbeit mitbestimmt – eine Voraussetzung, die für ihre spätere editorische Arbeit mit Rolf Tiedemann in Anschlag zu bringen ist.

Neben den bearbeiteten Typoskripten der Vorlesungen zur Ästhetik sind im Nachlass von Adorno eine Fülle weiterer relevanter Dokumente erhalten: Mate-

---

[1] Zu einer detaillierten Rekonstruktion der Entstehung der verschiedenen Fassungen, der Überarbeitungsphasen sowie der fortlaufenden Veränderungen siehe Endres et al. 2013, 175–186 sowie die historisch-kritische Teilausgabe: Adorno 2021.

rialien zu ästhetischen Fragen in Konvoluten, Separatabschriften, Exzerpte, Kurzzusammenfassungen von Buchlektüren, Stichworte zu ästhetischen Leitbegriffen wie zu den Ästhetik-Vorlesungen etc. Sie belegen ein fortlaufendes Überdenken, Überschreiben und Neu-Justieren eines Textes, der nicht zum Abschluss gekommen ist.

Wie mit einem solchen „work in progress; kein Buch, das Adorno in dieser Form imprimiert hätte" (Tiedemann/Adorno 1971, 537), umgehen? Das editorische Nachwort der Suhrkamp-Ausgabe erstattet Bericht über eine Reihe von pragmatischen Lösungen, die das Herausgeberteam als geboten oder zumindest aus publikationstechnischen Gründen als unerlässlich betrachtete, sowie von „[e]rhebliche[n] Schwierigkeiten", eine Anordnung vorzunehmen (ebd., 542–544). Die Fassung letzter Hand enthält eine Vielzahl von Regieanweisungen, die keine abschließende Entscheidung zur Verortung vorgeben. Zudem sahen sich die Herausgeber mit von Adorno für einen späteren Einbezug vorgesehenen Textpartien konfrontiert, die in die *Paralipomena* eingegangen sind. Eine ebensolche Strukturierungsmaßnahme stellt die Einfügung von Kolumnentiteln in Form von inhaltlichen Stichworten dar, die die spationierten Abschnitte des Haupttextes intern gliedern. Sie rekurriert auf eine Kennzeichnungsweise mit Stichworten, die Adorno selbst vielfach in seinen Manuskripten praktiziert hat. Schließlich ist im Rahmen eines Seminars zur *Ästhetischen Theorie* von Peter Szondi an der Freien Universität Berlin für die Druckfassung der zweiten Auflage ein umfassendes Begriffsregister erarbeitet worden. Die Herausgeber betonen ausdrücklich, dass die Druckausgabe „keine Ansprüche einer kritisch-historischen stellt" (ebd., 542).

Die Textgenese wird für die heutigen Leserinnen und Leser der Suhrkamp-Ausgabe nicht in einer Weise erfahrbar, wie es eine textkritische, diplomatische Edition zu leisten vermag, auch wenn das editorische Nachwort ausdrücklich darauf hinweist, wie viele Umarbeitungsschichten, Revisionen bzw. Re-Kompositionen des Arrangements dem Text vorausliegen bzw. latent eingelagert sind. Es exponiert editorische Entscheidungen, die zu dieser Textfassung geführt haben. Gretel Adorno und Rolf Tiedemann sind sich der Schwierigkeiten, mit denen Adorno bei der Abfassung der letzten Fassung kämpfte, ebenso bewusst wie der Bedeutung der Darstellung: „Adornos Ästhetik wird durch ihren philosophischen Gehalt zur Form der paratektischen Darstellung bestimmt, diese Form indessen ist aporetisch; sie fordert die Lösung eines Problems, an dessen letztlicher Unlösbarkeit im Medium der Theorie für Adorno kein Zweifel bestand. Zugleich bleibt die Verbindlichkeit von Theorie aber gebunden daran, daß Arbeit und Anstrengung des Gedankens von der Lösung des Unlösbaren nicht ablassen." (Tiedemann/Adorno 1971, 542) Die Herausgeber haben mit Umstellungen gemäß Adornos Anmerkungen den Versuch verfolgt „das paratektische Darstellungsprinzip des Buches deutlicher zu akzentuieren, keinesfalls dieses doch wieder einem deduktiv-hierarchischen Zusammenhang der Darstellung zu opfern." (Ebd., 543) Die Ausgabe erhebt nicht den Anspruch eines linearen Lesetexts, der eine interpretatorische Lesart vorgibt. Zudem wird mit dem im Anhang hinzugefügten Begriffsregister ein Hilfsmittel gegeben, um der Gewebestruktur des Textes zu folgen, Problemkomplexen anhand von Begriffskonstellationen nachzugehen und in Lösung von der Textchronologie konstellativ zu lesen bzw. interpretatorische Bewegungen zu entwickeln.

Die Vielschichtigkeit der beschriebenen textgenetischen Dynamiken und ihre materialen Grundlagen einzuholen, ist nicht das Ziel einer Studienausgabe ohne textkritischen Apparat. Wer Einblick in die nachgelassenen Manuskripte Adornos nimmt, wird die enorme Leistung der Herausgeber zu schätzen lernen, die auf der Basis einer herausfordernden Materiallage eine Lesefassung bereitgestellt haben. Eine detaillierte Rekonstruktion der Textgenese anhand der unterschiedlichen Fassungen, Varianten, separaten Materialien sowie einer Analyse von Textschichten in Verbindung mit einer umfassenden Einbettung von Kontextmaterialien wird erst eine historisch-kritische Edition leisten können. So ist es sehr zu begrüßen, dass mit dem Erscheinen einer historisch-kritischen Teilausgabe ein erster Schritt in diese Richtung unternommen ist (Adorno 2021). Von der Produktionsseite her rekonstruiert sie, dass Adornos Aufzeichnungen „den Versuch einer ‚ästhetischen' Theoriebildung darstellen, die direkt auf ihre eigenen Darstellungsprinzipien reflektiert." (Endres et al. 2013, 174) Als diplomatische Umschrift legt sie eine topographische Ordnung vor, die in differenzierter Weise alle editorischen Phasen der Er- und Umarbeitung offenlegt. Sie bietet komplementär zur Studienausgabe einen Referenztext für die Forschung, anhand dessen Adornos Denkformen tiefer durchdrungen und Deutungsansätze auf einer komplexeren Grundlage entworfen werden können.

Was heißen diese Befunde bezüglich der Editionslage für die Verbindlichkeit der uns vorliegenden Fassung der *Ästhetischen Theorie*? Die Tatsache, dass es sich hier nicht um eine von Adorno autorisierte geschweige denn final redigierte Textfassung handelt, mag die Sorge aufkommen lassen, zentrale Gedanken oder systematische Konzepte der *Ästhetischen Theorie* zu verfehlen. Indem die textkritische Teiledition die Aufmerksamkeit für die dynamische Gewebestruktur und die materialen Schichten der *Ästhetischen Theorie* sensibilisiert, unterstützt sie eine Zugangsweise, die bereits in der Leseausgabe hervortritt. Adornos Denkbewegung erreicht ihre systematische Dichte und Stringenz über ein konstellatives Verfahren. Die Kommentare dieses Bandes suchen zu einem netzwerkartigen Lesen und Gegenlesen intra- wie intertextueller Bezugstexte anzuregen. Das bedeutet weder eine Relativierung des systematischen Ansatzes noch eine Ausfransung ins Rhizomatische. Vielmehr geht es um eine Schärfung des Problembewusstseins für das *Wie* der theoretischen Begriffsarbeit Adornos.

Jede Anordnung von Texten bedeutet Entscheidungen, wie Problemkomplexe und Denklinien zueinander in ein Verhältnis zu setzen sind, d. h. wie Begriffskonfigurationen innerhalb des Textes eine offene und doch zur Bestimmung bringende Kraft entwickeln können. Dieser Reflexionsprozess, der die Form der Darlegung immer wieder zur Disposition stellt, ist Ausdruck der prinzipiellen *philosophischen* Herausforderung, eine ästhetische Theorie auszuformulieren. Adornos kritische Problematisierung des eigenen Unterfangens legt dies offen. Sie trägt sich in einer fragmentarischen wie fragmentarisierenden, Komplexionen wie Rupturen evozierenden Darstellung ab und opponiert gegen eine Schließung von Denkfiguren mit einem unterbrechenden Duktus. Widersprüche offensiv zum Austrag zu bringen und bereits formulierte Gedanken zu befragen bzw. neu zu justieren, all das ist Ausdruck einer Denk- und Darstellungsform, die sich einer ständigen Bewährungsprobe stellt und in dieser kritischen Beweglichkeit die geforderte Mobilität des Gedankens exponiert. Wir können uns die eingeführten Begrifflichkeiten und Textpassagen wie Akteure auf einem Spielfeld vorstellen, die Position beziehen, aber durch die Konfrontation mit anderen ihre Valenz modifizieren, ein dynamisches Wirkgefüge erzeugen. Im Modus eines solchen Denkens erweist sich die *Ästhetische Theorie* als Schauplatz von theoretischen Interaktionen, von dem aus subtile Verbindungen zwischen Problemkomplexen jenseits der linearen Ordnung, die einem fortlaufenden Text eignet, ausgespannt werden.

Die Textkomposition ist auch in ihrem unabgeschlossenen Zustand weder Ausdruck von Beliebigkeit noch eines gänzlich offenen Projekts. In ihr manifestiert sich Adornos Hadern mit einer abschließenden Systematik. Was die stets denkmöglichen bzw. von ihm erwogenen alternativen Zuordnungen von Textpartien deutlich machen, ist eine fortlaufende Anstrengung zur Präzisierung eines systematischen Konzeptes. Es läuft auf eine Dialektik hinaus, die für die *Ästhetische Theorie* konstitutiv ist: „Man wird das Verhältnis von Bestimmtheit und Offenheit in ihr vielleicht damit erläutern dürfen, daß der Wege von Erfahrung und Gedanken, die in die Kunstwerke führen, unendlich viele sind, daß sie aber konvergieren im Wahrheitsgehalt." (525) In der Textgestalt manifestiert sich das philosophische Programm.

1.4 Das Programm einer dialektischen Ästhetik

Bis heute herrscht Uneinigkeit, welches philosophische Programm Adorno unter dem Titel einer „ästhetischen Theorie" eigentlich zu entfalten sucht. In den ersten beiden Jahrzehnten war die vor allem deutschsprachige Rezeption oft von einem Gestus der Abwehr gekennzeichnet. So versuchen viele der Beiträge zu einem einflussreichen Suhrkamp-Band (Lüdke/Linder 1980), das philosophische Projekt je auf eine Formel zu reduzieren und dann als Ganzes zu unterminieren (Bürger 1983, 128 f.). So hat sich das Bild einer anachronistischen Ästhetik etabliert. Handelt es sich bei der *Ästhetischen Theorie* tatsächlich um eine letzte Fortschreibung idealistischer respektive bürgerlicher Ästhetik? Muss sie insofern historisiert werden, als sie zwar für die ästhetische Moderne Geltung beanspruchen kann, angesichts der Gegenwartskunst aber an die Grenze ihrer Erschließungskraft stößt (Bürger 1983, 11 ff.; Werckmeister 1971, 7–32; Rebentisch 2013, 43)?

Tatsächlich bildet eine *dialektische* Verhältnisbestimmung zur Tradition philosophischer Ästhetik den Ausgangspunkt des Projekts. So adressiert Adorno diese Frage bereits in seinen Vorlesungen zur Ästhetik. In einer Vorlesung aus dem Jahre 1958/59 stellt er gleich zu Anfang einen kontinuierlichen Traditionszusammenhang für die Ästhetik in Frage (ANS IV.3, 9 f.), in einer späteren Vorlesung artikuliert er Unbehagen am Begriff der Ästhetik (Adorno 1961/62, 6355). Das führt auf einen Befund, der dem heute auf die *Ästhetische Theorie* applizierten korrespondiert: Der Anspruch von Ästhetik, mit tradierten Kategorien ihren Gegenstand aufzuschließen, erscheint insofern veraltet, als er „der Kunst in ihrer aktuellen Gestalt [...] gänzlich unangemessen ist" (ebd., 6356). Diese Unangemessenheit wird aber nicht allein dem Veralten der Kategorien zugeschrieben. Adorno führt das am Begriff abgelesene Problem auf die gemeinte Sache zurück: auf die Kunst selbst, „die weitergeht und weitergehen muss ihren eigenen Problemvoraussetzungen nach, die aber seit den europäischen Katastrophen" wie alle Kultur als unterhöhlt erscheint (ebd., 6356 f.).[2] Das Missverhältnis zwischen der innerästhetischen Entwicklung und ihrem außerästhetischen Status weist auf eine Krise der Kunst hin, die eine Krise der Ästhetik impliziert. Eben diese Krisendiagnose kehrt in extrem verdichteter Form im ersten Satz des Buches wieder; und sie schreibt ihm das Programm einer historisch-kritischen Selbstreflexion vor.

Damit unternimmt die *Ästhetische Theorie* für die philosophische Ästhetik, was die *Negative Dialektik* vor allem für die Erkenntnistheorie reklamiert: Sie legt „die Karten auf den Tisch" (AGS 6, 9). Adorno reflektiert, verdichtet und systematisiert die kritischen Befunde, die er in materialen Einzelstudien vor allem zu Musik und Literatur erarbeitet hat. Und wie negative Dialektik eine „Selbstkritik" (ebd., 139) begrifflichen Denkens und Sprechens entfaltet, ohne es preiszugeben, so spannt sich ästhetische Theorie zwischen Kritik und Reformulierung der äs-

---

[2] Vom „Altern der Neuen Musik" etwa spricht Adorno in einem Vortrag aus dem Jahr 1954. AGS 14, 143–167.

thetischen Kategorien auf. Dieses „Programm" lässt sich als das einer „dialektischen Ästhetik" verstehen (Adorno 1961/62, 6390).

Einsatz dieser dialektischen Bestimmung ist die Kritik der falschen Alternative einer „von oben" her begrifflich konstruierten und einer „von unten", den gegebenen Kunstwerken, her gedachten Ästhetik (ebd.; ANS IV.3, 14). Diese doppelte Kritik wird auf mehreren Ebenen durchgeführt: Sie richtet sich in methodologischer Hinsicht auf die theoretische wie auf die empirische Blickverengung; in geschichtsphilosophischer Hinsicht auf die bruchlose Fortschreibung wie auf die pauschale Preisgabe der ästhetischen Kategorien; in normativer Hinsicht auf die Verabsolutierung wie auf die Enthaltung von Urteilen über die Kunst; und in gesellschaftstheoretischer Hinsicht auf die Autonom-Setzung wie die Funktionalisierung der Kunst. Indem sie den Blick auf die Kunst in ihrer gesellschaftlichen Einbettung richtet, macht die *Ästhetische Theorie* diese Alternativen als falsche kenntlich. Wenn wir im Folgenden die Bestimmungen einer dialektischen Ästhetik entfalten, so berücksichtigen wir die Missverständnisse, die meist darin gründen, dass das Projekt mit einer der von ihm kritisierten Alternativen identifiziert wird. Aus einer Gesamtschau der Einsprüche ergibt sich ein paradoxes Bild, das zu den Schwierigkeiten im Umgang mit der *Ästhetischen Theorie* beiträgt.

Methodologische Bestimmung

In methodologischer Hinsicht erscheint die *Ästhetische Theorie* entweder als zu weit weg von konkreten Kunstwerken, wodurch sie den Anspruch materialer Sättigung der Theorie verfehle. Oder sie gilt als zu nahe an ihnen dran; als Theorie, die ihrem Anspruch auf allgemeine und notwendige Geltung widerstreite, weil sie doch an dem Autor besonders vertrauten Kunstwerken abgelesen sei, wie denen der Neuen Musik (Werckmeister 1971, 65 f.). Diese Einschätzungen bringen Adornos dialektische Ästhetik auf die Alternative zwischen Ästhetik *von oben* und *von unten*, gegen die sie sich positioniert. Im Anschluss an Hegels Vorzeichnung solcher doppelten Kritik ließe sich etwa an abstrakte Kunstmetaphysik einerseits, an empirische Kunstwissenschaft andererseits denken (HWA 13, 29 ff.). Versuche, durch „dekretorische begriffliche Festsetzungen das Wesen ästhetischer Kategorien" (ANS IV.3, 14) zu ergreifen, attackiert Adorno als kunstfremd. Die Subsumtion unter vorab getroffene, formale und allgemeinbegriffliche Bestimmungen verfehlt das je eigensinnige, lebendige und besondere Kunstwerk. Dort muss die Untersuchung ansetzen. Doch weder wird sie, ohne über Kategorien zu verfügen, irgendetwas an den Werken erkennen, noch kann sie bei der Beschreibung äußerlicher Eigenschaften stehenbleiben, will sie ihrem *philosophi-*

schen Anspruch, Kunstwerke zu deuten und Urteile über sie zu fällen, gerecht werden. Von der doppelten Kritik schreitet Adorno zur dialektischen Bestimmung seines Verfahrens fort. Es bewegt sich zwischen den Polen der „nächsten Nähe" und der „höchsten Höhe" (ANS IV.3, 32): der Versenkung in die Werke, die eine Erfahrung des Materials in seiner je spezifischen Formung ermöglicht; und der Entfernung des Gedankens von den Werken, der ihre Bestimmungen systematisch entfaltet. Es geht um ein Zusammenspiel, das auf die Sättigung des theoretischen Gedankens mit ästhetischer Erfahrung und auf die theoretische Durchdringung des ästhetischen Gegenstands hinarbeitet. Darum heißt das Projekt: ästhetische Theorie.

Geschichtsphilosophische Bestimmung

Hat sich in methodologischer Hinsicht die Unverzichtbarkeit ästhetischer Kategorien erwiesen, so zieht Adorno daraus geschichtsphilosophische Konsequenzen. Darum wird sein Programm sowohl für einen „modernistischen" Fortschrittsbegriff als auch für das Festhalten an überkommenen Kategorien kritisiert. Im Angesicht der kunstgeschichtlichen Entwicklungen seit den 1960er Jahren geriet vor allem der Begriff eines eigensinnigen, autonomen Kunstwerks zunehmend in die Krise. Das hat Adorno an Tendenzen wie dem Aufstieg „performativer" Kunstformen selbst gesehen. Er hat daraus aber nicht die – laut Bubner (1989a), Wellmer (1985) oder Rebentisch (2003) gebotene – Konsequenz gezogen, anstelle der objektiven Qualitäten des Werks, die subjektiven der ästhetischen Erfahrung zu fokussieren.

Allerdings verbietet sich für Adorno ein *selbstverständliches* Weiterarbeiten mit den Kategorien philosophischer Ästhetik. Bedingt ist das durch die historische Zäsur, für die der Name Auschwitz steht; sie lässt sich insofern als „Zivilisationsbruch" verstehen, als das „alle vorausgegangene Erfahrung dementierende Geschehen" das epistemologische und ethische Kategoriensystem aufgesprengt hat (Diner 2007, 25). Reklamiert Adorno das auch für die Ästhetik, so verabschiedet er tradierte Kategorien wie das Naturschöne und das Kunstschöne, Geist und Sinn, Form und Gehalt, Schein und Ausdruck, Autonomie und Werk darum aber nicht. Es sind im Wesentlichen zwei Gründe, die ihn zu einem *dialektischen* Weiterarbeiten bewegen. Der erste liegt im Status der Kategorien: Der Versuch, sie unmittelbar aus den einzelnen Werken herauszuholen (ANS IV.3, 17), schnitte sie vom historischen Prozess ab, durch den sich ihre Bedeutung und damit ihre Erschließungskraft für die Kunst konstituiert. Das führt zum zweiten Argument, wonach Kunst sich ihrerseits zwischen Anknüpfung an und Abstoßung von ihrer eigenen Tradition bewegt. Ist für die Moderne der Bruch mit allem

Tradierten programmatisch, so spitzt sich in ihr dieses Verhältnis zur Dialektik einer Kunst zu, die immer neu sein will – und doch am Vorangegangenen als Erbe wie als Ballast trägt.

Ob die Dialektik ausgetragen oder ob sie stillgestellt wird, das macht Adorno zum Kriterium der Beurteilung: Kunst bewegt sich zwischen Fortschritt und Regression. Dazu sind die Überlegungen zur Kulturindustrie aus der *Dialektik der Aufklärung* zu berücksichtigen, die in der *Ästhetischen Theorie* weitergeführt werden. Ohne sie ist Adornos Nachdenken über Kunst nicht zu verstehen. Dass er – bereits in seiner *Philosophie der Neuen Musik* – den Fortschrittsbegriff in Anschlag bringt, stellt wiederum einen Stein des Anstoßes dar. Doch unterscheidet sich dieser – nicht nur ästhetisch relevante – Begriff von etablierten Vorstellungen (310; AGS 10.2, 617–638). Fortschritt in der Kunst heißt nicht, sich über alles Vorhergehende zu erheben. Im Gegenteil läuft eine solche – für kulturindustrielle Produktion typische – Fetischisierung des ganz Neuen auf die unreflektierte Wiederholung des immer gleichen Alten hinaus. Sie fällt ebenso unter das Verdikt der Regression wie die Fetischisierung des Alten, etwa tradierter Konventionen, in reaktionärer Kunst. Fortschritt gibt es in der Kunst für Adorno nur als Bewegung, die vom Stand der tradierten („technischen") Probleme und ihrer avanciertesten Lösungen ausgeht, darüber aber hinausführt. Dieser Auffassung entspricht ein Weiterarbeiten mit tradierten Kategorien, das sie aufnimmt, kritisch hin und her wendet und, in intensiver Auseinandersetzung mit den Werken, reformuliert.

Normative Bestimmung

Mit dem Verhältnis von Fortschritt und Regression ist die normative Ebene von Adornos dialektischer Ästhetik erreicht. Die Begriffe erlauben eine qualitative Unterscheidung in der Auseinandersetzung mit Kunstwerken in ihrem historisch-sozialen Kontext. Dadurch heben sie sich von den Einzelwerken äußerlichen Kategorisierungen wie hohe und niedere, ernste und populäre, bürgerliche und volkstümliche Kunst ab. Werden letztere oft als normatives Raster von Adornos Kunstverständnis behauptet und dieses damit in die Nähe reaktionärer Kulturkritik gerückt, so verfallen sie seinem Verdikt über die *Ästhetik von oben*. Wie festgestellte Kategorien das Verstehen von Kunstwerken kanalisieren, so verabsolutierte Werte oder Konventionen das Urteil über sie. Normative Begriffe wie etwa das Schöne können keine überzeitliche Geltung beanspruchen. Nicht nur wandelt sich der Gehalt des Begriffs sondern auch seine Funktion in der Kunst, die als moderne nicht länger (unmittelbar) auf Schönheit geht.

Allerdings distanziert sich Adorno auch von der entgegengesetzten Position: Die Kritik am ästhetischen Absolutismus lizensiert nicht den Standpunkt „ästhetische[r] Relativität" (ANS IV.3, 17), der sich auf ein subjektives Geschmacksurteil zurückzieht. Selbst wer einer empirischen Ästhetik mit bloß deskriptivem Anspruch gemäß vorgibt, normative Enthaltsamkeit zu üben, fällt schon ein Urteil, indem er ein Werk für nicht (objektiv) versteh- oder beurteilbar erklärt. Es geht also darum, das Urteil in der Sache zu gründen und ihm so seine Willkür zu nehmen. Mit Emphase hält Adorno an der „Objektivität des ästhetischen Urteils" (ebd., 20) fest, ohne das subjektive Verhalten zu verdrängen, dessen es bedarf, um eine ästhetische Erfahrung zu machen und ein Urteil zu fällen. Es richtet sich – dem „Vorrang des Objekts" entsprechend – am inneren Gefügtsein des jeweiligen Kunstwerks aus. Stimmigkeit lautet der Begriff für dasjenige am Kunstwerk, was die „Entscheidbarkeit ästhetischer Fragen" ermöglicht (ebd., 19). Als Begriff für die *ästhetische Wahrheit* bleibt er bezogen auf eine *metaästhetische Wahrheit* (420). Am „Wahrheitsgehalt" von Kunstwerken zeigt sich für Adorno ihre Verwiesenheit auf Philosophie: Was jene ästhetisch ausdrücken, das vermag allein diese begrifflich zu sagen. Eben das hat den Vorwurf befördert, die *Ästhetische Theorie* vollziehe, indem sie an die Kunst einen ihr äußerlichen Wahrheitsanspruch stelle, eine Theoretisierung des Ästhetischen (Bubner 1989a, 31; 1989b). Damit korrespondiert die Grundsatzkritik, Adornos Philosophie laufe am Ende auf eine Ästhetisierung der Theorie hinaus: Die Aporien einer totalisierenden Vernunftkritik ließen ihr keinen Ausweg, als der Kunst alles Gewicht der Wahrheit aufzubürden (Habermas 1995, 514 ff.). Dem wirkungsmächtigen Kritikmotiv einer Entdifferenzierung von Ästhetischem und Theoretischem lässt sich entgegnen, dass Adorno ein Verweisungsverhältnis der ästhetischen auf die metaästhetische Wahrheit veranschlagt, anstatt von einem metaästhetischen Standpunkt aus ihre Gleichsetzung zu vollziehen. Um dies zu verstehen, ist eine Ästhetik gefordert, die den Wahrheitsgehalt als einen vom Verhältnis der Kunst zur Gesellschaft bestimmten ergreift.

Gesellschaftstheoretische Bestimmung

Dialektische Ästhetik will Kunstwerke nicht als so-seiende hinnehmen, sondern bestimmen und beurteilen. Adorno präzisiert: „Ein Kunstwerk begreift überhaupt nur, wer es als Komplexion von Wahrheit begreift und damit auch im Verhältnis zu seiner Unwahrheit" (Adorno 1961/62, 6389). Im Lichte dieses negativ-dialektischen Wahrheitsverständnisses zeigt sich, dass ästhetische Theorie mehr will als eine Kunstphilosophie ausbuchstabieren. Negativ ist dieses Verständnis insofern, als Wahrheitsbezug vermittelt durch Bezug zur Unwahrheit hergestellt wird.

Dialektisch ist es insofern, als es dieser Bezug zur Unwahrheit ist, mit dem das Urteil sich über die immanente Wahrheit des Kunstwerks hinaus auf eine ihm transzendente Wahrheit bezieht. Indem das Kunstwerk „die Unwahrheit des Weltalters, in dem wir leben" (ebd.) durch seine ästhetische Form ausdrückt, bezieht es sich *negativ* auf einen gesellschaftlichen Zustand, in dem die Unwahrheit aufgehoben wäre. Durch die dem Kunstwerk immanente und doch über es hinausweisende Komplexion von Wahrheit und Unwahrheit bestimmt ästhetische Theorie das Verhältnis von Autonomie und Gesellschaftsbezug der Kunst.

In dieser Bestimmung gründen weitere Schwierigkeiten, mit denen sich die Rezeption der *Ästhetischen Theorie* schon zum Zeitpunkt ihres Erscheinens konfrontiert sah. In seinen letzten Lebensjahren wurde Adorno im Rahmen der Studentenproteste politischer Quietismus und weltabgewandter Ästhetizismus vorgeworfen (Tiedemann 2000). Dieser Leserschaft musste auch das drei Jahre später erscheinende Ästhetik-Buch als Entpolitisierung vorkommen. Umgekehrt trifft Adornos explizite Kritik an jeglicher Indienstnahme der Kunst, und sei es für „kritische" Zwecke, den Primat des Politischen in der Studentenbewegung – und musste abgewehrt werden. Der Vorwurf der Entpolitisierung kehrt in der frühen Literatur wieder. Die *Ästhetische Theorie* wurde als Autonomieästhetik gedeutet, die sich durch einen „Anti-Avantgardismus" auszeichne (Bürger 1983, 128–135). Aber es wurde auch der Vorwurf einer geschichtsphilosophischen (Baumeister/Kulenkampff 1973) bzw. ideologiekritischen Funktionalisierung laut (Bubner 1989b, 85).

In beiden Lesarten wird die dialektische Bestimmung des Verhältnisses von Autonomie und Gesellschaftsbezug der Kunst einseitig aufgelöst. Die *Ästhetische Theorie* unterläuft die Alternative. Gegen die Verabsolutierung der Autonomie betont Adorno das Produziertsein der Kunstwerke und ihre unabdingbare Bezogenheit auf die gesellschaftliche Wirklichkeit. Doch gewinnt das Kunstwerk Gesellschaftsbezug nicht durch seinen Inhalt – etwa durch Abbildung äußerlicher Sachverhalte oder direkte Intervention in Auseinandersetzungen – sondern durch seine Form. Mit der Form gibt sich das Kunstwerk seine eigene Gesetzlichkeit und konstituiert sich als autonomer Sinnzusammenhang. Durch die Behauptung seiner Autonomie bezieht es Stellung zur gesellschaftlichen Realität – zunächst grundsätzlich, insofern seine Form eine ästhetische, das heißt mit Schein behaftete ist; sodann, insofern es durch die Formgestaltung je unterschiedlich auf sein Außen reagiert. Indem Adorno den Gesellschaftsbezug an den Autonomieanspruch zurückbindet, widerspricht er Deutungsansätzen, die Kunstwerke auf ihre Funktion in einem institutionellen oder sozialen Rahmen festlegen. Statt Kunst zu entpolitisieren, knüpft er ihre politische Relevanz an die Formgestaltung. Beides dürfte in einer Situation, in der die Künste nahezu restlos in den Markt integriert sind bzw. ihre gesellschaftliche Integration zum Programm erheben – sei es in Gestalt eines politischen, moralischen oder identitätsstiftenden Anspruchs – als Provokation erscheinen.

Eine kritische Theorie der Kunst

Freilich kennt die Rezeptionsgeschichte der *Ästhetischen Theorie* seit den 1970er Jahren nicht nur Abwehrhaltungen. Anlässlich des 50. Todestags Adornos im Jahr 2019 und des 50. Erscheinungsjubiläums der *Ästhetischen Theorie* im Jahr 2020 zeugen Tagungen und Publikationen – darunter ein Sonderheft von *New German Critique* (Gordon 2021) – von einer lebendigen Auseinandersetzung. Für neuere Arbeiten, die nicht zuletzt von Autorinnen und Autoren unseres Bandes verantwortet werden, sei auf die Bibliographie am Ende dieses Bandes verwiesen. Sie zeigt, dass die *Ästhetische Theorie* vor allem in der „Adorno-Forschung" wahrgenommen wird (zum Überblick vgl. Sonderegger 2019; Geulen 2020). Zwar lässt sich ein systematisches Weiterarbeiten an und mit der *Ästhetischen Theorie* auch in neuerer Ästhetik, etwa bei Christoph Menke, Alexander García Düttmann und Ruth Sonderegger, oder in den musikphilosophischen Entwürfen von Lydia Goehr, Claus-Steffen Mahnkopf und Gunnar Hindrichs feststellen. Zugleich hat sich vielerorts eine Sichtweise etabliert, der die Wendung zur Rezeptions- bzw. Erfahrungsästhetik als verbindlicher „Paradigmenwechsel" gilt (Rebentisch 2013, 44). Wird das systematische Zentrum, der Zusammenhang von Werkbegriff und Wahrheitsbezug, preisgegeben, so befördert das einen selektiven Umgang mit der *Ästhetischen Theorie*, ihre Aneignung als theoretische „Fundgrube" (Quent/ Lindner 2014, 9). Besonders Adornos Überlegungen zur Entgrenzung und „Verfransung" der Künste (383; AGS 10.1, 432–453) gelten als Anknüpfungspunkte für eine „interdisziplinäre Ästhetik" (Eichel 1993) oder für die Deutung intermedialer Kunstformen wie der Installation (Rebentisch 2003, 101–146). Der Begriff der Verfransung steht dabei für Adornos positive Aufnahme nachmoderner Kunstentwicklungen, die allerdings an seiner geschichtsphilosophischen Fortschrittskonzeption ihre Grenze finde (ebd., 131 ff.). Wo diese Konzeption einen negativen Bezug auf nachmoderne Entwicklungen bedingt – wie anlässlich „regressiver" Verfahren des Zufalls oder der Kalkulation (158) – ereilt sie das Verdikt einer „modernistischen" Blickverengung. Allerdings ist Adornos Kritik an der „Entkunstung der Kunst" (32 f.) nicht als pauschaler Abgesang auf *die Kunst* zu lesen. Sie ist eingebettet in sein dialektisches Verfahren, das sich der Fragwürdigkeit von Kunstwerken im Angesicht nicht nur der vergangenen Katastrophen sondern auch ihrer gegenwärtigen kulturindustriellen Funktionalisierung stellt. Das Abwägen von theoretischen Kategorien und ästhetischen Gegenständen zielt auf eine Analyse künstlerischer Entwicklungen – und zwar im Interesse eines ästhetischen

Fortschritts, über den das letzte Wort nicht von der Theorie zu sprechen ist. Insofern bleibt die *Ästhetische Theorie* dem Programm einer *kritischen* Theorie verpflichtet (Horkheimer 1986). Eine *kritische* Ästhetik richtet sich gegen Ästhetik *von unten*, die registriert, was ist, wie gegen Ästhetik *von oben*, die es mit ihren Kategorien rechtfertigt – und geht auf die „sondernde[n] Entscheidung eines Rechtsspruches" (Hindrichs 2020, 13). Solches Beharren auf einem normativen Urteil bildet die vielleicht schärfste Provokation eines Zeitgeistes, der eine pluralistische Haltung gegenüber demjenigen nahelegt, was heute als Kunst auftritt. Diese Provokation anzunehmen hieße, sich „mit der zentralen Stellung des Kunstobjekts in Adornos Ästhetik sowie mit dem damit verknüpften Wahrheitsanspruch" (Sonderegger 2019, 532) erneut auseinanderzusetzen.

Indem wir Adornos Programm im Lichte seines Rezeptionsprozesses nachgezeichnet haben, hat unser Vorhaben Kontur gewonnen: Dieser Kommentarband sucht zu einem differenzierten Verständnis der *Ästhetischen Theorie* beizutragen sowie ein Weiterdenken unter veränderten historischen Vorzeichen anzuregen. Auch die Gegenwart ist keineswegs mit den von ihr in kaum erreichter Schärfe exponierten Problemen der Kunst im Zeitalter ihrer gesellschaftlichen Integration fertig geworden. In den unabgegoltenen Provokationen liegt die fortwirkende Erkenntniskraft der *Ästhetischen Theorie*.

Literatur

Adorno, Theodor W. 1961/62: Ästhetik (Vorlesung), in: Theodor W. Adorno Archiv, Frankfurt a. M., Vo 6355–7177
Adorno, Theodor W. 1961–69: Konvolut von Materialien I, in: Theodor W. Adorno Archiv, Frankfurt a. M., Ts 20672–20689
Adorno, Theodor W. 1966–68: Kapitelästhetik, in: Theodor W. Adorno Archiv, Frankfurt a. M., Ts 19712–20282
Adorno, Theodor W. 1969: Ästhetische Theorie. Typoskriptfassung letzter Hand, in: Theodor W. Adorno Archiv, Frankfurt a. M., Ts 18210–18293
Adorno, Theodor W. 2021: Schein – Form – Subjekt – Prozeßcharakter – Kunstwerk. Textkritische Edition der letzten bekannten Überarbeitung des III. Kapitels der „Kapitel-Ästhetik", 2 Bände, hrsg. v. Martin Endres, Axel Pichler u. Claus Zittel, Berlin/Boston
Baumeister, Thomas/Kulenkampff, Jens 1973: Geschichtsphilosophie und philosophische Ästhetik. Zu Adornos „Ästhetischer Theorie", in: Neue Hefte für Philosophie 5, 74–105
Bubner, Rüdiger 1989a: Über einige Bedingungen gegenwärtiger Ästhetik, in: ders., Ästhetische Erfahrung, Frankfurt a. M., 9–71
Bubner, Rüdiger 1989b: Kann Theorie ästhetisch werden? Zum Hauptmotiv der Philosophie Adornos, in: ders., Ästhetische Erfahrung, Frankfurt a. M., 70–98
Bürger, Peter 1983: Zur Kritik der idealistischen Ästhetik, Frankfurt a. M.

Diner, Dan 2007: Gegenläufige Gedächtnisse. Über Geltung und Wirkung des Holocaust, Göttingen.
Eichel, Christine 1993: Vom Ermatten der Avantgarde zur Vernetzung der Künste. Perspektiven einer interdisziplinären Ästhetik im Spätwerk Theodor W. Adornos, Frankfurt a. M.
Endres, Martin/Pichler, Axel/Zittel, Claus 2013: „noch offen". Prolegomena zu einer textkritischen Edition der „Ästhetischen Theorie" Adornos, in: editio 27, 173–204
Habermas, Jürgen 1995: Theorie des kommunikativen Handelns, Band 1: Handlungsrationalität und gesellschaftliche Rationalisierung, Frankfurt a. M.
Hindrichs, Gunnar 2020: Kritik – Theorie – Krise, in: ders., Zur kritischen Theorie, Berlin, 12–45
Horkheimer, Max 1986: Traditionelle und Kritische Theorie, in: Gesammelte Schriften, Bd. 4, Frankfurt a. M., 162–216
Geulen, Eva 2020: Aesthetic Theory, in: Peter E. Gordon/Espen Hammer/Max Pensky (Hrsg.), A Companion to Adorno, Hoboken, 397–412
Gordon, Peter E. (Hrsg.) 2021: Adorno's Aesthetic Theory at Fifty. Special Issue, in: New German Critique 143 (im Erscheinen)
Ortland, Eberhard 2009: Editorische Nachbemerkung, in: ANS IV.3, 503–508
Quent, Marcus/Lindner, Eckardt 2014: Vorwort der Herausgeber, in: dies. (Hrsg.), Das Versprechen der Kunst. Aktuelle Zugänge zu Adornos Ästhetischer Theorie, Wien, 7–19
Rebentisch, Juliane 2003: Ästhetik der Installation, Frankfurt a. M.
Rebentisch, Juliane 2013: Theorien der Gegenwartskunst zur Einführung, Hamburg
Sonderegger, Ruth ²2019: Ästhetische Theorie, in: Richard Klein/Johann Kreuzer/Stefan Müller-Doohm, (Hrsg.), Adorno-Handbuch. Leben – Werk – Wirkung, Stuttgart, 521–533
Tiedemann, Rolf/Adorno, Gretel 1971: Editorisches Nachwort, in: AGS 7, 537–544
Tiedemann, Rolf 2000: Iphigenie bei den Berliner Studenten. Notiz zu dem Vortrag Adornos am 7. Juli 1967 in der Freien Universität, in: ders. (Hrsg.), Frankfurter Adorno Blätter VI, 122–128
Wellmer, Albrecht 1985: Wahrheit, Schein, Versöhnung. Adornos ästhetische Rettung der Modernität, in: ders., Zur Dialektik von Moderne und Postmoderne. Vernunftkritik nach Adorno, Frankfurt a. M., 9–47
Werckmeister, O. K. 1971: Ende der Ästhetik. Essays über Adorno, Bloch, das gelbe Unterseeboot und der eindimensionale Mensch, Frankfurt a. M.

Robert Hullot-Kentor
2 Font Null. The First Sentence of *Aesthetic Theory*

> Nothing arrives quicker
> than the past.
> Joseph Brodsky

Open T. W. Adorno's *Aesthetic Theory* to its first page and note that when a book is held focused straight in front of one's eyes, it produces the optical illusion of supplanting the visual orb entirely. To combat this illusion, supplant it with another. The problem is to locate the first sentence of *Aesthetic Theory* elsewhere, alert that this sentence must somehow be inscribed no less in a panorama located directly ahead of oneself on the horizon, if visible only on condition of tilting one's head sideways from the book by perhaps ten degrees. There in the perceptual field, the optic that begins to dilate presents a city district, an *arrondissment*, compounded mostly of art galleries with their subjacent tourist and restaurant areas, art handling and crating enterprise, climatized warehouse facilities and transport systems, as well as art and fashion colleges. Art auction houses, which exist in fact as towers visible by glancing across the panorama to the other side of the city, are running up numbers monitored on stock exchanges worldwide. Apart from these key if physically peripheral functions, however, the neighborhood that stands directly in focus is red brick, a local activity of frame shops, art book publishers, artist studios, all of it apparently small-scale – scale being the primary consideration of this puzzle. Richard Serra is there to be found in a hall with the volumetric equivalent of an airplane hangar installing an exhibition. And he will tell you face to face that his torqued ellipses are now mostly built "*on spec*" while back of him massive cranes hoist into position sheets of steel tonnage with a speed and exactitude that would have brought Zeno joy.

New segments of the panorama now come into view and the foci dilate on distinctly palatial architectural elevations, no longer sparsely local but rather all of them densely packed where crowds pool up to enter art museums at the rate of some one hundred million visitors yearly. This inscrutably large number, however, only captures attendance at the fifty most frequented institutions. To approximate the year's sum total of art museum attendance would require multiplying this number, 100,000,000, by some factor algebraically derived from the total visitors to the approximately 54,047 other, less frequented institutions and adding it back to the first sum. Yet there is no good reason even to begin to struggle with this intricate extrapolation since all of these numbers can rightly be dismissed as irrelevant, imaginary and vestigially parochial. For according to *Museums in a Digital Age* – a text itself located somewhere on this panorama along with the first sentence of *Aesthetic Theory* –, the reputedly tradition-bound institutions on which the study reports have at last overcome their reticence and "initial defensiveness to Internet technologies" (Parry 2010, 2). Increasingly, the museums "see their distributed online audiences as being as important as those physically on site." (Ibid.) The achievement of this quantum distribution of virtual object to virtual visitor is said to be that it allows "exhibitions to support experiences in more flexible, creative and empowering ways" (ibid.), words – *exhibitions, experiences, flexible, creative, empowering*, let alone *distributed online audiences* – for which credible meanings may never be established. The numbers produced by this activity, bulking integers followed by as many zeros as one may care to append, are in any case themselves virtual. All the same, museum officials must examine, seek to magnify and no less fear these digits as the *ens realissimum* itself, knowing that it is the fortified walls of the institutions they inhabit, their residual brick-and-mortar, that now exposes them vulnerably to an activity to which fixed geographical location is vanishingly optimal.

Graphs and charts now occupy the visual field entirely as a ledgered expanse of data shorn of any pretense at presenting the art establishments of one country, city or neighborhood rather than another. Neither are these indices restricted, as were those previously, to comprehending activity in a single one of *les beaux arts*, if historically its most prestigious institution, the colonnaded art museum. The census collected in these charts, instead, is meant to comprise in naive factual tabulation not only the whole of what is currently referenced as the *visual arts* – omnipresent photography, video, the plastic arts (a now archaic term) and the mass audience for film –, but the entire known art population engaging architecture, literature, theater, dance, performance and music. The last of these, incidentally, is so by leagues the most broadly produced and distributed of the arts; so regularly capable, even as one tune, of emotionally mobilizing entire world audiences; and holds such authoritative preeminence that in considerable measure it is heard involuntarily and without appeal; that just this single phenomenon – music – easily relativizes the whole rest of the arts, reducing to a statistical sliver what was already the vastly unimaginable expanse of the activity surrounding the brick and mortar museum world, its virtual transmissions added for good measure. The point here simply is, as if it could be made any more heavy-handedly, that however this set of graphs and charts is estimated, the panorama as such evinces an unprecedented and inextricably dense world-encompassing integument of the arts.

2 Font Null. The First Sentence of *Aesthetic Theory* — 23

2.1

We arrive, then, somewhere along this panorama – not exactly by accident – at a sighting of the first sentence of *Aesthetic Theory*. Seen at a distance and embedded as a detail in the compaction of the whole of what has already been witnessed – even if by total fabrication –, the sentence comes into view at the exact limit of human discernment, font null. At this miniaturized extreme in panoramic crush, the phrase might be mistaken for quasi-Cyrillic. It is only plainly decipherable by tilting the head back to the text, still held in one's hands, by those same ten degrees with which one first looked away from it. Then reading: "*It is self-evident that nothing concerning art is self-evident anymore, not its inner life, not its relation to society, not even its right to exist.*" (1/9 – emphasis RHK)[1] Doubtlessly, the sentence still parses as it ever has over the past fifty years, but it is not untransformed. For the same words now carry across their surface, as if imprinted, the involuntary memory of where else the sentence has recently been seen. Reflection on this memory is requisite to comprehending a statement of which there is much to understand. For the first sentence of *Aesthetic Theory*, composed by a master rhetorician, turns out to be an epigraph in the form of a proclamation, promulgated with the unflinching gesture of an arm as it sweeps across a tabletop, piling out of its way with the unappealable authority of tautology any and all possible objection to the thesis that, finally, not even art's right to exist is left standing. But, sensing what one knows from that panorama, try it out for yourself and on your own lips, if need be, and consider whether anyone standing at a podium, with whatever distinction of voice, would be prepared to quote this statement in its gravitas and obliterative *nothing*, *not*, *not* and *not*, let alone its *anymore*, in confident expectation of its received affirmation. The tautological phrasing – the self-evidence that nothing is self-evident concerning art – falters under the weight of its own heavily calculated footsteps as it seeks to carry through the indubitable indubitably in the claim that here if anywhere thinking may be dispensed with in a truism. The apparatus of tautology – the self-evidence per se in which mind once woke to itself as thinking its own thoughts – seems to have been swung into place with a facile automaticity to serve peremptorily in excluding what might otherwise render its own thought indubitably dubitable, all that has already been seen in that panorama.

---

[1] Bare page numbers in brackets refer to: (Adorno 1997/AGS 7).

2.2

The first sentence of *Aesthetic Theory*, then, may not be as foolproof as its atmospheric certitudes would portend. This is not a stylistic blunder, though it is necessarily that, as well. The style itself betrays that what the statement seeks to vulcanize the work against, externally, has already intruded on its own formulation as the uninvited presence of a superior power that transforms any possible rhetorical countermeasure, its *force de frappe*, ineluctably to counterfeit. To the interpretive eye, alert to what falls mute however vehement the statement, the first sentence of *Aesthetic Theory* reads out loud for what it would most dread to hear, which is that, so far as art is concerned, nothing rivals its self-evidence.

2.3

The question, then, obtrudes and needs to be sharpened: *Aesthetic Theory* is a work keyed to the sublime, sentence by sentence; in spite of every denial, it is a form of secular prayer in its evocation of hope against hope; and while it is constructed exclusively as reflection on the corpus of aesthetic concepts, it is throughout saturated in aesthetic experience, so that for once aesthetics amounts fully to aesthetics. If hardly immune to criticism, *Aesthetic Theory* is, if anything is, what there now is to consider as aesthetics. But why then must this work tremble like a lion confronted by a field mouse when it is presented with a haphazard selection of so commonly bland words and typeface as – try *Arts & Leisure* – a subtitle found in a throwaway newspaper of our very own day?[2] The bucking skittishness of the magisterial work faced with this unremarkable contestant is not a shiver *de haut en bas*, as might be immediately supposed. Contrary to every rumor, *Aesthetic Theory* is an aesthetics of progress and regression, not of high and low. Adorno's austere haughtiness is apparent on every page – and reading the work one is not obliged to like its author or even those who are characteristically enthused by it –, but the work is not a plaidoyer for an angelically untouchable *beaux arts*. Any trace of that desideratum is obliterated in the same half-barbaric gesture of Adorno's arm as it sweeps across the tabletop of his desk not least catching up out of his way all of "culture" when capitalized, which he – breathtakingly – apostrophizes as "trash" (see 310/459).[3] If anywhere in this aesthetics, "high" and "low" figure as a differential only in

---

2 *Arts and Leisure* is a weekly Sunday section of the *New York Times*.
3 "Kultur ist Müll" (459).

the sublime that it intends, not what soars above in the infinitudes but what speaks mortally with *Das Lied von der Erde*. – Less again does a shock of surprise account for the trembling. No reminder is needed that Adorno coined the locution "culture industry" and authored the eponymous essay with Horkheimer. Neither the title, *Museums in a Digital Age*, published in a century after Adorno's death, nor a recent weekend listing in *Arts & Leisure*, would have been anything new to an aesthetics in which the new and the sublime would be synonymous in rejecting any scale on which they might be measured, say, 1 to 10. In everyday Gringo, awesome may be pretty awesome, but the new is new or not, and the same holds true for the sublime.

This begins to indicate what rattles *Aesthetic Theory* at the knees when confronted with a second phrase as trivial as the earlier instance and plucked again arbitrarily from the contemporary language of that same newspaper which happens to feature a section of "arts and crafts for family lockdown fun" (The Spirit 2020, 7).[4] For if that lockdown fun is art, so is all that it implies, which merely amounts to what preoccupies most of the known world. This is the same reason why, in any conventional contest, it cannot be supposed that *Aesthetic Theory*, for all its rigor, hauteur and achievement, has ever held the upper hand or supposed for a moment that it did. An aesthetics of progress and regression whose thinking first took shape in the 1920's in defense of a radical modernism that it saw faltering, was flesh of the same flesh with what it wanted to rescue and could not help sharing its fate. When Adorno's work was reconstructed out of fragments and published as *Aesthetic Theory* in 1970, to whatever degree the author himself had known it to be unfinished, it was already summarily deemed old-fashioned and left for forgotten.

This aesthetics has at no moment, then, been an overbearing presence in the contest with the shock of the old, what it calls "myth" and the "ever same" in what is for us its now remaindered language and – except for when requisite to discursive demonstration – barely quotable syntax. On the contrary, *Aesthetic Theory* could only ever pretend to be more powerful than what it confronts and blow out its cheeks to insist on itself. With its many dignities, not to ignore the endemic pieties of professional German philosophy, this is only mugging. And where the work's first sentence is seen overstriding its own steps, lunging at the sublime with too much elbow, it is futile to think that its first sentence is a loose and faulty thread that can be plucked off the glorious sweater without unraveling the whole of it. The phrase may merely open the book, but the entire

---

4 "Lockdown" appears in American usage in 1975, meaning to keep prisoners isolated in their cells.

work depends on it in the need to fulfill its claim. Analytically, if the phrase is not nonsense, it requires that each word that follows be elusively difficult, sometimes inscrutable as if scribbled down by the Magus of the North in the need to distinguish art from non-art. In other words, the sought after differential between art and the already cited lockdown fun cannot be solved by setting up a pair of boxes on the terrace for the nettlesome triage, one marked art, the other marked for the contrary. For as *Aesthetic Theory* develops the problem of its first sentence, which is the work's vulnerability as identical with its impulse and desperation, art is made exclusively of what is non-art; and its only import, if it has any at all, if it is art, is how it amounts to what is other than what it factually is. Which is to say, as Adorno asserts, that the object that requires definition "refuses definition" (2/11). Should the work fail at that, Adorno would hardly be in a position to dismiss what he somehow presumes to call "the overwhelming part of what now passes for art" (3/12) with that wave of his arm that seems at moments determined to take with it the whole of what anyone has ever known as art. – Thus the only complexity of *Aesthetic Theory*.

2.4

Held up to the light, turned and refracted, the first sentence of *Aesthetic Theory* thus presents an aspect of the reality of its situation that its initial step refuses – as on pain of death – to acknowledge. At the risk of being blindsided by the larger part of the world, its attention is strenuously elsewhere, where it means ours as well to be. For the work's first obligation is to establish the position from which it can think. This is not to state the truism that every work must find its own beginning, but to emphasize that in Adorno's instance, in his major works, there is one and only one starting point, and it recurs with such inevitability that the question arises whether the repetition is not merely formulaic, a faltering of spontaneity within its own constraints and energies. But whatever response the question deserves, it inheres in the highly systematic structure of Adorno's philosophy – however non-systematic its development – that he is unable to think or write except from the position of the impossibility that is essential to the object engaged, a residual though transformed aspect of idealism. If the achievement of *Aesthetic Theory* is that for once aesthetic concept is entirely permeated by its object – not by breach, by the addition of illustrations or examples to ornament an impervious rigor –, the formulation of the impossibility of the object is its fulcrum, its sine qua non. Once this leverage is gained, there is no teasing apart the ingenious *Wissenschaft* – the essay as form – from its object; conceptualization will be as dynamic as is its in principle transient object;

what befalls the thinking befalls the object it is meant to be following, as Adorno would say, "where it wants to go" (see 174/260). Adorno must go down with the ship; the ship must shatter in fragments; and the fragments must be as binding on each other in their limitation as are the conflictual elements of their object. Adorno cannot cognitively locate and restore the pulse of the object's conatus in any other way. This is why, reading the first sentence of *Aesthetic Theory*, one arrives simultaneously no less at the first sentence of *Negative Dialectics*. On reflection it will be noticed that the sentences are identical. This is audible not only in their heavily mnemonic cadence, which once read makes any later quotation gratuitous – as would be their parallel quotation here –, but in the temporality in which they are exclusively capable of acting. For the sentences are homologously composite grammatical structures in what might be called a subjunctive pluperfect charged with surrogating a future tense that is otherwise inconceivable. If philosophy only continues because the moment to realize it was missed – so says the first sentence of *Negative Dialectics* (AGS 6, 15) –, so aesthetics, per *Aesthetic Theory*, only has any hold on life because art has been entirely misunderstood. The moment of the realization of art has no less been missed. This moment is to be recovered or failing that the loss comprehended. Thought here struggles to acquire a lapsed element of pragmatism inherent in its faltering object as would Antaeus who is always longing to be tossed again to the ground. Thus, the work's open sesame, its first sentence, resounds with the concussion of a vault door slammed shut. Yet the foundering of the vessel, it turns out, is all that allows it to pull through, demonstrating the possibly comical aspect that this boat seems preordained to sink on dry land. Last words once uttered become first words, immediately leaving everything to be said. It is only on the condition posited by Adorno that every aspect of art has to date been misunderstood that *Aesthetic Theory* is able to experience the impulse in which art and philosophy converge in the latter's comprehension of possibility itself – Adorno would say "truth content" –, in the single form in which it remains to us, as lodged in the former. All that is problematic in the work's first sentence is what potentially makes it capable of being something other than a presentation of an aesthetics *about* art. In the statement of this very same sweep of the arm, *Aesthetic Theory* has pronounced – under an almost methodological darkness of night from which its limitless paratactical implications fan out – a no less straightforward analytical table of contents, veritably a topic sentence, that stipulates exactly what needs to be and will be treated, as well as the conditions of its treatment, in its first section, *Art, Society, and Aesthetics* (*see* Hesse). To say it again: art's inner life, its relation to society and its right to exist.[5]

Bibliography

Adorno, Theodor W. 1997: Aesthetic Theory, Robert Hullot-Kentor (trans.), Minneapolis
Hullot-Kentor, Robert 2021: Undreamt Nation, Berlin (forthcoming)
Parry, Ross 2010: Museums in a Digital Age, in: Leicester Readers in Museum Studies, London
The Spirit 2020: Lockdown Fun, in: The Spirit. The Local Paper of the Upper West Side, April 11, 7

---

5 A longer version of this essay is forthcoming in Hullot-Kentor 2021.

Christoph Hesse
3 Kunst, Gesellschaft, Ästhetik

Am Schluss seines letzten Interviews, das unter dem Titel „Keine Angst vor dem Elfenbeinturm" am 5. Mai 1969 – Marx' Geburtstag übrigens – im *Spiegel* erschien, bekannte Adorno: „Ich geniere mich gar nicht, in aller Öffentlichkeit zu sagen, daß ich an einem großen ästhetischen Buch arbeite." (AGS 20.1, 409) Drei Monate später erlag er einem Herzinfarkt. Die bereits im folgenden Jahr erschienene *Ästhetische Theorie* mag man getrost als sein Vermächtnis ansehen, ein editorischer Coup bleibt dieses von Rolf Tiedemann und Gretel Adorno binnen wenigen Monaten zur Veröffentlichung vorbereitete Großfragment allemal: eine Flaschenpost als Eilzustellung, ohne Kommentar, nur mit einem knappen Nachwort versehen, in dem die Herausgeber erklären, warum sie sich trauten, dem Publikum ein solches noch im Entstehen begriffenes Werk anzuvertrauen. Zu einer Einleitung war dem Autor keine Zeit geblieben (*siehe* Geulen), an ihrer Stelle findet sich ein Text ohne Überschrift, den schließlich zwei Leerzeilen jäh unterbrechen. Dass es sich bei diesem Abschnitt um ein erstes, wenngleich nicht nummeriertes Kapitel handelt, erfährt man erst im Anhang. Nur dort auch steht der von den Herausgebern gewählte Titel: *Kunst, Gesellschaft, Ästhetik*.

Die scheinbar bloße Aufzählung enthält bereits eine Anweisung, nämlich die „Forderung einer materialistisch-dialektischen Ästhetik": das „spezifisch Kunsthafte" der Kunst „aus ihrem Anderen [...] abzuleiten" (12). Aufgabe der Ästhetik ist es, das Verhältnis von Kunst und Gesellschaft zu bestimmen, und zwar durch die Kunst. Vermittlung, so betonte Adorno bei vielen Gelegenheiten, ist keineswegs auf „ein Mittleres zwischen den Extremen" angewiesen, vollzieht sich vielmehr „durch die Extreme hindurch in ihnen selber" (AGS 5, 257). Die Gesellschaft, „das Andere der Kunst" (17), ist demnach in dieser selbst wiederzuerkennen, wiewohl in einer bisweilen zur Unkenntlichkeit verwandelten Gestalt; auf diese kommt es an. Als „gesellschaftliche Antithesis zur Gesellschaft" (19) bewährt Kunst sich nicht vor allem dadurch, dass sie etwa ihr Material der Gesellschaft unmittelbar entlehnt oder sogenannte soziale Themen aufgreift, sondern durch die „Formgebung" (AGS 18, 67) eines Werks, unbeschadet der Intention des Künstlers, der von diesem Verhältnis keinen Begriff und nicht einmal eine Ahnung zu haben braucht. Andererseits gibt es „in der Kunst keine sogenannten formalen Momente, die nicht ihrerseits sedimentierter Inhalt wären" (ANS IV.3, 241). Was bedeutet, dass noch den sublimsten künstlerischen Gestaltungen Nichtkünstlerisches innewohnt, Momente der empirischen Realität, der Kunst sich entgegengesetzt; nicht ein für alle Mal, sondern stets aufs Neue, unter geschichtlichen Umständen, wie sie die Entwicklung der Gesellschaft sowohl wie die der Kunst bedingen.

Deutbar ist Kunst „nur an ihrem Bewegungsgesetz, nicht durch Invarianten [...]; ihr Bewegungsgesetz ist ihr eigenes Formgesetz." (12) Solche der Kritik der politischen Ökonomie entwendeten Begriffe mögen in der Ästhetik befremdlich erscheinen. Als erklärtermaßen materialistisch-dialektische behauptet diese sich zunächst in der Auseinandersetzung mit der psychoanalytischen Theorie Freuds und Kants Analytik des Schönen. Während jener das Kunstwerk zum Symptom erniedrigt, erhebt dieser es zu einem Gegenstand reinen Wohlgefallens. Entscheidend aber ist für beide die „Beziehung auf den, der es betrachtet oder der es hervorbringt." (24) Adorno besteht auch hier auf dem Vorrang des Objekts, entgegen den subjektiven, sei's biographischen oder letztlich hedonistischen Auffassungen von Kunst, die noch zu seiner Zeit große Wirkung ausübten. Im Zentrum seiner materialen Ästhetik steht das Werk selbst (*siehe* Eusterschulte).

Wer öffentlich erklärt, sich einer Sache nicht zu genieren, empfindet, wenn nicht Scham, so das Bedürfnis, sie zu rechtfertigen – oder sie angesichts einer Revolte, deren Protagonisten sich über Theorie bereits hinaus wähnten, so gut zu begründen, dass sie keiner Rechtfertigung mehr bedarf. Ästhetik begreift Adorno nicht als Zuflucht zu einem Reich des Schönen, in dem unter der Hand auch das Versprechen von Gutem und Wahrem allein noch aufgehoben wäre, sondern durchaus als eine „Kritik im *Handgemenge*" (Marx 1976, 381). Die Kunst stellt er der „Arbeit des Begriffs" (HWA 3, 65) zur Seite, als eine sinnliche Form der Erkenntnis, die freilich die begriffliche ebensowenig ersetzen kann wie diese jene und die selbst zugleich eine geistige Erfahrung ist. Obschon „travail attractif", so notiert Marx in der seinen Notizen eigenen Formgebung, sei die Kunst „grade zugleich verdammtester Ernst, intensivste Anstrengung." (Marx 1983, 512) Ist sie auch buchstäblich brotlos, macht sich der Künstler die sprichwörtlichen Hände dennoch schmutzig. Der *„stinkende* Bach an der Thomasorgel", heißt es anderwärts, sei eine „zutiefst peinliche Erscheinung gewesen" (Bernhard 1988, 127), und ähnlich redete man einst über Michelangelo, als er mit verschmiertem Gesicht über ein Gerüst durch die Sixtinische Kapelle kroch. Spuren der Produktion geben sich im fertigen Produkt noch zu erkennen, wenn auch nicht derart, „daß aus dem Geformten" etwa „die Nägel herausstechen" oder „der Leim stinkt" (29); wohl jedoch als Spuren eines Leidens an der Welt, das sich in der Gestaltung eines Werks, einer Welt für sich, mitteilt. Das schöne Wort von der Kunst als „Statthalter einer besseren Praxis" (26) wird bisweilen allzu vikarisch hypostasiert. Zunächst einmal ist sie, objektiv, Einspruch gegen die vorherrschende schlechte.

Dass die *Ästhetische Theorie* gleich mit dem ersten Satz umstandslos zur Sache kommt, ist sicherlich keiner Verlegenheit der Herausgeber und auch nicht nur der Unabgeschlossenheit dieses Werks geschuldet. Der „Essay als Form" (AGS 11, 9) war Adornos Form zu denken und zu schreiben, und sofern nicht äußere Verpflichtungen ihn zwangen, anders zu verfahren, schrieb er Essays, wenn er auch ganze Bücher damit füllte. Auskunft etwa über den „Forschungsstand" wird nicht erteilt, zeitgenössische Schriften zur Ästhetik kommen nur in einer der wenigen Fußnoten beiläufig einmal vor: als abschreckendes Beispiel. Die Tradition ästhetischer Theorie, die Adorno für respektabel erachtete, gehörte, wie weithin auch die Kunst, damals schon zu den „trostspendenden Sonntagsveranstaltungen" (10), denen er sie beide zu entreißen suchte. Wenn schon die Kunst nicht mehr selbstverständlich ist (*siehe* Hullot-Kentor), wieviel weniger erst eine Theorie, die Anspruch erhebt, sie auf ihren Begriff zu bringen.

3.1 Avantgarde und radikale Moderne

Wie jede Kunst hat auch eine Ästhetik ihren geschichtlichen Ort, und man würde schwerlich übertreiben, wenn man die Adornos auf längst verlorenem Posten sähe. Dazu müsste man nicht einmal seiner eigenen Maxime folgen, „daß heute überhaupt nur Übertreibung das Medium von Wahrheit sei." (AGS 10.2, 567) Der geschichtliche Ort, von dem hier die Rede ist, ist mit der Jahresangabe im Impressum des Buches nicht zu verwechseln; entscheidend vielmehr der Hinweis auf „die revolutionären Kunstbewegungen um 1910", die sich auf das „Meer des nie Geahnten" hinauswagten, jedoch „nicht das verheißene abenteuerliche Glück beschieden." (9) In welchem Augenblick die Verwirklichung der Philosophie „versäumt ward" (AGS 6, 15), wie es eingangs der *Negativen Dialektik* heißt, sagt Adorno nicht; sofern es einen solchen Augenblick je gab, hätte man ihn wohl irgendwo zwischen Vormärz und Zweitem Weltkrieg zu suchen. In der Geschichte der Kunst hingegen lässt sich ein überschaubar kleiner Zeitraum zu Beginn des 20. Jahrhunderts ausmachen, in dem von einer Verwirklichung überhaupt erst die Rede war. Wo nicht die Kunst selbst einen solchen Anspruch erhob, formulierten ihn Künstler und Künstlerinnen in ihren Manifesten ganz dezidiert. Die an diesem Anspruch krachend gescheiterte Avantgarde bezeichnet den historischen Ort der *Ästhetischen Theorie*, den Punkt nämlich, von dem aus sie ihren geschichtsphilosophischen Begriff von Kunst entfaltet. Auch die zurückliegende Geschichte der Kunst ist von dort aus zu überblicken. Kein Weg zur Wiener oder Weimarer Klassik führt mehr vorbei an jener Passhöhe, zu der die Avantgarde sich verstiegen hat. In ihr kulminiert die Autonomie der Kunst in einem Widerspruch, der sich anders als durch deren Verwirklichung – das heißt Aufhebung, und zwar der Kunst *und* der Gesellschaft – wohl gar nicht lösen ließe.

Peter Bürger hat diesen Widerspruch in zwei Thesen formuliert. Die erste lautet, „daß erst die Avantgarde bestimmte allgemeine Kategorien des Kunstwerks in ihrer Allgemeinheit erkennbar macht" (Bürger 1974, 24), weswegen zwar eine frühere Epoche der Kunst sehr wohl durch die Avantgarde, nicht jedoch diese von jener her begriffen werden könne. Solcherart zu erkennen gäben sich auch die künstlerischen Mittel, da die Kunst sie nun „nicht mehr nach einem Stilprinzip auswählt, sondern über sie *als Kunstmittel* verfügt" (ebd., 25). In der Avantgarde erlangt die Kunst größtmögliche Autonomie. Diese aber setzt sie sogleich mutwillig aufs Spiel, indem sie Kunst nicht länger sein mag. „Mit den historischen Avantgardebewegungen", so Bürgers zweite These, trete die Kunst „in das Stadium der Selbstkritik ein." Und dies meint nicht bloß „Kritik an [...] vorausgegangenen Kunstrichtungen, sondern an der *Institution Kunst*, wie sie sich in der bürgerlichen Gesellschaft herausgebildet hat." (Ebd., 28 f.) Den Wunsch, die Kunst Leben werden zu lassen und das Leben Kunst, brachten am deutlichsten die Surrealisten zum Ausdruck. In ihm teilt sich zugleich ein Unbehagen mit, das die Kunst, seit sie sich so gleichsam ihrer selbst bewusst geworden, nicht mehr losgeworden ist. Da sie endlich alle Freiheit gewonnen, so scheint es, hat sie bald jede Bedeutung verloren: so als wäre dies der Preis, den die Gesellschaft ihr abverlangt für die künstlerische Freiheit, die sie ihr großzügig einräumt. Denn die bleibt, frei nach Niklas Luhmann, beschränkt auf ein operativ geschlossenes Funktionssystem innerhalb des Gesamtsystems Gesellschaft.

Die „[r]adikale Moderne" (336), die sich in jenen revolutionären Kunstbewegungen am radikalsten kundtat, hat ihrerseits eine Vorgeschichte, die bis in die sogenannte Klassik zurückreicht. Das „wogende Gedränge, / Das wider Willen uns zum Strudel zieht", ängstigt schon den Dichter im Vorspiel von Goethes *Faust* (Goethe 1996, 10); ein Drama übrigens, dem man nachsagen dürfte, dass es über die wenngleich noch nach Stilprinzipien ausgewählten Kunstmittel durchaus schon als Kunstmittel verfügt. Schiller hingegen, obschon er die Schönheit „als eine nothwendige Bedingung der Menschheit" (Schiller 2000, 42) verstanden wissen wollte, gab im Prolog zum *Wallenstein* das einst gern zitierte Motto aus: „Ernst ist das Leben, heiter ist die Kunst". Der „Hofpoet des deutschen Idealismus" bestätigte so bereits „die verfestigte und allbeliebte Zweiteilung zwischen Beruf und Freizeit" und nahm „insgeheim jenen Zustand vorweg, der in der Kulturindustrie Kunst als Vitaminspritze für müde Geschäftsleute verordnet." (AGS 11, 599 f.) Dieser Zustand hat sich bald nach dem Niedergang der Avantgarde etabliert, und es mag einem rückblickend so vorkommen, als habe nicht zuletzt die Avantgarde, die ein Pissoir zum Kunstgegenstand erhob und den Dilettantismus feierte, die Kunst einer Gesellschaft ausgeliefert, in der einem „dinghaft geronnenen Kulturbesitz" nur mehr der „Lustgewinn" gegenübersteht, „den der Kunde einheimst und der meist mit dem Objekt wenig zu tun hat." (30) Und damit einer Kulturindustrie den Weg bereitet, die auch die ihr scheinbar unverdaulichsten Ideen sich einverleiben und jeden Widerspruch als desto reizvollere Innovation in ihr Sortiment aufnehmen kann. Nur inmitten oder allenfalls am Rande dieses ins Unabsehbare expandierenden Betriebs hat die Kunst ihre

Existenz einstweilen gesichert. Ungewiss allerdings, was da als Kunst scheinbar unverdrossen fortbesteht.

3.2 Kunst oder nicht

Die Frage, ob etwas schon oder noch Kunst sei, die unter den Bedingungen einer derart verwalteten oder sich eifrig selbst verwaltenden Kultur schwieriger zu beantworten sein mag als in früheren Epochen, kann stets nur an die Geschichte der Kunst gestellt werden. Ein Wesen der Kunst, die „ihren Begriff in der geschichtlich sich verändernden Konstellation von Momenten" (11) hat, wäre weder aus ihrem Ursprung noch aus ihrer gegenwärtigen Gestalt ein für alle Mal abzuleiten. Als wesentlich erweist sich lediglich „ihre Differenz von der bloßen Empirie" (12), und selbst die ist im Verhältnis zwischen Kunst und sogenannter Unterhaltung so leicht nicht zu bestimmen; entscheidend die formale Organisation eines Werks, die es als Kunst ausweist, nicht nur gegenüber der empirischen Realität, sondern auch innerhalb der geschichtlichen Entwicklung der jeweiligen Gattung. Diese wiederum begreift Adorno zunächst vor allem als eine der künstlerischen Technik. Selbst der Geist, der die Kunstwerke beseelen soll, wäre nicht ohne deren technische „Durchbildung" (ein ansonsten kaum gebräuchliches Wort, das Adorno in der *Ästhetischen Theorie* geradezu programmatisch verwendet). Was hinter dem einmal erreichten Stand künstlerischer Produktivkräfte zurückbleibt, verliert seinen Anspruch auf Kunst. Aus einem so strengen Begriff von Kunst, der als solche allein gelten lässt, was den historischen Anforderungen an die technische Durchbildung eines Werks genügt, scheidet allerdings so manches von dem aus, was gemeinhin als Kunst gehandelt wird. Die ebenfalls geschichtlich produzierten Meinungen und Bedürfnisse des Publikums, wie legitim sie im Übrigen auch sein mögen, sind nicht entscheidend; ebensowenig die Tatsache, dass sie gesellschaftlich ungleich schwerer wiegen als irgendein Begriff von Kunst. Wenn Adorno es hier auch nicht mehr so emphatisch ausdrückt wie noch in der *Philosophie der Neuen Musik*, wo er Fortschritt und Reaktion, nämlich Schönberg und Strawinsky, einander plakativ entgegensetzt, so hält er am Begriff des Fortschritts in der Kunst unbeirrt fest (*siehe* Gordon). Damit ist nicht gesagt, dass Schönbergs Werke besser geraten seien als die Beethovens, wohl jedoch, dass Schönberg sich nicht mehr hätte weismachen dürfen, noch eine Klaviersonate wie Beethoven komponieren zu können: was er, ungeachtet seines subjektiven Könnens, objektiv nicht vermocht hätte. Die Feststellung: „manches, was Kunst war, ist es nicht länger" (12), gilt nicht nur in dem Sinne, dass einstige Kunstwerke zu beispielsweise Gebrauchsgegenständen herabsinken können. Auch Werke aus längst vergangener Zeit, die heute selbstverständlich noch als Kunst geschätzt werden, sind bestenfalls einholbar, das heißt als Werke aus vergangener Zeit in der Gegenwart irgend verständlich, doch nicht derart wiederholbar, dass man nun noch einmal ein barockes Trauerspiel erschaffen könnte. „Und die Henriade für die Iliade!" (Marx 1965, 257) spottet bereits Marx über Voltaire, der im Jahrhundert der Aufklärung ein Epos zu schreiben gedachte.

Der technische Fortschritt allein bietet andererseits keine Gewähr, dass eine frühere und in einem bestimmten Sinn technisch weniger weit entwickelte Kunst sich einem späteren Leser, Hörer oder Betrachter leichter erschließe. Wenn man sich auch einbilden mag, ein Orgelwerk Bachs besser verstehen zu können als eines von Olivier Messiaen, einfach weil es diesem gegenüber in schlichter Schönheit erklingt, sind „in einem tieferen Sinn selbst die schwierigsten und komplexesten Kunstwerke der eigenen Zeit verständlicher [...] als verhältnismäßig einfache aus einer weiter zurückliegenden Vergangenheit"; denn diese erfordern nicht nur ein Verständnis ihrer technischen Durchbildung, sondern auch die „Konstruktion einer Seelenlage" ihrer Zeit, weswegen der „Umweg der Einfühlung" (ANS IV.3, 94) sich als viel länger und schwieriger erweisen kann als der Weg zu einem zeitgenössischen Werk. Die Beliebtheit der summarisch so genannten klassischen Werke rührt wohl nicht zuletzt auch daher, dass sie längst das Schicksal der „Tafelmusik" (12) ereilt hat, die sich dem Hörer oder Betrachter zum Genuss andient, ohne Beziehung auf die historische Konstruktion eines Werks und seiner „Seelenlage".

„Die von oben her gestellte Frage, ob ein Phänomen wie der Film noch Kunst sei oder nicht, führt nirgendwohin." (12) Man könnte sich indes fragen, in welcher Hinsicht ein klassisches Werk, sofern man ihm nicht ehrfürchtig zeitlose Geltung bescheinigen möchte, heute noch als Kunst wahrgenommen werden kann. Denn die Rezeption des von vornherein industrialisierten Films berührt von ferne auch die eines traditionellen, noch in handwerklicher Manier hervorgebrachten Kunstwerks. Der Film seinerseits, den Adorno hier nur im Vorbeigehen erwähnt, bietet ein anschauliches Beispiel, wie in einem neuen technischen Medium eine Kunst sich erst entwickelt, wenn auch als solche nie vollständig etabliert. Die „Photographie des sturen Daseins und die nackte Lüge von seinem Sinn" (AGS 3, 170) blieb jedenfalls nicht das letzte Wort, das Adorno über den Film gesprochen hat. Die primär abbildende Technik, die „dem zur Subjektivität fremden Objekt mehr an Eigengeltung als die ästhetisch autonomen Verfahrungsarten" zugesteht, ist „im geschichtlichen Zug der Kunst das retardierende Moment des Films" (AGS 10.1, 357), wie weit fortgeschritten dessen Aufnahmeapparatur auch sei. Dies Zurückgebliebene, das „improvisatorische und anarchische Moment", das die Anwälte der Kultur beanstandeten, als die Filmvorführungen noch „von der Drastik und Abenteuerlichkeit des Jahrmarkts" (AGS 15, 57) zeugten und das „schießbudenhafte Kino" (AGS 3, 308) „noch nicht von der hohen Kunst erniedrigt war" (AGS 15, 384), wusste Adorno am Film besonders zu schätzen. Das eigentümlich Unernste gerade des frühen Kinos, dessen *Hamlet*-Adaptionen darum so lächerlich aussehen, erfasst jedoch, sobald der Film sich als das „charakteristischste Medium der [...] Massenkultur" (AGS 15, 11) etabliert – das er heute schon nicht mehr ist –, die Kunst schlechthin, so als zahle die lange genug verächtlich gemachte niedrige es der hohen endlich heim.

3.3 Fast zu ernst

Die Unterscheidung zwischen ernster und leichter Kunst, die an die seit dem 18. Jahrhundert übliche Klassifizierung der Oper erinnert, zeigt ihren Ernst unverhofft darin, dass bald alle Kunst unweigerlich komisch wird. Wie albern selbst hochtrabend Tragisches anmutet, darüber belehrt die finstere Komik Becketts. Die aber nicht nur daher rührt, dass „die Menschheit, anstatt in einen wahrhaft menschlichen Zustand einzutreten, in eine neue Art von Barbarei" (AGS 3, 11) versank. Die unbehagliche Komik gerade der ernstesten Kunst hat ihren Grund auch in der „Ungewißheit über das ästhetische Wozu." (10) Autonomie erlangte sie nicht zuletzt durch die „Idee der Humanität" (9), doch seit diese an der Gesellschaft zuschanden ging und nur noch infinitesimale Aussicht besteht, „es könne real einmal anders werden" (AGS 11, 599), kehrt die Autonomie selbst „ein Moment von Blindheit" hervor (9). Wobei Autonomie nicht die des Künstlers oder der Kunst als solcher meint, sondern vor allem die „des künstlerischen Formgesetzes, dem jeweils ein Werk sich [...] einordnet." (ANS IV.3, 213) Auch die Blindheit ist weder dem Versagen eines Künstlers noch dem Misslingen eines Werks geschuldet; sie resultiert aus der Stellung der Kunst in der Gesellschaft, in der ihr, „nach ihrer vollkommenen Emanzipation" (10), die Funktion eines „Naturschutzparks der Irrationalität" (ANS IV.3, 296) zugewiesen wurde. Die Rede ist hier ohnehin nur von denjenigen Gesellschaften, in denen etwas wie eine Freiheit der Kunst überhaupt besteht. In deren Bereich soll es „den Menschen erlaubt [sein], sich affektiv zu verhalten, überhaupt etwas zu fühlen, überhaupt Leidenschaften zu empfinden, ohne sie verdrängen zu müssen, aber zugleich ohne daß diese Affekte dabei für ihr reales Verhalten eine Konsequenz hätten." (ANS IV.3, 293) Noch eine so schmählich eingehegte Freiheit muss man keineswegs verachten, zu unterschätzen aber auch nicht die Wirkung dieser Art Narrenfreiheit auf die Kunst, die daran irre oder kindisch zu werden droht. Wolfgang Pohrt nennt darum die Kunst, ganz ungeachtet ihrer Leistungen, eine Sphäre, in der „die Ohnmacht des konzessionierten Menschen sich als Allmacht darstellen kann." Dessen „‚Gestaltungsspielraum' ist grenzenlos wie der eines Kindes, wenn es im Sandkasten Kuchen backt" (Pohrt 2000, 110). Den Spielen der Kinder tun selbst die vermeintlich höchsten Kunstwerke es insofern gleich, als sie sich „hinaus aus der empirischen Welt" begeben und „eine dieser entgegengesetzte eigenen Wesens hervor[bringen], so als ob auch diese ein Seiendes wäre. Damit tendieren sie a priori [...] zur Affirmation." (10)

In der objektiven Nutzlosigkeit der Kunst, ihrer Freiheit von praktischen Zwecken – wenn man einmal davon absieht, dass auch ihre Produkte, obwohl „oft sehr zarte Dinge" (Marx 1974, 99), als Waren auf dem Markt feilgeboten werden und als besondere „Genussmittel" gar die Regeneration der Arbeitskraft befördern mögen –, erkennt Adorno die unhintergehbare Bedingung ihrer Möglichkeit, mithin auch des möglichen Gelingens eines Werks. Ihre „Absage an die Empirie" (10) nennt er an späterer Stelle den „Fetischcharakter der Kunstwerke" (274), den er aber in diesem genuin „ästhetische[n] Produktionsverhältnis" (16) nicht nur als Täuschung oder gar Flucht vor der Realität beargwöhnt. Die „Wunde der Kunst" (10) wäre zugleich die Hoffnung auf eine Heilung der Welt, der sie sich als Kunst entzieht. Wenn sie auch schlechterdings dazu verdammt ist, „dem Seienden und Bestehenden einen Zuspruch zu spenden" (10), wäre sie damit allein nicht abzufertigen. Die Freiheit der Kunstwerke ist „die List ihrer eigenen Vernunft." (16) Noch in ihrer Autonomie teilt sich der „Doppelcharakter der Kunst als autonom und als fait social" (16) mit, wobei Letzteres nicht nur die triviale Tatsache bezeichnet, dass ein Kunstwerk stets das Produkt eines zur Genüge sozialisierten Subjekts ist, sondern die eigentümliche Transformation der gesellschaftlichen Verhältnisse im Werk, das sich von der Welt draußen nicht zuletzt durch seine „Gewaltlosigkeit" unterscheidet (19). Und diese wiederum bedeutet nicht nur Ohnmacht. Indem es sich als ein „Sein zweiter Potenz" (14) behauptet, bezieht das Werk polemisch Stellung zur empirischen Realität, die es gleichwohl in sich aufnimmt, wenn auch nicht in unmittelbar handgreiflichem Sinne. Wo in einem Kunstwerk die „ungelösten Antagonismen der Realität" wiederkehren, tun sie dies als „die immanenten Probleme [seiner] Form." (16) Diese erst, nicht schon der sogenannte Stoff, begründet eine genuin ästhetische Erfahrung. Kunstwerke kommunizieren mit der Welt, vor der sie sich verschließen „durch Nicht-Kommunikation; darin eben erweisen sie sich als gebrochen." (15) Dies kommt bereits in dem auch von Adorno zitierten Hölderlinvers zum Ausdruck: „Ich verstand die Stille des Aethers, / Der Menschen Worte verstand ich nie" (Hölderlin 1969, 41; vgl. AGS 8, 106). Die oft als reaktionär gescholtene Romantik ist der Moderne in ihrem gebrochenen Verhältnis zur sie umgebenden Welt gar nicht allzu fern.

Das in diesem Abschnitt nur angedeutete „sozialkritische Moment der Kunstwerke" beschreibt Adorno später explizit als Demontage: die freilich das Werk selbst zuwege bringen kann, ohne dass ihr eine ausdrückliche Absicht des Künstlers entsprechen muss. Indem sie „zerstörend die Elemente der Realität in sich empfangen", könnten die Kunstwerke sie „aus Freiheit zu einem Anderen zusammenfügen" (379; *siehe* Zwarg/Mettin). Wie allerdings ein Kunstwerk Elemente der Realität zu einem Anderen zusammenfügt, bleibt der Phantasie des Lesers überlassen. Die *Ästhetische Theorie* enthält wahrhaftig fast nichts als Theorie, zumindest gibt sie kaum anderes preis. Die in sie eingegangene ästhetische Erfahrung scheint darin nahezu verschwunden. Analysen oder Interpretationen einzelner Werke werden nur sporadisch angedeutet. Wer solche exemplarisch zu Rate ziehen möchte, sei an die *Moments musicaux* und die *Noten zur Literatur* verwiesen; über andere Künste äußerte Adorno sich nur gelegentlich und eher zurückhaltend.

3.4 Freud und Kant

Die Kunst ebenso wie den Künstler motivieren „Grundschichten der Erfahrung" (16), denen man soziologisch oder psychologisch auf die Spur kommen kann. Doch selbst wer tief in solche Schichten vordränge, würde dort allenfalls einen und sicherlich nicht den alle Türen öffnenden Schlüssel zum Verständnis eines Werks finden. Zu den frappierendsten Stellen in diesem Abschnitt gehört sicherlich die, an der Adorno die sonst so geschätzte Psychoanalyse in der Ästhetik rundheraus für unzuständig erklärt: „Nur Dilettanten stellen alles in der Kunst aufs Unbewußte ab." (21) Eine so scharfe Kritik übt er nicht einmal dort, wo er die „repressiven Züge Freuds" als Rudimente „unaufgeklärte[r] Aufklärung" (AGS 4, 67) offenbart. Psychoanalytische Theorie, sagt er hier, „ist psychologisch ergiebiger als ästhetisch. Ihr gelten die Kunstwerke wesentlich als Projektionen des Unbewußten derer, die sie hervorgebracht haben, und sie vergißt die Formkategorien über der Hermeneutik der Stoffe" (19), so als sei der Künstler ein – wenn auch meist schon verstorbener – Patient und sein Werk ein ihn überlebendes Symptom. Wie wohlgeraten es ansonsten auch sei, betrachtet der Analytiker es vor allem als ein Dokument, und zwar meist der Flucht des Künstlers vor der Realität. In diesem vordergründig materialistischen Verfahren, das geistige Äußerungen, wie sie sich in einem Kunstwerk manifestieren, aus psychischen Vorgängen abzuleiten sucht, bleibt die Materialität des Werks selbst, in dem etwaige Äußerungen eine sehr bestimmte Gestalt annehmen, außer Acht. Die „Tagträume", als welche Kunstwerke der Psychoanalyse erscheinen, werden „auf krud stoffliche Elemente reduziert, sonderbar zurückbleibend übrigens hinter Freuds eigener Lehre von der ‚Traumarbeit'." (20) Kraft dieser Fixierung auf Stoffe verbreitet die Psychoanalyse „selbst einen dem Idealismus verwandten Bann [...]. Sie entschlüsselt Phänomene, aber reicht nicht an das Phänomen Kunst heran." (20f.) Wer in jedem Roman nur den von Freud so genannten Familienroman am Werk sieht, weiß über keinen Roman etwas zu sagen, das diesem als genuin literarischem Werk gerecht würde.

Freud selbst gestand, er sei „kein Kunstkenner", der „Inhalt eines Kunstwerkes" ziehe ihn stärker an als dessen „formale und technische Eigenschaften", für die ihm „das richtige Verständnis" fehle (Freud 2000b, 197). Mit der schließlich berühmt gewordenen Deutung von *König Ödipus* und *Hamlet* wollte er vor allem die Gültigkeit seiner psychoanalytischen Einsichten demonstrieren, keine erschöpfenden Interpretationen dieser Dramen vorlegen. Er habe „nur die Deutung der tiefsten Schicht von Regungen in der Seele des schaffenden Dichters versucht." (Freud 2000a, 270) Damit immerhin, soviel hält Adorno ihr zugute, rückt die psychoanalytische Kunsttheorie etwas „ins Licht [...], was im Inwendigen der Kunst nicht selbst kunsthaft ist," und so die Kunst aus „dem Bann des absoluten Geistes" (20). Denn die Regungen in der Seele des schaffenden Dichters zeugen auch von gesellschaftlichen Verhältnissen, von denen die Psychoanalyse sich nichts träumen lassen mag.

Der Vorstellung, das Kunstwerk sei, dem Traum ähnlich, eine Wunscherfüllung des Künstlers (und in zweiter Potenz auch des Betrachters), setzt Adorno die Auffassung Kants entgegen, der in seiner *Kritik der Urteilskraft* der Erfahrung der Kunst ein Wohlgefallen rein um seiner selbst willen zuschreibt. Anders als das Wohlgefallen am Angenehmen und Guten sei das am Schönen mit keinem Interesse verbunden, das Urteil darüber folglich kein logisches, sondern ein ästhetisches, mit andern Worten: kein Erkenntnis-, sondern ein Geschmacksurteil. „Revolutionär" nennt Adorno Kants Analytik des Schönen insofern, als sie „Objektivität vermöge der Analyse subjektiver Momente" (22) zu retten sucht (*siehe* Berger). Das Großartige dieser Ästhetik erkennt er in dem Widersinn, den er der Rede von einem „reinen uninteressierten Wohlgefallen im Geschmacksurteile" nachweist (KWA 10, B 7). Denn ohne Interesse „wird Wohlgefallen zu einem so Unbestimmten, daß es zu keiner Bestimmung des Schönen mehr taugt." (22) Was Adorno seinerseits hier zu retten beabsichtigt, ist allein der Begriff der Interesselosigkeit, nicht der des Wohlgefallens, der die Kunst bloßem Genuss überantwortet. Wie ihre Autonomie ist jedoch auch „die Emanzipation der Kunst von den Erzeugnissen der Küche oder der Pornographie" (26) unwiderruflich und der Genuss ihrer Produkte kein entscheidendes Kriterium. Indem Adorno, was die Kunst betrifft, die Opposition von Geschmacks- und Erkenntnisurteil zurückweist (*siehe* Bernstein), bestreitet er zugleich, dass der „Bestimmungsgrund" des ästhetischen Urteils „*nicht anders als subjektiv* sein kann" (KWA 10, B 4). Gerade in ihrer Freiheit von Interessen gestattet die Kunst eine Erfahrung, die „den genießenden Geschmack abwirft" (26) und ein Urteil ermöglicht, in dem Geschmack und Erkenntnis in eins fallen, oder anders gesagt: in dem der Betrachter Geschmack nicht sowohl am künstlerischen Objekt als an der objektiven Erkenntnis findet, nach der es selbst geradezu verlangt. Indem sie das Schöne in der subjektiven Empfindung begründet, gerät Kants Ästhetik „unweigerlich fast banausisch", denn über ästhetische Erfahrung ist „nur im Verhältnis zur Sache etwas Triftiges" auszumachen, sie selbst nicht nach dem „Gaudium des Liebhabers" (28) zu bestimmen. Im sogenannten Kunstgenuss erblickt Adorno nur einen schlechten Kompromiss zwischen den Ansprüchen der Gesellschaft und den in ihr unerfüllbaren der Kunst. Die Lust an der Kunst, die er keineswegs leugnet, kann sich ihrerseits sogar zum Rausch steigern, doch „an ihn wiederum reicht der dürftige Begriff des Genusses nicht heran, der überhaupt geeignet wäre, Genießen einem abzugewöhnen." (28)

Durch die Erkenntnis, „daß ästhetisches Verhalten von unmittelbarem Begehren frei sei", hat Kant die „Kunst der gierigen Banausie entrissen, die sie stets wieder abtastet und abschmeckt." (23) Mit dieser Interpretation widerspricht Adorno nicht nur dem Bürger, der „die Kunst üppig und das Leben asketisch" (27) wünscht, sondern auch all denen, die sie zu welch edlen Zwecken auch immer einspannen wollen. Wer sie als ein Mittel der politischen Kommunikation verwenden zu können meint, handelt der Kunst zuwider. Nicht weil Kunst etwa sakrosankt wäre, sondern weil sie ihr eigenes objektives Interesse „an einer richtigen Einrichtung des Ganzen" (25) selbst am besten vertritt, ungestört durch praktische Zurichtung. Zu rhetorischen Zwecken lässt Poesie sich allenfalls missbrauchen. Auch ist die Wirkung der Kunst keineswegs so unmittelbar, wie politisch engagierte Künstler glauben mögen. Ihr Engagement „bleibt politisch vieldeutig, solange es nicht auf eine Propaganda sich reduziert, deren willfährige Gestalt alles Engagement des Subjekts verhöhnt." (AGS 11, 410) Kunst ruft weder zur Wahl einer Partei noch zur Besetzung des Frankfurter Instituts für Sozialforschung auf, indes ist selbst ihre „Kündigung unmittelbarer Praxis" insofern etwas Praktisches, als sich darin ein „Widerstand gegen das Mitspielen" ausdrückt (26). Die Berufung der Kunst zur Opposition gegen die Gesellschaft als ganze, mit der Adorno Hegels Wort von der „Versöhnung des Absoluten im Sinnlichen" (HWA 15, 573) ebenso pathetisch aufhebt, ist durchaus nicht idealistisch; die höchste Bestimmung resultiert aus dem niedrigsten Grund, nämlich der nutzlosen Arbeit, zu der Adorno die Kunst polemisch adelt. Als solche „straft [sie] Produktion um ihrer selbst willen Lügen, optiert für einen Stand der Praxis jenseits des Banns von Arbeit." (26) Somit hält sie der Idee eines von Marx nur einmal angedeuteten Reichs der Freiheit die Treue, der gegenüber die Aktionen der damals auch gegen Adorno selbst rebellierenden Studenten ähnlich dürftig anmuten wie der Kunstgenuss gegenüber dem Rausch der Kunstwerke. Mit der „Kraft der Negativität" ermessen sie den „Abgrund zwischen der Praxis und dem Glück" (26). Das Glück, das sie selbst verheißen, ist „jähes Entronnensein" (30) und „allenfalls das Gefühl des Standhaltens, das sie vermitteln." (31)

3.5 Standhalten

Von welcher Kunst da überhaupt die Rede ist, mag schon bei Erscheinen der *Ästhetischen Theorie* fragwürdig gewesen sein. Das jüngste Werk, das Adorno darin namentlich erwähnt, ist Becketts letzter Roman *Comment c'est* aus dem Jahr 1961, der als Roman schon nicht mehr zu erkennen ist. Was man gemeinhin historischen Kontext oder Hintergrund nennt, wäre hier das „fatale Altern der Moderne" (509) – und die Ungewissheit, ob deren Ende auch das der Kunst bedeute. Bedrohlich erschien Adorno nicht nur die erdrückende Macht der Kulturindustrie, sondern auch eine Konsequenz des technischen Fortschritts der Kunst selbst. Im Altern der Neuen Musik insbesondere erkannte er ein „Moment eines etwas infantilen Bastelns", das sich an die Stelle eines „seiner selbst bewußten Komponierens setzt." (ANS IV.17, 89) Die Tendenz zu einer Vergeistigung der Kunst resultiert dort bisweilen in einer Mathematisierung, die selbst die Gefahr einer Rückbildung birgt. Ob demgegenüber nun ausgerechnet die ganz anders kalkulierende Kulturindustrie nicht nur „das Gegengift ihrer eigenen Lüge" (AGS 10.1, 356), sondern unverhofft auch ein Mittel zur „Genesung" der Kunst enthalten mag – im Sinne etwa eines retardierenden Moments, wie Adorno es dem Film zugute hielt –, darüber ließe sich mit seinen eigenen Argumenten streiten. Wie fast jeder Gedanke Adornos ist auch der an ein Ende der Kunst unabgeschlossen, Ausdruck eines Widerspruchs, den Theorie allein nicht zu lösen vermag. Ohnehin hat Ästhetik „keine Macht darüber, ob sie zum Nekrolog für die Kunst wird"; keinesfalls aber darf sie „den Leichenredner spielen". Selbst wenn Kunst abstürbe oder abgeschafft würde, vermöchte ihr Gehalt sie „zu überleben in einer Gesellschaft, die der Barbarei ihrer Kultur ledig geworden wäre." (13) Bescheidener Trost in einer Zeit, der Adornos Ästhetik so weit entrückt scheint wie dieser dazumal schon *Wilhelm Meisters Wanderjahre*. Zugleich Erinnerung daran, dass das „Gefühl des Standhaltens" (31), das sie der Kunst zuschreibt, auch ein Werk wie die *Ästhetische Theorie* erst ermöglichte. Dieses Gefühl teilt sie dem Leser fünfzig Jahre später noch mit. Ihr eigener Gehalt mag selbst die Kunst überleben, der sie ihn verdankt, zumal in einer Gesellschaft, die vielleicht schon der Kunst, jedoch nicht der Barbarei ihrer Kultur ledig geworden ist.

Literatur

Bernhard, Thomas 1988: Alte Meister. Komödie, Frankfurt a. M.
Bürger, Peter 1974: Theorie der Avantgarde, Frankfurt a. M.
Freud, Sigmund 2000a: Die Traumdeutung, in: ders., Studienausgabe, Band 2, hrsg. v. Alexander Mitscherlich, Angela Richards u. James Strachey, Frankfurt a. M.

Freud, Sigmund 2000b: Der Moses des Michelangelo, in: ders., Studienausgabe, Band 10, 195–220
Goethe, Johann Wolfgang von 1996: Faust. Eine Tragödie, in: ders., Werke. Hamburger Ausgabe in 14 Bänden, Band 3, München
Hölderlin, Friedrich 1969: Da ich ein Knabe war ..., in: ders., Werke und Briefe, Band 1, hrsg. v. Friedrich Beißner u. Jochen Schmidt, Frankfurt a. M., 40–41
Marx, Karl 1965: Theorien über den Mehrwert, Teil 1, in: Marx/Engels Werke, Band 26.1, Berlin/Ost
Marx, Karl 1974: Das Kapital. Kritik der politischen Ökonomie, Band 1, in: Marx/Engels Werke, Band 23, Berlin/Ost
Marx, Karl 1976: Zur Kritik der Hegelschen Rechtsphilosophie. Einleitung, in: Marx/Engels Werke, Band 1, Berlin/Ost, 378–391
Marx, Karl 1983: Grundrisse der Kritik der politischen Ökonomie, in: Marx/Engels Werke, Band 42, Berlin/Ost
Pohrt, Wolfgang 2000: Brothers in Crime. Die Menschen im Zeitalter ihrer Überflüssigkeit, Berlin
Schiller, Friedrich 2000: Über die ästhetische Erziehung des Menschen in einer Reihe von Briefen, hrsg. v. Klaus L. Berghahn, Stuttgart

Philip Hogh
4 Situation

Mit dem Begriff der Situation ist in der *Ästhetischen Theorie* eine Referenz auf zeitgenössische Diskussionen in der existenzialistischen Philosophie und der situationistischen Kunsttheorie gesetzt, die Adorno in diesem Abschnitt jedoch nicht explizit macht. Im impliziten Anschluss an die bereits in seiner frühen Arbeit zu Kierkegaard vorgenommene kritische Auseinandersetzung mit diesem Begriff (AGS 2, 57–69) versucht Adorno hier ein objektives Verständnis zu entwickeln, mit dem er sich speziell vom Existenzialismus Sartres absetzt und das es ermöglicht, den geschichtsphilosophischen Stand der Kunst zu bestimmen. „Ihre eigene Verhaltensweise und ihre Formsprache muß auf die objektive Situation spontan reagieren; spontanes Reagieren als Norm umschreibt eine perennierende Paradoxie der Kunst. Weil nichts der Erfahrung der Situation ausweichen kann, zählt auch nichts, was sich gebärdet, als entzöge es sich ihr." (57) Ist die Kunst gebunden an ihre objektive, das heißt gesellschaftlich und historisch bestimmte Situation, so kann sie dieser nicht subjektiv ausweichen, sondern allein spontan auf sie reagieren. In dieser in gewisser Weise provozierten Spontaneität liegt denn auch das kritische Potential begründet, das Adorno der Kunst als neuer und moderner Kunst zugesteht.

Und eben die Begriffe des Neuen und der Moderne spielen eine zentrale Rolle für die geschichtsphilosophische Bestimmung der objektiven Situation der Kunst. Sie erhalten jedoch nur innerhalb einer Konstellation weiterer Begriffe eine größere Bestimmtheit. Da es sich bei diesem Abschnitt um eine geschichtsphilosophische Reflexion handelt, spielen auch einige der Begriffe, die für Adornos Geschichtsphilosophie zentral sind, eine wichtige Rolle, zumindest implizit. Zu diesen Begriffen gehören unter anderem Gesellschaft, Subjektivität und Tradition. Da es sich aber um eine geschichtsphilosophische Auseinandersetzung *mit Kunst* handelt, werden die genannten Begriffe vom sachlichen Kontext ihres Gebrauchs getroffen. Die Erläuterung des Verhältnisses dieser Begriffe im Kontext der Kunst wäre schon kompliziert genug. Sie wird dadurch noch deutlich erschwert, dass Adorno auf eine kaum zu überblickende Anzahl von Künstlern und Kunstwerken verweist, teilweise quasi im Vorbeigehen, teilweise – vor allem mit Bezug auf Beckett, aber auch auf Baudelaire und Schönberg – durch kurze und verdichtete Interpretationen. Im Folgenden werden vor diesem Hintergrund Grundzüge dessen rekonstruiert, wie Adorno die geschichtliche Situation der Kunst bestimmt und worin er den kritischen Charakter der Kunst aus einer geschichtsphilosophischen Perspektive begründet sieht.

Kunst nimmt aus Adornos Perspektive in dieser Situation eine exponierte Rolle ein, ist sie in der Moderne doch dasjenige menschliche „Verhalten" (68), das radikal Neues hervorbringt. Dieses Neue hat seinen Ort zwar primär in der Sphäre der Kunst und bleibt insofern ohne *direkten* Einfluss auf das gesellschaftliche Leben. Die Kunst – und damit das von ihr hervorgebrachte Neue – ist aber gleichwohl in dem Sinne auch Teil des gesellschaftlichen Lebens, als sie einerseits das Leiden der Menschen auszudrücken, andererseits negativ einen veränderten gesellschaftlichen Zustand zu antizipieren vermag. In ihrer geschichtsphilosophischen Dimension schließt Adornos *Ästhetische Theorie* so einerseits an Hegel und die philosophische Tradition an, weil sie den Anspruch der Kunst ernst nimmt, Bedeutendes über das menschliche Leben in seiner historisch-gesellschaftlichen Entfaltung zum Ausdruck zu bringen. Andererseits wird dieser Anspruch der Kunst aus Adornos Perspektive durch die Verfassung der gesellschaftlichen Realität und durch die Rolle, die der Kunst darin zugewiesen wird, angegriffen. Sind Kunstwerke ebenso von der Kommodifizierung betroffen wie gewöhnliche Gebrauchsgegenstände, so können sie als „eine Ablagerung gesellschaftlicher Rationalität" (Hindrichs 2016, 250) ihren eigenen Wahrheitsanspruch nur einlösen, wenn sie dazu kritisch Stellung beziehen. Adorno führt auf diese Weise ein Gespräch mit der philosophischen Tradition, von der er sich zugleich kritisch absetzt. Schon bald nach Erscheinen der *Ästhetischen Theorie* war dieser geschichtsphilosophische Zugang zur Ästhetik einer scharfen Kritik ausgesetzt, die nicht allein auf Adornos Ästhetik, sondern auf die gesamte Gestalt seiner späten Philosophie als negativer Dialektik zielte. Dieser Kritik zufolge wird das rationale Denken in Adornos Theorie bis in seine innersten Strukturen vom verhängnisvollen Verlauf der Geschichte betroffen, womit es letztlich seine Wahrheitsfähigkeit einbüße und diese an die Kunst abtrete, deren Ausdruck jedoch keine rational-begriffliche Form annehme. Dies führe wiederum zu einer geschichtsphilosophischen Überforderung der Kunst (Kulenkampff/Baumeister 1973; Bubner 1980). Nimmt man stattdessen Adornos kritischen Bezug auf ein geschichtsphilosophisches Verständnis von Kunst weiterhin ernst, so kommt dem entgegen, dass die moderne Kunst selbst von der Spannung zwischen der Zugehörigkeit zu einem tradierten Zusammenhang und dem Bruch mit diesem geprägt ist. Dies wird von den hier zentralen Begriffen des Neuen und der Moderne festgehalten und bildet den Leitfaden der folgenden Ausführungen. In einem ersten Schritt wird die gesellschaftliche Entkunstung der Kunst, die Adorno konstatiert, so erläutert, dass ersichtlich werden kann, warum die Aufgabe neuer Kunst gerade im Ausdruck gesellschaftlichen Leidens besteht (1). Der sich anschließende zweite Schritt wird Adornos normatives Verständnis des Neuen und der Moderne herausarbeiten (2), worauf dann ein Kommentar zum experimentellen Charakter neuer Kunst und ihrer Schwärze folgt (3).

4.1 Entkunstete Kunst und der Ausdruck des Leidens

Die Künste, auf die Adorno sich hier bezieht, sind Literatur und Musik. Adorno nimmt im von den Herausgebern mit *Zerfall der Materialien* betitelten Unterabschnitt den bereits auf der ersten Seite der *Ästhetischen Theorie* behandelten Gedanken des Verlusts der Selbstverständlichkeit der Kunst (9) wieder auf und bezieht ihn auf den Begriff des Materials (*siehe* Koch, Goehr).[1] Der besagte Verlust zeige sich als Zerfall der Materialien. Damit ist gemeint, dass die Materialien – hier bezieht Adorno sich vor allem auf die „Worte der Dichtung" (31) – ihre ästhetische Verwendung von sich aus nicht mehr nahelegen. Dieser Zerfall ist das Resultat der gesellschaftlichen Entwicklung der Sprache, des „Triumphs ihres Füranderesseins." (31) Was Adorno hier in größter Knappheit programmatisch ausdrückt, findet sich in den *Minima Moralia* etwas umfangreicher formuliert: „Veränderungen, die in der Kommunikation ihr [der Sprache, PH] widerfahren, reichen in das unkommunikative Material des Schriftstellers hinein. Was an Worten und Sprachformen vom Gebrauch verdorben ward, gelangt beschädigt in die zurückgezogene Werkstatt. Dort aber lassen sich die geschichtlichen Schäden nicht reparieren. Geschichte tangiert die Sprache nicht nur, sondern ereignet sich mitten in ihr." (AGS 4, 250) Dies hat Folgen dafür, wie mit diesen Materialien noch ästhetisch verfahren werden kann. Was einmal etwas Unverbrauchtes – Adorno spricht auch vom „Unbetretenen" (31) – hatte, ist in einer veränderten historischen Situation künstlerisch nutzlos und überholt. Nicht nur wird die Kunst von der gesellschaftlichen und der innerästhetischen Entwicklung geformt, diese Formung hat vielmehr normative Konsequenzen dafür, wie unter den bestehenden gesellschaftlichen Bedingungen Kunst gemacht werden *darf*. Die Historizität des ästhetischen Materials geht über eine allein zeitliche Bestimmtheit hinaus. Was sich einmal zur künstlerischen Individuierung in einem Werk eignete und – wovon unten noch die Rede sein wird – ein gängiger und tragfähiger Bestandteil einer tradierten ästhetischen Praxis war, verliert unter veränderten Bedingungen seine Substantialität, die auch nicht willkürlich restituiert werden kann. Für die Dichtung, mit der Adorno sich hier maßgeblich auseinandersetzt, hat dies zur Konsequenz, dass sie sich bezüglich der ästhetischen Tragfähigkeit ihrer Worte keine Illusionen machen darf, sondern im künstlerischen Prozess darauf reflektieren muss, wie verbraucht ihre Worte sind.

---

[1] Der Begriff des Materials taucht bei Adorno meistens als musikalisches Material auf. Im hier behandelten Abschnitt wird der Begriff jedoch auch für die sprachliche Kunst verwendet. Zum musikalischen Material vgl. Kager 1998 und Sziborsky 1979.

Diese Änderung der „Verhaltens- und Verfahrungsweisen" (32) stellt die eine Reaktionsweise der Kunst auf den genannten Verlust ihrer Selbstverständlichkeit dar. Die andere lässt sich als ihr eigenes Reflexivwerden bezeichnen, weil sie – so Adorno – „an ihrem eigenen Begriff zerrt wie an einer Kette" (32). Sie stellt sich selbst damit in Frage, ihr Status als Kunst wird prekär und das hat für eine Theorie, die Kunstwerke zum Gegenstand hat, zur Folge, dass sie „Gefahr" läuft, „schlicht und einfach zu verpassen, was sie begreifen" (Sonderegger 2019, 521) will. Das Reflexivwerden der Kunst, das darin besteht, dass die Kunstwerke selbst die Frage aufwerfen, ob sie noch Kunst sind, führt dazu, dass die Grenzen zu den Produkten der Kulturindustrie verschwimmen. Die noch vorhandene, aber prekäre Distanz des Kunstwerks von der Gesellschaft wird von seinem Warencharakter, der es konsumierbar und so zum „Ding unter Dingen" (33) macht, bedroht. Die „Entkunstung der Kunst" (32; vgl. García Düttmann 2000) zeigt sich im gesellschaftlichen Umgang mit Kunstwerken. Von ihnen wird erwartet, dass sie die Bedürfnisse der sie konsumierenden Menschen unmittelbar befriedigen, nicht mehr, dass sie über den Bereich des Praktischen hinausweisen. „Was die verdinglichten Kunstwerke nicht mehr sagen, ersetzt der Betrachter durch das standardisierte Echo seiner selbst, das er aus ihnen vernimmt." (33) So wird ein weiterer zentraler Aspekt der Kunst angegriffen, nämlich ihr mimetischer Charakter. Steht Kunst gegenüber der gesellschaftlichen Rationalität der Naturbeherrschung für ein menschliches Vermögen ein, das sich nicht die Welt untertan machen, sondern sich ihr in der Erfahrung anschmiegen möchte, so stellt der Warencharakter der Kunst dieses mimetische Verhältnis zwischen Subjekt und Werk auf den Kopf: Nicht das Subjekt soll sich dem Werk mimetisch nähern, sondern das Werk soll dem Subjekt geben, was dieses verlangt (Scholze 2000, 137 f.). Verwiesen ist damit auf ein Unvermögen der Kunst selbst, auf ihre „geistige Insuffizienz" (34), das heißt darauf, dass sie es aufgrund ihrer gesellschaftlichen Bestimmtheit nicht mehr schafft, ein diese Gesellschaft transzendierendes Moment hervorzubringen. Die Entsprechung von Kunst und subjektiven Bedürfnissen wird durch den Betrieb, für den Kunst sich rentieren muss, produziert und aufrechterhalten. Die Bedürfnisse der Menschen sind selbst gesellschaftlich produziert und indem Kunst die Aufgabe bekommt, solche Bedürfnisse zu befriedigen, trägt sie zum Fortbestand der Gesellschaft bei. „Wohl finden die Bedürfnisse, wie es prognostiziert war, abermals ihre Befriedigung, aber diese ist ihrerseits falsch und betrügt die Menschen um ihr Menschenrecht." (35)

Nachdem Adorno so bestimmt hat, in welcher Weise Kunst in der spätkapitalistischen Gesellschaft durch ihre Entkunstung zum Erhalt dieser zutiefst kritikwürdigen Gesellschaft beiträgt, konzentriert er sich im Folgenden darauf, ihre in einem durch und durch normativen Sinne richtige Funktion zu bestimmen. In dem mit *Sprache des Leidens* überschriebenen Unterabschnitt argumentiert er dafür, dass es ein objektives Verlangen nach Kunst gäbe, das darin bestehe, dem Leiden, das sonst verstummen müsste, einen Ausdruck zu geben. Als Organ einer radikal negativen und verdunkelten Rationalität protestiert Kunst nicht nur ohnmächtig gegen die verdunkelte Welt, sie spricht deren Unheil vielmehr aus. Das Aussprechen und Benennen des Unheils antizipiert die Entmächtigung des Unheils, denn der Ausdruck des Leidens ist für Adorno zugleich als Forderung nach seiner Abschaffung zu verstehen, wie er einmal mit Bezug auf Nietzsche in der *Negativen Dialektik* bemerkt. „Das leibhafte Moment meldet der Erkenntnis an, daß Leiden nicht sein, daß es anders werden solle. ‚Weh spricht: vergeh.' Darum konvergiert das spezifisch Materialistische mit dem Kritischen, mit gesellschaftlich verändernder Praxis." (AGS 6, 203) Diese kritische Funktion ist aber ihrerseits prekär: Adorno problematisiert, ob Kunst das Unheil zu benennen und auszudrücken vermag, ohne dabei von ihm selbst kontaminiert zu werden (36), das heißt, ohne es zu verharmlosen oder ihm einen, wenn auch „nur" ästhetischen Sinn zu verleihen.

Adorno nimmt hier implizit erneut Stellung in der von ihm 1951 selbst angestoßenen Debatte über die Möglichkeit von Dichtung nach Auschwitz. Er hatte damals formuliert, dass es barbarisch sei, „nach Auschwitz ein Gedicht zu schreiben" und dass davon auch die „Erkenntnis" angefressen werde, „die ausspricht, warum es unmöglich ward, heute Gedichte zu schreiben." (AGS 10.1, 30) Begreift Adorno die Funktion der Kunst in der *Ästhetischen Theorie* als Ausdruck des Leidens, so bedarf gerade das Leiden, für das der Name Auschwitz steht, des Ausdrucks. Hatten eine Reihe von SchriftstellerInnen Adorno bereits in den 1950er und 1960er Jahren auf diesen Punkt hingewiesen (Kiedaisch 2006, 9–25), so hebt Adorno in der *Ästhetischen Theorie* einen anderen Aspekt hervor: Entscheidend ist hier, dass er nur der radikal modernen Kunst zutraut, einen Ausdruck des Leidens zu finden, der diesem nicht nachträglich Sinn verleiht und es so relativiert. Damit hängt der normative Charakter zusammen, den Adorno dem Neuen bzw. der Moderne zuspricht.

4.2 Die Normativität des Neuen und der Moderne

Obgleich das Neue als ein radikal Neues verstanden wird, ist es für Adorno einerseits nur im Verhältnis zur Tradition als ein Neues begreifbar und andererseits resultiert es aus einer kritischen Anverwandlung der Tradition (*siehe* Goehr, García Düttmann). Sein normativer Charakter lässt sich an zwei Bestimmungen festmachen. Nur solche Kunst, die dem gesellschaftlich produzierten Leiden einen Ausdruck verleiht, es nicht beschönigt, hat für Adorno noch eine Daseinsberechtigung bzw. kann noch als gelungene Kunst gelten. Ein solcher Ausdruck ist aber nur der modernen Kunst möglich. Denn diese – und damit kommt die zweite Bestimmung des normativen Charakters ins Spiel – überlässt sich nicht mehr tradierten Verfahrensweisen, die ihre Sinnhaftigkeit garantieren könnten, sondern bricht mit diesen. Der traditionellen Kunst ist der Ausdruck des Leidens nicht auf eine Weise möglich, die negativ auf den zerrütteten Zustand der Welt reflektiert, weil sie zumindest sich selbst als sinnvoll und gerechtfertigt versteht, und damit sich selbst als ein Positives setzt. Erst dann, wenn Kunst auf eine Sinnunterstellung verzichtet und sich so selbst dem Scheitern aussetzt, ist ihr ein nicht beschönigender Ausdruck des Leidens möglich.

Die geschichtsphilosophische Auseinandersetzung beginnt mit der Frage „ob ein Neues überhaupt schon war." (36 f.) Das Neue wird hier mit dem Begriff der Moderne enggeführt (Wesche 2002). Die Moderne gilt als diejenige „Epoche", die mit dem Neuen in der Kunst ernst macht. Es geht ihr nicht mehr um ein neues Gewand für das Alte, sondern um ein radikal Neues, durch das alles Kommende aber bestimmt wird. Das Neue bleibt notwendig abstrakt, denn es kann ja gerade nicht aus dem Alten abgeleitet werden. Es kann in gewisser Weise nicht intendiert werden, sondern wird vielmehr vom geschichtlich veränderlichen Material erzwungen. Eben darin besteht gleichwohl der Zusammenhang des Neuen mit dem Alten.

Das Abstrakte des Neuen ist nicht als etwas Formales zu verstehen,[2] sondern soll eine inhaltliche Bestimmung besitzen. Mit dem Neuen verbundene Begriffe wie Schauer, blinder Fleck, Unausweichlichkeit, Tod sind zweifellos erläuterungsbedürftig. Adorno versucht diesen Zusammenhang durch das Verhältnis von Moderne und Tradition zu erhellen. Der Begriff der Moderne ist „privativ" (38). Er negiert nicht bestimmte vergangene Stile, sondern Tradition als solche: Kunst soll in der Moderne gar nicht mehr auf Tradition bezogen sein und auch keine Tradition mehr gründen. Dies bringt Adorno wiederum mit dem Warencharakter von Kunst in Verbindung. Waren müssen beständig als etwas Neues angepriesen werden, damit sie erfolgreich verkauft werden können. Diese Tendenz ist es, die die moderne Kunst nachahmt. „Moderne ist Kunst durch Mimesis ans Verhärtete und Entfremdete; dadurch, nicht durch Verleugnung des Stummen wird sie beredt; daß sie kein Harmloses mehr duldet, entspringt darin." (39) Die „Verschwisterung" (38) von Neuem und Tod ist dementsprechend zu verstehen: als Identifikation mit der realen Negativität, die zugleich Ausdruck dieser Negativität ist, bricht die neue oder moderne Kunst damit, Traditionen fortzusetzen, was aber

---

[2] Zur Mehrdeutigkeit des Begriffs des Abstrakten in der Ästhetik hat Adorno mit Bezug auf die seinerzeit intensiven Diskussionen um diesen Begriff in einem kurzen Text Stellung bezogen. AGS 20.2, 521–523.

nicht heißen muss, dass sie nicht selbst etwas tradieren, das heißt die Zukunft mitbestimmen könnte. Dies scheint für Adorno von der neuen Kunst ja gerade gefordert zu sein. Insofern bleibt seine Kritik an der Tradition in Bezug auf die neue Kunst zweischneidig: Sie soll nichts Gewesenes fortsetzen, aber doch bestimmen, ja festlegen, wie nach ihr oder durch sie noch Kunst produziert werden kann. „Wie die Kategorie des Neuen aus dem historischen Prozeß resultierte, der die spezifische Tradition zuerst und dann eine jegliche auflöste, so ist Moderne keine Aberration, die sich berichtigen ließe, indem man auf einen Boden zurückkehrt, der nicht mehr existiert und nicht mehr existieren soll; das ist, paradox, der Grund von Moderne und verleiht ihr normativen Charakter." (41f.)

Dieser Zug Adornos, der der modernen Kunst einen normativen Charakter zuspricht, ist in der Folgezeit kritisiert worden. Hier ist vor allem die Kritik Peter Bürgers zu nennen, für den Adornos normatives Verständnis der Moderne den „historischen Avantgardebewegungen" nicht gerecht werde, haben diese doch „die Möglichkeit zerstört, daß eine bestimmte Kunstrichtung mit dem Anspruch allgemeiner Gültigkeit auftreten kann." (Bürger 1974, 122) Bürgers Einwand möchte allerdings nicht der Kunst ihre kritische gesellschaftliche Funktion absprechen. Diesbezüglich ist er mit Adorno einer Meinung. Er bestreitet aber, dass diese Funktion nur dann ausgeübt werden kann, wenn die Kunst „ästhetische Normen als gültige" setzt (ebd.).

Auch oder vielmehr gerade als neue bleibt die Kunst jedoch gesellschaftlich bestimmt. Dass sie durch den Bruch, den sie darstellt, gleichzeitig die gesellschaftliche Tendenz nachahmt, stets Neues produzieren zu müssen, damit Profit erwirtschaftet werden kann, macht ihren Doppelcharakter in der Moderne aus. Das zeige sich Adorno zufolge bei Baudelaire: die Objektivität des Warencharakters werde dort auf störende Weise mit der Objektivität des Werks zusammengebracht: „[D]as absolute Kunstwerk trifft sich mit der absoluten Ware. Der Rest des Abstrakten im Begriff der Moderne ist sein Tribut an diese." (39) Diese Abstraktheit ist aber nichts Formales, das noch inhaltlich bestimmt werden müsste. „Vielmehr ist sie provokativ, Herausforderung der Illusion, es wäre noch Leben, zugleich Mittel jener ästhetischen Distanzierung, die von der traditionellen Phantasie nicht mehr geleistet wird." (40) Die Abstraktheit soll also gerade gerettet werden, weil sie es ist, die der Kunst noch eine Distanzierung von der ihrerseits abstrakten Realität ermöglicht. Abstrakt ist die gesellschaftliche Realität aus Adornos Perspektive wiederum, weil der sie bestimmende Warentausch Menschen und Dinge zu austauschbaren Entitäten macht, deren qualitative Bestimmungen sekundär sind. Abstraktheit ist in der Kunst eine allegorische Reaktion auf die Abstraktheit der Realität (40). Sie macht durch ihren ästhetischen Ausdruck die Abstraktheit der Realität erst erfahrbar, während die abstrakte

Realität so etwas wie das Machen von Erfahrungen Adorno zufolge zunehmend verunmöglicht.

Dass das Neue als Sprung oder Bruch verstanden werden muss, hängt damit zusammen, dass Geschichte für Adorno ein Prozess ist, der die Welt in ein Immergleiches verwandelt, sie zugleich nutzbar und nutzlos macht. Im Unterschied zur vormodernen Kunst weigert sich die moderne Kunst diesen Prozess als Versöhnung darzustellen, worauf die Geschichte immer schon zuläuft. Stattdessen wird der Bruch der modernen Kunst genau durch die Weigerung erwirkt, in imaginierter Versöhnung Zuflucht zu suchen. Der Ausdruck des Leidens an der Realität, der in der modernen Kunst stattfindet, stellt die Geschichtsphilosophie deswegen vor ein Problem, weil diese keinen Sinnzusammenhang mehr konstruieren kann, in den dieser Ausdruck als etwas Neues eingeordnet werden kann. Weder die inner- noch die außerästhetische Geschichte lässt sich nach Adorno als ein Kontinuum begreifen, in dem Neues heranreift und mit Notwendigkeit hervorgebracht werden wird. Das Neue ist jedoch auch nicht davor gefeit, zu einem Alten zu werden, selbst „in Immergleichheit umzuschlagen." (41) Adornos Kritik von Schönbergs Dodekaphonie zielt genau darauf ab, dass die einmal von der Tonalität befreite musikalische Sprache selbst Systemcharakter annimmt (Hogh 2020).

Das Verhältnis zur Tradition ist jedoch keines, das durch einen einfachen Abschied von dieser, also durch ihre abstrakte Negation, angemessen zu gestalten ist. Stattdessen wird es zur Aufgabe moderner Kunst durch ihre an der Tradition geübte Kritik etwas an ihr zu retten. Das „Verhältnis zur Tradition" (67 f.), das die neue Kunst einnehme, dürfe das Tradierte weder einfach verwerfen noch es fortsetzen. Der Bruch mit der Tradition wird als bestimmte Negation verstanden. „Die Tradition ist nicht abstrakt zu negieren, sondern unnaiv nach dem gegenwärtigen Stand zu kritisieren: so konstituiert das Gegenwärtige das Vergangene. Nichts ist unbesehen, nur weil es vorhanden ist und einst etwas galt, zu übernehmen, nichts aber auch erledigt, weil es verging; Zeit allein ist kein Kriterium." (67) Die für eine Gegenwart entscheidenden Aspekte eines Werks sind historisch je andere. Weil das so ist, ist kein Werk, das vergangen ist, schon erledigt und damit uninteressant geworden. Aus ihm können unter veränderten Umständen Dinge sprechen und hervortreten, die noch niemand darin gesehen hat. Ebenfalls ist es möglich, dass eine Gegenwart die für eine vergangene Phase entscheidenden Züge eines Werks nicht mehr versteht, weil der Zugriff auf sie durch den Stand der ästhetischen und gesellschaftlichen Entwicklung verstellt ist.

Damit wird für Adorno die Frage aufgeworfen, welchen Anspruch auf Dauer moderne Kunstwerke stellen können. Vormoderne bzw. durch Tradition abgesicherte Werke waren „auf Dauer angelegt" (48), sie lassen sich für Adorno durch den Anspruch kennzeichnen, etwas zu tradieren, das gerade nicht vergeht. Dieses

Moment hebt Adorno positiv als „Einspruch gegen den Tod" (48) hervor: „[D]ie kurzfristige Ewigkeit der Werke ist Allegorie einer scheinlosen. Kunst ist Schein dessen, woran der Tod nicht heranreicht." (48) Aber für neue Kunst ist Dauer nicht garantiert. „Über ihre Dauer haben die Werke keine Gewalt; am letzten ist sie garantiert, wo das vermeintlich Zeitgebundene zugunsten des Beständigen ausgemerzt wird." (48) Adorno interpretiert nun das Bedürfnis nach dauernden Werken als eines, das erst dadurch hervorgerufen werde, dass Dauer nicht garantiert ist bzw. fragwürdig geworden ist. Gegen das Bedürfnis nach Dauer setzt er einen anderen Gedanken: „Entschlüge sich Kunst der einmal durchschauten Illusion des Dauerns; nähme sie die eigene Vergänglichkeit aus Sympathie mit dem ephemeren Lebendigen in sich hinein, so wäre das einer Konzeption von Wahrheit gemäß, welche diese nicht als abstrakt beharrend supponiert, sondern ihres Zeitkerns sich bewußt ist." (50) Wenn Wahrheit einen Zeitkern hat, also selbst werdend ist, so können Kunstwerke, die wahr sein sollen, ihrerseits nichts Ewiges und Dauerndes sein. Den „Einspruch gegen den Tod" (48), den Kunstwerke darstellen, können sie nach Adorno eher formulieren, wenn sie ihre eigene Vergänglichkeit „aus Sympathie mit dem [...] Lebendigen" (50) in sich aufnehmen und sich gerade nicht als ewig dem Lebendigen entgegensetzen. Auf diese Weise soll die Kunst sich darum dem „objektive[n] Bedürfnis" (50) der Menschen annehmen können, in dem sie ihr Leiden ausdrückt, damit es gesellschaftlich gelindert werde.

Das wiederum verbindet das Neue mit dem Gedanken der Utopie, aber auch dieses Verhältnis wird von Adorno negativ verstanden: das Neue kann aufgrund seiner Abstraktheit und dem daran hängenden Wahrheitsgehalt nicht einen besseren Zustand positiv antizipieren (*siehe* Tränkle). „Das Neue ist die Sehnsucht nach dem Neuen, kaum es selbst, daran krankt alles Neue. Was als Utopie sich fühlt, bleibt ein Negatives gegen das Bestehende, und diesem hörig." (55) Kunst unterstellt sich dem Gebot, das Utopische nicht zu konkretisieren, um stattdessen durch den negativen Ausdruck des Unversöhnten in Differenz zum Bestehenden zu treten. „Durch unversöhnliche Absage an den Schein von Versöhnung hält sie diese fest inmitten des Unversöhnten, richtiges Bewußtsein einer Epoche, darin die reale Möglichkeit von Utopie – daß die Erde, nach dem Stand der Produktivkräfte, jetzt, hier, unmittelbar das Paradies sein könnte – auf einer äußersten Spitze mit der Möglichkeit der totalen Katastrophe sich vereint." (55f.) Das Neue ist Selbstzweck, der aber nur dadurch legitimiert wird, dass das Neue sich nicht in eine geschichtliche Teleologie einfügt, sondern dieser gerade absagt, mit ihr bricht. Und nur durch diesen Zug des Brechens mit dem Allgemeinen, durch radikale Individuation, konsequente Negativität, tritt in der Totalität eine Differenz, ein Riss auf. Dieser Riss ist bestimmte Negation, die in ihrer Bindung ans Negierte über es hinausweist.

Zwar kann die moderne Kunst keine Tradition mehr bilden, aber durch ihr negatives Auftreten produziert sie einen „Kanon der Verbote" (60–62). Es wird keine Utopie positiv bestimmt, sondern festgelegt, was nicht mehr möglich ist. Kunst selbst produziert Normen, an denen sich die Werke jeweils abarbeiten müssen. Diese Normen sind trotz der Individualität moderner Kunstwerke nichts bloß Subjektives: „Im Kanon der Verbote schlagen Idiosynkrasien der Künstler sich nieder, aber sie wiederum sind objektiv verpflichtend, darin ist ästhetisch das Besondere buchstäblich das Allgemeine. Denn das idiosynkratische, zunächst bewußtlose und kaum theoretisch sich selbst transparente Verhalten ist Sediment kollektiver Reaktionsweisen." (60) Die ästhetischen Normen sind gebunden an kollektive Reaktionsweisen, die noch im subjektivsten Ausdruck des Künstlers durchschlagen.

Das Verhältnis von Norm und Werk ist ein Vermittlungsverhältnis. Normen können nur bestehen, indem sie ins Werk gesetzt werden. Aber bei diesem Prozess werden sie notwendig gebrochen und auf individuelle Weise realisiert und verändert. „Ästhetische Normen, wie groß auch ihre geschichtliche Stringenz sein mag, bleiben hinter dem konkreten Leben der Kunstwerke zurück; gleichwohl partizipieren sie an den magnetischen Feldern in ihnen." (62)

Gegenüber Bürgers Kritik an Adornos Normativismus kann an dieser Stelle hervorgehoben werden, dass „ästhetische Normen", obwohl sie nichts bloß Subjektives sind, nicht so verstanden werden, als seien sie etwas Substanzielles, das sich dann in einzelnen Werken ausdrückt. Sie bleiben den Werken einerseits äußerlich und haben andererseits an ihnen Teil. Diese Abhängigkeit der Normen von den Werken gibt ihnen selbst einen prekären, ja instabilen Status. KünstlerInnen sollen deswegen auch nicht auf die Erfüllung von Normen zielen, sondern vielmehr auf die Stimmigkeit ihrer Gebilde (*siehe* Goehr). „Ästhetische Rationalität erheischt, daß jedes künstlerische Mittel in sich und seiner Funktion nach so bestimmt sein muß wie möglich, um von sich aus zu leisten, wovon kein traditionales es mehr entlastet." (58 f.) Moderne Kunst muss über das Material bewusst verfügen. Das teilen materielle und künstlerische Produktion. Können in der materiellen Produktion jedoch auch Mittel verwendet werden, die bereits überholt sind, so kann das bei modernen Kunstwerken nicht funktionieren. Moderne Kunst wendet sich gegen Mäßigung. „Daß jedes Moment in einem Gebilde ganz und gar das leiste, was es leisten soll, koinzidiert unmittelbar mit Moderne als Desiderat: das Gemäßigte entzieht sich diesem, weil es die Mittel von vorhandener oder fingierter Tradition empfängt und ihr die Macht zutraut, die sie nicht mehr besitzt." (59)

In jedem Werk sind Spuren des Misslingens, an denen andere Werke ansetzen und die sie zu korrigieren versuchen. Jedes Werk verhält sich gegenüber allen anderen Werken negativ, sie üben Kritik aneinander, weil sie als moderne Werke bis zur möglichst vollkommenen Bestimmung ihrer Momente fortschreiten müssen und nichts der Tradition oder dem Zufall überlassen dürfen. Dies führt Adorno direkt zur Frage nach der Wahrheit neuer Kunst. „Der Wahrheitsgehalt der Kunstwerke ist fusioniert mit ihrem kritischen. Darum üben sie Kritik aneinander. Das, nicht die historische Kontinuität ihrer Abhängigkeiten, verbindet die Kunstwerke miteinander; ‚ein Kunstwerk ist der Todfeind des anderen'; die Einheit der Geschichte von Kunst ist die dialektische Figur bestimmter Negation. Und anders nicht dient sie ihrer Idee von Versöhnung." (59 f.) Die Wahrheit des Neuen in der Kunst bzw. die Wahrheit der neuen Kunst ist aber nicht durch tradierte Methoden der Interpretation zugänglich. Es ist die Abstraktheit der neuen Kunst, die dies verhindert, und die mit Bezug auf die Frage nach der Wahrheit mit weiteren Bestimmungen versehen wird, so den Begriffen des Absurden und des Dunklen. Die Wahrheit des Neuen liege im Intentionslosen und könne nur durch eine „zweite Reflexion" (47) zugänglich gemacht werden. Diese „ergreift die Verfahrungsweise, die Sprache des Kunstwerks im weitesten Verstand, aber sie zielt auf Blindheit." (47) Dies lässt sich so verstehen, dass die erste Reflexion den Gehalt des Werks durch die Konstruktion des Werks hindurch zu ergreifen sucht, dieser sich aber als verdunkelt, als absurd entpuppt. Die zweite Reflexion versucht im Unterschied zur ersten Reflexion diesen absurden Gehalt nicht mehr als eine rationale Struktur zu verstehen, sondern vielmehr das Blinde am Werk selbst zu interpretieren, aber nicht, indem es als sinnvoll dargetan und seine Absurdität aufgelöst wird.[3] Der Gehalt der Werke neuer Kunst entzieht sich einem rationalem Zugriff und verlangt ihn zugleich. Dazu braucht es die zweite Reflexion als ein neues Ansetzen der Interpretation.

4.3 Das Experimentelle und das Schwarze

Den Gedanken, dass das Neue, der Bruch mit der Tradition sachlich erzwungen ist, erörtert Adorno auch in Auseinandersetzung mit dem Begriff des Experimentellen. Dieser stehe für das „Gewalttätige am Neuen" (42). Das Experimentelle sei gerade nichts auf das Subjekt Zurückführbares, kein bloßes Herumprobieren. Wo es den festen Boden der Tradition nicht mehr gibt, „werden die produktiven Künstler objektiv zum Experiment gedrängt." (42) Allerdings hat der Begriff in der Moderne eine veränderte Bedeutung: „Ursprünglich bedeutete er lediglich, daß der seiner selbst bewußte Wille unbekannte oder nicht sanktionierte Verfah-

---

[3] Vgl. zum Begriff der zweiten Reflexion die Überlegungen von Stefan Müller, der diesen Begriff in Adornos Verständnis einer dialektischen ästhetischen Logik verortet: Müller 2016, 139–145.

rungsarten erprobt." (42) Das hat sich geändert, weil das künstlerische Subjekt selbst ins Wanken geraten ist. Experimentell sein heißt jetzt, „daß das künstlerische Subjekt Methoden praktiziert, deren sachliches Ergebnis es nicht absehen kann." (43) Das Subjekt wurde außerästhetisch – also: gesellschaftlich – und ästhetisch entmächtigt, von der Geschichte wie von der Technologie, die sich ihm gegenüber verselbständigt hat. Die Situation ist in Adornos Gegenwart dadurch gekennzeichnet, dass das künstlerische Subjekt schwankt: zwischen einem Seiner-selbst-mächtig-Bleiben in der Entäußerung an Material und Technologie und einer vollkommenen Entäußerung von Subjektivität. Entsprechend ist das Verhältnis des künstlerischen Subjekts zu seinem Material entscheidend. Auch experimentelle Kunst kann es nach Adorno nur unter der Voraussetzung der Materialbeherrschung geben. Heute bedeute dies, „daß die Gebilde Züge enthalten sollen, die im Produktionsprozeß nicht absehbar sind; daß, subjektiv, der Künstler von seinen Gebilden überrascht werde." (63) Das ist nicht ohne Risiko von Regression möglich, aber dieses Risiko muss eingegangen werden. Adorno zielt letztlich auf eine Vermittlung von Beherrschung und Befreiung im künstlerischen Subjekt: „Beim Experiment ist das Moment des Ichfremden ebenso zu achten wie subjektiv zu beherrschen: erst als Beherrschtes zeugt es fürs Befreite." (64)

Das hier bereits umrissene Verhältnis von Subjekt und Kunstwerk ist zentral für Adornos Verständnis neuer Kunst, denn gerade weil die neue Kunst sich auf nichts Tradiertes mehr stützen kann, bleibt sie auf das Subjekt verwiesen. „Je mehr Kunst das Vorgegebene aus sich ausschied, desto gründlicher ist sie auf das zurückgeworfen, was gleichsam ohne Anleihe bei dem ihm Entrückten und fremd Gewordenen auskommt, auf den Punkt der reinen Subjektivität: die je eigene und damit abstrakte." (51) Auf dem „subjektiven Punkt" kann sie aber nicht stehen bleiben, denn das, was dem Subjekt darüber zugänglich war, schrumpfte immer mehr zusammen, wie im Dadaismus zum Schrei oder zur ohnmächtigen Geste. So etwas wie Dauer ist mit dem subjektiven Punkt als „Basis" der Kunst nicht vereinbar. Das Bedürfnis danach ist aber auch aus der neuen Kunst nicht zu tilgen. „Künstler von der Integrität Picassos und Schönbergs begaben sich über den Punkt hinaus. Ihre Nöte dabei waren bei ihren ersten Anstrengungen zu sogenannter neuer Ordnung zu spüren und zu fürchten. Mittlerweile entfalteten sie sich zu einer Schwierigkeit von Kunst überhaupt. Jeder erforderte Fortschritt über den Punkt hinaus wurde bislang erkauft mit Rückschritt durch Angleichung an Gewesenes und durch die Willkür selbstgesetzter Ordnung." (52) Erneut wird hier die eben bereits thematisierte Gefahr bestimmt, der die von der Last der Tradition befreite neue Kunst auf ihrer Suche nach radikal individuellen, zugleich aber verbindlichen Werken ausgesetzt ist: der Umschlag von Befreiung in neue Konventionen. In Becketts Werk sieht Adorno Möglichkeiten, wie mit dieser Gefahr konsequent umgegangen werden kann. Das Subjekt gibt es dort nur noch als radikal verarmtes, und über ein Objekt verfügen kann es auch nicht mehr. Subjekt und Objekt sind beide in dem Sinne abstrakt geworden, dass sie nur noch als radikal Vereinzelte vorkommen. Beziehungen zwischen den Subjekten und zwischen Subjekt und Objekt sind Beziehungen von Abstrakta. „Neue Kunst ist so abstrakt, wie die Beziehungen der Menschen in Wahrheit es geworden sind. Die Kategorien des Realistischen und des Symbolischen sind gleichermaßen außer Kurs gesetzt. Weil der Bann der auswendigen Realität über die Subjekte und ihre Reaktionsformen absolut geworden ist, kann das Kunstwerk ihm nur dadurch noch opponieren, daß es ihm sich gleichmacht." (53) Wiederum ist es die gesellschaftliche Entwicklung, deren Macht über Subjektivität und Kunst so groß ist, dass ästhetische Kritik nur noch als Ausdruck der Ohnmacht des Subjekts gegenüber der gesellschaftlichen Realität möglich sein soll.

Auch hier zeigt sich, warum Adorno moderne Kunst als Ort der Gesellschaftskritik verstanden wissen möchte. „Solche Moderne muß dem Hochindustrialismus sich gewachsen zeigen, nicht einfach ihn behandeln. Ihre eigene Verhaltensweise und ihre Formsprache muß auf die objektive Situation spontan reagieren; spontanes Reagieren als Norm umschreibt eine perennierende Paradoxie von Kunst. Weil nichts der Erfahrung der Situation ausweichen kann, zählt auch nichts, was sich gebärdet, als entzöge es sich ihr." (57) Die ästhetischen Produktivkräfte stehen in einem Spannungsverhältnis zur Technik und zu den Produktionsverhältnissen: Technik ist einerseits innerästhetisch, andererseits außerästhetisch bestimmt (*siehe* Früchtl). Der Fortschritt der außerästhetischen Produktivkräfte hat Folgen für die ästhetischen Produktivkräfte (*siehe* Gordon). Diese können die „reale Entfesselung" (56) vertreten, die den außerästhetischen Produktivkräften durch die Produktionsverhältnisse verwehrt wird. Moderne Kunst steht in einem für sie konstitutiven Verhältnis zur gesellschaftlichen Situation und muss diese in sich aufnehmen, ohne sich an sie auszuliefern und sich aus ihr ableiten zu lassen. Obwohl (und weil) Adorno hier geschichtsphilosophisch recht orthodox materialistisch argumentiert, verweigert er sich entschieden etwa einem sozialistischen Realismus, der den Fortschritt der außerästhetischen Produktivkräfte und den Glauben an ihn bebildert.[4] Kunst soll vielmehr spontan auf die gesellschaftliche Erfahrung reagieren, nicht etwas aus politischer Überzeugung ableiten (*siehe* Zwarg/Mettin).

---

[4] Um das Verhältnis Adornos zum sozialistischen Realismus zu verstehen, ist vor allem seine Auseinandersetzung mit der Ästhetik von Lukács interessant. AGS 11, 249–280; vgl. Bürger 1974, 117–128.

Adorno verbindet die kritische Funktion der Kunst nun mit dem, was er das „Ideal der Schwärze" (66) nennt. Wo die Realität finster ist, muss die Kunst es auch sein, damit sie der Realität widerstehen kann. Denn wenn sie stattdessen heiter oder phantastisch wäre, dann nähme sie von der finsteren Realität keine Kenntnis und verfiele ihr darum umso mehr. Neue Kunst nimmt die Empirie, d. h. das gesellschaftliche Leiden, „so schwer", „daß ihr der Spaß an der Fiktion vergeht." (36) Dem Leiden kann die Kunst eher dadurch Ausdruck verleihen und standhalten, dass sie es gerade nicht verdeckt oder phantasievoll bebildert, sondern sich mit ihm identifiziert. „Kunst verklagt die überflüssige Armut durch die freiwillige eigene; aber sie verklagt auch die Askese und kann sie nicht simpel als ihre Norm aufrichten. In der Verarmung der Mittel, welche das Ideal der Schwärze, wenn nicht jegliche Sachlichkeit mit sich führt, verarmt auch das Gedichtete, Gemalte, Komponierte; die fortgeschrittensten Künste innervieren das am Rande des Verstummens." (66) Die Kunst kann der Welt, die verfinstert ist, nicht die Farben zurückgeben, das ist ein Irrglaube, der die Kunst letztlich mächtiger macht als sie ist, ihre Beschränktheit also übersieht. „Das Unrecht, das alle heitere Kunst, vollends die der Unterhaltung begeht, ist wohl eines an den Toten, am akkumulierten und sprachlosen Schmerz. Trotzdem trägt die schwarze Kunst Züge, die, wären sie ihr Endgültiges, die geschichtliche Verzweiflung besiegelten; so weit, wie es immer noch anders werden kann, mögen auch sie ephemer sein." (66) Kunst darf das Finstere, das sie ausdrückt, nicht ontologisieren, sie muss es als Historisches begreifen. Wenn das Finstere also nicht das letzte Wort behalten darf, dann stellt sich die Frage, woher in der schwarzen Kunst ein Verweis auf das Andere des Schwarzen: das Glück kommen soll. Da in modernen Werken alles einer strengen Konstruktion folgen muss und nichts dem Zufall überlassen bleiben darf, muss es die Erfahrung solcher Werke sein, die so etwas wie Transzendenz über das Finstere spürbar macht: „[D]aß die finstersten Momente der Kunst etwas wie Lust bereiten sollen, ist nichts anderes, als daß Kunst und ein richtiges Bewußtsein von ihr Glück einzig noch in der Fähigkeit des Standhaltens finden." (66) Das, was finstere Kunst auch sinnlich reizvoll macht, ist gerade, dass sie sich abhebt von derjenigen kulturellen Bebilderung, die das Elend verstellt und den Menschen vorspielt, dass alles in Ordnung wäre. Sie muss stattdessen eher mit Schocks arbeiten. Daher wird Dissonanz gesellschaftstheoretisch legitimiert. „Mehr Lust ist bei der Dissonanz als bei der Konsonanz: [...]. Das Schneidende wird, dynamisch geschärft, in sich und vom Einerlei des Affirmativen unterschieden, zum Reiz; und dieser Reiz kaum weniger als der Ekel vorm positiven Schwachsinn geleitet die neue Kunst in ein Niemandsland, stellvertretend für die bewohnbare Erde." (66 f.)

Obwohl die *Ästhetische Theorie* Fragment geblieben ist und der finale Aufbau des Buchs nicht bekannt ist, lässt sich über den hier kommentierten Abschnitt zumindest sagen, dass er den Charakter einer normativen Positionsbestimmung hat, die im vorderen Teil des Buchs, trotz seines konstellativen Aufbaus, die Ausrichtung der weiteren Kapitel mitbestimmt. Adorno verortet nicht nur die Kunst geschichtsphilosophisch, er bezieht Stellung dazu, wie Kunst heute noch so produziert werden kann, dass sie die Sache der Menschen vertritt. Dieses normative Verständnis der Kunst ist aber keines, das dafür plädiert, dass mit Kunst Politik gemacht werden solle, Kunstwerke direkt als politische Interventionen hergestellt werden sollen. Damit wäre für Adorno ein „Überlaufen zur Heteronomie" (69) verbunden. Dadurch ist seine *Ästhetische Theorie* auch heute noch (oder wieder) provokant, möglicherweise jedoch weniger für Positionen, die sich an die klassische oder traditionelle Ästhetik anschließen, sondern eher für diejenigen, die eine Auseinandersetzung mit dieser für überholt halten.

Literatur

Baumeister, Thomas/Kulenkampff, Jens 1973: Geschichtsphilosophie und philosophische Ästhetik. Zu Adornos „Ästhetischer Theorie", in: Neue Hefte für Philosophie 5, 74–105

Bubner, Rüdiger 1980: Kann Theorie ästhetisch werden? Zum Hauptmotiv der Philosophie Adornos, in: Burkhardt Lindner/Martin W. Lüdke (Hrsg.), Materialien zur ästhetischen Theorie Theodor W. Adornos. Konstruktion der Moderne, Frankfurt a. M., 108–137

Bürger, Peter 1974: Theorie der Avantgarde, Frankfurt a. M.

García Düttmann, Alexander 2000: Entkunstung, in: ders., Kunstende. Drei ästhetische Studien, Frankfurt a. M., 14–128

Hindrichs, Gunnar 2016: Ästhetischer Materialismus, in: Zeitschrift für kritische Sozialtheorie und Philosophie 3/2, 246–255

Hogh, Philip 2020: Sprachähnlichkeit der Musik, Musikähnlichkeit der Sprache. Eine Lücke in Adornos Musikästhetik, in: Musik und Ästhetik 24/1, 58–78

Kager, Reinhard 1998: Einheit in der Zersplitterung. Überlegungen zu Adornos Begriff des musikalischen Materials, in: Richard Klein/Claus-Steffen Mahnkopf (Hrsg.), Mit den Ohren denken. Adornos Philosophie der Musik, Frankfurt a. M., 92–114

Kiedaisch, Petra 2006 (Hrsg.): Lyrik nach Auschwitz? Adorno und die Dichter, Stuttgart

Müller, Stefan 2016: Reflexivität als Gegenstand und Kritik. Strukturmerkmale negativer Dialektik in einer ästhetischen Logik, in: Marc Grimm/Martin Niederauer (Hrsg.), Ästhetische Aufklärung. Kunst und Kritik in der Theorie Theodor W. Adornos, Weinheim und Basel, 129–145

Scholze, Britta 2000: Kunst als Kritik. Adornos Weg aus der Dialektik, Würzburg

Sonderegger, Ruth ²2019: Ästhetische Theorie, in: Richard Klein/Johann Kreuzer/Stefan Müller-Doohm (Hrsg.), Adorno-Handbuch. Leben – Werk – Wirkung, Stuttgart, 521–533

Sziborsky, Lucia 1979: Adornos Musikphilosophie. Genese – Konstitution – Pädagogische Perspektiven, München 1979

Wesche, Tilo 2002: Adornos Engführung von Kunst und Moderne. Zum Begriff des Neuen in der Ästhetischen Theorie, in: Maria Moog-Grünewald (Hrsg.), Das Neue – Eine Denkfigur der Moderne. Neues Forum für Allgemeine und Vergleichende Literaturwissenschaft, Band 2, Heidelberg, 7–32

Josef Früchtl
5 Zu den Kategorien des Häßlichen, des Schönen und der Technik

5.1 Inhalt

Die Überschrift des Abschnitts *Zu den Kategorien des Häßlichen, des Schönen und der Technik* setzt einen zweifachen Akzent. Sie stellt zum einen die Kategorie des Hässlichen derjenigen des Schönen voran, und sie verbindet zum anderen beide Kategorien mit derjenigen der Technik. Die zweite Akzentsetzung ist weitaus überraschender als die erste. Mit dem Eintritt in die ästhetische Moderne spätestens seit Mitte des 19. Jahrhunderts wird die Kategorie des Schönen, seit dem 18. Jahrhundert die zentrale Kategorie der Ästhetik, in den Hintergrund gedrängt oder sogar als obsolet angesehen. Entsprechend erobert sich die Gegenkategorie des Hässlichen einen festen Platz im ästhetischen Diskurs wie auch im Kunstgeschehen oder – terminologisch dem Begriff der Technik näherstehend – in der Kunstproduktion. Die Umakzentuierung, die die Abschnittsüberschrift vornimmt, liegt insofern auf einer Linie mit der kunst- und ideenhistorischen Entwicklung. Einen eigenen Akzent aber setzt sie, indem sie die Kategorie der Technik hinzufügt und damit das Bedeutungsfeld von Schönheit und Hässlichkeit um eine Dimension erweitert, die zum einen an den Begriff der künstlerischen Form anschließt und zum anderen in geschichtsphilosophischer Absicht die Begriffe von Natur und Herrschaft ins Zentrum stellt.

Im Einzelnen schließt sich Adorno der binären Semantik der Begriffe Schönheit und Hässlichkeit an, deutet sie allerdings dialektisch in ihrer wechselseitigen Notwendigkeit; der eine Begriff lässt sich nicht bestimmen, ohne ihn auf den anderen, sein Gegenteil zu beziehen. Adorno expliziert dies durch eine historische Argumentation. Die essentialistische, seit Platon leitende Frage, was das Schöne als das allen schönen Phänomenen Gemeinsame sei, wird im Sinne des späten 18. und dann des 19. Jahrhunderts ersetzt durch die Frage, wie es sich verändere. Zur historischen Argumentation gehört dabei wesentlich eine geschichtsphilosophische. In diesem Kontext argumentiert Adorno für einen Begriff des Schönen und Hässlichen, der seine archaische, elementar affektive Bedeutungsschicht nicht verdrängt, sondern sie mit Hegel „bestimmt negiert", mit Freud „sublimiert" und im Sinne eines biologisch-anthropologischen Konzeptes von Mimesis fortführt. Die historische Zugangsweise führt bei Adorno allerdings nicht dazu, Schönes und Hässliches inhaltlich und damit relativistisch zu bestimmen. Er folgt vielmehr auch hier dem Primat der Form, deutet sie aber ihrerseits inhaltlich, als unvermeidliches Element von Herrschaft im Kunstwerk. Das Hässliche firmiert demnach erstens als oppositionelles Element der Kunst, zweitens als integrales Element der Kunst (vor allem der Moderne) und steht drittens für die Grenze der leitenden Schönheitsnorm von „immanenter Stimmigkeit". Schön darf man mit Adorno nennen, was das Element der Hässlichkeit in dieser dreifachen Bedeutung nicht verleugnet.

5.2 Kommentar

Adorno beginnt seine Darstellung mit dem „Gemeinplatz" (74), dass das Schöne das Hässliche nötig hatte, um sich herauszubilden. Das geschah durch einen „Kanon von Verboten" (ebd.). Wer demnach gegen gewisse „allgemeine Regeln" verstieß (ebd.), konnte nicht den Anspruch auf Schönheit erheben. Diese Art, das Schöne vom Hässlichen zu unterscheiden, kann Mitte des 20. Jahrhunderts selbstredend nicht mehr überzeugen. Gleichwohl hält Adorno in dem Sinn an einem Kanon von Verboten fest (*siehe* Hogh), dass er Verstöße „gegen die immanente Stimmigkeit" (ebd.) eines Kunstwerkes verbietet. Damit gibt er bereits eine erste Definition von Schönheit bzw. Hässlichkeit: Schön ist ein Werk, das auf immanenter Stimmigkeit beruht, hässlich eines, das gegen sie verstößt. Statt immanenter Stimmigkeit kann man auch sagen: spezifische Form, etwas „Durchgebildete[s]"; hässlich ist insofern das „Rohe[n]" (ebd.).

Allerdings zieht Adorno sogleich den Begriff der „Dissonanz" (74) heran, mit dem der ästhetische Diskurs – Adorno verweist auf die *Ästhetik des Häßlichen* (1851) von Karl Rosenkranz – das gerechtfertigte Element von Hässlichkeit in der Kunst selber benennt. Ein Kunstwerk, das Dissonanz zum Ausdruck bringt, gibt demnach der Norm immanenter Stimmigkeit eine spezifische, nämlich nachdrücklich moderne Wendung. Während nämlich der „herkömmlichen Ästhetik" (ebd.) zufolge – genannt wird Hegel, gemeint ist gewiss aber auch der Hegel-Schüler Rosenkranz – die Kunst in der Lage ist, Hässliches zu integrieren und dadurch „im höheren Sinn doch schön" zu sein – als Beispiel führt Adorno die „holländische[n] Bilder des siebzehnten Jahrhunderts" an –, ist diese „harmonistische" Ansicht vom Hässlichen „in der Moderne zu Protest gegangen", und für die Moderne stehen beispielhaft die „Anatomiegreuel bei Rimbaud und Benn" sowie „das physisch Widerwärtige und Abstoßende" bei Beckett (75). Daraus ergibt sich für Adorno eine weitere Definition. Angesichts des Hässlichen erweist sich nämlich „das Formgesetz", das künstlerische Gesetz, Stofflich-Materielles einer ihm angemessenen Form zu unterwerfen, als „ohnmächtig" (ebd.). Das Hässliche bildet also nicht nur semantisch ein oppositionelles Element der Kunst und qua Dissonanz ein integrales Element der modernen Kunst, sondern steht wie ein schwarzer Block, wie ein unverdaulicher Speiseklumpen oder – ins Philosophische gehoben – wie Kants Ding an sich auch für die *Grenze* der Norm immanenter Stimmigkeit. Es ist insofern das ästhetische Memento für die Endlichkeit des Subjekts in seiner formgebenden Macht.

Die einleitende Diskussion des Hässlichen in seiner vormodernen und modernen Bedeutung schließt Adorno ab mit dem allgemeinen Statement: „So durchaus dynamisch ist die Kategorie des Häßlichen und notwendig ebenso ihr Gegenbild, die des Schönen. Beide spotten einer definitorischen Fixierung" (75). Adorno folgt der Begriffsgeschichte (Kliche 2001, 26), indem er Hässliches und Schönes als Gegensatz begreift: Das eine ist die Negation des anderen; aber er verhält sich zurückhaltend gegenüber der Konsequenz, daraus eine Definition abzuleiten. Man kann nicht definitorisch, durch die Angabe seiner Kennzeichen, sozusagen ein für allemal sagen, was das Hässliche und das Schöne ist. Vielmehr verändern sich diese Kennzeichen historisch, sozial und kulturell, indem sich ihr Stellenwert verändert. Neue Kennzeichen treten hinzu, alte verschwinden oder treten als sekundäre in den Hintergrund. Adornos Terminus dafür lautet „Konstellation" oder „Konfiguration" (AGS 6, 164–169). Was die philosophische Analyse demnach zu leisten hat, ist eine Rekonstruktion der Bedeutungslinien zwischen den Kennzeichen eines Begriffs. Sie ist semantische Analyse einer variablen konzeptuellen Konstellation.

Zu den Beispielen, die Adorno anführt, gehört in der Folge auch die „Häßlichkeit von Technik und Industrielandschaft" (75). Hier also wird die Kategorie der Technik im Kontext von Hässlichkeit und Schönheit zum ersten Mal genannt, und zwar in einer negativen Evaluation (Huhn 1988). Die Ausdeutung dieser Konnotation lenkt die Aufmerksamkeit sogleich auf das „Prinzip der Gewalt" (75) in der Naturbeherrschung, also auf jene Thematik, die Adorno zusammen mit Max Horkheimer in der *Dialektik der Aufklärung* eingehend dargestellt hat. Die Zwecke, die die Technik setzt, sind „unversöhnt" mit dem, was Natur „von sich aus sagen will." (Ebd.) Adorno orientiert sich hier an einer triangulären Verbindung der Begriffe von Natur, Technik und Versöhnung und gibt dem romantischen, auch mystischen Begriff von Natur als einem Quasi-Subjekt oder einer Art Alter-Ego, wie er im späten 18. Jahrhundert bei Schelling, im 20. Jahrhundert bei Ernst Bloch hervortritt, eine utopische Wendung, die sich sowohl von einem hegelianischen Begriff von Versöhnung leiten lässt als auch von der Idee des jungen Marx zu einer „Humanisierung der Natur" und „Naturalisierung des Menschen" (Marx 1977, 536; Habermas 1981; Schmidt 1971). Diese Utopie wird von der Überzeugung geleitet, dass es den Menschen nicht möglich ist, miteinander frei von Unterdrückung und Angst umzugehen, ohne die äußere und innere Natur in diesen humanen Umgang mit einzuschließen. Käme es, wie Adorno mit marxistischem Vokabular sagt, zu einer „Umlenkung der technischen Produktivkräfte", die die Eingriffe der Technik

„nicht länger bloß" an den Zwecksetzungen der Menschen misst, sondern „ebenso" an der Natur, könnte ein Verhältnis zur Natur entstehen, das an der sogenannten „Kulturlandschaft" (75 f.) ihr ästhetisch-schönes Modell hat (*siehe* Bernstein). Technische „Rationalität" könnte insofern selber helfen, die „Wunden von Rationalität" zu schließen (76), eine Formulierung, mit der Adorno hier, wie auch an anderer Stelle des Öfteren, auf die Stelle in Richard Wagners Oper *Parsifal* anspielt, dass nur der Speer, der eine Wunde verursacht hat, sie auch heilen könne.[1] Der negativen Evaluierung der Technik tritt hier also eine positive, eine „friedlich gewordene[n] Technik" (ebd.) zur Seite. Rationalität qua Technik „inhäriert" der Kunst, allerdings in „entgegengesetzter Richtungstendenz" als – wie Adorno in abstraktiver Verallgemeinerung sagt – „die Herrschaft" (86).

Adorno vertieft im Weiteren seine historische Betrachtung der Kategorie des Hässlichen, indem er daran erinnert, dass das, was als hässlich erscheint, etwa „kannibalisch drohende[n] Kultfratzen", der „archaischen Phase" (76) des ästhetischen Umgangs mit der Natur angehört, bei dem man, wie wiederum die *Dialektik der Aufklärung* erläutert, in einem mimetischen, nachahmend-verdoppelnden Akt auf Furcht reagiert. Der Begriff des Hässlichen ist demnach „retrospektiv" (77) entstanden mit dem Akt, mit dem Schönheit und Kunst sich davon absetzen. „Nietzsches Satz, alle guten Dinge seien einmal arge Dinge gewesen, Schellings Einsicht vom Furchtbaren am Anfang könnten", Adorno zufolge also „an der Kunst erfahren worden sein." (76 f.; vgl. Nietzsche 1988b, 358; Hohendahl 2005) Aber Kunst und Schönheit sind ihrerseits in dieser geschichtlichen Absetzund Abstoßbewegung vom Hässlichen in die entsprechende „Dialektik" mit einbezogen. Als Beispiel dient Adorno der Kitsch, den er in diesem Kontext kurzerhand als „das Schöne als Häßliches" definiert, das Schöne, welches das Hässliche nicht mehr als seinen „Widerpart[s]" (77) anerkennt und daher als das, was zu schön ist, selber hässlich wird.

Schönheit und Hässlichkeit lassen sich also nicht schlicht inhaltlich bestimmen, indem man etwa sagt, eine kannibalische Kultfratze oder ein verunstalteter Körper seien als solche hässlich. Das verleiht neben der historischen der *formalen* Bestimmung, so wie Kants Analyse des ästhetischen Urteils sie repräsentativ vorgelegt hat, zunächst einen Vorrang. Aber Adorno hält ihr sogleich in einer hegelianisch-dialektischen Wendung ihrerseits einen „Inhalt" vor (HWA 8, 264–267). Auf der Folie der Geschichtsphilosophie und Subjektivitätstheorie, wie

---

[1] Der Speer, von dem bei Wagner die Rede ist, ist derjenige, mit dem Jesus am Kreuz die Seitenwunde beigebracht wurde. In der Oper wird der Gralskönig Amfortas durch seinen Gegenspieler verwundet mit eben diesem Speer. Die Wunde bricht jedes Mal wieder auf, wenn die neben dem Speer zweite wundertätige Reliquie, der Gral, enthüllt wird, um die Ritterrunde zu stärken. Der König muss also, um die ritterliche Gemeinschaft aufrecht zu erhalten, immerfort leiden.

sie die *Dialektik der Aufklärung* ausgearbeitet hat, lautet der „latente" Inhalt des ästhetischen Formalismus auf „Versöhnung als Gewalttat", auf „Harmonie" – ein leitender Begriff bei Kants Analyse des Schönen – *als* Herrschaft (78). Da dem Formalismus aber trotzdem ein gewisser Vorrang zugebilligt werden muss, beinhaltet dies auch, dass die Kunst in ihrer Insistenz auf Form generell „nicht immun" (ebd.) sein kann gegen das Element von Herrschaft und Gewalt. Auch insofern bildet das Hässliche ein formales Element, im wörtlichen Sinn ein Formelement der Kunst, denn die Form schneidet, wie Adorno ein wenig später sagt, „aus einem Lebendigen, dem Leib der Sprache, den Tönen, der sichtbaren Erfahrung" etwas heraus (80), um ein Gedicht, ein Musikstück oder ein Gemälde entstehen zu lassen. Gewalt und sogar „Grausamkeit" sind dem Kunstwerk „unabdingbar" (ebd.). Die Versöhnung, auf die es utopisch abzielt, kann auch ihm nicht rein, vollkommen oder absolut gelingen. Der berühmte Aphorismus aus den *Minima Moralia:* „Es gibt kein richtiges Leben im falschen" (AGS 4, 43), gilt auch für die Kunst. Wenn der gesellschaftliche Gesamtzusammenhang falsch ist, kann kein Element, das Teil dieses Zusammenhangs ist, (absolut) richtig sein. Es kann allenfalls besser sein als andere Elemente.

Adorno verfolgt den verkappten Inhalt der formalen Dimension von Hässlichkeit und Schönheit weiter, indem er den sozialhistorischen Aspekt hinzuzieht. So war etwa das Motiv der Zulassung des Hässlichen „antifeudal: die Bauern wurden kunstfähig." (78) Gemeint ist wohl die „Bauernderbheit" der holländischen Malerei des 17. Jahrhunderts (75). Mitte des 19. Jahrhunderts, bei Baudelaire und Rimbaud, kommt, mit einem Marx'schen Ausdruck, das „Lumpenproletariat" hinzu (78; vgl. Marx/Engels 1969, 183). Auch erwähnt Adorno Gerhart Hauptmanns Drama *Hanneles Himmelfahrt* (1893), die Geschichte eines jungen Mädchens, das seine Mutter verloren hat und sich aus Angst vor dem brutalen Stiefvater das Leben zu nehmen versucht (79). Aus dieser sozialhistorischen Betrachtung folgt bei Adorno ein ästhetischer Imperativ oder zumindest eine historisch-retrospektive Notwendigkeit: Kunst „muß" das, was als hässlich „verfemt" wird, zu ihrer Sache machen, um „die Welt zu denunzieren", die „das Unterdrückte, das den Umsturz will", als hässlich denunziert (78 f.). Wenn die „neue Kunst" also eine Vorliebe hat für „das Ekelhafte und physisch Widerliche", so zeigt sich darin, „kritisch materialistisch" gesehen, erneut ihre Herrschaftskritik, psychoanalytisch gesehen, ihre Parteinahme für das, was „verdrängt" wird (79). Die Grenze zur Moral wird damit durchlässig. Schon Kant, der die Grenzziehung in seiner Analyse des Ästhetischen am deutlichsten vornimmt, geht gleichwohl „außerhalb der Kunstwerke im Erhabenen" (ebd.) über sie hinaus. Auch Adorno weiß um die „Hinfälligkeit" (ebd.) dieser Art von Grenzziehung, methodisch, indem er Hegels Theorem von der Dialektik der Grenze übernimmt (HWA 5, 131–139), sozialpsychologisch, indem er das Hässliche dem „Ausdruck des Leidens"

(79) gleichsetzt und insofern das Verdikt über das Hässliche, seinen Ausschluss aus dem Bereich des Ästhetischen, als bloße Abwehr begreift. Erneut schließt Adorno daran die These an, dass Kunst in ihrer Form oder ihrem „Gestus" nicht umhinkann, gewalttätig und grausam zu sein (80). Geschichtsphilosophisch, also wiederum im impliziten Rekurs auf die *Dialektik der Aufklärung*, heißt dies, dass Kunst „Mimesis an den Mythos" betreibt (ebd.), so wie Pegasus, das geflügelte Pferd aus der griechischen Mythologie, mitunter dargestellt wird „als entsprungen aus dem Blut der Medusa" (81), als Perseus ihr das Haupt abschlug. Diese mythologische Erinnerung erlaubt zugleich, das Element der „Unwiderstehlichkeit" (ebd.) zu erklären oder wenigstens zu erläutern, das man in der Erfahrung häufig einem Kunstwerk zuschreibt. Unwiderstehlich schön ist ein Kunstwerk, sofern es sein Element der Grausamkeit nicht verleugnet. Und da Grausamkeit nicht nur moralisch, sondern auch ästhetisch bedeutsam ist – sie ruft wie im Falle des Hässlichen eine körperlich-affektive Reaktion hervor –, ist ein Kunstwerk schön, sofern es Hässlichkeit als ein notwendiges Element nicht verleugnet.

Im nächsten großen Unterabschnitt wendet sich Adornos Text ausdrücklich dem Begriff des Schönen zu. Auch in diesem Fall ist eine Definition nicht möglich. Definitionen, an denen man sich gerne orientiert, – eine formale Definition oder diejenige Hegels als des „sinnliche[n] *Scheinen*[*s*] der Idee" (HWA 13, 151) – sind ohne „Leben" und „statisch" (81 f.). Daraus folgt für Adorno aber nicht, dass auf eine Definition völlig zu „verzichten" sei, denn dies würde implizieren, dass Ästhetik, traditionell und formal definiert als die Lehre vom Schönen, „molluskenhaft" wäre, „historisch-relativistische Beschreibung dessen, was hier und dort, in verschiedenen Gesellschaften etwa oder verschiedenen Stilen, mit Schönheit gemeint gewesen sei" (82).

Ausführlicher geht Adorno auch hier wieder auf den Formalismus ein, den er in einem Nebensatz definiert als die Betrachtung des ästhetischen Objekts unter „allgemeinsten subjektiven Bestimmungen" (82). Und erneut gibt er eine historische, genauer eine geschichtsphilosophische, an den Konzepten von Natur, Schrecken, Mythos und Herrschaft ausgerichtete Rekonstruktion. Als philosophischen Gewährsmann nennt er in diesem Zusammenhang Nietzsche (Nietzsche 1988a, 35). Die Absetzbewegung des Schönen vom mythisch-schreckhaften Ursprung und seiner Hässlichkeit beschreibt Adorno demnach wiederum als eine, die den „Schauer" in sich hinüber „rettet" (82). Die philosophisch-methodologische Terminologie für diese Rettung gibt allerdings nicht Nietzsche, sondern Hegel vor. Das Schöne steht zu seinem mythischen Ursprung nicht im Verhältnis „abstrakter", vollständig verneinender, sondern „bestimmter Negation"; es bewahrt das, was es negiert, indem es dieses auf eine höhere Stufe hebt (AGS 3, 40 f.). Der Begriff, den die Philosophie des Schönen und der Kunst seit Platon und Aristoteles dafür bereithält, ist der der Mimesis (*siehe* Bertram, Angehrn), dem

Adorno aber mit Freuds Lehre vom Todestrieb und der ethnologisch forschenden Anthropologie der 1930er Jahre, namentlich von Marcel Mauss, die Bedeutungswendung der Mimikry verleiht (Früchtl 1986; 1988, 23–25). Da „die Bilder der schreckhaften Natur" diese Natur zugleich auch „besänftigen, ähneln bereits die archaischen Fratzen, Monstren und Halbtiere auch einem Menschlichen sich an." (83) Der Formalismus gehört in diese „Gesamtbewegung von Aufklärung" (ebd.), denn sein latenter Inhalt ist, wie oben bereits dargelegt, Herrschaft im Prinzip der Form. „Das Furchtbare blickt aus Schönheit selbst als der Zwang, der von der Form ausstrahlt" (83 f.). Eben dies erklärt aber noch einmal den Eindruck der ästhetischen Unwiderstehlichkeit, nun mit einem zusätzlichen psychoanalytischen Argument, das Adorno, wie er dies generell häufig tut, nur in einem Nebensatz andeutet: „Die Unwiderstehlichkeit des Schönen, sublimiert vom Sexus an die höchsten Kunstwerke gelangt, wird von ihrer Reinheit, ihrer Distanz von Stofflichkeit und Wirkung ausgeübt." (84) Es ist die Reinheit der Form, der Zwang als Prinzip, und damit auch das Furchtbare, die das Schöne und das Kunstwerk unwiderstehlich erscheinen lassen. Was wir unwiderstehlich nennen, ist das, was uns auf sanfte Art Angst macht.

Dem ästhetischen Prinzip der Mimesis widmet Adorno zusammen mit dem Gegenprinzip der Rationalität konsequenterweise einen der folgenden Unterabschnitte. Kunst, so wiederholt er definitorisch, „ist Zuflucht des mimetischen Verhaltens." (86) Wenn in den archaischen magischen Praktiken unbeherrschte Kräfte beherrscht werden sollen, indem man sie nachahmt oder sich an sie angleicht, bedeutet dies, dass man sich von ihnen „getrennt und doch nicht durchaus getrennt" setzt (ebd.). Sich von diesen Kräften als dem „Anderen" seiner selbst zu distanzieren, ist ein erster Schritt von Herrschaft, der allerdings eine Nähe zum Objekt behält, indem er durch den Akt der Nachahmung eine Ähnlichkeit, also eine Art von Gleichheit mit dem Herrschaftsobjekt herstellt. Der mimetisch-angleichende Akt, so kann man sagen, erweist sich als eine nicht- oder vorbegriffliche, praktische Realisierung der klassischen, scholastischen Definition von Wahrheit als *adaequatio rei et intellectus*. Er meint, mit einem auf Kant verweisenden Ausdruck (Früchtl 1986, 209 ff.), eine „nichtbegriffliche Affinität" zum Objekt (86 f.). Je mehr der Prozess der Zivilisation von diesem ursprünglich archaischen Verhalten distanziert, desto ort- und heimatloser wird es. Der Ort, der ihm am Ende noch bleibt – wobei an dieser Stelle offen ist, ob es der einzige oder (bloß) der beste Ort ist – ist die Kunst.

Beinahe im selben Atemzug verweist Adorno aber auch darauf, dass der Kunst Rationalität als Gegenprinzip zur Mimesis eigen ist. „Rationalität" meint ein intellektuelles und praktisch-technisches Verhalten, das über die rudimentäre Rationalität der archaisch-magischen Mimesis hinausgeht. Schon durch ihre „Absage an die magischen Praktiken" (86) hat die Kunst Anteil an der nachfolgenden

Rationalität. Am Ende des Prozesses, den Max Weber als rationalistische „Entzauberung der Welt" beschreibt (Weber 1988, 94), kann auch die Kunst nicht anders, als sich der „Mittel" der Rationalität zu bedienen (86). Da sie aber zugleich an ihrem archaisch-magischen Ursprung festhält, treten die Elemente von Mimesis und Rationalität in einen Spannungszusammenhang, der es ermöglicht, der Sphäre der Kunst einen außerordentlichen epistemischen und zugleich gesellschaftskritischen Wert zuzuerkennen (*siehe* Mettin/Zwarg). Traditionell gesprochen, geht es um eine soziologische Verteidigung der in der Tradition Hegels formulierten These von der Wahrheit der Kunst (*siehe* Tränkle, Eusterschulte, Geulen). Ausgangspunkt ist das wiederum an Weber anschließende Argument, dass Rationalität als „Inbegriff[s]" der Mittel, bei Adorno „der naturbeherrschenden Mittel" (ebd.), über das, was jenseits der Mittel liegt, also über Zwecke, keine Auskunft erteilen kann. Sie kann also auch nichts über ihren eigenen Zweck sagen. Ihrer eigenen Logik zufolge ist ihr Zweck „ein Nichtrationales" (ebd.) oder – Adornos binär-vereinfachende Darstellung setzt beides gleich – Irrationales. In dem Maße, in dem, nun der Marx'schen Kritik der politischen Ökonomie folgend, der Kapitalismus „diese Irrationalität versteckt und verleugnet", „repräsentiert Kunst Wahrheit im doppelten Verstande; in dem, daß sie das von Rationalität verschüttete Bild ihres Zwecks festhält, und indem sie das Bestehende seiner Irrationalität: ihres Widersinns überführt." (Ebd.) Als eine Sphäre, in der Mimesis und Rationalität in ihrer Spannung oder „Dialektik" (ebd.) zusammenwirken, vereinfacht ausgedrückt: als eine Sphäre *mimetischer Rationalität* ergänzt oder „komplettiert" (87) Kunst zum einen die instrumentelle Rationalität durch eine normative, an der Rechtfertigung eines umfassenden Zweckes ausgerichtete Rationalität und kritisiert sie zum anderen, notabene: indirekt eine Gesellschaft, welche die instrumentelle Rationalität verabsolutiert. Das sind aus Adornos Sicht zwei gute Gründe, um den Begriff der Wahrheit und der Erkenntnis auch und gerade der Kunst zuzuerkennen.

Diese Spannung, gesteigert bis zur „Aporie" oder „Antinomie" (87), entfaltet Adorno im Folgenden noch weiter, variiert dabei aber im Wesentlichen die bereits bekannten Argumente. Die Aporie besteht darin, entweder auf „buchstäbliche Magie" zu regredieren oder den magisch-mimetischen Impuls an „dinghafte Rationalität" abzutreten (ebd.). Zwischen diesen beiden Polen muss sich die Kunst bewegen, und dieses „Bewegungsgesetz" verleiht ihr zum einen ihren spezifischen, nicht durch „Eindeutigkeit" gekennzeichneten Erkenntnischarakter, zum anderen den Charakter von „Unvollkommenheit"; kein Kunstwerk kann „emphatisch [...] gelingen" (ebd.). Aus dieser Spannung ergibt sich, dass rationalistische und irrationalistische Kunsttheorien gleichermaßen „versagen" (ebd.), indem sie das polare Verhältnis schlicht zur einen oder anderen Seite auflösen.

5 Zu den Kategorien des Häßlichen, des Schönen und der Technik — 67

Diesen Theorien widmet Adorno die letzten Betrachtungen des Unterabschnitts über Mimesis und Rationalität.

Der Unterabschnitt über Mimesis und Rationalität führt, verstärkt noch durch den eingeschobenen Begriff der „Konstruktion" (90–92), zur abschließenden Betrachtung der Kategorie der Technik. Auch in diesem Kontext geht es zunächst um die dialektische Spannung zwischen dem „Zauber" der Kunst und der rationalistisch „entzauberten Welt" (93), aus der der eigentümliche Wahrheitsanspruch des Ästhetischen folgt: Wahr ist nur, wie Adorno hier mit metaphysischem, beinahe biblischem Unterton sagt (Scheible 1985), „was nicht in diese Welt paßt" (93), in die Welt verabsolutierter technischer und kapitalistischer Rationalität. Umso dringlicher ist eine angemessene Reflexion auf das technologische Element der Kunst.

Der Begriff „künstlerische Technik" ist, wie Adorno als Erstes anmerkt, „spät aufgekommen" (94). Man könnte, so Adorno weiter, erwarten, dass er nach der Französischen Revolution entstanden sei, nach dem großen politischen Ereignis, das die Machbarkeit der Verhältnisse schlagartig vor Augen führt; aber auch in dieser Periode fehlt er noch. Mit dem Begriff der künstlerischen Technik vollzieht sich in der Kunst allerdings, so Adornos erste abgrenzende Festlegung, keine „Anpassung" an das sogenannte technische Zeitalter (ebd.). Es geht auch nicht um „Verwissenschaftlichung der Kunst", um die Übernahme zum Beispiel von „physikalischen Termini" in die künstlerischen Verfahrungsweisen (ebd.). Die „Technisierung der Kunst" wird vielmehr „vom Objekt" ausgelöst, von der Frage „wie Kunstwerke als verbindlich zu organisieren seien." (Ebd.) Philosophisch ist dafür gerade Kant der Gewährsmann, denn wiewohl er als namhafter Repräsentant einer sogenannten subjektiven Ästhetik gilt, ist „Technik" bei ihm in der *Kritik der Urteilskraft* auch ein Begriff für eine Zweck-Mittel-Relation im „organischen" Sinn. „Die Kantische Idee der Zweckmäßigkeit", so schreibt Adorno in dem Unterabschnitt, der ausführlich auf den Begriff der Technik eingeht, „ist der Technik nächstverwandt." (321) Technik ist für Adorno allgemein also nur ein anderer Begriff für „Form", und wie es Form in einer positiven und negativen Bedeutung gibt, als immanente, den Elementen mimetisch folgende Durchbildung im Werk einerseits, als reines Herrschaftsprinzip andererseits, gibt es diese zweifache und normativ unterschiedliche Bedeutung auch im Konzept der Technik. Im spezifischen Sinn freilich unterscheidet auch Adorno zwischen Technik in einer immanenten und einer externen Bedeutung, zum Beispiel zwischen der „Kompositionstechnik" Johann Sebastian Bachs und den „technischen Mitteln", die zur „voll adäquaten Aufführung" seiner Musik verfügbar oder nicht verfügbar waren (95). Die immanente und normativ als positiv herausgestellte Bedeutung der Technik beschreibt Adorno am Ende noch einmal, aber doch etwas überraschend, im Kontext seiner metaphysischen These von einer Sprache der

Natur. Denn es ist gerade die „[t]echnologische Gesetzlichkeit", welche die „Kontingenz des bloßen Individuums" und dessen „unmittelbare[r] Sprache" im Prozess der Herstellung eines Kunstwerks zurückdrängt (96). Dadurch „tastet" die Technik im ästhetischen Zusammenhang nach dem Nicht-Kontingenten: der „Sprache der Dinge" (ebd.). „Das Werk Paul Klees ist aus der jüngeren Vergangenheit dafür wohl das bedeutendste Zeugnis" (ebd.). Mit diesen abschließenden Anmerkungen des Abschnitts leitet der Text in passender Weise über zum nachfolgenden Abschnitt über das Naturschöne, denn das durch formale und materiale Technik geschaffene Kunstschöne bedarf konstitutiv dessen, was sich der Form, dem Machen und damit immer auch der Herrschaft entzieht. Sein ästhetischer Name ist das Naturschöne.

5.3 Kontext und Aktualität

Für die philosophische Ästhetik des 20. Jahrhunderts allgemein kann man zunächst gewiss konstatieren, dass sie „weitgehend ohne die Begriffe der Schönheit und des Schönen" auskommt (Reschke 2003, 390). Diese Zurückweisung und Reserviertheit steht freilich in auffälligem Kontrast zu der unbedarften Bedeutsamkeit, kritisch akzentuiert: zur „scheinkonjunkturelle[n] Existenz" (ebd.), die die Begriffe im populären und populärphilosophischen Sinn genießen. In Zeiten einer hedonistischen, auf *lifestyle* getrimmten Wohlfahrtsgesellschaft wird dieser ungebrochene Sprachgebrauch noch verstärkt durch Ausdrücke wie „Schönheitsstudio", „Schönheitschirurgie" und sogar „Schönheitsfarm". Dementsprechend paart sich die populärphilosophische mit einer medizinisch-biologischen Bedeutung. Es ist diese Bedeutungsverschmelzung, der das verächtliche Statement im Stil Nietzsches gilt: „beauty is shit", Schönheit nichts anderes als „a naked woman advertising perfume." (Eagleton 1990, 372)

Innerhalb der philosophischen Ästhetik und der kulturwissenschaftlichen Diskussion tritt seit den 1990er Jahren häufig der neutrale und umfassende Term „das Ästhetische" an die Stelle des überkommenen Begriffspaars von Schönheit und Hässlichkeit (Welsch 1990). Dies geschieht beinahe zeitgleich mit der Rehabilitierung jener Kategorie, die seit dem 18. Jahrhundert als Kontrast- und Kompensationskategorie des Schönen fungiert: das Erhabene. Gut zweihundert Jahre liegen zwischen Burkes und Kants schulbildender Thematisierung einerseits und Jean-François Lyotards nachhaltiger Wiedereinführung andererseits (Lyotard 1984, 1991). Dennoch verschwindet die Kategorie der Schönheit nicht aus der philosophischen und ästhetisch-theoretischen Diskussion. Sie kehrt sogar, manches Mal überraschend, in die Diskussion zurück (Scarry 1999; Jencks 2001;

Danto 2003; Nehamas 2007; Sontag 2007).[2] Das gilt erst recht für eine Ästhetik, die in anti-spekulativer Absicht die modernen Naturwissenschaften zur Grundlage nimmt. 2012 wird in dieser auf Gustav Theodor Fechners *Vorschule der Ästhetik* (1876) zurückverweisenden Tradition das Max-Planck-Institut für empirische Ästhetik mit Sitz in Frankfurt am Main gegründet. Es geht diesbezüglich nicht mehr nur darum, Schönheit oder „Eleganz" als Prädikat der naturwissenschaftlichen Methode anzusehen, sondern um Schönheit als Element des objektiven Seins, das entweder nach klassisch-antikem Muster als Symmetrie, Proportion, goldener Schnitt usw. oder nach „postmodernem" Muster mit Hilfe der fraktalen Geometrie, der Mandelbrot'schen Zahlenmenge etc. analysiert wird. Diese Muster halten sich auch in neueren Disziplinen wie der Neuroästhetik und der evolutionären Ästhetik durch. Stets sucht man nach biologisch verankerten, universellen Dispositionen, um Schönheit als eine kriteriale, mit Hilfe wissenschaftlicher Methoden und bloßer Deskription zu verifizierende Eigenschaft von Objekten auszuweisen (Fischer 1997; Hossenfelder 2018; Müller 2019; Gallese/Di Dio 2012; Leder 2013; Richter 1999; Menninghaus 2003).

Diagnostisch treffend erscheint nach wie vor die geschickte, diplomatische Formulierung von den „nicht mehr schönen Künsten", die Hans Robert Jauß bereits Ende der 1960er Jahre vorgeschlagen hat (Jauß 1968). „Nicht schön" ist nicht dasselbe wie „hässlich". Der Dichter Ernst Jandl nennt dieses negative Schöne „Das Röcheln der Mona Lisa" (Jandl 1985, 30). Deutlich ist, dass man die schlichte Alternative von Schönheit und Hässlichkeit nicht mehr übernehmen kann. In einer saloppen Formulierung: „Kunst? Darf gern schocken. Muss aber schön sein" (Maak 2012). Mehr im seriösen Sinn Adornos geht es um eine Schönheit, „die nichts beschönigt, die den Dreck nicht verdrängt, nicht flieht vor dem Schrecklichen" (Delius 2019, 91). Selbst der ästhetisch-politische Aktivismus greift die Kategorie positiv auf. „Schönheit", so heißt es expressionistisch-aggressiv in einem Manifest, „ist das Erdbeben unserer Existenz. Danach langweilt es einen, was auf dieser Welt sicher ist." (Ruch 2015, 105) Mit Adorno kann man sagen, dass wir uns zu Beginn des 21. Jahrhunderts in einer Rekonfigurationsphase des Schönen und Hässlichen befinden. Zu dieser Phase gehören dann auch die Zeilen, die Robert Gernhardt, ein Vertreter der sogenannten Neuen Frankfurter Schule, in ironischer Umkehrung der gängigen Zuschreibungen verfasst hat: „Dich will ich loben, Häßliches / du hast so was Verläßliches // [...] // Das Schöne gibt uns Grund zur Trauer. / Das Häßliche erfreut durch Dauer." (Gernhardt 1990, 68)

---

[2] Eine Sonderstellung nimmt die sprachanalytische Philosophie ein, der es allgemein, ohne historische Reflexion, um die Aufklärung des Gebrauchs des Prädikats „schön" zu tun ist.

Literatur

Danto, Arthur C. 2003: The Abuse of Beauty. Aesthetics and the Concept of Art, Chicago
Delius, Friedrich Christian 2019: Die Zukunft der Schönheit, Berlin
Eagleton, Terry 1990: The Ideology of the Aesthetic, Oxford
Fischer, Ernst Peter 1997: Das Schöne und das Biest. Ästhetische Momente in der Wissenschaft, München/Zürich
Früchtl, Josef 1986: Mimesis – Konstellation eines Zentralbegriffs bei Adorno, Würzburg
Früchtl, Josef 1988: Adorno: Mimesis, in: Michael Kelly (Hrsg.), Encyclopedia of Aesthetics, Band 1, Oxford, 23–25
Gallese, Vittorio/Di Dio, Cinzia 2012: Neuroaesthetics: The Body in Esthetic Experience, in: Vilanayur S. Ramachandran (Hrsg.), The Encyclopedia of Human Behavior, Band 2, San Diego, 687–693
Gernhardt, Robert 1990: Nachdem er durch Metzingen gegangen war, in: ders., Reim und Zeit. Gedichte, Stuttgart
Habermas, Jürgen 1981: Ein marxistischer Schelling, in: ders., Philosophisch-politische Profile, Frankfurt a. M., 141–159
Hohendahl, Peter Uwe 2005: Aesthetic Violence: The Concept of the Ugly in Adorno's „Aesthetic Theory", in: Cultural Critique 60, 170–196
Hossenfelder, Sabine 2018: Das hässliche Universum. Warum unsere Suche nach Schönheit die Physik in die Sackgasse führt, Frankfurt a. M.
Huhn, Thomas 1988: Diligence and Industry: Adorno and the Ugly, in: Canadian Journal of Political and Social Theory 12/3, 138–146
Jandl, Ernst 1985: Das Öffnen und Schließen des Mundes. Frankfurter Poetik-Vorlesung, Darmstadt/Neuwied
Jauß, Hans Robert (Hrsg.) 1968: Die nicht mehr schönen Künste. Grenzphänomene des Ästhetischen, München
Jencks, Charles 2001: What Is Beauty?, in: Prospect: Essays, Argument, Review, <https://www.prospectmagazine.co.uk/magazine/whatisbeauty>, abgerufen am 25.10.2020
Kliche, Dieter 2001: Häßliches, in: Karlheinz Barck et al. (Hrsg.), Ästhetische Grundbegriffe, Band 3, Stuttgart/Weimar, 25–66
Leder, Helmut 2013: Next Steps in Neuroaesthetics, in: Psychology of Aesthetics, Creativity, and the Arts 7/1, 27–37
Lyotard, Jean-François 1984: Das Erhabene und die Avantgarde, in: Merkur 38/2, 151–164
Lyotard, Jean-François 1994: Die Analytik des Erhabenen. Kant-Lektionen, Übers. v. Christine Pries, München/Paderborn
Maak, Niklas 2012: Kunst? Darf gern schocken. Muss aber schön sein, in: Frankfurter Allgemeine Zeitung, 5. April 2012
Marx, Karl/Engels, Friedrich 1969: Die deutsche Ideologie, in: Marx/Engels Werke, Band 3, Berlin/Ost
Marx, Karl 1977: Ökonomisch-Philosophische Manuskripte (1844), in: Marx/Engels Werke, Ergänzungsband 1, Berlin/Ost
Menninghaus, Winfried 2003: Das Versprechen der Schönheit, Frankfurt a. M.
Müller, Olaf L. 2019: Zu schön, um falsch zu sein. Über die Ästhetik in der Naturwissenschaft, Frankfurt a. M.
Nehamas, Alexander 2007: Only a Promise of Happiness. The Place of Beauty in a World of Art, Princeton/Oxford

Nietzsche, Friedrich 1988a: Die Geburt der Tragödie, in: Kritische Studienausgabe (KSA), Band 1, hrsg. v. Giorgi Colli u. Mazzino Montinari, München/Berlin
Nietzsche, Friedrich 1988b: Zur Genealogie der Moral, in: KSA, Band 5
Reschke, Renate 2003: Schön/Schönheit, in: Karlheinz Barck et al. (Hrsg.), Ästhetische Grundbegriffe, Band 5, Stuttgart/Weimar, 390–436
Richter, Klaus 1999: Die Herkunft des Schönen. Grundzüge der evolutionären Ästhetik, Mainz
Ruch, Philipp 2015: Wenn nicht wir, wer dann? Ein politisches Manifest, München
Scarry, Elaine 1999: On Beauty and Being Just, Princeton/Oxford
Scheible, Hartmut 1985: Die Kunst im Garten Gethsemane. Ästhetik zwischen Konstruktion und Theologie, in: Burkhardt Linder/Martin W. Lüdke (Hrsg.), Materialien zur ästhetischen Theorie Theodor W. Adornos. Konstruktion der Moderne, Frankfurt a. M., 348–365
Schmidt, Alfred 1971: Der Begriff der Natur in der Lehre von Marx, Frankfurt a. M.
Sontag, Susan 2007: An Argument About Beauty, in: dies., At the Same Time. Essays and Speeches, New York, 3–13
Weber, Max 1988: Die Protestantische Ethik und der Geist des Kapitalismus, in: ders., Gesammelte Aufsätze zur Religionssoziologie I, Tübingen
Welsch, Wolfgang 1990: Ästhetisches Denken, Stuttgart

J. M. Bernstein
6 Das Naturschöne

Die maßgebliche Denkbewegung von Adornos *Ästhetischer Theorie* besteht darin, die Begriffe der traditionellen Ästhetik im Hinblick auf die Entwicklung der neuzeitlichen Kunst zu rekonstruieren, vornehmlich der Musik, der Malerei, des Theaters, der Dichtung und des Romans in der Moderne.[1] Obwohl Adorno immer wieder fordert, die Philosophie der Kunst habe sich nach der Praxis der Künste zu richten, weist schon der Titel des Buches auf den Zeitpunkt kurz vor der Verwandlung der Ästhetik in die Philosophie der Kunst zurück. Die *Ästhetische Theorie* nimmt diese Verwandlung nicht zurück, sondern rekonstruiert sie systematisch. Zumindest teilweise wird das durch eine erneute Beschäftigung mit dem Verhältnis zwischen dem Naturschönen und dem Kunstschönen erreicht. Will man das Verhältnis zwischen *Ästhetik* und *Philosophie der Kunst* verstehen, so kommt dem Abschnitt *Das Naturschöne* entscheidende Bedeutung zu. Indem Adorno darauf beharrt, dass die moderne Kunst durch das Problem des Naturschönen hindurch verstanden werden muss, stellt er sich im Grunde an die Seite Immanuel Kants und gegen dessen Nachfolger im deutschen Idealismus. Zugleich baut Adornos Genealogie der instrumentellen Vernunft auf seiner Auseinandersetzung mit dem Naturschönen auf.

Es ist ein Missverständnis, Ästhetik als eigenständige Reflexionsform zu begreifen, die nichts mit den Kernproblemen der Philosophie zu tun habe. Ästhetik gilt Adorno stattdessen als eine Form gesellschaftlich reflektierter Erkenntnistheorie, nach der moderne Kunst in letzter Instanz als eine zwar vermittelte, aber nichtsdestotrotz wesentliche Form der Auseinandersetzung mit der lebendigen Natur zu interpretieren ist. Dieser Ansatz ist überhaupt nicht zu verstehen, ohne sich der Rolle zu widmen, die die reflektierende Urteilskraft und das Naturschöne in Kants Erkenntnistheorie spielen (*siehe* Berger). Denn das Naturschöne bildet bei Kant die wesentliche Form, durch die Natur der Urteilskraft zugänglich wird. Auf dieser These beruhen Adornos Reflexionen auf das Naturschöne sowie auf den Übergang zum Kunstschönen.

---

1 Mit „neuzeitlicher Kunst" meine ich all jene Kunst, die im Laufe der Neuzeit autonom geworden ist. Als „moderne Kunst" spezifiziere ich die Spielarten der sich im 19. Jahrhundert entfaltenden Moderne.

6.1 Wilde Schönheiten: Geist und Welt in Kants Ästhetik

Es ist kaum möglich, die *Kritik der Urteilskraft* nicht als einen großangelegten Versuch zu lesen, den Bruch zwischen Rationalismus und Romantik zu heilen, noch bevor er sich vollzog. Grob gesprochen, geht Kant davon aus, dass es sich bei ästhetischen Reflexionsurteilen um eine *konstitutive Begegnung* von Geist und Welt handelt, in der sich beide nacheinander richten. Sie offenbaren die Überführung von Natur in Begriffe, wie sie in den bestimmenden Erkenntnisurteilen geschieht, als Entfaltung jener ursprünglichen Begegnung. Durch die ästhetische Reflexion wird einsichtig, dass der Geist sich im begrifflichen Wissen nicht von der Natur entfernt, sondern vielmehr jene *ursprüngliche* oder *grundlegende* Begegnung mit der Natur verwirklicht. Während die *kopernikanische Wende* einerseits der Natur Macht entzieht, insofern sich die Gegenstände „nach unserem Erkenntnis richten" (KWA 3, B XVI) müssen, gibt Kant also andererseits der Natur stillschweigend ein Stück Autorität zurück.

Nach meiner Lesart bestimmt die zu Lebzeiten nicht veröffentlichte erste Fassung der Einleitung in die *Kritik der Urteilskraft* vier Bereiche, in denen der Gebrauch der reflektierenden Urteilskraft notwendig ist: (1.) Bei der Befragung der Natur im Dienste eines wissenschaftlichen Systems; (2.) Bei der Bildung empirischer Begriffe von der Natur; (3.) Bei der Begegnung mit der Natur im Geschmacksurteil, der Beurteilung des Schönen und (4.) in der teleologischen Beurteilung der lebendigen, organischen Natur. Implizit geht Kant davon aus, dass (1.) für (2.) vorausgesetzt werden muss: Es kann kein wissenschaftliches System der Natur geben, in dem niedere unter höhere Gesetze fallen, ohne dass man empirische Begriffe bildet, die nicht nominalistisch konstruiert sind, also allgemeine Eigenschaften besonderer Gegenstände erfassen können. Zugleich gilt aber, dass (2.) auf (3.) beruht: Es lassen sich keine empirischen Begriffe ohne reflektierende Urteile bilden, in denen das Besondere *als* Besonderes zum Ausdruck kommt, also ohne dass, um Kants Vokabular zu verwenden, die Einbildungskraft „ohne Begriff schematisiert" (KWA 10, B 146) und damit beweist, dass es sich bei einem sinnlich gegebenen Besonderen nicht um eine „bloße" Anschauung handelt, sondern um ein in sich bestimmtes Einzelnes, dem eine erkenntnismäßig bedeutsame Struktur der Vielheit-in-der-Einheit innewohnt. Deswegen sind (2.) und (3.) als formale Variationen der Urteilslogik von (4.) zu verstehen: Das Vorbild einer erkenntnismäßig bedeutsamen Vielheit-in-der-Einheit ist die reflexive Version jener Logik vom Ganzen und seinen Teilen, auf der das Verständnis lebendiger Organismen beruht. Es ist darum kein Zufall, dass sich das ästhetische Urteil auf die „Form" von Gegenständen bezieht, die „Form" in einer „Zweckmäßigkeit ohne Zweck" besteht oder das Prinzip der Zweckmäßigkeit der Natur als ein transzendentales Prinzip eingeführt wird (ebd., B XXIX–XXXVIII).

Selbst die Bildung einfachster empirischer Begriffe hängt von einem Gebrauch der reflektierenden Urteilskraft ab, der mit der Logik der Vielheit-in-der-Einheit übereinstimmt, also einer Logik, die das Ganze mit seinen Teilen vermittelt, statt das Besondere unter das Allgemeine zu subsumieren. Daraus folgt, dass für Kant die gewöhnliche Wahrnehmung es nicht mit schlichten Dingen zu tun hat, die mechanischen Gesetzen unterliegen, sondern mit einer Welt der lebendigen Organismen (und den entsprechenden gesellschaftlichen Artefakten). Entgegen der mechanistischen Tendenz der Kant'schen Kritiken installiert das Prinzip der Zweckmäßigkeit der Natur deswegen *sotto voce* ein nicht-Newton'sches Moment in unserer Wahrnehmung: Ohne Urteilsakte, die ein Besonderes ohne Begriff schematisieren und die Struktur *dieser* Darstellung einer Vielheit-in-der-Einheit als Modell zukünftiger Wahrnehmungen erkennen können, gäbe es keine empirischen Begriffe mit einem Schema. Deshalb begegnet in der Erkenntnis ein *lebendiger,* leibhafter Geist einer *lebendigen,* materiellen Natur. Es ist eben dieser Gedanke, den Kants Kritiker, vor allem Schelling und Hegel, aus der *Kritik der Urteilskraft* übernahmen.

Ästhetische Urteile konstituieren den Raum, in dem ein Maximum passiver Rezeptivität für sinnliche Eindrücke mit dem Minimum an Verstandestätigkeit, das zur Herstellung kognitiver Einheit notwendig ist, zusammenstimmt. In §35 legt Kant den Grundstein für die Deduktion der Geschmacksurteile. Überdies führt er die These aus, der zufolge das subjektive Prinzip des Geschmacks nichts anderes als den Gebrauch der Urteilskraft meint:

> Weil nun dem Urteile hier kein Begriff vom Objekte zum Grunde liegt, so kann es nur in der Subsumption der Einbildungskraft [des Vermögens der passiven Synthesis – JMB] selbst (bei einer Vorstellung, *wodurch* ein Gegenstand gegeben wird) unter die Bedingungen, daß der Verstand [das Vermögen begrifflicher Einheit – JMB] überhaupt von der Anschauung zu Begriffen gelangt, bestehen. (KWA 10, B 145 f.)

Weil es nicht darum geht, die sinnliche Darstellung einem Begriff unterzuordnen, kann es nur um die *allgemeine* Bewegung gehen, mit der Einbildungskraft und Verstand bei der gemeinsam geleisteten Synthesis der sinnlichen Mannigfaltigkeit zusammenarbeiten. Im Falle der ästhetischen Urteilskraft besteht das Besondere dieser Zusammenarbeit in einer allgemeinen Bewegung von der Anschauung zum Begriff, die niemals in der Verbegrifflichung terminiert. Stattdessen wird der Prozess, der die sinnliche Mannigfaltigkeit für die Erkenntnis präpariert, allumfassend. Deswegen geht Kant der Frage nach, wie die reflektierende Urteilskraft Anschauungen bearbeitet, ohne sie in Begriffe zu überführen. Solche Bearbeitung verweilt bei der Anschauung, überlässt sich ihrer Struktur und beurteilt sie ästhetisch, ohne ihr eine (begriffliche) Form *aufzuerlegen*. Und ein Teil der Gewissheit, dass die ästhetische Beurteilung dieses Verweilen bei dem sinnlich Gegebenen ermöglicht, ergibt sich aus dem Ausschluss vollständiger Verbegrifflichung.

Worum geht es also in dieser „Bearbeitung" der sinnlichen Mannigfaltigkeit für eine Verbegrifflichung ohne Begriff? Kants Antwort lautet, dass darin, „daß die Einbildungskraft ohne Begriff schematisiert, die Freiheit derselben besteht" (KWA 10, B 146). Das ist der gewichtige Gedanke, der im Zentrum von Kants ästhetischer Theorie steht. Das freie Spiel der Einbildungskraft ist nichts anderes als eine Tätigkeit, die aus mannigfaltigen Anschauungen ein ausreichendes Maß an Einheit in der Vielheit und an Komplexion in der Einheit generiert. Sie produziert ein Schema, das nicht das Schema eines Begriffs ist, sondern nur die *Darstellungsweise* des sinnlichen Erscheinens, durch die das reflektierende Urteil das sinnlich Mannigfaltige erfasst. Ästhetische Urteilskraft meint eine Schematisierung einzig aus dem Akt des reflektierenden Urteils selbst.

Ästhetische Urteilskraft verlangt die tätige *Anerkennung* der Integrität einer sinnlich-materiellen Ordnung, die das Objekt unabhängig von jeder Verbegrifflichung darstellt. Wenn die Intelligibilität und Integrität des Gegenstandes nicht durch seine begriffliche Darstellung generiert wird, dann folgt daraus, dass das Objekt entweder selbst eine Art Intelligibilität besitzen muss; oder Intelligibilität, auch wenn sie sich nur in unserer Erfahrung von ihm findet, spontan hervorbringen, ermöglichen oder provozieren muss. Solche Intelligibilität wird also von der reflektierenden Urteilskraft selbst gestiftet (KWA 10, B 146). Dieser Gedanke findet seinen Höhepunkt in der „Allgemeinen Anmerkung zum ersten Abschnitte der Analytik". Anstatt dort die vier Momente des Geschmacksurteils zu rekapitulieren, konzentriert sich Kant einzig auf die Idee der „freien Gesetzmäßigkeit" (ebd., B 69). Gemeint ist eine sinnliche Gegebenheit des Gegenstandes, durch die er als „gesetzmäßig" erscheint – als ob er einer unbekannten Macht unterliege –, während er sich dennoch dem Diktat eines expliziten begrifflichen Urteils entzieht. In seinem gesamten Kommentar kritisiert Kant die Versuchung, ästhetisches Wohlgefallen an geometrischen Figuren zu finden, da solche ideellen Ordnungen eine Projektion des Verstandes auf die Natur darstellen.

Im weiteren Verlauf zitiert Kant den Einwand des Ethnologen William Marsden, in Sumatra hätten „die freien Schönheiten der Natur den Zuschauer daselbst überall umgeben und daher wenig Anziehendes mehr für ihn" (KWA 10, B 72). Marsden berichtet, inmitten all der wilden Schönheit sei es ein Pfeffergarten mit in Parallelreihen angeordneten, von den Pflanzen umrankten Stangen gewesen, der sein ästhetisches Wohlgefallen erweckt habe. Und er zieht daraus den Schluss, dass „wilde, dem Anscheine nach regellose Schönheit nur dem zur Abwechslung gefalle, der sich an der regelmäßigen satt gesehen hat." (Ebd.) Kant gibt darauf eine nachdrückliche Antwort:

> Allein er durfte nur den Versuch machen, sich einen Tag bei seinem Pfeffergarten aufzuhalten, um inne zu werden, daß, wenn der Verstand durch die Regelmäßigkeit sich in die Stimmung zur Ordnung, die er allerwärts bedarf, versetzt hat, ihn der Gegenstand nicht länger unterhalte, vielmehr der Einbildungskraft einen *lästigen Zwang antue*: wogegen die dort an *Mannigfaltigkeit* bis zur Üppigkeit verschwenderische Natur, die *keinem Zwange künstlicher Regeln unterworfen ist*, seinem Geschmacke für *beständig* Nahrung geben könne. (KWA 10, B 72 – Herv. JMB)

Kant behauptet, das von Regelmäßigkeit und Ordnung gestiftete Gefühl des Wohlgefallens sei nur scheinbar ästhetisch, weil es sich um eine Ordnung handelt, wie sie der Verstand „allerwärts bedarf". Wilde Schönheit jedoch ist von einer Extravaganz, die keine künstliche Regel fassen kann.[2] Gerade weil die wilde Schönheit zwar ästhetisch beurteilt werden kann, sich begrifflicher Subsumption aber entzieht, können wir sicher sein, dass unsere Erfahrung sinnlicher Vielheit in reflektierender Einheit, also die sinnliche Erfahrung der freien Gesetzmäßigkeit im Einklang *mit der Welt und mit der Natur* steht; statt dass der Geist nur seine eigenen Bestimmungen a priori in der natürlichen Welt gespiegelt findet. Die „Üppigkeit" der Natur verhindert, dass wir ihr unsere Begriffe aufzwingen. Vielmehr ist es die erhaben-schöne Erscheinung – „verschwenderisch" an Mannigfaltigkeit –, die *sich* unserem Geist aufzwängt und uns geradezu an sie bindet, so dass es uns nicht gelingt, unsere Aufmerksamkeit abzuwenden. Weil dieses Fesselnde keiner Kausalität unterliegt, bestünde ein vom Gegenstand gesättigter Geist hier im Modus der Erfüllung mit der Erscheinung selbst; ergreift sie den Geist, so fühlt sich das an, als ob der Gegenstand uns seine Herrschaft, seine sinnlich-intelligible Integrität auferlegt. Auch die weitere Charakterisierung dieses Fesselnden ist wichtig: Das Verhältnis von Auferlegung und Anziehung hindert die Vernunft daran, fortzuschreiten, die sinnliche Erscheinung als Erkenntnismittel zu gebrauchen, so, als ob sie nur eine Prämisse für einen logischen Schluss wäre.

---

[2] Für eine hervorragende Darstellung der Rolle der wilden Schönheit vgl. Gashé 2003, v. a. Kapitel 3.

6.2 Verstümmelte Natur und die Bürde des Naturschönen

Kant hat eine genaue Vorstellung, welche Bedeutung den Dschungeln von Sumatra eignet: Wilde Schönheit verbürgt die Erfahrung, an eine *lebendige Welt* gebunden zu sein. In dieser Hinsicht liefert das Geschmacksurteil über das Naturschöne für Kant den besten Beweis, dass sich der menschliche Geist mit der natürlichen Welt *verbindet* und ihr *begegnet*, anstatt ihr lediglich sein künstliches Begriffssystem aufzuerlegen. Dass die begriffliche Synthesis daran scheitert, Kontrolle über die sinnliche Mannigfaltigkeit zu erlangen, während wir trotzdem eine Einheit in der Vielfalt erfahren, belegt die Anwesenheit der Natur im reflektierenden Urteil.

Es sollte nur eine Generation dauern, bis dieser Gedanke eine massive Verzerrung erfahren, die Idee des Naturschönen radikal infrage gestellt und schließlich ausgeschlossen werden sollte und die *Ästhetik* als ein Gebiet der Philosophie durch die *Philosophie der Kunst* verdrängt wurde. Adorno datiert das Verschwinden des Naturschönen aus der philosophischen Ästhetik mit Schellings *Philosophie der Kunst* (1802/03): „Das Naturschöne", so Adorno, „verschwand aus der Ästhetik durch die sich ausbreitende Herrschaft des […] Begriffs von Freiheit und Menschenwürde, demzufolge nichts in der Welt zu achten sei, als was das autonome Subjekt sich selbst verdankt." (98) Hegel wiederum wendet sich bereits in den ersten vier Absätzen seiner Vorlesungen über die Ästhetik sowohl gegen den Begriff „Ästhetik" als auch gegen das Naturschöne. Nur der Geist, so Hegel, sei

> das *Wahrhaftige*, alles in sich Befassende, so daß alles Schöne nur wahrhaft schön ist als dieses Höheren teilhaftig und durch dasselbe erzeugt. In diesem Sinne erscheint das Naturschöne nur als ein Reflex des dem Geiste angehörigen Schönen, als eine unvollkommene, unvollständige Weise, eine Weise, die ihrer *Substanz* nach im Geiste selber enthalten ist. (HWA 13, 15).

Die Verdrängung der Ästhetik durch die Philosophie der Kunst und des Naturschönen durch das Kunstschöne markiert den Moment, in dem die Begegnung des menschlichen Geistes mit der lebendigen Natur fragwürdig wird. Bereits Anfang des 19. Jahrhunderts ist Kants Idee des Einklangs von Geist und Welt verschwunden und die Vorstellung von Kunst als Arena des lediglich sich selbst erkennenden Geistes an ihre Stelle getreten. Adornos Projekt besteht nun darin, diese Verdrängung rückgängig zu machen, indem er zeigt, dass die Kunst die Welt der geistigen Begegnung mit der Natur *beerbt* und deswegen, *sotto voce*, als Teil einer gesellschaftlich reflektierten Erkenntnistheorie begriffen werden muss.

Adornos Ästhetik entspricht insofern Kants impliziter ästhetischer Erkenntnistheorie, als in ihr das moderne Kunstschöne die Rolle des Naturschönen als des Medium einer Schematisierung ohne Begriff übernimmt und dadurch zur exemplarischen Instanz der Begegnung von Geist und Natur wird. Bei Adorno jedoch figuriert der implizite Verlust von Natur, wie er sich beispielsweise in der Rückbildung der Landschaft zunächst in Landschaftskunst und sodann in bestimmten Formen moderner Abstraktion zeigt, als Trauer der Kunst über diesen Verlust. Diese Trauer *wird* das (heute müsste es wohl heißen: *wurde* das), was neuzeitliche Kunst *überhaupt* kulturell und ethisch bedeutsam macht. Das belegen einige unzweideutige Aussagen aus den Vorlesungen über Ästhetik aus dem Wintersemester 1958/59:

> Die unverstümmelte Natur kann man nicht zum Sprechen bringen, denn diese unverstümmelte Natur, eine reine Natur, also eine Natur, die nicht durch die Vermittlungsprozesse der Gesellschaft hindurchgegangen wäre, gibt es nicht. [...] Ich möchte eher sagen, daß es die Aufgabe der Kunst ist, die verstümmelte Natur [...] zum Sprechen zu bringen. (ANS IV.3, 125 f.)

> Und genau diesen Prozeß eben [in dem anstelle der Erkenntnis des Gleichen durch Gleiches, also mimetischen Verhaltens, die Erkenntnis des Gleichen durch Ungleiches, also rationale Begrifflichkeit tritt – JMB] nennt man in einem allerweitesten Sinn den Prozeß der Aufklärung, oder, wenn sie das Wort vorziehen, den Prozeß von Rationalisierung. Diesem Prozeß fällt nun alles Erdenkliche zum Opfer – angefangen von der tatsächlich und real unterdrückten, vom Menschen zugerichteten äußeren Natur bis zu unendlich vielen Fähigkeiten der Menschen selber, etwa all den Fähigkeiten, die einmal mimetische Fähigkeiten gewesen sind und die wir nur versprengt, fragmentarisch an uns selber wahrnehmen. Die Kunst ist nun gewissermaßen der Versuch, dem gerecht zu werden, was da diesem fortschreitenden Begriff der Naturbeherrschung zum Opfer fällt, dem ein wenn auch einstweilen nur symbolisches Maß an Gerechtigkeit widerfahren zu lassen. (ANS IV.3, 79)

Die These, in der Geschichte der neuzeitlichen Kunst gehe es darum, die gesellschaftliche Rationalisierung zurückzunehmen und der verstümmelten, unterworfenen Natur eine Stimme zu geben (*siehe* Tränkle), ist keinesfalls selbstverständlich. Keine Geschichte der neuzeitlichen Kunst folgt diesem Narrativ und auch Adorno glaubt nicht, dass es sich hier um ihre bewusste Absicht handelt. Vielmehr sieht er die neuzeitliche Kunst in dem Moment, da sie sich in der modernen Kunst ihrer selbst bewusst wird, ihre kulturelle Bedeutung offenbaren. Sie besteht darin, einerseits Residuum des verdrängten mimetischen Verhaltens zu sein (wovon die reflektierende Urteilskraft nur eine Form ist) und andererseits als Statthalter der durch wissenschaftliche, technologische und ökonomische Prozesse verstümmelten Natur zu fungieren. Auf beides zielte die Kunst immer schon ab, auch wenn sie sich in ihrer Praxis immer wieder anderen Zwecken und Werten verpflichtet sah. Adorno kann diese Behauptung aufstellen, weil er davon ausgeht, dass moderne Kunstwerke einen Wahrheitsgehalt besitzen, der nicht ihren expliziten Themen entspricht. In diesem Wahrheitsgehalt, so Adorno, liegt die grundsätzliche Bedeutung moderner Kunst: Es geht ihr um nichts weniger als die

Restitution der mimetischen Rationalität und der Autorität der Natur. In der Mitte des Abschnitts zum Wahrheitsgehalt (*siehe* Hofstätter) schreibt Adorno:

> Alles Machen der Kunst ist eine einzige Anstrengung zu sagen, was nicht das Gemachte selbst wäre und was sie nicht weiß: eben das ist ihr Geist. Hier hat die Idee von Kunst als der Wiederherstellung unterdrückter und in die geschichtliche Dynamik verflochtener Natur ihren Ort. Die Natur, deren imago Kunst nachhängt, ist noch gar nicht; wahr an der Kunst ein Nichtseiendes. (198)

Die Beherrschung der Natur rückgängig zu machen, das ist das unbeständige aber immer wiederkehrende Motiv der modernen Kunst, angefangen mit Cézanne, über Mondrian, Soutine, Pollock und den abstrakten Expressionismus bis zu seiner vollen Entfaltung in der Land Art.[3] Lizenziert wird diese maßlos übertriebene Behauptung von Adornos These, dass das Kunstschöne, also jener normative Gehalt der neuzeitlichen Kunst, von dem Hegel glaubt, er sei vollständig vom Geist verbürgt, seine konstitutiven Eigenschaften dem Naturschönen verdankt. Das Kunstschöne tritt als dessen entzauberte, säkularisierte und selbstbewusste Fortsetzung die Nachfolge des Naturschönen an. Insofern schreibt das moderne Kunstschöne die Ansprüche des Naturschönen durch die Vermittlung der Kunst hindurch fort.

Die gesamte Tradition hat jene Ablösung der Ästhetik durch die Philosophie der Kunst akzeptiert. Dagegen wendet Adorno ein, dass das Naturschöne nicht etwa, „nach Hegels Lehre, tatsächlich in einem Höheren aufgehoben wäre: es wurde verdrängt." (97 f.) Diese Verdrängung erklärt die Entstellung der Geschichte, das heißt, wie die Kunst sich selbst zum Vehikel für andere Zwecke als die Erlösung der Natur durch Schönheit machen konnte. Daher ist es für die *Ästhetische Theorie* entscheidend, die Bedeutung des Naturschönen zu retten, ohne darauf zu regredieren: Es vermag das Kunstschöne verständlich zu machen. Nur wenn das gelingt, kann die weitergehende Behauptung belegt werden, der zufolge die Aufgabe, eine Begegnung zwischen Geist und Welt zu leisten, vom Naturschönen ans Kunstschöne überging.

Für Adorno vollzieht sich die Herrschaft des Kapitals durch die Naturbeherrschung hindurch. Sie wird durch die Verwandlung der Natur in Rohmaterial für die Reproduktion des Kapitals konstituiert. Zumindest bis gestern – also bis zu jenem Zeitpunkt, an dem der Klimawandel und die Zerstörung der Natur als zentrale gesellschaftspolitische Krisen der Gegenwart in den Blick rückten – war die Last, an diese Reduktion, Verstümmelung und Auslöschung zu erinnern, dem

---

[3] Eine erste Version dieses Arguments, entwickelt anhand einer Skulptur von Isamu Noguchi, findet sich in: Bernstein 2018.

Naturschönen und sodann vor allem der modernen Kunst auferlegt. Adornos Denkbewegung vollzieht diese Entwicklung in drei Schritten nach: Als erstes liefert er eine Deutung der kulturellen Bedeutung des Naturschönen; in einem zweiten Schritt kritisiert er Hegels Bevorzugung des Kunstschönen gegenüber dem Naturschönen; schließlich, in einem dritten Schritt, rekonzeptualisiert Adorno das Kunstschöne hinsichtlich seiner Produktions- und Konsumptionsbedingungen. Letzteres geht mit einer Deutung einher, nach der die formalen Eigenschaften des Kunstschönen *insgesamt* an die Erlösung des Naturschönen – als dem Träger und Statthalter der lebendigen Natur – gebunden sind. Betrachten wir den ersten und den dritten Schritt näher. Adorno stellt sich zunächst der schwierigen philosophischen Frage, warum wir uns überhaupt um das Naturschöne und das Kunstschöne kümmern sollten. Schon die Frage impliziert, dass die Intelligibilität des Kunstschönen vom Naturschönen abhängt – und diese radikale Annahme steht im Zentrum von Adornos Theorie.

Adorno weiß, dass es zwar kein Zurück zur Natur geben kann, wir sie aber auch nicht einfach zurücklassen können. Er weiß auch, dass die Gesellschaft „Schemata der Perzeption" vorgibt, durch die Natur wahrgenommen wird und somit „durch Kontrast und Ähnlichkeit" bestimmt,

> was jeweils Natur heißt. Naturerfahrung wird mitkonstituiert durchs Vermögen bestimmter Negation. Mit der Ausbreitung der Technik, mehr noch in Wahrheit der Totalität des Tauschprinzips wird das *Naturschöne zunehmend zu dessen kontrastierender Funktion und dem befochteten verdinglichten Wesen integriert.* (107 – Herv. JMB)

Im schlimmsten Falle wird das Naturschöne zur Touristenattraktion: Es wird „unverbindlich neutral und apologetisch: Natur zum Naturschutzpark und zum Alibi. Ideologie ist das Naturschöne als Subreption von Unmittelbarkeit durchs Vermittelte." (107) Kehrt man die Blickrichtung um, sagt diese These jedoch auch etwas über die Kategorie des Naturschönen selbst aus, womit der Widerspruch zwischen Natur und Gesellschaft weiter expliziert wird. Die Kategorie steht nicht für die Rückgewinnung von Unmittelbarkeit inmitten gesellschaftlicher Vermittlung. Ihre Bedeutung liegt in einer Kontrastbildung zur Gesellschaft, der die Idee einer (vermittelten) Unmittelbarkeit innewohnt.

Zunächst versucht Adorno, die Erfahrung des Naturschönen wieder in den Blick zu rücken, auch wenn sie nur noch in kitschiger und verkümmerter Form zugänglich ist:

> Das Wort ‚wie schön' in einer Landschaft verletzt deren stumme Sprache und mindert ihre Schönheit; erscheinende Natur will Schweigen, während es jenen, der ihrer Erfahrung fähig ist, zum Wort drängt, das von der monadologischen Gefangenschaft für Augenblicke befreit. (108)

Mit der „monadologischen Gefangenschaft" meint Adorno die Erfahrung, dass sich jede Wahrnehmung durch die irreduzible Perspektive einer individuellen Subjektivität vollzieht. Das Naturschöne entsteht als ein ersehntes Moment des Ausbruchs, konstituiert eine Erfahrung, in der das, *was* erfahren wird, nicht dem Possessivpronomen „meines" zu entsprechen scheint. Das ist nicht in dem Sinne zu verstehen, dass jemand anders die Erfahrung macht. Vielmehr erscheint der Gegenstand der Erfahrung im Modus seiner Unverfügbarkeit, seiner Inkommensurabilität mit subjektiver Einverleibung, gleichsam als etwas, das auf sublime Weise nicht meines und nicht Ich ist. In dieser Hinsicht ist das Naturschöne die „Allegorie dieses Jenseitigen trotz seiner Vermittlung durch die gesellschaftliche Immanenz." (108) Die immer wieder verdrängte Erfahrung des Naturschönen wird gerettet, indem ihr die Funktion zugewiesen wird, für die Inkommensurabilität zwischen denjenigen Formen, die gesellschaftliche Erfahrung strukturieren, und denen der Natur selbst einzustehen; also für deren Ansichsein „jenseits" der Ansprüche von instrumenteller Vernunft und Identitätsdenken. Das Naturschöne ist die Art und Weise, wie Natur als das Andere der Kultur erscheint. *Das Naturschöne ist aber nicht die Erscheinung der Natur an sich, sondern die Erscheinung der Abwesenheit der Natur in der Gesellschaft.*

Dies führt direkt zum ontologischen Mangel des Naturschönen: Seine Erfahrung „bezieht sich auf Natur einzig als Erscheinung, nie als Stoff von Arbeit und Reproduktion des Lebens, geschweige denn als das Substrat von Wissenschaft. Wie die Kunsterfahrung ist die ästhetische von der Natur eine von Bildern." (103) Darin liegt auch der Grund, warum das Naturschöne nicht reproduziert werden kann: „Seine Abbildung hat ein Tautologisches, das, indem es das Erscheinende vergegenständlicht, zugleich es wegschafft." (105) Doch dieser Mangel des Naturschönen bedingt den Übergang von Ästhetik in eine Form der gesellschaftlich reflektierten Erkenntnistheorie mit. Diese erläutert, wie das Kunstschöne die Aufgabe des Naturschönen übernehmen kann, wobei dies nur durch das Kunstwerk selbst explizit werden kann:

> Ganz und gar von Menschen gemacht, steht es seinem Anschein nach nicht Gemachtem, der Natur, gegenüber. Als pure Antithesen aber sind beide aufeinander verwiesen: Natur auf die Erfahrung einer vermittelten, vergegenständlichten Welt, das Kunstwerk auf Natur, den vermittelten Statthalter von Unmittelbarkeit. (98)

Damit der Gedanke, dass Kunstwerke auf Natur zurückverweisen und zum Sprecher ihrer „Unmittelbarkeit" werden, nicht von vornherein in die Irre führt, muss der Begriff der Unmittelbarkeit expliziert werden. Adorno meint damit keine passive, sinnliche Gegebenheit im Sinne des Empirismus. Stattdessen verweist Unmittelbarkeit *auf das*, was vermittelt wird, von dem folglich die vermittelte

Erfahrung *abhängt*; auf die Potentiale und Bedeutsamkeiten der Natur, bevor sie zum Rohmaterial der begrifflichen Synthesis wird. Unmittelbarkeit bezieht sich auf Natur, als ob sie an sich wäre, meint „was, kantisch gesprochen, Ding an sich wäre." (99)

Als Begriff gesellschaftlich reflektierter Erkenntnistheorie verweist das Naturschöne auf Natur unter dem Aspekt der Schönheit. Das bedeutet, dass die Idee der Schönheit in ihrem Übergang vom Naturschönen zum Kunstschönen zur Statthalterin der in der Gesellschaft abwesenden Natur wird. Durch das Kunstschöne, das sich damit gegen seinen eigenen Begriff wendet, beharrt Natur unter den kulturellen Bedingungen ihrer Beherrschung, Verstümmelung und Unterdrückung. Das Kunstschöne ist die Wiederkehr der verdrängten Natur in der Kultur, die sie unterdrückt: „Kunst vertritt Natur durch ihre Abschaffung in effigie" (104). Im Unterabschnitt „Naturschönes als sistierte Geschichte" führt Adorno diese These aus:

> [J]edes einzelne als schön erfahrene Objekt [bietet] der Natur so sich dar, als wäre es das allein Schöne auf der ganzen Erde; das erbt sich fort an jedes Kunstwerk. Während zwischen Schönem und nicht Schönem in der Natur nicht kategorisch zu unterscheiden ist, wird doch das Bewußtsein, das in ein Schönes liebend sich versenkt, zur Unterscheidung gedrängt. Ein qualitativ Unterscheidendes am Schönen der Natur ist, wenn irgendwo, zu suchen in dem Grad, in dem ein nicht von Menschen Gemachtes spricht, ihrem Ausdruck. (110 f.)

Seine Verbindlichkeit gewinnt das Naturschöne durch seine eigentümliche Selbstgenügsamkeit: Das Schöne existiert nicht um irgendetwas anderen willen. Es führt nicht auf Gedanken, Handlungen oder Gegenstände, sondern steht ganz für sich, als würde nichts anderes gebraucht. Darin ist es sowohl Modell menschlicher Befriedigung als auch Modell dafür, wie Natur auf nicht-instrumentelle Weise erfahren werden kann. Mit der historischen Ablösung der Kunst von der Religion, ihrem Gewinn von Autonomie, wurde die Selbstzweckhaftigkeit des Kunstwerks zum Kriterium seiner Schönheit. Es wurde ebenso selbstgenügsam wie das Naturschöne es ist. Warum sonst wären die Bedingungen für Schönheit und Einzigartigkeit in der Kunst so wichtig? Warum sonst würde die Erfahrung eines Kunstwerks, das reibungslos eine diskursive Aussage kommuniziert, als Scheitern begriffen werden, zumal reibungslose Kommunikation in so gut wie jedem anderen gesellschaftlichen Bereich hochgeschätzt wird? Das Rätsel der neuzeitlichen Kunst hebt mit dieser Erfahrung an: Wenn nicht mehr um etwas anderen willen, warum existiert sie dann überhaupt? Diese Frage spitzt sich angesichts des Verfalls der Moderne zu, den der erste Satz der *Ästhetischen Theorie* registriert (*siehe* Hullot-Kentor). Die Verknüpfung der Kunst mit der kategorialen Autorität des Kunstschönen, die Verbindung des Kunstschönen mit dem Naturschönen und schließlich die kritische Genealogie, nach der das Naturschöne die

Wiederkehr der verdrängten Natur ist – all das umschreibt den Wahrheitsgehalt der modernen Kunst. Das löst das Rätsel ihrer Bedeutsamkeit; und es benennt die Hypothek, mit der die Autonomie und die fesselnde Bedeutungslosigkeit moderner Kunstwerke belastet sind.

Dennoch ist Adorno der Ansicht, dass wir uns nicht zum Naturschönen hingezogen fühlen könnten, wenn es keine nicht-diskursive, expressive Dimension besäße, die wiederum eine konstitutive Funktion für das Kunstschöne hat:

> Schön ist an der Natur, was als mehr erscheint, denn was es buchstäblich an Ort und Stelle ist. Ohne Rezeptivität wäre kein solcher objektiver Ausdruck, aber er reduziert sich nicht aufs Subjekt; das Naturschöne deutet auf den Vorrang des Objekts in der subjektiven Erfahrung. Wahrgenommen wird es ebenso als zwingend Verbindliches wie als Unverständliches, das seine Auflösung fragend erwartet. Weniges vom Naturschönen hat auf die Kunstwerke so vollkommen sich übertragen wie dieser Doppelcharakter. Unter seinem Aspekt ist *Kunst, anstatt Nachahmung der Natur, Nachahmung des Naturschönen.* (111 – Herv. JMB)

Adorno rekapituliert hier zunächst die Eigenschaften des Urteils über das Naturschöne: Es handelt sich um eine emphatisch subjektive Erfahrung (der Lust), die dennoch Objektivität beansprucht; um die vom Erhabenen induzierte Erfahrung des Primats der Natur; um das Gefühl für Anspruch und Verbindlichkeit des Naturschönen; und um das Rätsel des Inhalts dieses Anspruchs im Angesicht seiner praktischen Leere und seiner Artikulation, die doch keinem Zweck gehorcht. Die Kunst des schönen Scheins erbt das Verbindliche und Enigmatische ohne Zweck. Adornos abschließende These sucht diesen Übergang zu entfalten. Er ist von großem Gewicht, weil darin die Bedeutung der Kunst mit dem Naturschönen, verstanden als Statthalter der verstümmelten Natur, in einer Weise verschweißt wird, die wir in keiner anderen Theorie der neuzeitlichen oder der modernen Kunst finden. Diese These erklärt also, wie die Bewegung vom Realismus zur Abstraktion als Fortschritt gesehen werden kann, ohne auf einen Essentialismus (Greenberg'scher Prägung) zu verfallen (Greenberg 2009). Die kulturelle und die erkenntnistheoretische Bedeutung der neuzeitlichen Kunst hängt für Adorno an der prinzipiellen Möglichkeit des Kunstschönen und seiner negativen Variationen (des Hässlichen, des Grotesken etc.); sowie an der Vorstellung, dass es sich beim Kunstschönen um eine entzaubernde Nachahmung des Naturschönen handelt: „Natur hat ihre Schönheit daran, daß sie mehr zu sagen scheint, als sie ist. Dies Mehr seiner Kontingenz zu entreißen, seines Scheins mächtig zu werden, als Schein ihn selbst zu bestimmen, als unwirklich auch zu negieren, ist die Idee von Kunst." (122) Diese Sätze eröffnen den Abschnitt über das „Kunstschöne", der direkt auf den Abschnitt zum „Naturschönen" folgt (*siehe* Bertram). Dort lautet Adornos These: Der zentrale Impuls und die fundamentale Bedeutung der neuzeitlichen Kunst besteht – unabhängig von ihren sonstigen

Zwecksetzungen – darin, das *Mehr* des Naturschönen herauszuarbeiten, darzustellen und für es einzustehen.

„Mehr" ist Adornos Begriff für dasjenige, was durch die faktisch gegebene Farbe der Leinwand erscheint, aber nicht in deren Faktizität aufgeht. Adornos Formulierung „was als mehr erscheint, denn was es buchstäblich an Ort und Stelle ist" (111) soll eine Reihe von Schlussfolgerungen erlauben: Was da ist, hat Bedeutung, auch wenn sich keine explizite Bedeutung fassen lässt; das *Mehr* solcher Bedeutung besteht in einer Tiefe oder einem An-sich-Sein, das dem Objekt inhärent ist, auch wenn es den Akteuren nicht direkt zugänglich ist; das *Mehr* lädt dazu ein, zu verweilen; es verspricht dabei, dass, was *ist*, nicht alles ist, oder nicht alles, was es sein könnte, dass die Gegenwart unausgeschöpfte Bedeutungsmöglichkeiten enthält, in denen eine Nötigung zur Gestaltung der Zukunft heranreift; durch das *Mehr* artikuliert das Wirkliche seine unbestimmten Möglichkeiten. *Mehr* heißt eine Bedeutung jenseits des Diskursiven, eine andere Art des Bedeutens. *Mehr* meint den Anspruch einer *nicht-abgeleiteten* Autorität.[4] Weibliche Schönheit war bisher das gängige Beispiel für jenes Mehr. Das evoziert die Behauptung der Tradition, weibliche Schönheit und die Schönheit der Natur seien letztlich ununterscheidbar, weibliche Schönheit sei nichts als ein Stück Naturschönes. Die durch diese Identifikation verursachte Verheerung hat Degas bekanntermaßen in einen visuellen Kalauer verwandelt: *Steilküste* (um 1892).

Das *Mehr* des Naturschönen ist zwar auf subjektive Rezeption angewiesen, aber es ist nicht auf Subjektivität reduzierbar: Genau hier greift Kants Unterscheidung zwischen dem Pfeffergarten und der wilden Schönheit. Das führt sogleich zu Adornos nächster Behauptung, nämlich, dass das Naturschöne auf den „Vorrang des Objekts in der subjektiven Erfahrung" hindeute (111). Diese These scheint angesichts des durch und durch subjektiven Charakters der Erfahrung von Schönheit zu überraschen. Doch schon immer zeichnete sich das Schöne durch seinen Doppelcharakter aus: eine intensive, subjektive Erfahrung dessen, was sich der Reduktion aufs Subjektive entzieht. Die Bindung des Schönen an das Naturschöne und des Naturschönen an die nicht-abgeleitete Autorität der Natur erklären diesen Überschuss, wie sie zugleich den „Vorrang des Objekts" sicherstellen – und genau darum geht es, will man das Schöne als Kategorie gesellschaftlich reflektierter Erkenntnistheorie statt als Medium der Befriedigung kultureller Bedürfnisse verstehen.

Eben diese Erkenntnisfunktion des Naturschönen bringt Adorno im folgenden, den epistemologischen Wert des „Mehr" unterstreichenden Satz zur Sprache: „Wahrgenommen wird es [das Naturschöne – JMB] ebenso als zwingend Ver-

---

4 Eine zeitgenössische Variante dieses „Mehr" findet sich bei: Nehamas 2007.

bindliches wie als Unverständliches, das seine Auflösung fragend erwartet." (111) Auch dieser Satz entfaltet Kants Begriff der wilden Schönheit: Was als schön beurteilt wird, stellt sich als vollkommen objektiv dar, es wirkt so zwingend, dass das Subjekt unfähig ist, sich seinem Anspruch zu entziehen. Die sinnlich gesättigte und affektiv aufgeladene Erfahrung tritt als verbindliche auf, aber sperrt sich, ihrer kognitiven Färbung zum Trotz, der diskursiven Explikation. Es sind diese Eigenschaften des Naturschönen, die im modernen Kunstschönen nachgeahmt und durchgearbeitet werden: jenes *Mehr*, das zwar subjektiv wahrgenommen wird, aber nicht auf das Subjekt reduzierbar ist; der Hinweis auf den Vorrang des Objekts; das Verbindliche; und das sich der Diskursivität Entziehende.

Adorno erweitert nun seine These, die moderne Kunst verhelfe der unterdrückten Natur durch das Kunstschöne zum Ausdruck, durch folgende Behauptung: Die Nachahmung des Naturschönen an sich verweise nicht nur auf die Aporie des Naturschönen, sondern auch auf die Aporie von „Ästhetik insgesamt":

> Ihr Gegenstand bestimmt sich als unbestimmbar, negativ. Deshalb bedarf Kunst der Philosophie, die sie interpretiert, um zu sagen, was sie nicht sagen kann, während es doch nur von Kunst gesagt werden kann, indem sie es nicht sagt. (113)[5]

Die *Ästhetische Theorie* als Ganze zeigt, wie die moderne Kunst das Naturschöne zugleich beerbt und entzaubert. Das aporetische Moment des Verbindlichen aber Unbestimmten verlangt nach philosophischer Deutung. Das führt mich zum Ausgangspunkt meiner Interpretation von Adorno zurück: zur Erfahrung des Naturschönen eingedenk des „herrschaftslosen Zustands [...], der wahrscheinlich nie gewesen ist" (104), einer Welt, die den Namen *Sumatra* oder, nach Frederic Edwin Church, *Das Herz der Anden* (1859) tragen könnte. Adorno hält unmissverständlich fest, dass

> Natur, wie sie in ihrem Schönen zart, sterblich sich regt, noch gar nicht ist. Die Scham vorm Naturschönen rührt daher, daß man das noch nicht Seiende verletze, indem man es im

---

[5] Der letzte Satz bezieht sich darauf, dass die Kunst unfähig ist, sich für ihre mimetische Funktion *zu rechtfertigen*, es sei denn, sie hörte auf, Kunst zu sein und würde Philosophie. Philosophie vermag zwar Mimesis diskursiv zu legitimieren, nicht aber sie auszudrücken. Das bleibt der Kunst vorbehalten. Die philosophische Beanspruchung der Mimesis und der Idee des Kunstschönen als Funktion des Naturschönen sind vom Natur- und Kunstschönen selbst *abhängig*, auch wenn beide verstummen, sobald sie sich rechtfertigen sollen. Das Verhältnis von Kunst und Philosophie ist darum eine mikrologische Variation des Verhältnisses von Begriff und Anschauung, Subjekt und Objekt oder Kultur und Natur, um das sich Adornos Philosophie insgesamt dreht.

Seienden ergreift. Die Würde der Natur ist die eines noch nicht Seienden, das intentionale Vermenschlichung durch seinen Ausdruck von sich weist. Sie ist übergegangen an den hermetischen Charakter der Kunst, ihre von Hölderlin gelehrte Absage an jeglichen Gebrauch, wäre es auch der durchs Einlegen menschlichen Sinnes sublimierte. (115)

Jede Äußerung Adornos über die lebendige Natur läuft auf den Gedanken hinaus, dass alle nicht-ästhetischen und nicht-künstlerischen Mittel, mit denen wir Natur zu erfassen suchen, auf ihre Reduktion, Vernutzung, und Ausbeutung abzielen.

Adornos eher technisch gehaltenes Register soll die Aporie explizieren, die der Erfahrung des Naturschönen und des Kunstschönen innewohnt: Sie ist in ihrem intensivsten Moment verbindlich, aber unbestimmt. Die Unbestimmtheit gründet in unserem Begriff von Rationalität. Adorno geht davon aus, dass ästhetischer Produktion und Rezeption eine Rationalität eignet, in der die Rationalität einer anderen Gesellschaftsform überwintert – eine Rationalität, der es gelänge, die Natur, die es noch nicht gibt, zu begreifen, ohne zu sie verstümmeln. In allen Variationen beruht dieser Gedanke auf der Idee von ästhetischer Rationalität als der „immanente[n] Disposition über Materialien, *die sich ihr zum Gebilde fügen*" (104 – Herv. JMB). Darunter versteht Adorno eine Praxis, in der sich das bearbeitete Material im Ausdruck auf eine Art und Weise enthüllt, die teilweise die Form bestimmt, in die es überführt wird. Herstellung wird hier vorgestellt als gemeinsame Unternehmung des (kollektiven) menschlichen Handelns und der materiellen Natur, deren Teil dieses Handeln ist. Die der Kunst innewohnende Rationalität evoziert die Möglichkeit eines Produktionsprozesses, in dem es darum geht, dem *in* natürlichen Materialien latenten Potenzial zum Ausdruck und damit zur Erkenntnis zu verhelfen, anstatt sie Zwecken zu unterwerfen, die vollkommen außerhalb ihrer materiell-sinnlichen Disposition liegen. Die Erscheinung einer Bedeutsamkeit ohne Bedeutung – ohne explizite, gesellschaftliche Zweckbestimmung – aktualisiert die Möglichkeit einer anderen Form von Bedeutung.

Urteile über das Schöne artikulieren die Unterdrückung der Natur und ihre daraus resultierende gegenwärtige Unzugänglichkeit für einen nicht-instrumentellen Modus der Erkenntnis. Das erklärt die Unbestimmtheit (Nicht-Diskursivität), die dem Urteil über das Schöne trotz seiner Verbindlichkeit eignet:

> Das Naturschöne ist die Spur des Nichtidentischen an den Dingen im Bann universaler Identität. Solange er waltet, ist kein Nichtidentisches positiv da. Daher bleibt das Naturschöne so versprengt und ungewiß wie das, was von ihm versprochen wird, alles Innermenschliche überflügelt. Der Schmerz im Angesicht des Schönen, nirgends leibhafter als in der Erfahrung von Natur, ist ebenso die Sehnsucht nach dem, was es verheißt, ohne daß es darin sich entschleierte, wie das Leiden an der Unzulänglichkeit der Erscheinung, die es versagt, indem sie ihm gleichen möchte. (114)

In dieser Passage zeigen sich die Konsequenzen einer These, die Adorno zuerst in der *Negativen Dialektik* formuliert: Das Nichtidentische ist opak „nur für den Totalitätsanspruch der Identität" (GS 6, 165). Dasjenige, so Adorno, was durch das Identitätsdenken der instrumentellen Vernunft verdeckt, verdrängt und verstümmelt wurde, ist nicht einfach verschwunden. Was aus dem Bereich der herrschenden Vernunft vertrieben wurde, ist uns dennoch nur als *Spur*, als Überbleibsel, als Erinnerung gegeben. Das Verbindliche des Natur- und des Kunstschönen verdankt sich der Wiederkehr des Verdrängten, der Beharrlichkeit dessen, was vertrieben wurde. Seine Undurchsichtigkeit hingegen bezeugt sowohl seine Verstümmelung als auch seine Inkommensurabilität mit dem Identitätsdenken und der Herrschaft einer Rationalität, die klassifiziert, subsumiert und die sinnliche Partikularität der abstrakten Allgemeinheit sowie der Notwendigkeit abstrakter Einheit opfert. Schmerzhaft ist die Erscheinung des Schönen, weil es nicht es selbst ist, weil es noch nicht existiert, sondern nur schöner Schein ist (*siehe* Tränkle). Indem die Philosophie diese Kluft im Inneren der menschlichen Vernunft aufzeigt, sagt sie, was das Kunst- und das Naturschöne selbst nicht zur Sprache bringen können: Sie exponiert, wie der Anspruch der einen, instrumentellen Form der Rationalität den einer anderen, der mimetischen oder ästhetischen Rationalität, auslöscht; und sie beziffert die Folgen für dasjenige, was im Gewand des Kunst- und Naturschönen zum Ausdruck kommt. Mit anderen Worten, das Natur- und das Kunstschöne erheben eine allgemeine *Forderung* bezüglich der Natur, ihrer Verdrängung und Verstümmelung; und sie erheben eine Forderung gegenüber der Vernunft, ihrer Schließung und Deformation. Letztere richtet sich gegen die Unterdrückung des ur-eigenen Vernunftpotentials, durch dessen Freigabe Geist und Welt in ein nicht länger selbstzerstörerisches Verhältnis treten würden.

Übersetzt aus dem amerikanischen Englisch von Robert Zwarg

Literatur

Bernstein, J. M. 2018: Late Style, First Art: The Fates and Politics of Modernism, in: Modern Language Notes 133.3, 604–636

Gashé, Rodolphe 2003: The Idea of Form. Rethinking Kant's Aesthetics, Stanford

Greenberg, Clement 2009: Modernistische Malerei (1960), in: ders., Die Essenz der Moderne. Ausgewählte Essays und Kritiken, hrsg. v. Karlheinz Lüdeking, übers. v. Christoph Hollender, Hamburg, 265–278

Nehamas, Alexander 2007: Only a Promise of Happiness. The Place of Beauty in a World of Art, Princeton

Georg W. Bertram
7 Das Kunstschöne: „apparition", Vergeistigung, Anschaulichkeit

Der Abschnitt mit dem Titel *Das Kunstschöne: „apparition", Vergeistigung, Anschaulichkeit* richtet vor dem Hintergrund des vorangehenden Passus zum Naturschönen den Blick auf den geistigen Charakter von Kunstschönheit, den Adorno im Sinne Hegels als paradigmatisch begreift. Insofern geht es hier um zentrale Bestimmungen dessen, was die Schönheit der Kunst ausmacht. Im Gesamtzusammenhang der *Ästhetischen Theorie* kommt dem Abschnitt die Aufgabe zu, den Zusammenhang zwischen der anschaulichen sinnlich-materialen Gestalt von Kunstwerken und ihrer geistigen Dimension zu klären. Mit Blick auf die Praxis mit Kunstwerken geht es damit darum, wie diese sich verstehen lassen. Drei Fragen stehen im Zentrum der hier zu kommentierenden Überlegungen: Inwiefern sind Kunstwerke erstens mehr als ihre materiale bzw. sinnlich manifeste Gestalt? Wie lässt sich das Mehr, von dem in der ersten Frage die Rede ist zweitens als Schrift oder Sprache fassen? Und welche spezifische Zeitlichkeit ergibt sich drittens dadurch mit Blick auf die Verfasstheit des Kunstwerks als eines geistigen Gegenstands?

Adorno gebraucht insbesondere drei Begriffe, um die erste der genannten Fragen zu beantworten. So spricht er von einem „Mehr", der „Transzendenz" und dem „Geist" von Kunstwerken, um die Dimension zu charakterisieren, die nicht in der materialen und sinnlich manifesten Gestalt aufgeht. Seine These lautet, dass die mit diesen Begriffen umrissene Dimension in der idealistischen Philosophie unzureichend begriffen wurde. Unabhängig von der Frage, ob und wie die von Adorno kritisierte Position tatsächlich in idealistischen Ästhetiken vertreten wurde (am ehesten wohl in der Kunstphilosophie Schellings; Schelling 1985, 680–697), lässt sie sich folgendermaßen umreißen: Kunstwerke realisieren ein ideales In-eins von sinnlich-materialer Gestalt und geistigem Gehalt. Dies impliziert, dass ein Kunstwerk unmittelbar zu verstehen ist. Gerade gegen diese Implikation des kritisierten idealistischen Kunstverständnisses wendet sich Adorno mit seiner Antwort auf die zweite Frage, indem er auf den spezifischen Schriftcharakter von Kunstwerken verweist. Kunstwerke sind ihm zufolge Gegenstände, denen weder unmittelbar noch mittelbar eine Bedeutung entnommen werden kann, sondern die nur momenthaft Sinnzusammenhänge aufscheinen lassen. Es geht so in der Auseinandersetzung mit Kunstwerken als Schrift nicht um eine Entzifferung, die Rezipierende von sich aus leisten könnten (*siehe* Hofstätter, Eusterschulte). Sie setzt vielmehr, und darin liegt Adornos Antwort auf die dritte

Frage, eine Prozessualität voraus, die vom Kunstwerk selbst ausgeht und aus der heraus das Kunstwerk momenthaft lesbar wird. Kunstwerke sind so als Gegenstände zu begreifen, die aus sich heraus Dynamiken entfalten und sich in der Zeit entwickeln.

Um dem Abschnitt gerecht zu werden, ist der folgende Kommentar entlang der drei angesprochenen Fragen strukturiert und rekonstruiert dabei sukzessive Adornos Verständnis der eigentümlichen Verfasstheit von Kunstwerken mit Blick auf ihren geistigen Charakter. Er orientiert sich also nicht an der Abfolge von Adornos Text, sondern folgt dem Ziel, grundlegende gedankliche Zusammenhänge des Abschnitts in den Konstellationen der zentralen Begriffe und Thesen Adornos herauszuarbeiten.

7.1 Textkommentar

Das geistige Mehr der Kunstwerke

Adorno eröffnet die Passage unter Rekurs auf den Begriff der Naturschönheit, von dem er das Kunstschöne folgendermaßen abgrenzt: „Dies Mehr seiner Kontingenz zu entreißen, seines Scheins mächtig zu werden, als Schein ihn selbst zu bestimmen, als unwirklich auch zu negieren, ist die Idee von Kunst." (122) In dem Abschnitt zum Begriff des Naturschönen hat Adorno dargelegt, dass Natur immer wieder als eine sprechende erfahren wird (*siehe* Bernstein). Das Sprechen der Natur ist dabei so zu verstehen, dass sich Eigenheiten des Natürlichen zeigen, die sich nicht unter begriffliche Ordnungen natürlicher Gegenstände subsumieren lassen. Man kann von einer Eigenlogik der Natur sprechen, die sich in entsprechenden Erfahrungen offenbart und die sich nicht begrifflich erschließen lässt, sich also implizit gegen begriffliche Strukturen richtet. Es wird erfahrbar, dass es Momente von Natur gibt, die dem Begrifflichen widerstehen. Erfahrungen von Naturschönem entfalten so einen kritischen Impuls: Sie zeigen das Ungenügen begrifflicher Strukturen mit Blick auf die Eigenlogiken, um die es in den Erfahrungen von Naturschönem geht.

Kunst ist, so sagt Adorno im Lichte des Rekurses auf das „Mehr" des Naturschönen, eine Produktion von Eigenlogik. Anders als im Fall der Natur, ist die Eigenlogik allerdings nicht als Kontingenz gegeben, sondern muss erarbeitet werden. Adorno spricht so auch von der „Herstellung des Mehr" und davon, dass Kunstwerke „ihre eigene Transzendenz" produzieren (122). Kunstwerke sind demnach als sinnlich-materiale Gegenstände zu begreifen, die zugleich über das Material-Sinnliche hinausweisen. Auch eine noch so sinnliche Konstellation in einem Kunstwerk erschöpft sich nicht in sinnlicher Gegenwart (136). Kunstwerke haben so immer auch eine geistige Dimension. Diese bestimmt Adorno in deutlicher Abgrenzung von der bereits angesprochenen Grundthese idealistischer Ästhetiken, wenn er zum Beispiel notiert: „Der Geist der Kunstwerke haftet an ihrer Gestalt, ist aber Geist nur, insofern er darüber hinausweist." (137)

Die geistige Dimension von Kunstwerken geht also nicht einfach bündig in ihrer jeweiligen sinnlich-materialen Gestalt auf. Dieser Gedanken impliziert eine These mit Blick auf das Verstehen von Kunst: Kunstwerke geben nicht einfach unmittelbar Verständnisse preis, wenn man mit ihrer sinnlich-materialen Gestalt konfrontiert ist. Um dieser These Kontur zu verleihen, verweist Adorno explizit auf die „Hegelsche Ästhetik", der er den aus seiner Sicht unhaltbaren Gedanken zuschreibt, dass Kunstwerke als eine „Identität von Geist und Nichtgeistigem" (138) zu begreifen sind.[1] Kunstwerke sind für Adorno nicht in dem Sinne als geistige Gegenstände zu begreifen, dass sich der Geist unmittelbar in diesen Gegenständen offenbart. Vielmehr ist das Geistige in Kunstwerken in ihnen nicht manifest greifbar. Aus diesem Grund charakterisiert Adorno die geistige Dimension von Kunstwerken auch als „Transzendenz".

Diese Bestimmung von Kunstwerken als geistigen Gegenständen ist aber nicht nur formaler Natur, sondern ist auch mit einem inhaltlichen Gedanken verbunden. Dass sich die an das Verstehen gerichtete geistige Dimension nicht einfach im sinnlich zugänglichen Material manifestiert, heißt für Adorno, dass sie – hierin setzt sich die Parallele zum Naturschönen fort – nicht nach der Logik begrifflichen Erfassens gedacht werden kann. All das Geistige, das sich direkt in sinnlich zugänglichem Material zeigt, ist demnach nach dieser Logik zu begreifen: Wo auch immer wir direkt etwas als etwas erkennen, subsumieren wir es unter einen oder mehrere Begriffe. Wenn nun das Geistige in der Kunst als Transzendenz charakterisiert wird, impliziert dies, dass es nicht nach der Struktur begrifflicher Erfassung funktioniert. Adorno rekurriert hier auf Kants Ästhetik und auf deren These von der Begriffslosigkeit des Schönen (145; vgl. KWA 10, B 27–32). Allerdings bleibt er nicht bei der negativen These Kants stehen, dass das Schöne ohne Begriff gefällt, zumal er in ihr eine spezifische Verkürzung bürgerlicher Ästhetik argwöhnt, die Kunst mit einer Ruhepause von (begrifflicher) Arbeit assoziiert. Adorno zufolge gilt es, die spezifische Art und Weise, die das Geistige in der Kunst annimmt, positiv zu bestimmen. Dabei kommt einer der zentralen Begriffe von Adornos *Ästhetischer Theorie* im Besonderen und von seiner Philosophie im Allgemeinen ins Spiel, und zwar der

---

[1] Wie unten deutlich wird, ist Adorno nicht der Meinung, die aus seiner Sicht maßgebliche idealistische Ästhetik, diejenige Hegels, erschöpfe sich in dem Gedanken einer solchen Identität. In Hegels Position lässt sich eine „Identität von Geist und Nichtgeistigem" möglicherweise an der klassischen Kunstform festmachen. HWA 14, 18 ff.

Begriff der Mimesis (Früchtl 1986; *siehe* Früchtl, Angehrn). Adorno bezeichnet das Geistige von Kunstwerken unter anderem als „festgebannte[n] mimetische[n] Impuls" (139).

Dass das Geistige der Kunstwerke mimetischer Art ist,[2] besagt in erster Linie, dass es sich zu dem, was geistig gefasst wird, im Modus der Anverwandlung verhält. Was Kunstwerke besagen, ist nicht bestimmender, sondern imitierender Natur. Auf diese Weise vermögen Kunstwerke sich auf Eigenlogiken von Individuellem zu beziehen. Das von Kunstwerken Bedeutete trägt aufgrund der mimetischen Verfasstheit ihres Bedeutens Individuellem Rechnung, das sich nicht durch Identifikation zugänglich machen lässt.

Nun sind Kunstwerke aber keine Lebewesen, die sich nachahmend verhalten können. Es handelt sich vielmehr um Gegenstände, die in sich festgefügt sind. Ihr „mimetischer Impuls" ist aus diesem Grund „festgebannt", was insofern als immanenter Widerspruch zu begreifen ist, als das Mimetische nicht festgebannt zu werden duldet. Dies erklärt wiederum auf andere Art und Weise, warum die geistige Dimension von Kunstwerken nicht unmittelbar zugänglich ist. Sie können nur dann auf eine mimetische Art und Weise bedeuten, wenn diese Bedeutung ihre fixierte Gestalt übersteigt. Die geistige Dimension muss also transzendent sein. Adorno spricht in diesem Sinn auch von der „Anschauung eines Unanschaulichen" (148) beziehungsweise von einem „Schein des Scheinlosen" (199) und charakterisiert die „mimetische, unbegriffliche Schicht" (148) als eine, die sich nicht einfach immanent zugänglich machen lässt.

Diese Erläuterung macht noch einmal anders begreiflich, inwiefern Adorno sich gegen ein typisches Verständnis von Kunstwerken im Sinne einer idealistischen Ästhetik wendet, demzufolge in einem Kunstwerk die sinnlich-materiale Gestalt mit der von ihr realisierten Bedeutung aufs Engste verbunden ist, so dass jede noch so kleine Änderung seiner sinnlich-materialen Gestalt als solche eine Änderung seiner Bedeutung bewirkt.[3] Adorno widerspricht mit seiner Bestimmung der geistigen Dimension von Kunstwerken diesem Gedanken. Das heißt nicht, dass nicht auch aus Adornos Sicht jede noch so kleine Änderung der sinnlich-materialen Gestalt eines Kunstwerks relevant wäre. Unter anderem in seinen Interpretationen von Literatur und Musik wird deutlich, dass noch so kleine Aspekte der manifesten Realisierung von Werken für Adorno relevant sind (exemplarisch macht das der Titel der Studie deutlich, die Adorno seinem Kompositionslehrer Alban Berg gewidmet hat: *Der Meister des kleinsten Übergangs*,

---

[2] Karl Markus Michel spricht von einer „bestrickende[n] Engführung" von mimetischem Moment und Vergeistigung. Michel 1979, 65.
[3] Ein entsprechendes Verständnis von Kunst wird sehr präzise artikuliert in: Goodman 1995, 125–168.

AGS 13, 321–492). Entscheidend aber ist, dass für Adorno kein entsprechendes Detail einfach die Bedeutung in einer bestimmten Weise festlegt. Die in einem Kunstwerk realisierten sinnlich-materialen Festlegungen und Details stehen aus seiner Perspektive in einer Spannung zu seiner mimetischen Bedeutung. Die Bedeutung wird durch die Änderung noch so kleiner Details nicht einfach in einer an diesen Details ablesbaren Weise verändert, sondern so, dass die Bedeutungsänderung erst einmal unabsehbar bleibt.

Mit diesem Rekurs auf den mimetischen Charakter des von Kunstwerken realisierten Geistigen aber geht es Adorno nicht nur um die Charakterisierung einer spezifischen Bedeutungsform der Kunst. Wie er deutlich macht, würde eine bloße Charakterisierung in diesem Sinn der historischen Dimension von Kunst nicht gerecht werden. Die Eigenlogik des von Kunst hervorgebrachten Geistigen ist aus Perspektive historischer Entwicklungen zu begreifen, dem das in menschlichen Kulturen realisierte Geistige insgesamt unterliegt. Explizit schließt Adorno hier an Hegels historisches Verständnis des Kunstschönen an:

> Damit fügt, wie Hegel erstmals gewahrte, der Geist der Kunstwerke einem übergreifenden Prozeß von Vergeistigung sich ein, dem des Fortschritts von Bewußtsein. Kunst möchte gerade durch ihre fortschreitende Vergeistigung, durch Trennung von Natur, diese Trennung, an der sie leidet und die sie inspiriert, revozieren. (141)

Der „Prozeß von Vergeistigung" lässt sich im Sinne der *Dialektik der Aufklärung* und der *Negativen Dialektik* als Prozess zunehmender Naturbeherrschung begreifen (AGS 3, 19 ff.; AGS 6, 23 ff.). Diese Beherrschung funktioniert durch begriffliche Mittel, mit denen eine kulturelle Unabhängigkeit von den Kontingenzen der Natur gesucht wird. Der Prozess der Vergeistigung beruht, so gesehen, in erster Linie auf begrifflichen Ordnungen. Diese Ordnungen haben aber aus Adornos Sicht die entscheidende Kehrseite, dass sie in dem Maße, in dem sie eine Beherrschung der Natur ermöglichen, zugleich den Kontingenzen der Natur keine Gerechtigkeit widerfahren lassen. Insofern ist Vergeistigung mit einer „Trennung" von Natur verbunden. Kunst gehört, als Produktion von Geistigem, einerseits zu dem umfassenden Prozess der Distanzierung von Natur. Andererseits ist das von ihr hergestellte Geistige aber so zu begreifen, dass es dem durch begriffliche Vergeistigung Verdrängten als demjenigen, was sich in begrifflichen Strukturen nicht fassen lässt („das Unsubsumierbare", 128), gerecht zu werden versucht. Das Geistige der Kunst ist so als eine geistige Kritik von Vergeistigung zu begreifen.

Die geistige Kritik von Vergeistigung durchläuft dabei, wie Adorno betont, ihrerseits eine historische Entwicklung, die davon getrieben ist, jeweils das von Begrifflichkeit in unterschiedlicher Weise Verdrängte zu evozieren (*siehe* Hesse, Früchtl). So ist die Entwicklung der Kunst an gesellschaftliche Mittel begrifflicher

Beherrschung gebunden, stellt also keinen Fortschritt in Richtung einer Wiedererlangung von Natürlichkeit dar:

> Der Vergeistigungsprozeß von Kunst ist kein linearer Fortschritt. Er hat sein Maß daran, wie Kunst das von der bürgerlichen Gesellschaft Verfemte in ihrer Formensprache sich zuzueignen vermag und dadurch im Gebrandmarkten jene Natur aufzudecken, deren Unterdrückung das wahrhaft Böse ist. (143)

Kunst leistet eine Korrektur der Vergeistigung, die mit der Entwicklung bürgerlicher Gesellschaft als einer konsequenten Institutionalisierung von Herrschaft über die Natur einhergeht. Jeweils geht es dabei um den spezifischen historischen Stand, den der Prozess der Vergeistigung erreicht hat. Das „Verfemte" und Unterdrückte ist je nach gesellschaftlichem Stand unterschiedlich beschaffen, so dass die gesuchte Korrektur vor je eigene Aufgaben gestellt ist. Die Korrektur hat in erster Linie den Charakter von Aufklärung. In diesem Sinn spricht Adorno davon, dass Kunst das in modernen Gesellschaften Unterdrückte „aufdeckt". In zweiter Linie hat dieses Aufdecken aber auch einen transformatorischen Charakter. Durch die von Kunst geleistete Aufklärung mit Blick auf die Kehrseiten gesellschaftlicher Vergeistigung werden gesellschaftliche Formen verändert. In diesem Sinn spricht Adorno von der „Kraft, mit der [die Kunst – GWB] intentionslose und ideenfeindliche Schichten durchdringt." (144) Die Kraft der Kunst ist eine Kraft des Eingriffs in den Prozess der Vergeistigung.[4] Dieser Eingriff aber erschöpft sich nicht in dem Charakter einer kritischen Korrektur. Er spielt dem Prozess der Vergeistigung auch zu. So betont Adorno immer wieder, dass „Kritisches oder Negatives" (144) zur Weiterentwicklung von Vergeistigung beiträgt. Es gehört zu den Aporien des Geistigen von Kunst, dass es mit der von ihm realisierten Kritik zugleich den Prozess der Vergeistigung vorantreibt.

Der Schrift- und Sprachcharakter von Kunstwerken

Adornos Bestimmung der Bedeutung von Kunstwerken als Transzendenz gegenüber der sinnlich-materialen Gestalt der Werke wirft die Frage auf, wie diese Bedeutung zugänglich wird. Negativ ist mit den bisherigen Überlegungen bereits eine Antwort auf diese Frage gegeben: Die Bedeutung lässt sich nicht unmittelbar der sinnlich-materialen Gestalt eines Kunstwerks entnehmen. Entscheidend mit

---

[4] Martin Seel spricht in seiner Interpretation von Adornos Kunstphilosophie von der „sprengende[n] Kraft der Kunst, ihre[r] Fähigkeit, bis dahin Unmögliches möglich werden zu lassen". Seel 2004, 75.

Blick auf Adornos positive Antwort auf diese Frage ist seine Aussage, dass Kunstwerke als Schrift zu begreifen sind, allerdings als solche „mit gekappter oder zugehängter Bedeutung." (122) Um diese Aussage zu interpretieren, ist es entscheidend zu betonen, was sie nicht besagt: Die These ist nicht, dass Kunstwerke als Schrift ohne Bedeutung sind. Die Metapher von Kunstwerken als Schrift lässt sich erst einmal im Sinne des bereits angesprochenen Gedankens von einer festgefügten mit Bedeutung verbundenen sinnlich-materialen Gestalt auslegen: Kunstwerke sind Gegenstände oder Ereignisse, die in vielen Aspekten sinnlich-material bestimmt sind und aus ihrer Gestalt heraus Momente von Bedeutung entfalten, auch wenn diese Bedeutung nicht unmittelbar aus der Gestalt zu erschließen ist.

Adornos Rede von Kunstwerken als Schrift lässt sich mit den Begriffen der Konstellation beziehungsweise Konfiguration weiter erläutern: Kunstwerke sind Konstellationen beziehungsweise Konfigurationen von Elementen (Bertram 2018). In einem Gedicht zum Beispiel bilden einzelne Wörter eine Konstellation. Auf einem Tafelbildgemälde sind Farben und Formen in eine Konstellation gebracht – unabhängig davon, ob es sich um eine darstellende oder abstrakte Malerei handelt. Auch eine abendfüllende Oper realisiert eine Konfiguration, wobei in diese Konfiguration – anders als bei einem Gedicht oder einem Tafelbildgemälde – Elemente sehr unterschiedlichen Typs (musikalische Strukturen, gesanglicher Ausdruck, Schauspiel, Bühnenbild etc.) eingehen. Die Konstellation aber, die in einem Kunstwerk hergestellt ist, gibt nicht von sich aus eine Bedeutung preis. Sie bietet eine Schrift, über die diejenigen, die sich mit ihr auseinandersetzen, nicht zu verfügen vermögen. Genau das sagt Adorno, wenn er davon spricht, dass die Bedeutung „gekappt oder zugehängt" ist.[5]

Dennoch heißt dies aus Adornos Sicht nicht, dass Kunstwerke überhaupt keine Bedeutung entfalten würden. Ihre Bedeutung blitze vielmehr momenthaft auf. Dafür gebraucht Adorno das alttestamentarische Bild vom Menetekel, der Schrift, die mit einem Mal auf der Wand erscheint und im nächsten Moment wieder verschwunden ist (Daniel 5, 25). Adorno spricht von einer „aufblitzende[n] und vergehende[n] Schrift, die doch nicht ihrer Bedeutung nach sich lesen läßt." (125) Er hat auch noch ein anderes Bild und zwar das eines Feuerwerks, in dem für einen Moment am Himmel eine sinnhafte Konstellation erscheint. Insgesamt charakterisiert er die Schrift als „apparition κατ' ἐξοχήν" (ebd.), als eine Er-

---

5 Lambert Zuidervaart betont zurecht, dass die in einem Kunstwerk hergestellte Konstellation nicht im Sinne einer gesellschaftsfernen Autonomie zu verstehen ist, sondern ihrerseits konstitutiv gesellschaftlich ausfällt. Zuidervaart 1991, 68 ff.

scheinung schlechthin. Das Kunstwerk ist Schrift im Sinne einer hervorstechenden Form des Erscheinens.

Diese Bestimmungen lassen sich folgendermaßen weiter entfalten: Die Bedeutung eines Kunstwerks ist in dem Sinne als zugehängt zu begreifen, dass sie sich vom Kunstwerk her offenbart. Sie wird also nicht durch die Aktivität derjenigen, die sich mit dem Kunstwerk auseinandersetzen, zugänglich (nicht durch ein „der Bedeutung nach ... lesen"). Insofern deutet Adorno den Begriff der Schrift in seiner Charakterisierung von Kunstwerken als Schrift um: Schriften werden üblicherweise entziffert, was wiederum eine Aktivität des Entzifferns voraussetzt. Die Betonung des Erscheinungscharakters von Kunstwerken als Schrift dementiert dieses Moment von Schriftlichkeit: In der Auseinandersetzung mit Kunst lässt sich nichts aus eigener Aktivität erschließen. Das Kunstwerk gibt seine Schrift als Erscheinung preis. Damit zeigt sich eine andere Dimension des Gedankens, dass die von Kunstwerken realisierte Bedeutung als mimetisch zu begreifen ist. Mimetisch ist sie nicht nur in ihrer Struktur, sondern auch in der Art und Weise ihrer Erfassbarkeit. Diejenigen, die sich mit Kunstwerken auseinandersetzen, werden von den Strukturen im Kunstwerk geleitet.[6] Die Bedeutung von Kunstwerken erschließt sich aus einer primär passiven Haltung heraus.

Die aufblitzende Schrift von Kunstwerken ist aber auch noch aus einem weiteren Grund als zugehängt zu begreifen. Die in Kunstwerken realisierte Konstellation ist je eigenartig. Jedes Kunstwerk entwickelt die in ihm realisierte Konstellation aus sich heraus. Es realisiert – so kann man zuspitzend sagen – eine Sprache, die nur von dem Kunstwerk, um das es jeweils geht, gesprochen wird (vgl. zu Adornos Verständnis der Sprachlichkeit von Kunst auch *Fragment über Musik und Sprache*, AGS 16, 251–256; *siehe* Tränkle, Koch, Eusterschulte, Gordon). Adorno bezeichnet die je eigene Sprache eines Kunstwerks insgesamt mit dem Begriff des „Formgesetzes" (18, passim). Im vorliegenden Abschnitt spricht er davon, „daß alles [in der Kunst – GWB] Form werden muß" (142). Die Form fällt in jedem Werk spezifisch aus, so dass diejenigen, die sich mit ihm auseinandersetzen, grundsätzlich nicht auf sie vorbereitet sind. Aus diesem Grund lässt sich diese Sprache nicht (vollständig) verstehen. Denkbar sind nur Annäherungen an sie. Auch aus diesem Grund ist die Bedeutung von Kunstwerken als Schrift zugehängt.

Nun suggerieren die bisherigen Erläuterungen, die Begriffe der Schrift und der Sprache seien in Adornos Explikation des Geistigen in der Kunst gleichbedeutend. Es ist aber wichtig, auch hier von einem Spannungsverhältnis auszu-

---

[6] Entsprechend heißt es in der *Ästhetischen Theorie*: „Machen Kunstwerke nichts nach als sich, dann versteht sie kein anderer, als der sie nachmacht." (190)

gehen, wie es sich bereits mit Blick auf das Verhältnis von sinnlich-materialer Gestalt und Bedeutung gezeigt hat. Demnach sind materialisierte Schrift und sprechende Sprache nicht einfach eins, sondern unterschiedliche Dimensionen der Realisierung von Geistigem in der Kunst, die nicht ineinander aufgehen. Auf der einen Seite geht es in der Auseinandersetzung mit einem Kunstwerk um Entzifferungen, die sich nicht aus eigener Aktivität heraus betreiben lassen. Die an der Wand aufblitzende Schrift beziehungsweise der Schriftzusammenhang im Feuerwerk erscheint momenthaft und bietet eine sinnhafte Konstellation dar, die sich unmittelbar als solche zu lesen gibt. Auf der anderen Seite ist aber dieses unvermittelte Aufscheinen sinnhafter Zusammenhänge nicht von einer wie auch immer materialisierten Schrift her zu begreifen. Im Aufscheinen zeigt sich eine Sprache, die von sich aus spricht (als „Ausdruck", wie man mit einem zentralen Begriff der *Ästhetischen Theorie* sagen kann; *siehe* Tränkle). In der Lektüre eines Gedichts ergibt eine Konstellation von Wörtern mit einem Mal Sinn; im Hören von Musik wird ein Zusammenhang als stimmig wahrgenommen. Die eigene Sprache des Kunstwerks erweist sich in solchen Erfahrungen als die geistige Seite einer Struktur, die im nächsten Moment wieder als opake Schrift erfahren wird.

Nach dieser Erläuterung ist es charakteristisch für den Nachvollzug eines Kunstwerks, dass keine sukzessive Entschlüsselung des Werks zustande kommt. Eine sukzessive Entschlüsselung im Sinne eines kontinuierlichen Lernprozesses mit Blick auf die Sprache des Kunstwerks würde bedeuten, dass Rezipierende aus eigener Aktivität diese Sprache zusammensetzen könnten. Dies aber ist in dem Maße nicht möglich, in dem sich die Bedeutung von Kunstwerken Adorno zufolge nicht aus Aktivität erschließen lässt. Das Geistige von Kunstwerken gibt sich nur von sich aus preis.

Der Schrift- und Sprachcharakter von Kunstwerken ist so von eigentümlicher Natur. Es handelt sich um eine Schrift, die nicht auf eine eigenständige Entzifferung durch diejenigen, die sich mit dieser Schrift befassen, hin angelegt ist. Genau dies ist entscheidend für den geistigen (mimetischen) Gehalt, den Adorno Kunstwerken zuschreibt. Dieser Gehalt erlaubt keine Erschließung. Adorno markiert in dieser Weise konsequent den Bruch von Kunstwerken mit Kommunikation.[7] Geistiges wird – auch im Falle von Schrift – üblicherweise vom kommunikativen Austausch her verstanden. In dieser Weise ist das geistige Moment von Kunstwerken aus Adornos Perspektive aber nicht zu begreifen. Kunstwerke realisieren ein Geistiges, das spezifisch ausfällt, da es die übliche Form des Geistigen

---

[7] Markant ist Adornos These: „Die Kommunikation der Kunstwerke mit dem Auswendigen jedoch, mit der Welt, vor der sie selig oder unselig sich verschließen, geschieht durch Nicht-Kommunikation" (15; *siehe* Hesse).

durchbricht. Die jäh aufscheinende Schrift der Kunstwerke beziehungsweise das von ihnen ausgehende Feuerwerk vermittelt nicht direkt geistige Gehalte, wie dies andere Schriften leisten. Das Geistige der Kunst ist Geistiges, das indirekt beziehungsweise gebrochen vermittelt wird.

Für die eigentümliche Geistigkeit von Kunstwerken heißt dies, dass sich ihr Zeigen nicht kontrollieren lässt. Genau in diesem Sinn betont Adorno immer wieder die Unverfügbarkeit der Art und Weise, in der Kunstwerke ihr Geistiges freisetzen – unter anderem, indem er von einem „Gefühl des Überfallen-Werdens im Angesicht jedes bedeutenden Werks" spricht (123). Das Überfallen-Werden ist nun nicht einfach als Modalität künstlerischer Rezeption zu begreifen, sondern hängt mit der Spezifizierung zusammen, die das Geistige der Kunst erfahren hat. Kunst durchbricht nach Adornos Verständnis qua Mimesis die Vorherrschaft begrifflicher Strukturen und greift so geistig in den Prozess der Vergeistigung ein. Dieses Durchbrechen setzt voraus, dass Kunst nicht auf begrifflichem Wege erschließbar ist. Adornos Erläuterung des besonderen Schrift- und Sprachcharakters von Kunst trägt genau dieser Voraussetzung Rechnung. Als Schrift, die von sich aus bedeutungshafte Zusammenhänge zu lesen gibt, ist Kunst in der Lage, Geistiges als Sprache im mimetischen Sinn zu entfalten, und so dem von begrifflichen Zusammenhängen Unterdrückten gerecht zu werden.

Die in Kunstwerken realisierten Konstellationen sind so auf eine Freisetzung mimetischer Momente hin angelegt. Es handelt sich in diesem Sinn um eine Sprache, die gewissermaßen unsichtbar bleibt. Die manifeste Konstellation eines Kunstwerks ist als solche nicht die Sprache des Kunstwerks. Sie geht über diese Konstellation hinaus. Wie dies geschieht, lässt sich nachvollziehen, wenn die Zeitlichkeit des Geistigen in der Kunst einbezogen wird.

Die Zeitlichkeit des Geistigen in der Kunst

Adorno betont an vielen Punkten der hier kommentierten Textpassage die spezifische Zeitlichkeit des geistigen Moments der Kunst. Der bisherige Kommentar ist immer wieder indirekt auf diese Zeitlichkeit zu sprechen gekommen. Sie muss aber als zentraler Aspekt von Adornos Begriff der Geistigkeit von Kunst und Kunstwerken explizit gemacht werden. So heißt es unter anderem: „Das Moment des Geistes ist in keinem Kunstwerk ein Seiendes, in jedem ein Werdendes, sich Bildendes." (141) In Kunstwerken entfaltet sich demnach eine Dynamik. Die Rede ist auch von dem „Disparat[e], das in den Kunstwerken miteinander prozessiert" (149).

Adorno umreißt mit Aussagen wie diesen eine Zeitlichkeit von Kunstwerken, die für das genauere Verständnis ihres Schrift- und Sprachcharakters entscheidend ist. Die Schrift der Kunstwerke ist entsprechend nicht als eine solche zu verstehen, die als materialisierter Geist zu begreifen wäre, der in einer gewissen Zeitenthobenheit auf Entzifferung wartet. Für die Sprachlichkeit und Schrift eines Kunstwerks ist vielmehr ein zeitliches Moment entscheidend. Dieses zeitliche Moment wurde bislang dadurch angegeben, dass die mimetische Sinnschicht eines Kunstwerks momenthaft und unvermittelt erscheint. Sie blitzt jäh auf. Dieser zeitliche Aspekt der Rede von einem Menetekel oder Feuerwerk ist aber nur eine Seite der Zeitlichkeit von Kunstwerken als Sprache. Die andere Seite ist die im Kunstwerk selbst stattfindende Dynamik, die von Adorno auch dadurch artikuliert wird, dass er Kunstwerken selbst (und nicht nur der Situation des Erscheinens von Geistigem) den Charakter des Momentanen zuspricht. Diesbezüglich charakterisiert er Kunstwerke als Akte, wenn er sagt: „Der ihnen immanente Charakter des Akts verleiht ihnen, mögen sie noch so sehr in ihren Materialien als Dauerndes realisiert sein, etwas Momentanes, Plötzliches." (123)

Denken wir an eine Tafelbildmalerei. Diese wirkt *prima facie* als eine dauerhafte Realisierung in bestimmten Materialien. Leinwand und Farbauftrag sind in einer Weise gestaltet, dass sich ein festes Gefüge zu ergeben scheint. Aus Adornos Perspektive aber ist eine solche Charakterisierung von Tafelbildmalerei irreführend, da sie suggeriert, in der materialen Gestaltung eines Gemäldes sei etwas niedergelegt, das in der Auseinandersetzung mit ihm zu neuem Leben erweckt wird. Wenn Kunstwerke aber als Akte bestimmt werden, rufen sie von sich aus etwas hervor. Sie treten Rezipierenden von sich aus gegenüber. Dies geschieht dadurch, dass die im Kunstwerk realisierte Form eine Dynamik entfaltet. Unterschiedliche Elemente auf einem Gemälde sind so konfiguriert, dass sich aus ihren Beziehungen zueinander je neue Zusammenhänge ergeben. Kunstwerke sind also nicht so gefügt, dass sie als solche auf spezifische Bedeutungen festgelegt wären, die es nachzuvollziehen gälte. Die in ihnen hergestellten Konstellationen entwickeln sich vielmehr aus sich heraus in einer Weise, dass in unabsehbarer Weise Bedeutungen zutage treten. In Bezug auf ein Tafelbildgemälde heißt dies zum Beispiel, dass ein Gemälde darauf angelegt ist, in unabsehbarer Weise unterschiedliche Zusammenhänge zu zeigen – Zusammenhänge der Farbkomposition, der figuralen Anordnung, der Linienführung, der Bildaufteilung etc. Adorno charakterisiert die Dynamik im Kunstwerk auch unter Rekurs auf Walter Benjamin mit dem Begriff der „Dialektik im Stillstand" (BGS V.1, 577): „Zu denken ist an Benjamins Formulierung von der Dialektik im Stillstand, entworfen im Kontext seiner Konzeption des dialektischen Bildes. Sind Kunstwerke als Bilder die Dauer des Vergänglichen, so konzentrieren sie sich im Erscheinen als einem Momentanen." (130 f.)

Jedes Kunstwerk begegnet denen, die sich mit ihm auseinandersetzen, in immer neuen momentanen Konfigurationen, in denen sich die Konstellation seiner Elemente je neu stillstellt. Als Schrift sind Kunstwerke so darauf angelegt, von sich aus zu sprechen: „Kunstwerke werden Bilder dadurch, daß die in ihnen zur Objektivität geronnenen Prozesse selber reden." (132 f.) Die Prozesse der Formgebung sind zwar in einem Gemälde material fixiert, allerdings in einer Weise, dass sie von sich aus immer neue Zusammenhänge präsentieren. Hier lässt sich noch einmal an das Bild der aufblitzenden Schrift erinnern: Das Kunstwerk ist keine sedimentierte Schrift, sondern eine Konstellation, die aus sich heraus Schrift- und Sprachzusammenhänge generiert. Anders gesagt: Das Kunstwerk ist Schrift und Sprache *in statu nascendi*. Es ist keine festgefügte, sondern eine sich entwickelnde Schrift. Aus dieser Entwicklung heraus resultieren momenthafte Konfigurationen, die in der oben erläuterten Weise mimetisch sprechend sind. In diesem Sinn spricht ein Kunstwerk von sich aus.

Von diesen Gedanken her lässt sich Adornos Revision des idealistischen Kunstbegriffs noch einmal anders fassen. Es geht in dieser Revision nicht nur darum, das Kunstwerk nicht als ein ideales Ineins von materialer Gestalt und geistigem Gehalt zu fassen, sondern auch darum, von der materialen Gestalt her eine für das Kunstwerk charakteristische Dynamik zu begreifen (*siehe Eusterschulte*). Die materiale Gestalt gilt damit als eine, die aus sich heraus Dynamiken freisetzt. Die unterschiedlichen Elemente, die die Gestalt eines Kunstwerks ausmachen, stehen in spannungsvollen Verhältnissen zueinander. Aus diesen spannungsvollen Verhältnissen heraus entwickeln sich die Dynamiken, die Adorno Kunstwerken zuschreibt („Disparate[s], das in den Kunstwerken miteinander prozessiert"). In diesem Sinn betont Adorno, dass Kunstwerke keine Einheit realisieren, dass sie nicht als Organismen (138) funktionieren, sondern dass eine „konstitutive Gebrochenheit" (148) charakteristisch für sie ist.

Die von Kunstwerken entfaltete Dynamik – Ruth Sonderegger spricht von einer „Verzeitlichung des Kunstwerks" (Sonderegger 2019, 525) – lässt sich von diesem Punkt aus noch einmal in anderer Weise mit ihrem geistigen Moment verbinden. Um die Verbindung von materialer Gestalt und geistigen Momenten im Kunstwerk zu charakterisieren, rekurriert Adorno an einer entscheidenden Stelle auf Hegels Begriff des „romantischen Kunstwerks" (142). Der unorganische, spannungsvolle Charakter von Kunstwerken ist demnach damit verbunden, dass sie geistige Momente immer wieder nicht in ihre sinnlich-materiale Gestalt zu integrieren vermögen. Die Spannung zwischen den Elementen rührt, so gesehen, nicht nur aus der materialen Gestalt des Werks als solcher, sondern auch von daher, dass diese Gestalt immer wieder von geistigen Momenten durchbrochen ist. Insofern spricht Adorno von einer „Wunde, welche Abstraktion" den Kunstwerken „schlägt" (152). Kunstwerke übersteigen aus diesem Grund grundsätzlich das, was sie sinnlich-anschaulich darbieten. Adorno spricht von einem „Dogma" der Anschaulichkeit, das die „gesamte bürgerliche Ästhetik durchzieht" (145) und das sich gut an dem Gedanken des Ineins von sinnlicher Gestalt und geistigem Gehalt festmachen lässt. Diesem Dogma zufolge präsentiert Kunst Geistiges in anschaulicher Form.

Hegel hat mit seinem Begriff des romantischen Kunstwerks die These verteidigt, dass Kunst aus sich heraus zur Vergeistigung strebt (HWA 14, 136 ff.). Adorno schließt sich einer eher konventionellen Hegel-Interpretation an, der zufolge das von Hegels Ästhetik vertretene Ideal in der romantischen Kunstform verletzt wird. Neuere Interpretationen aber verteidigen den Gedanken, dass Kunst in Hegels Sinn, recht verstanden, gerade auf Grundlage der romantischen Kunstform zu verstehen ist (Rutter 2010). Insofern kann Adorno mit seiner Argumentation gegen das „Dogma der Anschaulichkeit" von Kunst auch so verstanden werden, dass er im Sinne von Hegels Kunstbegriff argumentiert. Demzufolge ist für Kunst eine Spannung zwischen dem im sinnlich zugänglichen Material anschaulich Präsentierten und geistigen Momenten entscheidend. Das geistige Mehr von Kunstwerken ergibt sich, dem Begriff der romantischen Kunstform zufolge, nicht unmittelbar aus der Auseinandersetzung mit der sinnlich-materialen Gestalt eines Kunstwerks. Vielmehr ist die anschauliche Gestalt, wie Adorno sagt, „von Begrifflichem durchwachsen" (148). So folgt für ihn, ganz im Sinne von Hegels Lehre der romantischen Kunstform: „Anschaulichkeit ist keine characteristica universalis der Kunst." (150)

Für das Verständnis von Kunstwerken als Sprache und Schrift heißt dies, dass der Zusammenhang von Anschaulichem und Nichtanschaulichem im Kunstwerk für seine Sprachlichkeit entscheidend ist. Das in Auseinandersetzung mit einem Kunstwerk sinnlich Vernehmbare (Sichtbare, Hörbare, Tastbare), macht nicht allein die Grundlage aus, von der her das Kunstwerk spricht. Es ist konstitutiv mit Momenten verbunden, die alle sinnliche Wahrnehmbarkeit übersteigen. Der spezifische Schriftcharakter von Kunst lässt sich damit weiter charakterisieren: Das momenthafte Erscheinen sinnhafter Zusammenhänge geht nicht nur von dem aus, was an einem Kunstwerk sinnlich wahrnehmbar ist. In diesem Erscheinen kommen auch Aspekte jenseits der sinnlichen Wahrnehmbarkeit mit ins Spiel. Auch aufgrund dieser Aspekte lässt sich ein Kunstwerk nicht entziffern.[8]

So bündelt sich in der spezifischen Zeitlichkeit des Geistigen in der Kunst dessen besondere Verfasstheit. Wie gesehen, ist dieses Geistige für Adorno aus dem historischen Prozess der Vergeistigung heraus als immanente Kritik dieses Prozesses zu begreifen. Dies allerdings setzt voraus, dass Geistiges in der Kunst anders funktioniert als Geistiges in etablierten gesellschaftlichen Zusammen-

---

[8] Jay Bernstein hat ins Zentrum seiner Interpretation in diesem Sinn das nicht-synthetische Moment von Kunst gestellt. Bernstein 1992, 197 ff.

hängen. Die etablierten Zusammenhänge realisieren nach Adornos Verständnis Naturbeherrschung im Sinne einer Logik der Identifikation. Genau diese Logik sieht Adorno in der Kunst ausgesetzt. Das Geistige von Kunst lässt sich nicht durch begriffliche Identifikation erschließen. Dies liegt sowohl in seiner eigentümlichen Erscheinungsweise als auch in der damit zusammenhängenden Zeitlichkeit begründet. Das Momenthafte des künstlerisch Geistigen ist ein Aspekt seines Erscheinens, der nicht allein von sinnlicher Wahrnehmbarkeit ausgeht.

Das momenthafte Erscheinen ist ein konstitutives Moment der durch Kunst realisierten Kritik und Negation. Die Zeitlichkeit der Auseinandersetzung mit einem Kunstwerk ist nicht nur eine Konsequenz seiner spezifischen Verfasstheit, sondern wurzelt in dem durch es realisierten Geistigen. Kunstwerke konfrontieren diejenigen, die sich mit ihnen auseinandersetzen, mit eigenartigen Konstellationen. Sie sind dabei an dem Ziel orientiert, Geistiges hervorzubringen, das dem Prozess der Vergeistigung widersteht, indem es dem im Rahmen dieses Prozesses Unterdrückten eine Stimme verleiht. Aus diesem Grund funktioniert Kunst nicht in der Ordnung des sinnlich Wahrnehmbaren. Sie bietet Konstellationen, die über das sinnlich Wahrnehmbare hinausgehen. Das nichtsinnliche Moment der Kunst kann nur in einer Struktur erscheinen, die die Ordnung des sinnlich Wahrnehmbaren durchbricht. Genau dies ist die Struktur radikaler Augenblicklichkeit als einer stillgestellten Prozessualität und Dynamik (im Sinne der „Dialektik im Stillstand").

Die Momenthaftigkeit des von Kunstwerken ausgehenden Erscheinens wurzelt so in ihrer Funktion als Kritik und Negation einseitiger Vergeistigung. Kunstwerke sind in ihrer Sprachlichkeit auf das hin orientiert, was sich nicht begrifflich zugänglich machen lässt. Eine entsprechende Sprache aber lässt sich grundsätzlich nicht fassen. Aus diesem Grund kann sie auch nicht andauern, da sie ansonsten greifbar würde. Sie ist auf Momenthaftigkeit angelegt.

7.2 Ausblick: Interpretation und Rezeption

Adornos *Ästhetische Theorie* ist vielfach als Explikation ästhetischer Negativität begriffen worden. Demnach durchbricht Kunst gesellschaftlich vorherrschende Strukturen begrifflicher Praxis der Identifikation. In der Erläuterung der durch Kunst realisierten Kritik kommt dem Abschnitt zum Kunstschönen eine Schlüsselfunktion zu, da er die Mechanismen ästhetischer Kritik rekonstruiert. Für die Aufklärung dieser Mechanismen ist unter anderem die systematische Interpretation besonders wichtig, die Christoph Menke zu Adornos Position vorgelegt hat (Menke 1991). Die besondere Struktur der Auseinandersetzung, die Kunstwerke evozieren, hat Menke dabei in einem strukturalistischen Vokabular erläutert:

Kunstwerke seien als Signifikanten zu begreifen, die sich – anders als gewöhnliche Zeichen – nicht auf ein Signifikat hin erschließen lassen. Das Material von künstlerischen Signifikanten ist demnach nicht auf eine Bedeutung hin durchsichtig. Die von einem Kunstwerk realisierte materiale Konstellation lasse sich immer wieder in Teilzusammenhängen bis an Punkte hin erfassen, an denen diese Zusammenhänge abbrechen. Dann müsse die Selektion des sinnhaft zu ordnenden Materials neu angesetzt werden. Dies führe schließlich dazu, dass das Material als eines, das der Sinnhaftigkeit grundsätzlich Widerstand leistet, erfahren wird (Menke 1991, 65–67).

Menke betont damit den „desautomatisierenden" Charakter künstlerischer Schriftlichkeit. Kunst durchbricht das Funktionieren gewöhnlicher Zeichenpraktiken. In dem zurückliegenden Kommentar ist deutlich geworden, dass der grundsätzliche Charakter des Durchbrechens von Gewöhnlichem, den Menke geltend macht, struktureller Natur ist. Kunstwerke funktionieren Adorno zufolge als Schrift anders als andere Schriften, da sie nicht qua Entzifferung zugänglich sind. Aufgrund ihres strukturell eigentümlichen Funktionierens setzen Kunstwerke in anderer Weise Bedeutung frei – als eine Bedeutung, die sich nicht lesen lässt, sondern die sich zu lesen gibt. Das momenthafte Aufblitzen von Sinnzusammenhängen, das von Kunstwerken ausgeht, ist mit dem Anspruch verbunden, ein anderes Geistiges zu eröffnen. Es zeigt Eigenlogiken, die sich nicht begrifflichen Strukturen subsumieren lassen – Eigenlogiken, die nicht dingfest zu machen sind.

Es ist entscheidend für die Interpretation des vorliegenden Abschnittes, das eigentümliche Moment des Geistigen in der Kunst nachzuvollziehen. Dazu gehört zum einen, dass das Geistige der Kunst in seiner positiven Bedeutung gefasst wird. Zum anderen ist es wichtig, die Rolle des so verstandenen Geistigen im historischen Prozess der Vergeistigung zu begreifen, dem menschliche Gesellschaften unterliegen: Kunst leistet als Kritik dieses Prozesses einen Beitrag zu ihm. Negativität ist so nicht das letzte Wort von Adornos Bestimmung von Kunst als Schrift. Die Schrift entfaltet vielmehr aus ihrer Negativität heraus ein transformatorisches Potential. Aus diesem Potential heraus fungiert Kunst als Kritik von Vergeistigung und partizipiert zugleich an ihr.

Literatur

Bernstein, J. M. 1992: The Fate of Art. Aesthetic Alienation from Kant to Derrida and Adorno, Philadelphia

Bertram, Georg W. 2018: Eine ‚Schrift mit gekappter oder zugehängter Bedeutung' – über Unlesbarkeit in der Kunst, in: Jutta Müller-Tamm et al. (Hrsg.), Schreiben als Ereignis. Künste und Kulturen der Schrift, München, 135–148

Früchtl, Josef 1986: Mimesis. Konstellation eines Zentralbegriffs bei Adorno, Würzburg
Goodman, Nelson 1995: Sprachen der Kunst. Entwurf einer Symboltheorie, Frankfurt a. M.
Menke, Christoph 1991: Die Souveränität der Kunst. Ästhetische Erfahrung nach Adorno und Derrida, Frankfurt a. M.
Michel, Karl Markus 1979: Versuch, die ‚Ästhetische Theorie' zu verstehen, in: Burkhardt Lindner/W. Martin Lüdke (Hrsg.), Materialien zur ästhetischen Theorie Th.W. Adornos. Konstruktion der Moderne, Frankfurt a. M., 41–107
Rutter, Benjamin 2010: Hegel on the Modern Arts, Cambridge (Mass.)
Schelling, Friedrich Wilhelm Joseph 1985: System des transzendentalen Idealismus, in: ders., Ausgewählte Schriften, Band 1, Frankfurt a. M.
Seel, Martin 2004: Das Unmögliche möglich machen. Ein avantgardistischer Begriff der Kunst, in: ders., Adornos Philosophie der Kontemplation, Frankfurt a. M., 64–76
Sonderegger, Ruth ²2019: Ästhetische Theorie, in: Richard Klein et al. (Hrsg.), Adorno-Handbuch. Leben – Werk – Wirkung, Stuttgart, 521–536
Zuidervaart, Lambert 1991: Adorno's Aesthetic Theory. The Redemption of Illusion, Cambridge (Mass.)

Sebastian Tränkle
8 Schein und Ausdruck

Für Christoph Türcke

Der Abschnitt *Schein und Ausdruck* entfaltet die Konstellation zweier Begriffe, die eine zentrale Stellung in Adornos Philosophie einnehmen. So weist der Schein neben seinen ästhetischen vor allem ideologiekritische Bestimmungen auf; und sprachphilosophische Überlegungen kreisen um den Ausdruck. Die beiden Begriffe treten in ein Verhältnis gegenseitiger Bestimmung. Schon ein früher Vortrag formuliert die Überzeugung, „daß wir Schein überall da, wo er uns begegnet, als Ausdruck empfinden, daß er nicht bloß zu beseitigendes Scheinhaftes ist, sondern etwas ausdrückt, was in ihm erscheint, was aber unabhängig von ihm nicht zu beschreiben ist." (AGS 1, 365) Phänomene des Scheins werden, entgegen ihrer herkömmlichen Abwertung, philosophisch aufgewertet, indem sie als Phänomene des Ausdrucks beschrieben werden. Diese Konstellation kehrt im Abschnitt *Schein und Ausdruck* wieder. Er ist in zwei Hauptteile gegliedert: Der erste Teil (154–168) widmet sich dem Begriff des *Scheins*, der zweite Teil (168–179) greift zu dessen Spezifikation auf den Begriff des *Ausdrucks* aus. Der Kommentar vollzieht die begriffliche Bewegung in drei Schritten nach: Ausgehend von Adornos Diagnose einer „Krise des Scheins" wird der „Scheincharakter" (156) als dasjenige eingeführt, was die *ästhetische* Qualität von Kunstwerken konstituiert; wobei sich seine Bestimmung zwischen den Polen der Illusion und der Erscheinung von Wahrheit aufspannt. Sodann wird der Ausdruck als dasjenige erhellt, was die Wahrheitsfunktion verbürgt. Zur geschichtsphilosophischen Ortsbestimmung zurückkehrend, wird abschließend Adornos Programm einer Rettung von Schein und Ausdruck ausbuchstabiert.

8.1 Schein

Adornos Überlegungen setzten mit einer Krisendiagnose ein. Sie spezifiziert den Befund, nach dem der Verlust der Kunst an Selbstverständlichkeit die Geltung der ästhetischen Kategorien anfrisst (9; siehe Hullot-Kentor). Laut Adorno wird der konstitutive Charakter fragwürdig, den er dem Schein für die Kunst zumisst. Das wird einem objektiven Prozess zugeschrieben, der subjektive Programmatiken provoziert: eine künstlerische „Rebellion gegen den Schein." (157) Adorno findet für die aporetische Situation, in die sich moderne Kunst schließlich hineinmanövriert, ein eindrückliches Bild: Ihre Anstrengungen, den Scheincharakter loszuwerden, gleichen denjenigen von Tieren, die versuchen, ihr angewachsenes Geweih abzuschütteln (157). Das Bild vermittelt einen Eindruck von den Schwierigkeiten, diese Krise zu bewältigen. Um sowohl die Krisentendenzen als auch Adornos Antwort darauf – die „Rettung des Scheins" (164) – zu verstehen, ist seine Grundüberzeugung in den Blick zu nehmen: Indem Kunstwerke nach innerer Stimmigkeit streben und sich von der äußeren Wirklichkeit abheben, nehmen sie Scheincharakter an. Im Folgenden wird dargestellt, inwiefern der Schein einerseits der Differenz des Kunstwerks zur empirischen Wirklichkeit, andererseits seinem geistigen Wesen entspringt. Dabei tritt die antinomische Bestimmung des Scheins hervor.

Antinomie des Scheins

Mit der These vom konstitutiven Charakter des Scheins knüpft Adorno an die nachkantische Ästhetik an,[1] zumal an Schiller und Hegel. Unterscheidet der Begriff des Scheins in seinem traditionellen Gebrauch, *was eine Sache zu sein scheint*, von dem, *was sie ist* – wofür der Begriff des Wesens steht – (Hindrichs 2014, 68 f.), so avanciert der „schöne Schein" bei Schiller zum zentralen Merkmal des Ästhetischen (Schiller 2000, 111). Entsprechend markiert er bei Adorno die „Differenz der Kunstwerke von der Empirie" (158). Zwar stammt alles, was in den Zusammenhang des Kunstwerks eingeht, aus der Realität, wird jedoch, indem es dessen Formgesetz unterworfen wird, seiner Realitätsbestimmtheit entäußert.

Ermöglicht wird die Verwandlung von empirischem Sein in ästhetischen Schein vom „geistigen Wesen" der Kunst (165). Damit knüpft Adorno kritisch an Hegels Bestimmung des Schönen als dem „sinnliche[n] *Scheinen* der Idee" an (HWA 13, 151; vgl. 141). Während für Hegel „geistige[n] Bedeutungen" (ANS IV.3, 37) – die Idee als höchste Entfaltung der Vernunft – durch den sinnlichen Schein repräsentiert werden, sucht Adorno die Vermittlung weiter zu treiben: Werke werden „allein durchs Verhältnis ihrer sinnlichen Elemente zueinander Geist" (166; *siehe* Berger). Zugleich gründet in dieser geistigen Rekonfiguration der sinnlichen Elemente ihr Scheincharakter. Wird durch eine vom Formgesetz angeleitete Synthesis ein eigenständiger Sinnzusammenhang konstituiert, so tilgt das die Spuren der empirischen Abkunft. Durch innere Durchbildung ersteht der Schein, das Werk sei eine nach außen hin abgeschlossene, autonome Sinnein-

---

[1] Als *konstitutiv* kann der Scheincharakter erst für Kunstwerke gelten, die autonom geworden, d. h. sich von ihrer Bestimmung durch Konventionen oder Genres einerseits, sakralen etc. Zwecken andererseits, emanzipiert haben.

heit, ein „Ansichseiendes" (161). Darum kann Adorno reklamieren, Kunstwerke nähmen den Anspruch des Geistes, ein selbstständig Seiendes zu sein, beim Wort und stellten ihn „als Seiendes vor Augen" (165). Doch in der empirischen Welt ist Geist nicht unmittelbar Seiendes, sondern, so zeigt Adornos Erkenntniskritik, in Gestalt des Begriffs das Prinzip von dessen Verfassung, das sich stets an einem Anderen, Nichtbegrifflichen, zu realisieren hat (AGS 6, 23). Indem sie dem selbst scheinhaften Anspruch des Geistes nachkommen, machen Kunstwerke „das Uneigenständige zum Eigenständigen" (Hindrichs 2014, 73) und nehmen Scheincharakter an.

Das führt Adorno auf „die ästhetische Paradoxie schlechthin: wie kann Machen ein nicht Gemachtes erscheinen lassen; wie kann, was dem eigenen Begriff nach nicht wahr ist, doch wahr sein." (164; vgl. 198) Eine Antwort auf die Frage nach dem „wie" findet sich, wenn man, was als Paradoxie erscheint, als die für das Kunstwerk konstitutive „Antinomie des ästhetischen Scheins" versteht (159). Sie ruft einerseits dessen – bis auf Platon zurückgehende – Bestimmung als Medium des Trugs auf, wofür Adorno den tradierten Ausdruck „Illusion" (*illusio*) gebraucht; andererseits die an Hegel gemahnende Bestimmung als Medium von Wahrheit, wobei Adorno neben der Bedeutung der Erscheinung (*apparentia*) auch die des Glanzes (*splendor*) evoziert. Die *Ästhetische Theorie* überführt den Gegensatz in ein Spannungsverhältnis, durch das der ästhetische Schein seine Bestimmung erfährt. Er lässt etwas: ein Kunstwerk zugleich *nicht wahr*: Illusion und *doch wahr*: Erscheinung von Wahrheit sein. Wie Adorno diese Dialektik auffaltet, gilt es nachzuvollziehen: wie er den ästhetischen Schein als Illusion bestimmt; sodann diese Bestimmung in eine dynamische überführt, die in ihr Gegenteil übergeht; und wie er schließlich die Erscheinung von Wahrheit als Abglanz eines abwesenden Absoluten bestimmt.

Illusion

Insofern das Kunstwerk etwas zu sein scheint, was es nicht ist, ist der ästhetische Schein Illusion. Den illusorischen Aspekt bestimmt Adorno im Hinblick sowohl auf das Außenverhältnis als auch auf die innere Verfassung. Nicht wahr ist das Kunstwerk in Bezug auf die empirische Wirklichkeit. Gemessen an ihren Begriffen, ist die immanente Zweckmäßigkeit seines Sinnzusammenhangs ganz im Sinne Kants ohne praktischen Zweck (KWA 10, B 44); sein Gehalt ist durch keinen Gegenstandsbezug theoretisch ausweisbar. Doch erweist sich auch der immanente Anspruch des Kunstwerks als illusorisch, denn es „gaukelt" seine stimmige Einheit nur vor (160). Die formale Durchbildung erweckt den *Schein* einer synthetischen Einheit, in der das Leben des Ganzen mit dem Leben der im Kunstwerk verarbeiteten Momente unmittelbar eins wäre. Der Schein der Einheit wird vom Formgesetz veranstaltet und zwar dergestalt, dass diese Veranstaltung in der stimmigen Erscheinung des Werks verschwindet.

Das Illusorische geht aus der spezifischen Form von Synthesis hervor, durch die das Kunstwerk seinen Zusammenhang konstituiert. Andernorts beschreibt Adorno sie anlässlich „große[r] Musik" ebenso wie der späten Lyrik Hölderlins als „begriffslose Synthesis" (AGS 11, 471). Ihre „Logizität" (ANS IV.3, 135) unterscheidet sich von der begrifflichen oder logischen Synthesis der Sprache, also der Subsumtion eines Subjekts unter ein Prädikat im Urteil oder der Subordination von Sätzen in Schlüssen. Jene Synthesis sucht die heterogenen Elemente hierarchie- und „gewaltlos" zusammenzuschließen (216). Wo das gelingt, fällt im Kunstwerk das Leben des Ganzen mit dem Leben der Momente in eins, ohne dass deren Eigensinn verloren geht. Adorno nennt das „ästhetische Versöhnung" (161).

Wird das technische Gemachtsein der Werke analysiert, so zeigt sich hingegen, dass der heterogene Eigensinn der materialen Einzelelemente nicht mit dem homogenen Sinnzusammenhang, als der das Ganze erscheint, zusammenstimmt. Adorno konkretisiert das: Unter dem mikroskopischen Blick „verwandeln die objektiviertesten Gebilde sich in Gewimmel, Texte in ihre Wörter." (155) Der Befund über das Kunstwerk lautet daher: „Es ist mit Unstimmigkeit geschlagen." (161) Insofern ist das Kunstwerk auch seinem eigenen, auf Stimmigkeit angelegten Begriff nach nicht wahr.

Tour de force

Die Unstimmigkeit spricht die Wahrheit über die Illusion der stimmigen Einheit aus. Das ist nicht als abschlusshafte Bestimmung zu nehmen. Adorno will vielmehr zeigen, dass die Einheit des Kunstwerks keine bereits realisierte ist, sondern sich – als erscheinende – in einem stetigen Prozess ihrer Realisierung befindet. Entsprechend gleicht die Veranstaltung des Sinnzusammenhangs keiner Verwirklichung empirisch vorgegebener Möglichkeiten, sondern versucht sich an der „Verwirklichung des Unmöglichen." (162) Jedes Kunstwerk ist insofern ein Unmögliches, als es etwas sein will, das es nicht sein kann: ein Ansichseiendes. Und jedes Kunstwerk hat doch sein Leben daran, durch seine formale Integration dessen Verwirklichung anzustreben. Angesichts dieser Spannung, fasst Adorno das Leben des Kunstwerks als „tour de force" (ebd.). Oft spricht er auch von einem „Kraftfeld" (434; *siehe* Eusterschulte).

Die Bestimmung von Kunstwerken als *tour de force* hebt einerseits eine Eigenschaft aller Kunstwerke hervor. Andererseits gilt sie Werken, die im Bewusstsein ihrer dynamischen Konfiguration konzipiert werden. Mit der allgemeinen Funktionsbestimmung tritt Adorno einem Kunstverständnis entgegen, das alles Virtuose ablehnt und bis zur Verfemung einer ihre konstruktiven Anstrengungen einbekennenden Moderne in Gestalt von Picassos Kubismus reicht (162). Solches Kunstverständnis folgt einem – auch gesellschaftlich – affirmativen Ideal, indem es „große Kunst" mit den Eigenschaften des Einfachen und Harmonischen identifiziert. Sein Nachleben in den auf schematische Einheit gepolten Produkten der Kulturindustrie führt zur Verdrängung der konstitutiven Antinomien und alles Dissonanten an der Kunst.

Ihr wirkt eine ästhetisch-kritische Analyse technischer Probleme entgegen. Sie stößt sowohl auf deren „prinzipielle Unlösbarkeit" (162) als auch auf die Kraftanstrengungen zu ihrer Lösung. Das führt Adorno anhand der Aufführungspraxis von Musik und Drama vor Augen. Der gewöhnliche Anspruch auf eine Darstellung, die dem Werk vollauf gerecht würde, bleibt im harmonistischen Kunstverständnis befangen. Dagegen begreift eine gelungene Interpretation das Werk als Problemstellung und legt seine im Inneren waltenden Spannungen frei. Damit ist das Verhältnis von Dramen- oder Notentext und der jeweiligen Aufführungspraxis neu justiert. Letztere bemisst sich nun daran, „ob sie [...] sich zum Schauplatz der Konflikte macht, die im tour de force [des Werks i.S. von Text – ST] sich pointiert haben." (163) Interpretation und Aufführung werden zur Suche nach der „Möglichkeit des Unmöglichen" (ebd.) und dadurch selbst zur *tour de force*.

Bewusst als *tour de force* angelegte Kunstwerke behaupten zwar wie alle anderen ihr Ansichsein, korrigieren sich aber, „indem sie die eigene Unmöglichkeit hervorheben" (163). Man würde erwarten, dass Adorno selbstreflexive Werke der Moderne zitiert, wird aber überrascht. An der Musik Bachs und Beethovens soll die begriffslose Synthese unvereinbarer Elemente besonders plastisch hervortreten (*siehe* Goehr) – im Falle Bachs die von Harmonie und Polyphonie. Beethoven wiederum spricht Adorno zu, dass er die virtuose Veranstaltung aller Kunst vor Augen (oder besser Ohren) führt: „daß aus nichts etwas wird" (ebd.).

Indem Adorno die Diagnose der Unstimmigkeit in die dynamische Bestimmung des Kunstwerks als *tour de force* überführt, macht er die Bewegung nachvollziehbar, mit der aus nichts etwas, mit der ein Unmögliches verwirklicht, oder: ein nicht Wahres doch wahr wird. Glückt die Integration des Formzusammenhangs, so erscheint die stimmige Einheit des Gebildes. Zwar ist sie illusorisch, doch veranstalten Kunstwerke laut Adorno ihre stimmige Einheit nicht, um zu täuschen, sondern weil in der Wirklichkeit kein stimmiger Sinnzusammenhang besteht (162). Die *ästhetische* Versöhnung ist zwar nur vorgegaukelt. Doch zeigt das Vorgegaukelte die Möglichkeit *gesellschaftlicher* Versöhnung ebenso an wie das Eingeständnis des Vorgaukelns ihre ausstehende Verwirklichung. Durch sein

Illusorisches hindurch wird somit die Wahrheitsfunktion des Scheins greifbar. *Tour de force* heißt diejenige Bewegung, mit der die Illusion in ihr Gegenteil: die Erscheinung von Wahrheit übergeht.

Erscheinung von Wahrheit

Mit und gegen Hegel versteht Adorno Kunst als „Entfaltung der Wahrheit" (HWA 15, 573; vgl. 159; ANS IV.3, 78; AGS 12, 13). Hegel spezifiziert den Modus dieser Entfaltung: Wahrheit wäre überhaupt nicht, „wenn sie nicht schiene und erschiene" (HWA 13, 21). Schein heißt der ästhetische Modus des Erscheinens von Wahrheit. Zugleich ist die ästhetische für Hegel nur die defizitäre und anachronistische Erscheinungsweise eines Wahrheitsgehalts, der sich angemessen nur außerästhetisch – durch das begriffliche Denken der Philosophie – darstellen lässt. Dagegen beharrt Adorno auf dem Eigenwert des Wahrheitsgehalts von Kunst. Er kann nicht bloßer Schein sein, doch hat das Kunstwerk ihn allein vermittelt durch den Schein (164): als gegenwärtig erscheinenden, der jedoch nicht gegenwärtig ist (Adorno 1961/62, 7140). Seinen Wahrheitsgehalt bestimmt Adorno als Konvergenz von immanenter Stimmigkeit und transzendenter Erscheinung. Durch seine „ästhetische Wahrheit" hindurch entfaltet das gelungene Kunstwerk eine „metaästhetische Wahrheit" (419 f.). Damit fragt sich zum Ersten, was das Metaästhetische ist, das im Kunstwerk erscheint; zum Zweiten, inwiefern es nur ästhetisch erscheint.

Adorno bestimmt die metaästhetische Wahrheit zunächst durch Abgrenzung von diskursiver und gegenständlicher Erkenntnis. Weder kommuniziert das Kunstwerk einen fixierbaren Bedeutungsgehalt (167), noch bildet es die empirische Wirklichkeit ab (425). Stattdessen bemüht Adorno das Begriffspaar von Wesen und Erscheinung, um zwei einander implizierende Antworten zu geben. Die Erste lautet: Der Sinnzusammenhang des Kunstwerks zitiert „das im Faktischen sich versteckende Wesen" zur Erscheinung (161). Ist Wesen im Sinne Hegels als Gesamtzusammenhang aller Einzelbestimmungen zu verstehen, so meint Adorno hier den gesellschaftlichen Funktionszusammenhang (AGS 6, 168 f.). Doch hat es damit nicht sein Bewenden, denn „indem Kunst das verborgene Wesen, das sie zur Erscheinung verhält, als Unwesen verklagt, ist mit solcher Negation als deren Maß ein nicht gegenwärtiges Wesen, das der Möglichkeit, mitgesetzt" (161). Die zweite Antwortet lautet also: Im Kunstwerk erscheint ein nichtseiendes Wesen, was freilich ein noch zu befragendes *Unding* im Wortsinn bezeichnet. Mit der Erscheinung des (Un-)Wesens ist seine metaästhetische Wahrheit doppelt negativ bestimmt: als Einspruch gegen die gesellschaftliche Wirklichkeit einerseits, als ihre Überschreitung hin auf von ihr uneingelöste

Möglichkeiten andererseits. Beide Bestimmungen sind durch die ästhetische Wahrheit: die Stimmigkeit bedingt – was zur zweiten Frage führt.

Der Einspruch gegen das Unwesen ist nicht in einem sozialkritischen Inhalt, sondern in der formalen Konfiguration des Sinnzusammenhangs zu lokalisieren. Indem das Kunstwerk „das Gespaltene" (251) zu einem stimmigen Ganzen synthetisiert, lässt es durch Kontrast die gesellschaftliche Wirklichkeit als zerrissene erkennbar werden; indem es den Schein eines Ansichseienden produziert, erhebt es Einspruch gegen das „bürgerliche Füranderessein" (159), die universelle Fungibilität in einer Gesellschaft des Warentauschs. Zugleich halten Kunstwerke dieser antagonistischen Gesellschaft durch ihre stimmige Erscheinung das Bild eines Versöhnten entgegen, wodurch der Einspruch sein *Maß* gewinnt. In diesem zweifachen Sinne ist es ihr Scheincharakter, durch den Kunst *auf Wahrheit geht* (419) – und eine gesellschaftskritische Funktion anzunehmen vermag (414). Doch kann nur durch den *ästhetischen* Schein, der „von der Lüge befreit [ist – ST], wirklich zu sein" (ANS IV.3, 78), dasjenige, was der *ideologische* Schein überblendet, zur Erscheinung zitiert werden. Der ästhetische läuft stets Gefahr zum ideologischen Schein zu werden, die stimmige Erscheinung als Sein zu verklären, wobei das Verhältnis beider historisch variiert. In der Moderne sind für Adorno allein die „zerrütteten" (161) Werke noch wahrheitsfähig, weil sie die scheinhafte Veranstaltung der Stimmigkeit sowie die darunter waltende Unstimmigkeit ausstellen. Auf Versöhnung nehmen sie nur noch negativ: durch „unversöhnliche Absage an den Schein von Versöhnung" Bezug (55; *siehe* Hogh).

Dass die Erscheinung selbst als ästhetische – als Schein – bestimmt ist, hebt Adorno mit Blick auf das „theologische Erbe der Kunst" hervor (162). Jenes erscheinende Unding: das nichtseiende Wesen, spezifiziert er als das Absolute. Entsprechend ist die ästhetische Erscheinung mit den Begriffen der Offenbarung (162) und der Epiphanie (159) näher bestimmt. Das heißt, in der Erfahrung „authentischer" Kunstwerke – wie Bachs Matthäus-Passion (Adorno/Kogon 1958, 498) – stellt sich das Vertrauen ein, das Absolute sei in ihnen präsent (159). Und doch bleibt dieses Vertrauen illusorisch: Wäre das Absolute tatsächlich im Werk gegenwärtig, so hieße das, die Antinomie des ästhetischen Scheins in einem positiven Begriff der „absolute[n] Erscheinung" aufzulösen (159). Die Erscheinung hörte auf, Schein zu sein, wäre unmittelbar Epiphanie oder Offenbarung. Dass Adorno, anders als oft behauptet (Wellmer 1985, 19 ff.), keine Sakralisierung der Kunst anstrebt (Türcke 2004), zeigt seine Unterscheidung ästhetischer von kultischen Bildern (159). Sie ruft ein zentrales Motiv der *Ästhetischen Theorie* auf: das Bilderverbot (Tränkle 2013). Ihm gehorchen Kunstwerke insofern, als sie aus Seiendem Bilder des Nichtseienden konstellieren, die als Chiffren das Chiffrierte: das Absolute selbst nicht vor Augen stellen (127–129). Das Absolute ist also, was Kunstwerke als ästhetische Bilder selbst nicht *sein* können; es ist das nichtseiende

Wesen, um dessentwillen sie existieren, dem sie aber allein zu einer scheinhaften Realisierung verhelfen (167). Dieses Nichtseiende lässt sich nicht wie ein gegebener Sinngehalt ergreifen; aber sein Erscheinen weckt die Erinnerung an Nicht-Mehr-Seiendes und die Erwartung von Noch-Nicht-Seiendem, die Adorno als *Trauer* um und *Sehnsucht* nach Sinn präzisiert (161).

Die ästhetisch modifizierte Epiphanie belegt Adorno im vorhergehenden Abschnitt mit dem Begriff der „apparition", der für den jähen „Aufgang eines Nichtseienden, als ob es wäre" (128) einsteht (Eusterschulte 2016; *siehe* Bertram). Damit spielt die Bedeutung des Scheinbegriffs von der der Erscheinung in die des Glanzes hinüber, womit er seine utopische Aufladung offenbart (347). Im Glanz konvergieren sinnliches und geistiges Moment (29): Während Adorno ihn an Lockend-Sinnlichem wie dem Feuerwerk, dem Bühnenzauber oder dem Flitter des Zirkus abliest (125 ff.), wird er ihm zum Widerschein von Transzendenz (AGS 6, 396 f.; vgl. Bernstein 1997, 194). Am Glanz macht er ein Versprechen auf die gesellschaftlich versagte sinnliche und geistige Erfüllung fest. In der glanzvollen Erscheinung eines Möglichen, dessen Machbarkeit die Kunstwerke vorführen, indem sie es zum Schein herstellen, liegt der Wahrheitsgehalt: „das am Schein, was nicht Schein ist." (423; vgl. 199) Den Glanz beschreibt Adorno weiter als wort- und gegenstandsloses Herausleuchten (161), mit dem Kunstwerke „aufstrahlend zur ausdrückenden Erscheinung sich aktualisieren." (126) Die Metaphorik weist darauf hin, wie das glanzvolle Zur-Erscheinung-Kommen von Wahrheit näher bestimmt werden kann: als ästhetischer Ausdruck.

8.2 Ausdruck

Laut Adorno sind Schein und Ausdruck „primär in Antithese." (168) Doch Ausdruck bestimmt sich ebenso als Widerstand gegen den Schein, wie er als *ästhetischer* Ausdruck selbst im Modus des Scheins operiert. Dieses Verhältnis gilt Adorno als für die Kunst konstitutives: Sie entfaltet sich als *quid pro quo* (169) zwischen Schein und Ausdruck. Entsprechend verfährt der zweite Teil des Abschnitts. Im Folgenden wird mit Blick auf den Ausdruck als mimetischer Verhaltensweise erhellt, inwiefern Adorno ihn als Antithese des Scheins und inwiefern er ihn als scheinhaft im Doppelsinn von Illusion und Erscheinung versteht. Sodann wird die Erscheinung von Wahrheit in der Kunst durch ihren „Sprachcharakter" (171) spezifiziert.

Dialektik von Schein und Ausdruck

Phänomene des Ausdrucks findet Adorno in der Kunst aller Epochen (ANS IV.3, 96). Zugleich datiert er die moderne Bedeutung des Begriffs auf den Expressionismus zurück. Vor diesem Hintergrund führt der erste Satz des Abschnitts die „Emanzipation vom Harmoniebegriff" mit dem künstlerischen „Aufstand gegen den Schein" eng (154). Das ein Dutzend Seiten später wieder aufgegriffene Verhältnis von Harmonie und Dissonanz lässt sich als das nach Außen gekehrte innere Verhältnis von Stimmigkeit und Unstimmigkeit deuten. Das von Adorno als klassizistisch qualifizierte Ideal von Harmonie meint die stimmige Erscheinung des Wesens. Weil die Erscheinung aber veranstaltet und das Wesen ein nichtseiendes ist, kann Harmonie nur als „Politur" (167) verwirklicht werden. Zugleich überlebt im Inneren der Werke, nach Außen überblendet, „das Desperate und einander Widersprechende." (167) Adorno spricht der Kunst ein ureigenes „Verlangen" zu (168), diese Unstimmigkeit in ihrem Inneren nach außen zu kehren, wofür der Begriff der Dissonanz steht. Entsprechend heißt es mit definitorischer Prägnanz: „Dissonanz ist soviel wie Ausdruck" (168). Insofern die von der Illusion der stimmigen Einheit konstituierte Harmonie den Ausdruck „sänftigend" (ebd.) zu beseitigen sucht, wird der ästhetische Schein dessen Unterdrückung geziehen. Schein und Ausdruck treten in Antithese zueinander.

Das zeichnet sich auch aus umgekehrter Blickrichtung ab: So erklärt Adorno das Verlangen nach Ausdruck zu einem Widerstandsmoment gegen das Streben nach formaler Einheit.[2] Vor aller Rebellion richtet sich das Ausdrucksmoment der Kunst gegen ihren Scheincharakter: gegen die Illusion des ansichseienden Werks. Um diesen Widerstand zu erhellen, spezifiziert Adorno den Ausdruck als „mimetische Verhaltensweise" (169), womit er ihn an den Schlüsselbegriff der Mimesis zurückbindet (*siehe* Früchtl, Bertram, Angehrn). Im Ausdruck verhält Kunst sich insofern mimetisch, als sie „etwas nachahmt, aber [...] nicht ein Objekt abbildend, sondern sich ähnlich machend in ihrer ganzen Verhaltensweise, in ihrem Gestus, in ihrem Sein" (ANS IV.3, 70). Adorno nennt dafür das Modell des Ausdrucks von Leiden und Schmerz (169). Dabei macht ein Subjekt sich Objektivem ähnlich, indem es Objektives, das ihm widerfährt, ausdrückt (AGS 6, 29). Weil sich Kunst in ihren mimetisch-expressiven Regungen entsprechend verhält, zieht einerseits „nichtästhetische Erfahrung" (169) in sie ein. Andererseits kommt es zur „Modifikation der Mimesis" (172), indem sie dem Formgesetz des Werks unterworfen wird. Der außerästhetische Ausdruck von Leid klingt in der Dissonanz

---

[2] Die „antiharmonischen Gesten" (168) in Spätstilen bedeutender Künstler bezeugen das für Adorno auch schon vor der Moderne. Zu Beethoven vgl. AGS 17, 13–17.

ästhetisch gebrochen, wie ein verfremdetes Echo nach. Der mimetische Ausdruck wird „vom Schein ergriffen und, komplementär zur Autonomie der Form, geradezu dessen Träger." (169) Das aber heißt: Ausdruck ist in der Kunst selbst scheinhaft: *ästhetischer* Ausdruck.

Zum *Träger des Scheins* wird der Ausdruck folglich im Doppelsinn. Durch die Modifikation der Mimesis werden „die Nachbilder" (172) zur Illusion. Mit Bezug auf den Schmerz macht Adorno das deutlich. Als durch Imagination dargestellter, wird er besänftigt, als von Geist erfasster – in den Sinnzusammenhang des Werks integrierter (173) – als sinnvoll bestimmt. So wird er subjektiv beherrschbar gemacht, seine objektiven Ursachen aber bleiben unverändert. Allerdings stellt sich diese Integration als ambivalent heraus, wenn man den geschichtsphilosophischen Rahmen berücksichtigt. Dessen Leitthese zufolge wird mit der Rationalisierung der Selbst- und Weltbezüge das mimetische Verhalten tabuiert (AGS 3, 19–60). Ein auf der Subjekt-Objekt-Trennung aufbauendes Erkenntnismodel muss ein Weltverhältnis, das ihr historisch vorausliegt und sie systematisch unterläuft, als irrational stigmatisieren. Auch für Adorno besteht kein Zweifel, dass mimetisches Verhalten „unmittelbar praktiziert, keine Erkenntnis ist" (169). Mimesis findet jedoch ein Refugium in der Kunst, in der es sich anders verhält: Adorno weist den ästhetisch modifizierten mimetischen Ausdruck als „Gestalt der Erkenntnis" aus (170). *Träger des Scheins* ist ästhetischer Ausdruck auch insofern, als er Wahrheit zur Erscheinung bringt.

Sprachcharakter

Den Wahrheitsbezug des Ausdrucks konzipiert Adorno negativ: „Dissonanz ist die Wahrheit über Harmonie." (168) In der Dissonanz meldet sich die Unerreichbarkeit des Harmonie-Ideals ebenso an, wie das davon Verdrängte. Solcher Ausdruck des „Nichtidentischen" ist eine zentrale *negative* Bestimmung von Wahrheit in Adornos Philosophie (AGS 5, 336). Wurde oben nachvollzogen, wie Adorno den Wahrheitsgehalt der Kunst daran festmacht, *dass* sie das verborgene Wesen zur Erscheinung bringt und als Unwesen verklagt, so zeigt sich nun, *wie* sie solches Verklagen realisiert: indem sie durch Nachbilder dem von ihm verursachten Leiden zum Ausdruck verhilft. Davon ausgehend bestimmt Adorno den ästhetischen Ausdruck als Korrekturinstanz begrifflicher Erkenntnis (173). Kunst vermag im Ausdruck zum Schein zu realisieren, was begriffliche Erkenntnis beansprucht, aber, wie Adornos Begriffskritik zeigt (Tränkle 2021), verfehlt: „daß durch subjektive Leistung ein Objektives sich enthüllt." (173) Im Sinne dieses Verhältnisses lässt sich der ästhetische Ausdruck verstehen.

Primär bestimmt Adorno ihn im Sinne des zweiten Glieds: Durch den Ausdruck enthüllt *sich* ein Objektives im Kunstwerk. Die reflexive Formulierung deutet Abgrenzung zum herkömmlichen Verständnis des „etwas Ausdrückens" an (171), seien es Einsichten, Interessen oder Gefühle eines (Künstler-)Subjekts. Stattdessen soll ästhetischer Ausdruck sein „Modell" an einem „objektiven, aller Psychologie entrückten Ausdruck[s]" haben, „dessen vielleicht einmal das Sensorium an der Welt inneward" (170 f.). Gedacht ist – neben dem Naturschönen (*siehe* Bernstein) – an Phänomene wie ein faltiges Gesicht, das wir ob der darin eingezeichneten Geschichte als ausdrucksvoll erfahren. Mit der häufig für Ausdrucks-Phänomene gebrauchten Metaphorik spricht Adorno vom „klagende[n] Gesicht der Werke." (170) Zugespitzt lautet die objektiv-expressive Bestimmung: Kunst „spricht an sich" (171).

Diese irritierenden Formulierungen – spricht doch gewöhnlich ein Subjekt über ein Objekt – weisen auf den „Inbegriff" des ästhetischen Ausdrucks hin, den Adorno im „Sprachcharakter der Kunst" (171) lokalisiert (*siehe* Bertram, Koch, Eusterschulte, Gordon). Worauf sie zielen, wird explizit, wenn er die „wahre Sprache der Kunst" von der gewöhnlichen Sprache unterscheidet, die ihrerseits als „Medium" (ebd.) der Kunst – vor allem der Dichtung – fungieren kann. Dass die Sprache der Kunst sowohl als „sprachlos" als auch als sprachähnlich ausgewiesen wird (ebd.), deutet auf ein Spannungsverhältnis hin. Es lässt sich durch den Begriff des „Doppelcharakters" erhellen (ebd.): Nach Adorno eignen der gewöhnlichen Sprache die Grundfunktionen Kommunikation und Ausdruck (Hogh 2015). Kommunikation steht für die diskursive und signifikative Funktion, die der intersubjektiven Mitteilung allgemeiner Sachverhalte dient; Ausdruck für die expressive und mimetische Funktion, die eine Sache in ihrer Besonderheit enthüllen soll. Unter der Ägide instrumenteller Vernunft erkennt Adorno einen „Primat der Kommunikation" (AGS 11, 331), von dem das Ausdrucksmoment als irrational stigmatisiert wird. Die moderne Kunst zeigt etwa in Gestalt der Prosa von James Joyce insofern eine Gegentendenz, als sie versucht „die diskursive Sprache außer Aktion zu setzen" (171). Ausgehend davon lässt sich das Spannungsverhältnis ausbuchstabieren: In Bezug auf das Ausdrucksmoment ist die Sprache der Kunst sprachähnlich, in Bezug auf das Kommunikationsmoment sprachlos (15; *siehe* Hesse).

Adorno konkretisiert das anhand zweier Beispiele aus dem Reich der Kunst respektive der Natur. Als in diesem Sinne sprachlos, aber „sprechend" charakterisiert er etruskische Krüge ebenso wie ein Nashorn, „das stumme Tier", das dennoch eins zu sagen scheine: „ich bin ein Nashorn." (171 f.) Solcher Ausdruck soll der begrifflichen Identifikation – in Urteil und Prädikation – konträr sein und doch objektivierende Funktion haben (170). Statt über einen Sachverhalt auszusagen: Das ist so und so, eignet ihm der zeigende Gestus: „So ist es" oder „Das bin ich" (171). Was es mit dem Nashorn auf sich hat, erhellt eine Referenzstelle aus den *Minima Moralia*, an der Tiere als Sinnbilder einer Existenz verstanden werden, die ohne für uns identifizierbare Zweckbestimmung ist. Ob dieser Zweckfreiheit „stellen sie als Ausdruck gleichsam den eigenen Namen vor, das schlechterdings nicht Vertauschbare." (AGS 4, 261) Das sprachlos-sprechende Tier ist Natur, die *an sich spricht*. Damit steht es metaphorisch für den sprachähnlichen Ausdruck des Nichtidentischen in der Kunst.

Sogleich bemerkt Adorno, der Ausdruck sei in der Kunst „deren nicht Buchstäbliches, Memento dessen, was der Ausdruck nicht selbst ist" (173). An ihren verfremdeten Nachbildern zeigt sich, dass, was scheinbar *an sich* spricht, doch vermittelt ist. Auf die Vermittlung des Sprach- durch den Scheincharakter, weist der Satz über das Nashorn hin: Es *scheint* zu sagen, es sei ein Nashorn. Das zeugt von der Veranstaltung der ästhetischen Objektivation. Folglich ist auch der objektive Ausdruck durch subjektive Leistung erwirkt. Diese Einsicht widerspricht der Abgrenzung zum herkömmlichen Verständnis. Adorno löst den Widerspruch auf, indem er die Relation umkehrt: Die subjektive Leistung besteht nicht darin, dass sich ein Subjekt des Ausdrucks als Instrument bedient; sondern darin, dass es sich zum „Instrument des Ausdrucks" macht (172). Weil die subjektive Leistung das „Transsubjektive" (170) zu artikulieren sucht, objektiviert sich der Ausdruck.

Das Verhältnis von sich Enthüllen und subjektiver Leistung spezifiziert Adorno als das von Ausdruck und Form im Kunstwerk. Form ist insofern subjektiv bestimmt, als sie aus den künstlerisch-technischen Verfahren resultiert, der „Konstruktion" (176). Sie scheint dem Ausdruck als mimetischer Verhaltensweise zu widersprechen. Doch werden beide als Momente gedeutet, die einander bedürfen: Ohne formale Durchbildung wird das Kunstwerk nicht ausdrucksvoll; ohne auf die mimetische „Vollstreckung der Objektivität" abzuzielen (175), läuft die Form leer – mit Adornos Metapher für Formalismen aller Art: sie „klappert" (174). Das gelungene Werk ist sprechende Form.

Für die künstlerische Produktion ist das Zusammenspiel von rationaler Konstruktion und mimetischem Ausdrucksdrang maßgeblich. Adorno belegt es mit einer Formulierung, die den subjektiven Aspekt jener ästhetischen Paradoxie – das Machen eines nicht Gemachten – spezifiziert: „Blindes – den Ausdruck – aus Reflexion – durch Form – zu produzieren" (174). Die in dieser Passage prävalente Semantik der Blindheit steht für die „Irrationalität des Ausdrucksmoments", der nachzugeben zur Zweckbestimmung der „ästhetischen Rationalität" wird (175). Durch Willkür soll das Subjekt das mimetische Moment verfügbar machen, um sich dessen Unwillkürlichkeit hinzugeben und ihr „[m]it verbundenen Augen", tastend und wie dem Zug einer Wünschelrute zu folgen (174 f.). Schließlich stellt Adorno das Telos künstlerischer Tätigkeit mit Selbstzitat fest: „Dinge machen, von denen wir nicht wissen, was sie sind." (174;

AGS 16, 540) Das weist auf den Abschnitt zum Rätselcharakter voraus (*siehe Hofstätter*).

Mit dem Ausdruck hält Kunst der rationalen Erkenntnis – und deren praktischem Korrelat: der Naturbeherrschung – kein irrationales Prinzip entgegen. Als deren *Korrekturinstanz* setzt der ästhetische die Modifikation des mimetischen Ausdrucks durch die rationale Konstruktion der Form voraus. Nur insofern er diese Modifikation, die Adorno als „konstitutive[n] Akt von Vergeistigung" (172) und „radikale[r] Naturbeherrschung" fasst, durchlaufen hat, vermag Ausdruck die „Naturbeherrschung als die des Anderen" zu korrigieren (173). Weil der Geist über eine gegen sich selbst gewendete Kraft verfügt, erklärt Adorno ihn – und nur ihn – zur Instanz einer möglichen Aufhebung von Naturbeherrschung. Ganz am Ende konkretisiert er diesen Gedanken: Was durch Kunst Sprache gewinnt, „tritt ein in die Bewegung eines Menschlichen, das noch nicht ist", sich in dieser Sprache aber „regt." (179)

Damit ist aufgewiesen, inwiefern Kunst das *quid pro quo* zwischen Schein und Ausdruck entfaltet: Nur durch den Schein vermag Kunst etwas auszudrücken, das unabhängig von ihm nicht zu beschreiben ist. Nur insofern er Ausdruck wird, geht Schein von der Illusion eines Ansichseienden in die glanzvolle Erscheinung von Wahrheit über.

8.3 Rettung von Schein und Ausdruck

Im Lichte des systematischen Durchgangs lässt sich die historische Grundierung des Abschnitts erhellen. Hat Kunst nur durch ihren Scheincharakter einen Wahrheitsgehalt, folgt daraus ein Programm für künstlerische Tätigkeit ebenso wie für philosophische Reflexion: „Darum wäre das Zentrum von Ästhetik die Rettung des Scheins, und das emphatische Recht der Kunst, die Legitimation ihrer Wahrheit, hängt von jener Rettung ab." (164; vgl. 198; AGS 6, 386) Im Genitiv „Rettung *des* Scheins" verbirgt sich eine zweifache Bestimmung: Zum einen geht es um die Rettung des Scheincharakters aus seiner Krise; zum anderen um die Rettung dessen, was nur die Kunst durch den Schein zu retten vermag. Beide Bedeutungen bedingen einander insofern, als jene *Rettung des Scheins* aus der Krise, um der *Rettung durch den Schein* willen zu vollziehen ist. Kunst kann das Nichtidentische aber „retten" nur, indem sie ihm durch ästhetische Erscheinung zum Ausdruck verhilft. Insofern ist die Rettung durch den Schein eine *Rettung durch den Ausdruck*. Darum impliziert die Rettung des Scheins – „als des Scheins von Wahrem" (198) – zugleich die *Rettung des Ausdrucks*. Diese steht insofern zu Gebot, als ihn Adorno von der objektiven Krisentendenz affiziert sieht, die sich in einer subjektiven „Allergie gegen den Ausdruck" niederschlägt (176). Die Verschränkung von Schein- und Ausdrucksfeindschaft gilt es nachzuvollziehen.

Die Rettung des Scheins steht gegen zwei Versuche, die Antinomie einseitig aufzulösen: die illusionistische Apotheose des Scheins einerseits; die realistische Rebellion gegen den Schein andererseits. In einer kurzen Genealogie der Krise werden ihr historischer Widerstreit und ihre gemeinsame Konsequenz dargestellt. Ausgangspunkt sind Werke des *l'art pour l'art* im 19. Jahrhundert. Mit ihrem Autonomieanspruch haben sie den Scheincharakter zur Absolutheit getrieben, genauer: die Illusion zur „Phantasmagorie" überhöht (156). Orientiert am „bruchlose[n] Ansichsein", als dem Ideal des „reine[n] Kunstwerk[s]" (157) sollen alle Spuren seiner Produktion getilgt werden. Als paradigmatisch dafür gilt das sakral aufgeladene Musiktheater Wagners (AGS 13, 79–108).

Die Rebellion gegen den Schein macht Adorno als Gegenstoß kenntlich. Anstatt das Produziertsein zu verstecken, wird es ausgestellt, insbesondere von jenen Werken, die ihr *tour de force* nach außen kehren. Mit der Tendenz, „den Produktionsprozess anstelle seines Resultats zu setzen" (157), wird der Scheincharakter reflektiert, nicht zwingend negiert. Ist seine Veranstaltung einmal sichtbar gemacht, fällt es allerdings immer schwerer ein Werk zur stimmigen Erscheinung zu schließen. Die überblendete Unstimmigkeit tritt zu Tage (156). Mit dem Werk geht der Schein in seine Krise ein. Sie wird von künstlerischen Ansätzen verschärft, die nicht nur gegen die Verabsolutierung der Illusion, sondern gegen den Scheincharakter überhaupt rebellieren. Solche Ansätze eint, dass sie die Kunst darauf verpflichten, Erscheinung von Wahrheit unmittelbar, das heißt *ohne Schein*, also: „mehr zu sein als Kunst." (158) Das zeigt sich am realistischen Anspruch auf „Abbildung von Auswendigem" (157), womit engagiertes Eingreifen in die gesellschaftliche Wirklichkeit intendiert sein kann (*siehe* Mettin/Zwarg); oder am expressionistischen Anspruch auf die „Kundgabe" (157) des Innenlebens.

Opponieren Apotheose und Rebellion einander, so behauptet Adorno zugleich, sie seien „unentwirrbar ineinander verschlungen." (158) Ihr Einheitsmoment liegt in der Konsequenz, die sich aus beiden Versuchen die Antinomie des Scheins aufzulösen, ergibt: Indem die Apotheose das Kunstwerk zum „Wirklichen sui generis" erhebt (AGS 13, 82; vgl. 414), produziert sie den „Schein des Scheins, dass er keiner sei" (157); indem die Rebellion es in die außerästhetische Wirklichkeit eingliedert, erweckt sie die „Täuschung, es sei keine Täuschung" (165). Behält diese Einschätzung Recht, so werden beide Kunstformen den Schein nicht los; er verändert bloß seine Funktion. Beide verfallen dem *ideologischen* Schein, dem anders als dem *ästhetischen* Schein, die Lüge eignet, wirklich zu sein. Diese gemeinsame Konsequenz tendiert auf eine *entkunstete* Kunst, der nur noch eine „Parodie ästhetischen Scheins" anhaftet (33; vgl. Hindrichs 2017, 70–72). Sie fasst Adorno als Kulturindustrie oder Kunstgewerbe. Wo Kunst nur noch durch ihren

Warencharakter bestimmt ist, erfüllen „Illusionismus" und „Realismus" (417) komplementäre Funktionen.

Der Rebellion gegen den Schein attestiert Adorno ein ambivalentes Verhältnis zum Ausdruck. Das liest er an weiteren Entwicklungen der Kunstgeschichte ab. Zunächst wird dem Expressionismus das Verdienst zugesprochen, das Widerstandsmoment gegen den Schein zum Programm erhoben zu haben. So hat er einerseits die endgültige Zertrümmerung von Formkonventionen befördert, andererseits die Unmittelbarkeit des Ausdrucks zur neuen Konvention erhoben (ANS IV.3, 97). Dabei hat er verdrängt, dass auch Ausdruck auf die Vermittlung durch Form angewiesen ist. Das hat die Gegentendenz provoziert: Bewegungen, die sich an der Konstruktion ausrichten. Wollte der Expressionismus den Ausdruck vom Schein befreien, so reagieren die Konstruktivismen, mit dem Schein auch auf den Ausdruck allergisch. Diese Entwicklung deutet Adorno im Horizont fortschreitender Rationalisierung: In der Spätmoderne erfasst das „mimetische Tabu" (178) die Kunst.

Für die gegen Schein und Ausdruck gerichtete Tendenz prägt Adorno den Begriff der „Sachlichkeit" (164). Augenfällig werden Verfahren der „Versachlichung" (164) und „Verdinglichung" (158) an Kunst, die sie von der Wissenschaft abschaut. Adorno nennt unterschiedliche Strategien: das Exponieren kruder Stofflichkeit, von Leinwand oder Farbe in der Malerei (wie im abstrakten Expressionismus), die Kalkulation der Form (wie im Serialismus) oder das Experimentieren mit Zufall, das die Form blinder Naturgesetzlichkeit unterwirft (wie in den Klangexperimenten John Cages) (166). Sie eint die Verdrängung des Scheins in seiner Verwobenheit mit dem Ausdruck. Auch dabei handelt es sich um *entkunstete* Kunst: Geht es auf „Buchstäblichkeit", so wird das Kunstwerk „zu seinem eigenen Feind, zur direkten und falschen Fortsetzung von Zweckrationalität." (158)

8.4 Rezeption und Ausblick

In der Ästhetik hat die Kategorie des Scheins – zumal in Verbindung mit der des Ausdrucks – nach Adorno kaum mehr einen vergleichbaren Stellenwert eingenommen. Tatsächlich lassen sich Tendenzen erkennen, die mit Adornos historischer Diagnostik korrespondieren. Dabei wurde der ästhetische Schein herabgestimmt, seines (expressiven) Wahrheitsbezugs entkleidet und seine Relevanz für neuere Kunstformen abgestritten. Entgegen einer selektiven Rezeption der *Ästhetischen Theorie* – von der Bürgers Ästhetik der Wahrheit ohne utopischen Glanz und Bohrers Ästhetik des Scheins ohne Wahrheitsbezug zeugen (Bürger 1983, 72; Bohrer 1981) – hat Wellmer eine sprachpragmatisch herabgestimmte

Reformulierung des Zusammenhangs von Schein, Wahrheit und Versöhnung unternommen (Wellmer 1985, 24 f. bzw. 30 ff.). Hat Adorno die Krise des Scheins auf die Krise des Werks bezogen, so steht mit der Wendung gegen den Werkbegriff die Funktion des ästhetischen Scheins zur Disposition. Bei Bubner wird er wieder im Sinne Platons zum Anderen der Wahrheit. Dadurch soll der Kunsterfahrung gegen den „Theorieschein", den ihr eine philosophische Funktionalisierung verleihe, Autonomie gesichert werden (Bubner 1989, 39 f. bzw. 95). In der Konsequenz der rezeptionsästhetischen Wende verliert der Schein an Bedeutung. In Seels *Ästhetik des Erscheinens* wird er zu einem *möglichen* Modus des „Sichdarbietens" in der ästhetischen „Wahrnehmungssituation" (Seel 2003, 113). Der *Ästhetik des Performativen* geht es „um das Erscheinen von Menschen und Dingen, nicht um ihre Scheinhaftigkeit", „buchstäblich" um Ereignisse, die kein Ausdruck von Anderem sind (Fischer-Lichte 2004, 359).[3]

Wird der ästhetische Schein *ad acta* gelegt, so ist allerdings offen, was die Differenz der Kunst zur Wirklichkeit markiert. Wird er herabgestimmt, so ist unklar, wie er ohne Rekurs auf seine werkkonstitutive Funktion, seine geistige Qualität und seinen Ausdruckscharakter expliziert werden kann. Entsprechend steht die Behauptung, die Künste hätten sich vom Schein verabschiedet, nicht unwidersprochen da. So weist Koch ausgehend von Adornos Geweih-Sentenz auf, dass Kunst auch in „performativen" Formen „Illusionsbildung" nicht loszuwerden vermag (Koch 2016, 9). Hindrichs' Musikphilosophie verteidigt die konstitutiven Elemente des Scheins: das Werk als Ort autonomer geistiger Verfassung und eines Wahrheitsgehalts, in dem immanente Stimmigkeit und transzendenter Bezug auf ein abwesendes Anderes koinzidieren (Hindrichs 2015, 16 ff., 254 ff.). Solche Ansätze zeigen, inwiefern es die vermeintlich hochgegriffenen Ansprüche sind, die eine Anknüpfung lohnenswert machen. Allein sie machen die Kunst gegenüber einem Denken, das ihrer ethisch-politischen Funktionalisierung das Wort redet, zu einer kritischen Instanz.

Literatur

Adorno, Theodor W./Kogon, Eugen 1958: Offenbarung oder autonome Vernunft (Gespräch), in: Frankfurter Hefte 7, 484–498

Adorno, Theodor W. 1961/62: Ästhetik (Vorlesung), in: Theodor W. Adorno Archiv, Frankfurt a. M., Vo 6355–7177

---

[3] Vgl. Adornos auf performative Formen wie das Happening bezogene Bemerkung, Kunst, die ihre Rettung vor dem Schein im Spiel suche, laufe zum Sport über (154), d.h. zur Reinform herrschender Zweckrationalität.

Bernstein, J. M., 1997: Why Rescue Semblance? Metaphysical Experience and the Possibility of Ethics, in: Tom Huhn/Lambert Zuidervaart (Hrsg.), The Semblance of Subjectivity. Essays in Adorno's Aesthetic Theory, Cambridge (Mass.), 177–212

Bohrer, Karl Heinz 1981: Plötzlichkeit. Zum Augenblick des ästhetischen Scheins, Frankfurt a. M.

Bubner, Rüdiger 1989: Ästhetische Erfahrung, Frankfurt a. M.

Bürger, Peter 1983: Zur Kritik der idealistischen Ästhetik, Frankfurt a. M.

Eusterschulte, Anne 2016: Apparition: Epiphanie und Menetekel der Kunst. Aspekte einer Ästhetik des Zur-Erscheinung-Kommens bei Theodor W. Adorno, in: dies./Wiebke-Marie Stock (Hrsg.), Zur-Erscheinung-Kommen. Bildlichkeit als theoretischer Prozeß, Sonderband der Zeitschrift für Ästhetik und allgemeine Kunstwissenschaft, Hamburg, 223–256

Fischer-Lichte, Erika 2004: Ästhetik des Performativen, Frankfurt a. M.

Hindrichs, Gunnar 2014: Der Schein ist dem Wesen wesentlich, in: Tobias Braune-Krickau et al. (Hrsg.), Vom Ende her gedacht. Hegels Ästhetik zwischen Kunst und Religion, Freiburg, 68–98

Hindrichs, Gunnar 2015: Die Autonomie des Klangs. Eine Philosophie der Musik, Berlin

Hindrichs, Gunnar 2017: Kulturindustrie, in: ders. (Hrsg.), Max Horkheimer/Theodor W. Adorno: Dialektik der Aufklärung, Klassiker Auslegen, Band 63, Berlin, 61–79

Hogh, Philip 2015: Kommunikation und Ausdruck. Sprachphilosophie nach Adorno, Weilerswist

Koch, Gertrud 2016: Die Wiederkehr der Illusion. Der Film und die Kunst der Gegenwart, Berlin

Schiller, Friedrich 2000: Über die ästhetische Erziehung des Menschen in einer Reihe von Briefen, hrsg. v. Klaus L. Berghahn, Stuttgart

Seel, Martin 2003: Ästhetik des Erscheinens, Frankfurt a. M.

Tränkle, Sebastian 2021: Nichtidentität und Unbegrifflichkeit. Philosophische Sprachkritik nach Adorno und Blumenberg, Frankfurt a. M. (im Erscheinen)

Tränkle, Sebastian 2013: Die materialistische Sehnsucht. Über das Bilderverbot in der Philosophie Theodor W. Adornos, in: Zeitschrift für kritische Theorie 36/37, 83–109

Türcke, Christoph 2004: Adornos inverse Theologie, in: Wolfram Ette et. al. (Hrsg.), Adorno im Widerstreit. Zur Präsenz seines Denkens, Freiburg, 91–97

Wellmer, Albrecht 1985: Zur Dialektik von Moderne und Postmoderne. Vernunftkritik nach Adorno, Frankfurt a. M.

Antonia Hofstätter
9 Rätselcharakter, Wahrheitsgehalt, Metaphysik

9.1 Einleitung: Wozu das alles?

In Zeiten einer global allgegenwärtigen Kultur-, Bildungs- und Wellnessindustrie scheint der Status von Kunst kaum einem Zweifel ausgesetzt. Doch dieser scheinbaren Selbstverständlichkeit von Kunstgenuss und -praxis und ihrer gesellschaftlichen Funktionalisierung stehen anhaltende Kontroversen um den gesellschaftlichen oder politischen Auftrag der Kunst gegenüber, die ihre Funktion, ihr kritisches Potential und ihre Verantwortung in Frage stellen.

Auch Adorno lässt seine *Ästhetische Theorie* mit einem rigorosen Zweifel anheben, der gewissermaßen zur Triebkraft seiner Auseinandersetzung wird (*siehe* Hullot-Kentor). Schon in den 1950er Jahren, als Adorno in seinen *Dissonanzen* über die Grenzen und Potentiale von *Musik in der verwalteten Welt* nachdachte, sprach er davon, dass „die Möglichkeit, Ästhetisches ganz ernst zu nehmen [...] erschüttert" sei (AGS 14, 166). Dass diese Worte heute noch zutreffen mögen – vielleicht sogar mehr noch als zu Adornos Zeiten – wird nicht zuletzt in jenem Anflug von Scham spürbar, der sich gelegentlich bemerkbar macht, wenn man ernsthaft über Kunst und Ästhetik nachdenkt, während die unübersehbaren Katastrophen der Welt ihren Lauf nehmen. Warum sollten wir da Ästhetisches ganz ernst nehmen? Allein die Frage bestätigt den Zweifel, der ihr zugrunde liegt, ein Zweifel, der sich bemerkbar macht in der Diskordanz zwischen dem fraglosen „da bin ich" der Kunstwerke und dem immer enger gestrickten Funktionszusammenhang, der allem, was sich regt, den Atem nimmt; sowie zwischen dem scheinbar sinnvollen „so ist es" der Kunstwerke und einer Welt, die nicht ist, wie sie sein sollte. Im Schatten der modernen Katastrophen, so Adorno, haben Kunst und Kultur ihre fraglose Daseinsberechtigung eingebüßt: „Nach der europäischen Katastrophe west die Kultur weiter [...]. Keiner glaubt mehr recht daran, dem Geist ist das Rückgrat gebrochen, und wer keine Notiz davon nimmt und sich verhält, als wäre nichts geschehen, wird kriechen, nicht gehen." (AGS 14, 166) Als ein vielleicht letzter großer Versuch, Kunst ernst zu nehmen, unternimmt Adornos *Ästhetische Theorie* das Wagnis, im reflektierten Bewusstsein ihrer Fragwürdigkeit sich gegen die Schwerkraft der Geschichte zu stemmen. Dies sollte uns bereits einen Begriff von ihrer zentralen Anstrengung geben.

Kunstwerke, die scheinbar die Schwerkraft besiegen möchten, setzen sich, laut Adorno, dem Abgleiten in Albernheit aus (180 f.; 277). Denn sie werfen die

Frage auf: *Wozu das alles, wozu all die Anstrengung?* (183; 277; ANS IV.3, 34) Kunst ernst zu nehmen wird dann zur peinlichen Angelegenheit, wenn man ihre tatsächliche Überflüssigkeit im allgemeinen Betrieb verkennt: nicht nur objektiv, sondern auch „im Seelenhaushalt der Konsumenten," schreibt Adorno, „ginge [es – AH] auch ohne Kunst", das Bedürfnis nach ihr „ist weithin Ideologie" (361). Der Versuch der *Ästhetischen Theorie* durch ausdauernde, umfassende und immer wieder revidierte Auseinandersetzung die Autorität dessen zu bekräftigen, was sie zugleich in Frage stellt, scheint so gleichzeitig von der eigenen Unmöglichkeit geschlagen. Doch als Theorie des Ästhetischen sucht sie sich gerade den Aporien zu stellen, in die sich Kunst wie ästhetische Theoriebildung verstricken. Die Rettung der Möglichkeit von Kunst zu einem Zeitpunkt, an dem ihre eigene Unmöglichkeit prägnant zu Tage tritt, könnte man als den Impuls begreifen, der Adornos Denkbewegungen in der *Ästhetischen Theorie* antreibt, sich in ihnen ausformt (*siehe* Goehr). Nur, Rettung *wozu?* „Das perennierende Leiden hat soviel Recht auf Ausdruck wie der Gemarterte zu brüllen;" (AGS 6, 355) lautet Adornos bestimmteste Antwort. Sie ist in seinen *Meditationen zur Metaphysik* zu finden. Auf das Atemholen des Semikolons folgt ein Nebensatz, demzufolge es falsch gewesen sein mag zu behaupten, dass sich nach Auschwitz kein Gedicht mehr schreiben lasse. Damit ist nicht nur die tiefste Legitimationskrise von Kunst bezeichnet, sondern zugleich die Fallhöhe markiert, an die die Frage nach ihrer Möglichkeit gekoppelt ist. Auf Hegel bezugnehmend, hält Adorno am „Motiv von der Kunst als Bewußtsein von Nöten" fest (35). Indem Kunst das zu objektivieren vermag, was sich Urteil und Begriff entzieht und dessen Produktion und Existenz sie vergessen machen, ist sie inmitten des Bestehenden Kritik an dessen Unwahrheit und Vollzug der Versöhnung, die noch nicht ist: der zwischen dem Geist und seinem Anderen (512).

Jenseits einer resignativen Haltung, nach der – so könnte man es in Anlehnung an eine Wendung der *Negativen Dialektik* formulieren – das, was ist, alles ist (AGS 6, 391) und einem Glauben an Transzendenz, insistiert Adorno auf dem Wahrheitsgehalt von Kunst. Im Anspruch, dem Unterdrückten zur Sprache zu verhelfen, trifft sich seine Ästhetik mit der für sein Denken zentralen Praxis der Deutung, deren Aufmerksamkeit der verdrängten Brüchigkeit und Widersprüchlichkeit der Phänomene, kurz ihrer Nichtidentität mit sich selbst und somit ihrer *Rätselhaftigkeit* gilt (AGS 1, 344 ff.; AGS 6, 163–166). Lockt das Rätselhafte der Welt die Philosophie zur Deutung, so ist auch der Rätselcharakter der Kunst Bedingung der Möglichkeit zur Entzifferung ihrer Wahrheit.[1] Die intime und zugleich

---

[1] Die Beziehung zwischen philosophischem Wahrheitsgehalt und Wahrheitsgehalt der Kunst hat Hulatt (2016) ausführlich dargelegt.

befremdliche ästhetische Erfahrung des Rätselhaften an jedem einzelnen Werk gibt der Erkenntnis den Impuls, sich an die Werke zu entäußern und in ihr Innerstes vorzudringen: zu ihrem Wahrheitsgehalt. Im Folgenden werde ich diese Bewegung nachvollziehen, an der der Anspruch der *Ästhetischen Theorie* greifbar wird: „die Nähe des Produzierenden zu den Phänomenen [...] mit der von keinem fixen Oberbegriff, keinem ‚Spruch' gelenkten begrifflichen Kraft" zu verbinden (498).

9.2 Die Erfahrung des Rätselhaften

Laut Adorno ist alle Kunst Rätsel (182). Das bedeutet nicht, dass *alle* existierenden Kunstwerke Rätsel sind, sondern der Anspruch gilt nur für diejenigen, die mit ihrer Rätselhaftigkeit auch Adornos emphatischen Anspruch von *Kunst* erfüllen: „Kunstwerke, die der Betrachtung und dem Gedanken ohne Rest aufgehen, sind keine." (184; vgl. Ortland 2010, 57) Dies scheint auf den ersten Blick Werke auszuschließen, die uns zunächst keineswegs rätselhaft anmuten. Beim Hören einer Beethoven-Symphonie etwa erkennen wir eine uns vertraute musikalische Sprache, die scheinbar eingängigen Regungen und Motive wieder; und selbst Werke der Hoch- oder Postmoderne, die sich dem sinnlichen „Miterleben" sträuben, drängen uns nicht zwangsläufig ihre Rätselhaftigkeit auf. Durch die Einordnung in geläufige Kategorien, Interpretationsweisen und Institutionen mildert sich diese zum Schein des Verständlichen. Deshalb setzt die Erfahrung des Rätselhaften das Durchdringen eines Werkes voraus. Will man sich dem Verständnis eines Werkes jenseits der Schichten des gesellschaftlich Approbierten, in die es gebettet ist, annähern, dann muss man, wie Adorno zu Kafka schreibt, vor ihrem Rätsel *insistieren* (AGS 10.1, 254). Vertrautheit mit den eingängigen Normen, Schemata und etablierten Kategorien von Kunst und deren Interpretation – etwa der existentialistischen, die Adorno im Falle Kafkas kritisiert (*siehe* Mettin/Zwarg) – ist nicht das Gleiche wie das Verständnis von Kunst. Unter der Kruste von Vertrautheit schwelt das Rätselhafte, die innerste Fragwürdigkeit aller Werke: Dessen gilt es sich zu erinnern.

Der Adressat der *Ästhetischen Theorie*, der fähig wäre den Rätselcharakter der Kunst wahrzunehmen, wäre somit ein ästhetisch mündiges *kritisches* Subjekt. In Adornos Überlegungen zur Ästhetik gewinnt dieses Subjekt und mit ihm der Rätselcharakter negativ Konturen. Gemäß der kritischen Kunst der Übertreibung entfalten sie eine Charakterologie der Extreme. Gegenspieler des kritischen Subjekts und resistent gegen das Rätselhafte der Werke sind der vom Bedürfnis nach Befriedigung geleitete kulinarische „Kunstfreund" und der „Kunstkenner", der in einer „Sphäre der informierten Barbarei" (AGS 18, 149) sein Expertenunwesen treibt (182). Unter dem vereinnahmenden Blick des einen wird Kunst zum Privatvergnügen, gleichsam zum „Naturschutzpark von Irrationalität" (499) inmitten der herrschenden Rationalität. Unter der Kennerschaft des anderen wird das Werk zum vermeintlich restlos analysierbaren Musterstück. So gegensätzlich diese beiden Typen auch sind, laut Adorno konvergieren sie in der nicht gewahrten Distanz zum Objekt (514). Sowohl die konsumgeschulte Identifikation mit dem Dargebotenen als auch der scharfe Blick des Kenners verfehlen das Rätselhafte und so das Werk selbst. Die Behauptung, dass es an einem Werk nichts oder alles zu verstehen gäbe, weist bereits auf die Vorherrschaft jener Ratio, die alles Gegebene als reine „Aktionsobjekte" (191) wahrnimmt, die sich vollständig einverleiben lassen.

Dieser Ratio ist aber eine Grenze eingezeichnet. Zeugnis dessen ist für Adorno bereits die verständnislose Frage *Wozu das alles?* des Amusischen oder des „Banausen". Ihm ist der Zugang zur Kunst ganz verstellt: sie sagt ihm einfach nichts. Gründet darin ein Verhalten, das Adorno als defekt bezeichnet, so hält es zugleich ein Moment der Wahrheit fest (183). Während der geschulte „Kunstkenner" und der kulinarische „Kunstfreund" Kunst auf Grund ihrer sinnlichen Beschaffenheit dem identifizierenden Denken oder dem zweck- bzw. genussorientierten Verhalten preisgeben, besteht der sogenannte Defekt des „Banausen" darin, dass ihm die Kluft zwischen Subjekt und Objekt unüberbrückbar ist, dass er das Objekt als gänzlich fremd, der subjektiven Erfahrung inkommensurabel erfährt. Gerade diese Erfahrung des „Abgrunds", der „leeren Augen" (183), in der das Kunstwerk ihm begegnet, ist aber bereits Zeugnis des Rätselhaften, durch welches das Kunstwerk sich der Angleichung an das Subjekt wiedersetzt. Mit anderen Worten: Das Versagen vor dem Objekt bezeugt dessen Vorrang. Die Erfahrung des Rätselcharakters der Kunst, die im „Banausen" ihr Extrem findet, betont somit die Insuffizienz des Anspruchs auf ein Verstehen von Kunst, an der nichts selbstverständlich ist: „[Z]u begreifen wäre," so Adorno ganz zu Beginn des Abschnitts zum Rätselcharakter, „auf dem gegenwärtigen Stand, ihre Unbegreiflichkeit." (179)

Die krud kunstfremde Frage nach dem *Wozu?*, auf die Kunst eine Antwort schuldig bleibt, verzeichnet also bereits einen Funken kritischen Bewusstseins. Die Erfahrung, dass es überhaupt etwas zu enträtseln gibt, dass sich Kunst nicht einfach erschließt, mag sich ins Produktive wenden, sobald sie in die Kunsterfahrung derjenigen hineingenommen wird, die unbestechlich am Ernst von Kunst festhalten, denen sie „die Substanz der eigenen Erfahrung ist" (182). (Es besteht kein Zweifel, dass Adorno hier von sich selbst spricht.) Vertreten in Adornos Charakterologie der „Kunstfreund" und der „Kunstkenner" verschiedene Schattierungen einer Subjektivität, die sich durch Projektion des Objekts bemächtigt und der „Banause" den einer verstümmelten Subjektivität, die sich vor dem Objekt ganz verschließt, so finden wir hier einen Rezipienten von Kunst, der einer Entäußerung zum Objekt fähig ist. Gerade dieser geglückten und glückvollen Kunsterfahrung widerstrebt aber zugleich die Konfrontation mit dem Rätselhaften, da sie diesen Zustand suspendiert (ANS IV.3, 193): Fällt es diesem Rezipienten von Kunst schwer „[v]or dem Rätselcharakter zu staunen", so „verlangt" doch gerade „jene Substanz" der eigenen Erfahrung „von ihm, der Momente von Kunst sich zu versichern und nicht dort nachzulassen, wo die Erfahrung der Kunst diese erschüttert." (182) Kunst ist nicht, was sie sein möchte; oder, besser, sie ist es nur, weil sie es nicht *ist:* sie verweist allenfalls negativ auf Versöhnung. Tritt man in einem Akt der Reflexion von einem Kunstwerk zurück, dann „erschüttert" ihr rätselhaftes *Wozu?* die intime Erfahrung des Einverständnisses, ja, es scheint sie, Adorno zufolge, geradezu zu verhöhnen: Der Rätselcharakter „äfft clownshaft" (182). Das Werk entzieht sich und blickt fragend; man ist ertappt. „[I]st man in den Kunstwerken, vollzieht man sie mit, so macht er [der Rätselcharakter – AH] sich unsichtbar; tritt man heraus, bricht man den Vertrag mit ihrem Immanenzzusammenhang, so kehrt er wieder wie ein spirit." (183) Die Erschütterung, welche die Grenzen von Kunst und Selbst verzeichnet, beschreibt Adorno in seinen Vorlesungen zur Ästhetik aus dem Wintersemester 1958/59 als einen „Riß", der durch die ästhetische Erfahrung geht (ANS IV.3, 34). An der Theorie der Kunst sei es, diesen Zustand zu bewältigen und „Versöhnung" zwischen Werk und Betrachter herzustellen (ebd.). Nur die Theorie, so Adornos These, kann die Erfahrung der „Fremdheit", die sich in der des Rätselcharakters manifestiert, überwinden (ebd.), indem sie versucht, das Werk zu entfalten und *vermittelt* auszusprechen, was sich der unmittelbaren Betrachtung sperrt. Das Rätsel „ist nicht zu lösen, nur seine Gestalt zu dechiffrieren", schreibt Adorno in der *Ästhetischen Theorie,* „und eben das ist an der Philosophie der Kunst." (185)

9.3 Rätselbild: Erkenntnis und Gehalt

Ist das Rätsel der Kunst nicht zu lösen, sondern nur seine Gestalt zu dechiffrieren, so bedeutet das bereits, dass ein Kunstwerk eine immanente Deutung verlangt. Ein Rätsel, so Adorno in seiner Antrittsvorlesung von 1931 zur *Aktualität der Philosophie,* ist nicht „Abbild eines dahinter liegenden Seins"; seine Deutung, wie auch die philosophische, „trifft nicht einen hinter der Frage bereit liegenden und beharrenden Sinn" (AGS 1, 335). Diese auf die Ontologie Heideggers gemünzte Spitze gibt die Richtung vor, die auch die Theorie der Kunst einzuschlagen hat. Wie Rätsel enthalten Kunstwerke „potentiell die Lösung" in ihrem Innenleben, in ihrer „Zusammensetzung" (184) oder „Struktur" (188). Adorno vergleicht die Kunstwerke deshalb mit Bilderrätseln: „Jedes Kunstwerk ist ein Vexierbild, nur derart, daß es beim Vexieren bleibt, bei der prästabilierten Niederlage ihres Betrachters. [...] Spezifisch ähneln sie [die Kunstwerke – AH] jenem darin, daß das von ihnen Versteckte [...] erscheint und durchs Erscheinen sich versteckt." (184 f.) Die Unmöglichkeit der Lösung eines Kunstwerks weist darauf hin, dass das, was Kunstwerke unmittelbar bedeuten oder abbilden, nicht ihr wesentliches Moment ist. In seinen Reflexionen über Baudelaire schreibt Walter Benjamin, sich auf ein Zitat von Valéry beziehend, dass „ein Gemälde [...] an einem Anblick dasjenige wiedergeben [würde – AH], woran sich das Auge nicht sattsehen kann." (BGS I.2, 645) Der Gehalt eines Gedichts erschöpft sich nicht in der Bedeutung seiner Wörter, der eines Bildes nicht in dem, was es abbildet. Das, was ein Kunstwerk ausmacht, haftet nicht unmittelbar an seinen sinnlichen Momenten, sondern an deren Vermittlung zur Totalität: an seinem geistigen Gehalt. Irritierend ist an der Kunst, dass sie all ihr Material aus der Empirie *bezieht* und es dabei dem Griff des diskursiven Denkens zugleich *entzieht:* Es wird erkannt und nicht erkannt (182). In literarischen Werken etwa sinken die Bedeutungen der Wörter zum „Akzidentellen" herab (188). Das zeigt Adorno am Wort „Sonate" in einem Gedicht von Trakl, das im Gefüge der Lyrik seinen technischen Sinn verliert und dem dafür etwas von dem zukommt, was „das Kindergefühl bei der Nennung des Namens [‚Sonate' – AH]" (186) verheißt. Kurzum: Kunst lässt „[n]ichts unverwandelt" (187). Was ins Innere des Werks eingeht, verstummt vor dem diskursiven Urteil; durch „Absorption" in seinen Zusammenhang (188), durch den es zu einer immer auch gebrochenen Einheit findet, wird es zugleich beredt (*siehe* Tränkle). Dem Urteil ähnelt Kunst aber zugleich als „Synthesis" (187): Ihr Werden ist ein Prozess, durch den die einzelnen Momente des Werkes sich in ihrem Verhältnis zueinander bestimmen, während sie wiederum durch das Ganze, ihren Zusammenhang, ihre Bestimmung erfahren (ANS IV.3, 330). Konstituiert sich der Gehalt allein durch die sinnlichen Momente des Kunstwerks, ist er durch sie vermittelt, so transzendiert er das bloß Sinnliche: Der Gehalt erscheint als das flüchtige, sich entziehende „Mehr" am Kunstwerk (*siehe* Bertram), als das, was das subjektiv Gemachte übersteigt und als Sprache eines Objektiven der Erfahrung des Naturschönen ähnlich wird (122 ff.; *siehe* Bernstein).

Unter Adornos Blick wird das Kunstwerk somit zur Rätselfigur, in deren „Komplexion" (188) sich der Gehalt ausprägt. Er ist ein Negatives und lässt sich allein durch die spezifische Beschaffenheit des Werkes wahrnehmen, gewissermaßen erfragen. „Wie in Rätseln wird die Antwort verschwiegen und durch die Struktur erzwungen. Dazu dient die immanente Logik, das Gesetzhafte im Werk, und das ist die Theodizee des Zweckbegriffs in der Kunst. Der Zweck des Kunstwerks ist die Bestimmtheit des Unbestimmten." (188) Unbestimmt ist das Kunstwerk, weil die diskursive Erkenntnis niemals an sein Wesentliches heranreicht, sein Gehalt sich nicht auf eine eindeutig identifizierbare Aussage, Intention oder

Idee vereidigen lässt (194 f.). Bestimmt ist es aber dennoch; bestimmt durch die geschichtliche Prägung seines Materials und durch die dem Werk immanente Konsequenz oder Logizität, durch die es sich entfaltet. Auf ein Urteil ist ein Kunstwerk nicht zu bringen, aber, gleich einem Rätsel, kann es gedeutet bzw. dechiffriert werden.

9.4 Schrift: Metaphysik und Mimesis

Anhand der Metapher der Schrift können wir diese erkenntnistheoretischen Überlegungen und ihre metaphysischen Konnotationen präzisieren (*siehe* Bertram, Eusterschulte). „[A]lle Kunstwerke sind Schriften", schreibt Adorno, „und zwar hieroglyphenhafte, zu denen der Code verloren ward und zu deren Gehalt nicht zuletzt beiträgt, daß er fehlt." (189) Adornos Bild der rätselhaften Hieroglyphenschrift, die Bedeutung verspricht und zugleich verweigert, verweist nicht nur auf die mimetische Rationalität von Kunst, sondern auch auf den Prozess der Säkularisierung, der der Kunst und ihrem Rätselcharakter zugrunde liegt. Versagt die diskursive Erkenntnis vor dem Kunstwerk, wie der Betrachter vor Hieroglyphen, denen kein Code mehr entspricht, so trifft sich dieses Bild mit Adornos Aussage, dass auch der Rätselcharakter der Kunst ein „Entsprungenes" sei, Resultat ihrer Emanzipation von kultischen Zwecken (192). Unter Rückgriff auf die *Dialektik der Aufklärung* können wir die Hieroglyphen als Erinnerungszeichen eines Zustands verstehen, in dem „Zeichen und Bild" (AGS 3, 33) noch nicht geschieden waren, das Übersinnliche im Sinnlichen verkörpert schien. Durch magisches Einwirken, durch Nachahmung galt es das Übersinnliche, die mythischen Kräfte zu besänftigen. Im Zuge der Aufklärung, in der sich die Trennung von Zeichen und Bild vollzog und sich die Magie zur Kunst säkularisierte, entsagte Nachahmung der Abbildlichkeit wie der Einflussnahme auf den Weltlauf (AGS 3, 34; *siehe* Angehrn). Solche Nachahmung schärft sich in den Kunstwerken zu jener immanenten Zweckhaftigkeit, von der wir oben bereits sprachen, zur urteilslosen Synthesis. Diese ist Nachahmung aber nur in dem Sinne, dass Kunst, wie Adorno zu sagen pflegt, nichts nachmacht, außer sich selbst (190): Das Kunstwerk wird, was es ist, allein dadurch, dass sich seine sinnlichen Elemente „durch den Zug, den die sinnliche Erscheinung selber hat" (ANS IV.3, 223) zur Totalität objektivieren. An diese ist „die Würde des Absoluten" übergegangen (AGS 3, 35). Am Prozess der Besonderung des Kunstwerks, in dem sich das Sinnliche zu jenem „Mehr" überschreitet, haftet sein Versprechen, die Verheißung einer „vom Identitätszwang befreite[n] Sichselbstgleichheit." (190) Steht die Legitimation der von kultischen und gesellschaftlichen Zwecken verlassenen Kunst als einem *An sich* immer aus, so verpflichtet sie gerade ihr *Wozu?* dem

Zwang immanenter Notwendigkeit, der Herstellung ihres rätselhaften Gehalts: „Ihr Rätselcharakter spornt dazu sie an, immanent derart sich zu artikulieren, daß sie durch die Gestaltung ihres emphatisch Sinnlosen Sinn gewinnt." (192)

Bringen die sinnlichen Momente des Kunstwerks das Absolute hervor, ohne mit ihm identisch zu sein – es ist durch sie vermittelt und übersteigt sie zugleich –, so ist es als Fragegestalt in dessen Gewebe, Zusammensetzung oder Faktur eingeschrieben. Die diskursive Erkenntnis, die gleichsam von außen auf die Werke blickt und dabei deren konstitutiv Befremdliches erkennt, wird das Rätsel zwangsläufig verkennen, es nicht als zu entziffernde Schrift wahrnehmen. Kunst ist kein unbewegt Seiendes, dessen Identität es auszuweisen gilt, sondern Prozess. Das Rätselhafte „mildert" sich deshalb allein durch Interpretation, wenn das Werk „in seiner eigenen objektiven Konstitution noch einmal hervorgebracht wird." (190) Dazu bedarf es der Versenkung in die Werke, des mimetischen Verhaltens: „Machen Kunstwerke nichts nach als sich, dann versteht sie kein anderer, als der sie nachmacht." (190) Was Adorno hier der Interpretation von Kunstwerken zuschreibt, hat sein Modell insbesondere an der musikalischen Darstellung. Gerade in der Musik, die etwas auszudrücken scheint, ohne zu bedeuten – laut Adorno „zielt [sie – AH] auf eine intentionslose Sprache" (AGS 16, 252) – tritt der Rätselcharakter und somit ihr mimetisches Wesen deutlich zu Tage:[2] „Eine pathetische oder verhaltene oder verlöschende Stelle *bedeutet nicht* Pathos, Verhaltenheit, Verlöschen als ein Geistiges, sondern *verhält* sich nach jenen Ausdruckskategorien" (ANS I.2, 244 – Herv. AH). Verhält sich also die Musik, statt zu bedeuten – ist sie gemäß Adorno explizit mimisch oder gestisch –, dann muss auch die Interpretation dieses Verhalten nachahmen, kurz: es spielen, dem Gestus der Musik innewerden und ihn reproduzieren. In abgewandelter Form lässt sich dies auf andere Kunstgattungen übertragen, denn auch der Interpretation z. B. von bildender Kunst ist das rezeptive Mitvollziehen der Komposition wesentlich.

Diese „immanente Erfahrung" (189) von Kunstwerken erschöpft sich nicht in blinder Einfühlung. Adorno besteht darauf, dass ihr ein Moment von Durchsichtigkeit „bis in die sublimsten Verzweigungen hinein" anhaftet (ebd.): So scheinen in einem Musikstück gewisse Abfolgen schlüssig und andere nicht; Brechungen, Stauungen des Fortgangs können als solche wahrgenommen werden und vielleicht mutig, gewitzt oder gar falsch wirken; auf einem Bild mag ein Schatten zu groß, zu klein oder genau richtig gesetzt sein, ein Farbton die ganze Komposition zum Sprechen bringen oder verstummen lassen. Weiß man aber

---

[2] Tatsächlich entwickelt Adorno seine Gedanken zum Rätselcharakter zunächst in Bezug auf die Musik (AGS 18, 153 ff.). In der *Ästhetischen Theorie* wird der Begriff dann ausgeweitet: „Das Rätselwesen erstreckt sich aber keineswegs nur auf die Musik, deren Unbegrifflichkeit es fast allzu sinnfällig macht." (183)

trotzdem „in gewissem Sinn, nicht, was [man – AH] spielt" (189) oder sieht, so könnte man diese Erfahrung von Kunst als eine beschreiben, die, wie Adorno in der *Negativen Dialektik* auf Proust rekurrierend schreibt, „das Innere der Gegenstände als diesen zugleich Entrücktes" wahrnimmt (AGS 6, 367). Diese Erfahrung der Versenkung in die Kunstwerke hält zugleich eine Ahnung davon fest, dass die Grenzen positiver Erkenntnis – was Adorno mit dem Kantischen „Block" bezeichnet (*siehe* Berger) – nicht absolut sein mögen (AGS 6, 378 f.). Und doch bleibt es nur bei einer Ahnung: „Die Werke sprechen wie Feen in Märchen: du willst das Unbedingte, es soll dir werden, doch unkenntlich. Unverhüllt ist das Wahre der diskursiven Erkenntnis, aber dafür hat sie es nicht; die Erkenntnis, welche Kunst ist, hat es, aber als ein ihr Inkommensurables." (191)

Gleich dem hieroglyphischen Skript, dessen „Code verloren ward", bewahrt Kunst das Erbe ihres kultischen Zwecks allein durch seine Versagung hindurch. Wirken Kunstwerke auf Grund ihrer mimetischen Logik so, als ob in ihnen Bedeutung „blockiert" (192) oder ihre Transzendenz abgebrochen wäre (191), so streichen sie zugleich ihren Absolutheitsanspruch durch, an dem der Schein ihrer Totalität doch festhält. Insofern es auf ein sich entziehendes Geistiges und somit immer auch auf die eigene Bedürftigkeit als Sinnliches verweist, ist ihr Rätselhaftes dem Allegorischen verschwistert (ebd.). Adorno bezieht sich hier, wie so oft, implizit auf Benjamin, genauer auf dessen Kritik des romantischen Symbolbegriffs durch den Begriff der Allegorie, die er in seinem Trauerspielbuch entfaltet (BGS I.1, 336–365). Während es im Symbol paradoxerweise keine Diskrepanz zwischen Innen und Außen, Sinnlichem und Übersinnlichem und somit schlechterdings nichts zu enträtseln geben soll, ist das Kunstwerk, gleich der Allegorie, explizit Schrift. Seine sinnliche Gestalt deutet auf ein nicht mehr seiendes Äußeres und stellt damit sich selbst in seiner Rätselhaftigkeit aus: Allegorien, so Benjamin, „bedeut[en] genau das Nichtsein dessen, was [sie] vorstell[en]." (BGS I.1, 406) Nichtseiend ist das Absolute, das Kunst nicht ist und nicht hat; nichtseiend, in dem Sinne, dass es als ein konstitutiv sich Entziehendes nicht mehr und *noch nicht* ist. Dieser Gedanke verschränkt sich erneut mit Adornos Begriff der „Natur", der, gleich dem, was Benjamin zum barocken Naturverständnis zu sagen hat, Natur als „unheilbar" verschieden von ihrer Realisierung vorstellt (BGS I.1, 347): „Die Natur, deren imago Kunst nachhängt, ist noch gar nicht; wahr an der Kunst ein Nichtseiendes." (198) Kunst schreibt Adorno die Utopie einer „Wiederherstellung" (ebd.) solcher Natur zu, die Wiederherstellung von etwas, was so noch nie war.

An dieser Stelle wird offensichtlich, dass sich der Rätselcharakter der Kunst bzw. dessen Wahrnehmung mit Adornos Begriff der Naturgeschichte trifft, der das Verhältnis von Natur und Geschichte zum Kern philosophischer Deutung macht (AGS 1, 359). „Auf dem Antlitz der Natur steht ‚Geschichte' in der Zeichenschrift der Vergängnis", heißt es in einer von Adorno oft zitierten Stelle des Trauerspielbuchs (BGS I.1, 353; vgl. z. B. AGS 1, 357; AGS 6, 353). Das Kunstwerk, durch und durch geschichtlich und von Menschen gemacht, dient der Realisierung seines Wahrheitsgehalts, dessen, was Natur wäre. Der Wahrheitsgehalt ist aber dadurch selbst ein Geschichtliches und nur auf Grund eben dieses geschichtlichen Charakters kann er überhaupt „wahr" sein, in dem negativen Sinne, in dem Adorno Wahrheit versteht: Er ist „Wiederherstellung" der „in die geschichtliche Dynamik verflochtene[n]" und „unterdrückte[n]" Natur (198), kurz: des Anderen, Nichtidentischen, des den Zwecken instrumenteller Vernunft zum Opfer Gefallenen. Die noch nicht seiende Natur, die im Kunstwerk zum Ausdruck kommt, ist Negation des Unwahren in der Gesellschaft und metaphysisches Bild ihrer potentiellen Versöhnung. Das konstitutiv Rätselhafte am Kunstwerk ist dessen Schranke zur Positivität, Brechung des Scheins, dass utopische Natur bereits sei. Natur und Geschichte gehen nicht in einander auf, um aus Adornos Vorlesung zur Naturgeschichte zu zitieren, sondern die Natur tritt auf „als Zeichen für Geschichte und Geschichte [...] als Zeichen für Natur." (AGS 1, 360) Eben dieser Arbeit der Dechiffrierung, der Deutung des Ineinander von Geschichte und Natur, gilt Adornos Philosophie.

9.5 Ist es denn wahr?

„Der Wahrheitsgehalt der Kunstwerke ist die objektive Auflösung des Rätsels eines jeden einzelnen. Indem es die Lösung verlangt, verweist es auf den Wahrheitsgehalt. Der ist allein durch philosophische Reflexion zu gewinnen. Das, nichts anderes rechtfertigt Ästhetik." (193) In Adornos Ästhetik ist die Deutung nichts Sekundäres im Verhältnis zu den Kunstwerken, sondern erst durch das Hinzutreten der Philosophie wird das Werk zur Kunst, kommt es zu sich selbst (ANS IV.3, 205). Keine Kunst also ohne Philosophie. Das dürfte für Irritation sorgen. Adornos Insistenz bedeutet ja nicht nur eine gewisse Entmündigung von Kunst, die denjenigen nicht behagen wird, die an ihrer ungebrochenen Autonomie festhalten wollen; sondern sie stößt auch diejenigen vor den Kopf, die sich aufrichtig – intuitiv und mit ästhetischer Halbbildung bewaffnet – den Werken annähern. Anstatt Adorno nun als hoffnungslos elitär abzutun, wäre aber an der Einsicht festzuhalten, dass die Insistenz auf Philosophie der Komplexität von Kunst gemäß ist.

Die Aufgabe der Philosophie besteht nicht darin, den Werken den Stempel des eindeutig Wahren oder eindeutig Falschen aufzudrücken, sie in den Himmel sanktionierter Kulturgüter zu heben oder aus diesem zu verstoßen; sondern vielmehr darin, in der Entfaltung der Werke das Wahre vom Unwahren zu trennen.

Denn Kunstwerke stehen in äußerster Spannung zu sich selbst – als wahr kann sich nur erweisen, was tatsächlich ästhetisch realisiert ist – und zur Empirie, die sie kritisch und versöhnend zu transzendieren scheinen. In der Deutung von je einzelnen Werken soll Philosophie nun deren Gehalt entziffern und aufzeigen, was am Schein der Kunst hinter den Schein verweist, auf die Geschichte, die sie negierend in sich aufnehmen.

Dass die kritisch-metaphysische Frage nach der Wahrheit von Kunst eine unabdingbare technische Komponente hat, liegt auf der Hand (*siehe* Früchtl, Gordon). „Vieles spricht dafür, daß in den Kunstwerken das metaphysisch Unwahre sich indiziert als technisch Mißratenes." (195) Das erklärt Adornos wiederholtes Bestehen auf der Bedeutung des immanenten *Durchbildens* bzw. *Durchformens* von Werken. Negativ lässt sich dies an seiner Polemik gegen Wagner festmachen, in dessen Musikdramen er den „Triumph des Mythos übers Märchen" erlauscht (AGS 13, 120). Wagners von Adorno konstatiertes Versagen vor dem Märchenmoment – das ihm wie Benjamin als Gegenspieler des Mythos gilt (AGS 3, 99; BGS II.2, 457–460) – entspricht der „Determinismus" einer musikalischen Organisation, die „alles, was geschieht, unterschiedslos aufzusaugen [vermag – AH]" (AGS 13, 120). Die Reproduktion einer starren Totalität auf Kosten der Teilmomente bestätigt letztendlich den Zwang der bürgerlichen Gesellschaft, der sich in Wagner ungebrochen durchsetzt (AGS 13, 120 f.). In Adornos Musikästhetik kann als dessen Gegenpol Beethovens symphonisches Verfahren der „entwickelnde[n] Variation" gelten, welches er als das „schlechthin antimythologische" Prinzip bezeichnet (AGS 13, 119). Ein Wahrheitsmoment der Beethoven'schen Symphonien liegt gemäß Adorno darin, dass sie die Versöhnung des Partikularen und des Allgemeinen als Prozess *vollziehen*, die bereits vorgegebenen Formen aus dem Material erneut zu produzieren scheinen. Die Beethoven'sche Symphonie „spinnt in der Zeit ebenso das Nichtidentische aus dem Grundmaterial heraus, wie sie Identität in dem in sich selbst Unterschiedenen, sich Auseinanderwickelnden bestätigend enthüllt." (ANS I.1, 174) Somit verhilft sie der zu Beethovens Zeit noch nicht rein illusorischen Hoffnung auf eine versöhnte bürgerliche Gesellschaft zum Ausdruck, in der die Selbstbestimmung des Individuums mit dem Gesamtinteresse der Menschheit konvergierte. Die Symphonien kennzeichnet der rätselhafte Schein eines *An Sich*: Sie verwirklichen „ihr Geistiges [...], anstatt bloß es zu bedeuten." (196) Der Schein Wagners hingegen, auch Ausdruck einer späteren geschichtlichen Phase, spielt als veranstalteter, durch technische Manipulation erschlichener ins Phantasmagorische hinüber (195; AGS 13, 82–91; *siehe* Tränkle).³

In seinem metaphysischsten Moment, in dem Augenblick, in dem der Wahrheitsgehalt in einem Kunstwerk erscheint und es übersteigt, verschränkt sich die Realisierung der Elemente mit ihrem „Untergang": „Zu ihrem Wahrheitsgehalt stehen die Kunstwerke in äußerster Spannung. Während er, begriffslos, nicht anders als im Gemachten erscheint, negiert er das Gemachte. Ein jedes Kunstwerk geht als Gebilde in seinem Wahrheitsgehalt unter; durch ihn sinkt das Kunstwerk zur Irrelevanz hinab, und das ist allein den größten Kunstwerken vergönnt." (199) Wie ein Rätsel, das sich im Augenblick seiner Lösung „verzehrt" (AGS 1, 335), scheint sich in diesem von Adorno gezeichneten Bild das sinnlich Daseiende und Dinghafte des Werks in seiner geistigen Bestimmung, der Erscheinung eines Nichtseienden, geradezu aufzulösen. Kann der Gehalt aber nicht außerhalb der spezifischen Faktur des Werks wahrgenommen werden, so lässt sich der „Untergang" allein als Schwellenfigur denken, als stillgestelltes Bild einer Zone des Übergangs von Sinnlichem in Geistiges. Das Herabsinken zur „Irrelevanz", das Adorno den „größten Kunstwerken" zuschreibt, betont das Moment der Negation, das den Schein des Wirklichen kontrapunktiert, den es zugleich produziert: Im Augenblick des Untergangs trennen sich Gehalt und Erscheinung *in* der Erscheinung. Die Negation des Gemachten, sein Herabsinken zur Irrelevanz, bezeugt, dass es nicht ist: dass das Werk, seine immanente Stimmigkeit, nicht die Erfüllung selbst ist. Paradox schillernd, spielt dieses Moment zugleich hinüber in das Versprechen, das, wie Adorno an anderer Stelle schreibt, „am Sinnlichen [haftet – AH] (412): „Kein Kunstwerk ist, das nicht verspräche, daß sein Wahrheitsgehalt, soweit er in ihm als daseiend bloß erscheint, sich verwirklicht und das Kunstwerk, die reine Hülle, zurückläßt, wie Mignons ungeheure Verse es weissagen." (199)

Was der Schein der Kunst verspricht, das hält modellhaft gegen die klassische Metaphysik eine Hoffnung auf Transzendenz fest, die nicht mehr die Vormacht des Geistigen vor dem Sinnlichen bestätigte, sondern sich der „somatische[n], sinnferne[n] Schicht des Lebendigen" verschrieben hätte (AGS 6, 358). Genau darum kreisen Adornos Reflexionen zur Metaphysik in seiner *Negativen Dialektik* (Bernstein 1997; Hofstätter 2018).

Dass sich die Utopie der Kunst mit der Figur des „Untergangs" verschränkt, verweist auf die komplexe Verstrickung ihres Wahrheitsgehalts mit Trug und

---

3 Die Parallele zwischen Beethoven und Hegel, die hier klar zum Vorschein tritt, ist sicherlich auch das prägnanteste Beispiel, um die Verwandtschaft zwischen Philosophie und Kunst zu erhellen, auf die Adorno in der *Ästhetischen Theorie* verweist (197); im Detail nachzulesen in den Fragmenten zu *Musik und Begriff* in: ANS I.1, 31–54.

Herrschaft. Unschuldig sind die nach Adornos Maßstäben gelungenen Werke, weil ihre Wahrheit dem Zug des Partikularen selbst entspringt. Sie sind aber auch schuldig, weil selbst in ihnen das „Echo der gesellschaftlichen Gewalt" (202) wiederhallt, ihre Rationalität auch Mimesis von Herrschaft ist; und nicht zuletzt, weil sie auf Grund ihrer Distanz zur Empirie, diese unangetastet lassen: „Kunstwerke fallen ihrem Apriori, wenn man will, ihrer Idee nach in den Schuldzusammenhang." (203) Dies übereignet die Werke aber nicht unmittelbar der Unwahrheit. Die Natur, das Andere, auf das die Kunst geht, ist „ein Vieles" (198). Für Adorno hat Kunst Wahrheit schon allein deswegen, weil sich in ihrem Rätselbild die „Verflochtenheit von Wahrheit und Unwahrheit" manifestiert, weil sie die Komplexität und antagonistischen Momente der Realität zum Ausdruck bringt, die im Außerästhetischen oft der Eindeutigkeit des Urteils zum Opfer fallen (ANS IV.3, 327). Kunst braucht Philosophie, um eben dieses Ineinander der Momente zu entfalten und dabei zu zeigen, wo sie, wie wir am Beispiel Wagners gesehen haben, die gesellschaftliche Gewalt ästhetisch reproduziert ohne diese zu überschreiten; zeigen kann sie aber auch, dass eben dies seine Wahrheit hat: wahr kann auch das metaphysisch Unwahre sein, als Entsprechung der herrschenden geschichtlichen Tendenz: „Manche [Kunstwerke – AH] sehr hohen Ranges sind wahr als Ausdruck eines an sich falschen Bewußtseins." (196)

Die Wahrheit der Kunst haftet somit an ihren Beziehungen zur Geschichte, mit der Kritik sie zu konfrontieren hat. Als Negation des Wirklichen bringt der Gehalt der Kunstwerke die Möglichkeiten zum Ausdruck, die der Wirklichkeit immer auch verdeckt innewohnen und deren Realisierung der Gang der Geschichte – bis jetzt und auf absehbare Zeit – verhindert hat bzw. verhindert. Die berühmte Formulierung von Kunst als „bewußtloser Geschichtsschreibung, Anamnesis des Unterlegenen, Verdrängten, vielleicht Möglichen" (384) besagt eben das. Viel mehr als auf Möglichkeiten zu verweisen und sie verschlüsselt festzuhalten kann auch die Kunst nicht. Ihre Scheinhaftigkeit demarkiert die Grenze ihres potenziellen Einflusses. Die *Ästhetische Theorie* verschreibt sich nicht zuletzt der melancholischen Hoffnung, dass das in den Werken eingezeichnete, aufgespeicherte Leiden in einer veränderten, friedlichen Gesellschaft entziffert bzw. erhört werden mag (386).

9.6 Presque Rien

Die Utopie einer kommenden Gesellschaft scheint Adorno nach Auschwitz in unerreichbare Ferne gerückt zu sein. Fraglich ist für ihn, ob Kunst, inmitten des Übermaßes von Unwahrem in der Geschichte, überhaupt noch wahr sein kann; ob sie mehr als jene „Begleitmusik" zum Grauen sein kann, als die sich auch die

Philosophie durchstriche (AGS 6, 358). Darauf hat die *Ästhetische Theorie* keine Antwort. Ein Moment der Hoffnung knüpft sich aber für Adorno an die Werke der Moderne, insbesondere an die Dramatik Becketts, die ihm „als das einzige, wirklich relevante metaphysische Gebilde aus der Zeit nach dem Krieg erscheint" (ANG IV.14, 184). Gerade im Unterabschnitt zu Metaphysik und Wahrheitsgehalt (193–205), der sich gegen Ende den Sphären des „Tödlichen" und „Finsteren" zuwendet, erscheint Adornos Ästhetik als ein Denken der Hoffnung, nicht der Verzweiflung.

„Der Gestus der Hoffnung", schreibt Adorno in der *Negativen Dialektik*, „ist der, nichts zu halten von dem, woran das Subjekt sich halten will, wovon es sich verspricht, daß es dauere." (AGS 6, 384) Was Adorno hier dem kritischen Geist abverlangt – Absage an Affirmation und schonungslose Besinnung auf sich selbst – hat sein Modell an der Herausforderung, der sich die Kunst in der Moderne bereits vereinzelt stellt: „Einspruch" gegen die Realität, „das lückenlose Netz", erheben diese Werke nur, indem sie, „wie es exemplarisch in Becketts Endspiel geschieht, die Natur [...] aus sich eliminieren oder sie angreifen. Ihr allein noch möglicher parti pris ist der für den Tod, ist kritisch und metaphysisch in eins." (201) In der Tilgung der Natur bekennt sich Kunst zu ihrem rätselhaften, allegorischen Charakter. Er bezeugt die gegenwärtige Unversöhnlichkeit von Natur und Geschichte. Thematisch wird die Unversöhnlichkeit dieser Kunst, indem sie sich nicht sinnhaft fügt, sondern sich dem Schein der Totalität verweigert. In „ihrer Spannung zur permanenten Katastrophe" (204) fasst sie stattdessen die Einheit zwischen Sinnlichkeit und Geist, Natur und Geschichte, als nicht zu schlichtendes Problem. Harmonie und sinnlicher Reiz sollen der „Unerbittlichkeit" (202) eines Geistes geopfert werden, dessen Wahrheit nicht zuletzt darin besteht, dass er seine eigene Insuffizienz ins Bewusstsein hebt. Negativität, das Finstere, die Absenz sinnlicher Fülle wird somit zum „Statthalter" der Utopie, die laut Adorno nicht preisgegeben werden kann (204). Verkriecht sich die Utopie allein in die Negativität, dann wird das Werk selbst – man denke an Adornos Bezeichnung einiger Werke Schönbergs als „Splitter" (AGS 10.1, 179) – zur Zäsur, die in den Funktionszusammenhang einbricht:

> Nur noch durch die Unvertauschbarkeit seiner eigenen Existenz, durch kein Besonderes als Inhalt suspendiert das Kunstwerk die empirische Realität als abstrakten und universalen Funktionszusammenhang. Utopie ist jedes Kunstwerk, soweit es durch seine Form antezipiert, was endlich es selber wäre, und das begegnet sich mit der Forderung, den vom Subjekt verbreiteten Bann des Selbstseins zu tilgen. (203)

Im Moment der Suspension trifft sich das Kunstwerk, das sich nicht mehr einfach assimilieren lässt, nun scheinbar ganz fremd und rätselhaft wird, mit der utopischen Chiffre des „Entronnenseins", die Adorno als Figur der Hoffnung gilt (z. B. AGS 11, 513). In Relation zur gesellschaftlichen Totalität, die es „unterbietet" (ebd.), ist das Kunstwerk eine Figur des Kleinsten. Sie gleicht dem Atemschöpfen des Geistes, der in der Reflexion der eigenen Scheinhaftigkeit sich über diese erhebt.

Der Abschnitt *Rätselcharakter, Wahrheitsgehalt, Metaphysik* hat, wie die ganze, Fragment gebliebene *Ästhetische Theorie*, weder Anfang noch Ende. Die Reflexionen über das Finstre und die Utopie verklingen auf einem jener fast schon notorischen Sätze Adornos, die weniger als Sätze, denn als kommende Sentenzen verfasst zu sein scheinen: „Die ästhetische Erfahrung ist die von etwas, was der Geist weder von der Welt noch von sich selbst schon hätte, Möglichkeit, verhießen von ihrer Unmöglichkeit. Kunst ist das Versprechen des Glücks, das gebrochen wird." (204 f.). Die *Ästhetische Theorie* verspricht uns nichts; auch die Kunstwerke versprechen nur, indem sie es nicht tun: Das Glück, auf das sie gehen und dessen Hauch im Zuge der Interpretation erfahrbar wird, ist kein Etwas. Der authentischen Erfahrung entzieht es sich, löst sich auf im Rätselhaften. Gerade aber in der Brüchigkeit dieser Erfahrung, in der die Rätselhaftigkeit des Werks kontrapunktiert wird von der Kraft des Sinnlichen, durch die der Gehalt erscheint, wandelt sich, dass es *nicht* ist, zum Versprechen, dass es *noch nicht* ist.

In der Ambivalenz ihres rätselhaften *An sich* hält die Kunst an der Möglichkeit fest, dass es anders sein könnte. Sie soll daran erinnern, dass auch der geschichtlichen Welt, der das Werk verhaftet bleibt und die es transzendiert, sein Rätsel eingeschrieben ist (191): dass auch sie eine Welt des Scheins ist, die geworden ist und somit wieder vergehen kann. Dadurch, dass die Kunstwerke deren antagonistischen Momente ins Bewusstsein heben und im Schein versöhnen, zeigen sie, was jenseits der Schicht der alltäglichen Gewissheit auf seinen Augenblick wartet. Ob dieses kritisch-utopische Potential, das Adorno den Kunstwerken zuschreibt, sich inmitten der Macht der globalen Kulturindustrie behaupten kann, war bereits der *Ästhetischen Theorie* fraglich und ist es noch heute. Gewiss ist, dass es eben genau deshalb der Theorie bedarf: eines Denkens, dass sich der Komplexität der Phänomene annimmt und diese, anstatt sie zu nivellieren, kritisch zu entfalten weiß. Adorno steht das Grau der modernen Kunst für die Farben, die sie nicht mehr ausdrücken kann; mit der Einsicht, dass auch das Grau der Realität nicht einfach nur grau ist, ließe sich daran anknüpfen.

Literatur

Bernstein, J. M. 1997: Why Rescue Semblance? Metaphysical Experience and the Possibility of Ethics, in: Tom Huhn/Lambert Zuidervaat (Hrsg.), The Semblance of Subjectivity. Essays in Adorno's Aesthetic Theory, Cambridge (Mass.), 177–212

Hofstätter, Antonia 2018: Adorno's „Meditations on Metaphysics" and Beethoven's Late Style, in: Zeitschrift für Kritische Theorie 46/47, 96–117

Hulatt, Owen 2016: Adorno's Theory of Philosophical and Aesthetic Truth, New York

Ortland, Eberhard 2010: Rätselcharakter, Kommentar, Kritik. Kunstwerk und ästhetische Reflexion bei Adorno, in: JTLA. Journal of the Faculty of Letters, The University of Tokyo, Aesthetics 35, 55–69

Lydia Goehr
10 Stimmigkeit und Sinn

10.1

Der Abschnitt *Stimmigkeit und Sinn* setzt sich mit der Logik, Kausalität und Zeitlichkeit von Kunstwerken auseinander, die ihr Verhältnis zur natürlichen und dinglichen Welt ebenso bestimmen wie zum begrifflichen Denken. Er thematisiert Fragen zu Form, Inhalt und Material von Kunstwerken; die Kategorie des Sinns in Bezug auf die Begriffe Artikulation, Ausdruck und Intention; die Krise des Sinns; das Ideal des Klassischen sowie Konzepte von Tradition, Stil und der Produktion großer Werke, sogenannter „Meisterwerke". Den Puls des Abschnitts bildet eine Kritik des ästhetischen Formalismus und Klassizismus, in deren Zentrum der Werkbegriff – insbesondere der Begriff des musikalischen Kunst*werks* – steht. Wollte ich diesem Teil der *Ästhetischen Theorie* einen neuen Titel verleihen, würde ich für „Formalismus und der klassische Werkbegriff" optieren, auch, um meine interpretative Herangehensweise auszuweisen.

Anstatt sich von Formalismus, Klassizismus und dem Werkbegriff abzuwenden, zielt Adornos Kritik darauf, die Begriffe vor ihrem fortwährenden Missbrauch zu retten, der so tiefgreifend ist, dass es fraglich erscheint, ob die Künste, ihre Praktiken, Formen und Traditionen, überhaupt noch eine Zukunft haben. Ist Kunst noch möglich? Diese Frage verklammert sich mit dem Impuls des Rettens, der Adornos *Ästhetische Theorie* motiviert. Die Rettung gilt der Kunst und der Gesellschaft, deren Teil sie ist: keine Gesellschaft ohne Kultur, keine Kultur ohne Gesellschaft. Adorno sucht einen Sinn für Räume der *Möglichkeit* zu wecken, der die Strukturen und Oberflächen der *Wirklichkeit* – wie die Dinge in der Welt heute *sind* oder auch nur *zu sein scheinen* – übersteigt. Lässt sich eine solche Möglichkeit angesichts der uns beherrschenden und überwältigenden Wirklichkeit überhaupt denken? Wie könnte ein Möglichkeitsdenken aussehen? Adorno wendet sich Kunstwerken als *exemplarischen* Boten des Möglichen zu. In Betracht kommen dafür allerdings nur Werke, die ein Exempel statuieren, sich gegen affirmative und positivistische Tendenzen richten und sich in der Schwebe halten. Dennoch drohen diese Tendenzen stets, die Werke auf den empirischen und begrifflichen Charakter gewöhnlicher Dinge zu reduzieren. Adornos Gedankengang bewegt sich unaufhörlich zwischen sozialontologischen und metaphysischen Ansprüchen einerseits, sozialgeschichtlichen Diagnosen vergangener und gegenwärtiger Verhältnisse andererseits.

Kunstwerke zeichnen sich durch ihren ästhetischen, mimetischen Charakter aus, der stets in dialektischer Beziehung zu ihrem empirischen, gesellschaftlichen Charakter steht. Diese Beziehung ist spannungsgeladen. Das Operieren rivalisierender Kräfte im Kunstwerk erreicht nie den Status der Fraglosigkeit. Vielmehr manifestiert sich im Durcharbeiten von Widersprüchen tradierter, stets gesellschaftlich vermittelter Bedingungen, Termini und Begriffe, das sich im Kunstwerk vollzieht, nicht nur für die „Kunstwelt", sondern die Welt insgesamt eine Infragestellung. Sofern sich in der Geschichte Denkweisen tradieren, die einem falschen Bewusstsein gehorchen und Subjekte wie Objekte infiltrieren, kann die Frage, ob Kunst noch möglich sei, nicht von der Frage abgelöst werden, ob Denken noch möglich sei. Allen Sätzen der *Ästhetischen Theorie* ist der Impuls zur Rettung eingelegt. Dadurch sind sie mit Adornos *Negativer Dialektik* verknüpft. Die *ästhetische* Theorie des Kunstwerks macht es sich zur Aufgabe, auf das Mögliche als ein selbst Wahrhaftiges und Reales zu *verweisen*, es *aufzuzeigen*, in seine Richtung zu *gestikulieren* – dorthin, wo es sich, überschattet von der überwältigenden Fassade dessen, was heute als wirklich und falsch *erscheint*, versteckt. Was mit solcher Geste aufgezeigt wird, ist kein Transzendentes oder der Sache Äußerliches, sondern ein der dialektischen Bewegung des Kunstwerks Immanentes. Der Gehalt eines Kunstwerks ist nicht statisch, sondern dynamisch. Er ist ein Kraftfeld einander widerstrebender Tendenzen, deren Widerspruch doch nach Auflösung strebt. Was in einem großen Kunstwerk daraus resultiert, das ist allgemein und besonders, offen und geschlossen, artikuliert und nichtbegrifflich, stillgestellt und in Bewegung. Das „und" innerhalb dieser Dichotomien traditioneller ästhetischer Theorie zeigt an, dass beides zutreffen soll, was im Lichte tradierter Theorien bzw. der entsprechenden geschichtlichen Formationen von Wirklichkeit alles andere als selbstverständlich ist.

10.2

Am Ende des Abschnitts *Stimmigkeit und Sinn* fiel mir ein Absatz ins Auge, in dem Johann Sebastian Bach flüchtig Erwähnung findet. Bachs Kompositions- oder Verfahrungsweise wird mit derjenigen der alten Meister in der Malerei verglichen. Was als Gelingen der großen klassischen Werke der Tradition galt, wurde fragwürdig, so lesen wir, als das, was wir Werk nennen, auf einen zunehmend geschlossenen Werkbegriff gebracht wurde, der seine Autorität aus einem gesellschaftlichen Bedürfnis nach heteronomer Ordnung gewann, einem „Hauptstück deutscher Ideologie" (239) in der Moderne:

> Die neue Kunst, mit ihrer Anfälligkeit, ihren Flecken, ihrer Fehlbarkeit ist die Kritik der in vielem stärkeren, gelungeneren der Tradition: Kritik am Gelingen. Sie hat ihre Basis in der Unzulänglichkeit dessen, was zulänglich erscheint; nicht nur in seinem affirmativen Wesen sondern auch darin, daß es um seinetwillen nicht ist, was es sein will. Gemeint sind etwa die puzzle-Aspekte des musikalischen Klassizismus, der Einschlag des Mechanischen in Bachs Verfahrungsweise, in der großen Malerei das von oben her Arrangierte dessen, was unter dem Namen Komposition jahrhundertelang herrschte, um, wie Valéry bemerkte, mit dem Impressionismus plötzlich gleichgültig zu werden. (240)

Die beiläufige Erwähnung Bachs rief mir einen provokanten Satz ins Gedächtnis, den ich in *The Imaginary Museum of Musical Works* formulierte: „Bach did not intend to compose musical works" (Goehr 1992, 8).[1] Damals behauptete ich, dass Bach nur insofern *Werke* komponiert habe, als seine *Kompositionen* rückwirkend unter das Diktat eines Werkbegriffs gebracht wurden, der Beethovens *Fünfte Symphonie* zum Paradigma erhob. Heute ist mein Anliegen nicht nur die Rettung der Kompositionen Bachs, sondern auch der Beethovens und aller anderen, die, in diesem Sinne als Werke verstanden, zu ersticken drohen.

Bereits Adorno hat für dieses Vorhaben plädiert. Er wollte wissen, ob sich Kunstwerke einem Werkbegriff widersetzen können, der sie gefügig macht, indem er sie entweder von Anfang an oder nachträglich zu modernen Waren formt. Diese Problematik ist bis heute von größter Wichtigkeit. Die Vorstellung, dass *Kunst*, das *Ästhetische* oder das *Musische* nur vom Werkcharakter freigesetzt zu werden brauchen, ist zu einfach; sie erweist sich als falsch, wenn dieses Freisetzen nicht wiederum im Sinne jener dialektischen Bewegung verstanden wird, die für Adornos Rettung der Idee des Werks konstitutiv ist. Als ein Freisetzen, das nicht nur freisetzt, bleibt seine dialektische Lösung der Immanenz von Kritik verpflichtet.

10.3

Adornos kritische Modelle sind stets auch geschichtliche, denn sie entfalten das dialektische Ringen des Modernen, des Neuen bzw. Zeitgenössischen mit dem durch Tradition Übermittelten und den Weisen seiner Rezeption (AGS 10.1, 310–320). Adorno sucht die Tradition vor einem „[s]chlechte[n] Traditionalismus" (ebd., 316) zu bewahren, der künstlerische Gebilde in ideologischem Stein verewigt, sie zu Schlachtrössern macht, die als leblose Meisterwerke den Museen übereignet werden. Die Modelle zeigen uns Momente einer Krise, eines Paradig-

---

[1] Siehe als weiterführenden Kommentar Goehr 2021.

menwechsels oder eines Traditionsbruchs – wie die Ablösung von Bach durch Beethoven, der Klassik durch die Romantik, der Romantik durch den Impressionismus oder die Moderne, der Tonalität durch die Atonalität und dieser letztlich durch etwas, das vielen gar nicht mehr als Methode der Komposition galt. Adornos Deutung der Geschichte wirkt ebenso unersättlich wie zielstrebig. Er enthüllt die Lüge in dem, was die sanktionierten Tropen der Geschichtsschreibung für wahr befinden und die Wahrheit in dieser Lüge. Indem er das Bekannte in etwas Unbekanntes verwandelt, erschüttert er die approbierten Kategorien. Die erwähnten, kaum ausführlich diskutierten Namen und Titel werden als Material behandelt, an dem sich fortschrittliche von regressiven Tendenzen unterscheiden oder Momente identifizieren lassen, an denen Fortschritt in Regression umschlägt. Immerzu verfolgt Adorno die Strategie, Urteile über Personen und Kunstwerke so überspitzt oder polarisierend zu formulieren, dass sie nahezu den Anspruch der von ihm kritisierten Vorurteile zu erheben scheinen. Dass Adornos Denken die Wahrheit in der eigenen Preisgabe sucht, rettet es davor, den Charakter des Dogmatischen anzunehmen, sofern Rettung, wie er stets hinzufügt, überhaupt möglich ist. Angesichts seiner Vorliebe für musikalische Modelle, deren Darstellung mit theoretischem und praktischem Wissen über moderne Kompositionsweisen gesättigt ist, überrascht es nicht, dass er *Musik* als exemplarisch für die dialektische Bewegung behandelt; eine Bewegung, die seine philosophische Theorie stets auch als *ästhetische* und *kritische* verbürgt (Goehr 2008, 1–44). Überlebt aber diese Bewegung seines Denkens, wenn wir sie heute an zeitgemäßen Modellen erproben?

10.4

In seiner englischsprachigen Übersetzung der *Ästhetischen Theorie* überträgt Robert Hullot-Kentor „Stimmigkeit und Sinn" mit „Coherence and Meaning" (Adorno 2013). Weder „coherence" noch „meaning" erfassen jedoch alle mit den deutschen Termini verbundenen Konnotationen. Es sind inhärente Qualitäten wie Harmonie, Übereinstimmung und Einheit, die dem Kunstwerk seine *Stimmigkeit* verleihen. Sie bezeichnen den Sinn *des Sinns* und unterscheiden ihn von dem *der Bedeutung*, mit der ein kohärenter Wirklichkeits- und Gegenstandsbezug gemeint ist. *Stimmigkeit* arbeitet mit der Bewegung der Form, die dem *Zusammenhang* wesentlich ist, der ein in seinem Inneren komponiertes Werk als sinnvoll erscheinen lässt. Alle diese Termini, die aus einer postkantischen und posthegelschen Tradition des Formalismus stammen, beherrschen die musikalische Literatur von Eduard Hanslicks *Vom Musikalisch-Schönen* bis hin zu Arnold Schönbergs *Harmonielehre* und seinen Essays in *Stil und Gedanke*. Für eine Diskussion des im Schatten Schönbergs geschrieben Abschnitts *Stimmigkeit und Sinn* gibt es wohl kaum eine bessere Einleitung als das folgende Zitat von Hanslick:

> In der Musik ist Sinn und Folge, aber *musikalische*; sie ist eine Sprache, die wir sprechen und verstehen, jedoch zu *übersetzen* nicht imstande sind. Es liegt eine tiefsinnige Erkenntnis darin, daß man auch in Tonwerken von „Gedanken" spricht, und wie in der Rede unterscheidet da das geübte Urtheil leicht echte Gedanken von bloßen Redensarten. Ebenso erkennen wir das vernünftig Abgeschlossene einer Tongruppe, indem wir sie einen „Satz" nennen. Fühlen wir doch so genau wie bei jeder logischen Periode, wo ihr Sinn zu Ende ist, obgleich die Wahrheit beider ganz incommensurabel dasteht. (Hanslick 1858, 41)

Das Prinzip der musikalischen Unübersetzbarkeit lebt von einem Formalismus, der es erlaubt, eine Komposition durch Form zu schließen, ohne das, was sich in den Noten bewegt und atmet, zu ersticken. Gemeint ist das *Spontane* und *Virtuose*, das *Ästhetische* und *Mimetische*, oder eine Art *subjektiver Intention*, die allesamt das Werk davor bewahren, sich als Objekt so zu *verhärten*, dass es der Erfahrung entzogen werden würde. Gibt es aber eine *musikalische* Logik, dann kann sie nicht *restlos* mit der Logik des Denkens gleichgesetzt werden. Denn es bleibt ein Mehr, durch das sich diese Logik als eine spezifisch musikalische – oder in anderen Künsten: als eine spezifisch ästhetische – ausweist (*siehe* Bertram). Eine solche Logik entfremdet das Werk der alltäglichen Erfahrung und enthüllt dadurch, was in der Moderne jener Erfahrung entfremdet ist.

Adornos Kritik gilt einem zu kurz greifenden, unreflektierten Formalismus traditioneller Theoriebildung. Form, so seine These, kann nicht als das Wesentliche der Kunst einfach vorausgesetzt werden. Als kritische Kategorie wird Formalismus bei Adorno sowohl selbst Gegenstand von Kritik als auch auf seine latenten Möglichkeiten hin untersucht. Auf seine Verteidigung des Formalismus (211 ff.) folgt eine Kritik zunächst der affirmativen Ideologie des geschlossenen Werks (239 f.) und dann des Klassizismus (240–244). Die Überlegungen zu *Stimmigkeit und Sinn* enden mit einem dialektischen Satz, der eine Geste der Rettung vollzieht: „Die Brüchigkeit des Paradigmas straft dessen paradigmatischen Rang Lügen und damit das klassische Ideal selbst." (244) Dieser verblüffende Satz evoziert das Bedürfnis nach einem radikalen Paradigmenwechsel, das gewisse Kunstwerke – konstruiert als „Paradigmata" der Möglichkeit (AGS 10.1, 179) – befeuern.

Im Folgenden werde ich Adornos ästhetische Reflexionen in meiner Lesart entfalten. Diese Exegese spiegelt die Bewegung seiner Gedanken wider, übersetzt allerdings einige seiner Terminologien in Begriffe, die mir heute angemessener erscheinen.

10.5 Exegese

Den Auftakt bilden Reflexionen zur „Logizität" (205) der Kunstwerke. Solche Logik, die ihren *Rätselcharakter* verbürgt (*siehe* Hofstätter), ist weder begrifflich im Sinne der theoretischen Vernunft, noch urteilend im Sinne der praktischen Vernunft. Auch wenn die Logik des Kunstwerks eine strukturelle Analogie mit der Logik des begrifflichen Denkens zeigt, unterscheidet sie sich hinsichtlich ihres Modus der *Artikulation* (219–221; *siehe* Eusterschulte). Es ist die *Eigenlogik* des Kunstwerks, die der Starrheit von Begriff und Urteil standhält, die mit totalitären oder ideologischen Formen der Vergesellschaftung korrespondiert. Die innere Organisation der Zeitkünste wird hier als Prototyp angeführt, Vergleichbares aber auch den visuellen Künsten attestiert (205). Die Logik der Kunstwerke verhält sich wie ein Schatten (206) zum Prozess eines syllogistischen Denkens, das ausgehend von Prämissen zu notwendigen und verbindlichen Schlussfolgerungen gelangt. Als zeitliche erzeugt ästhetische Logik eine durchkomponierte Stimmigkeit und Einheit des Kunstwerks und stellt die Forderungen der Vernunft nach Artikulation und Allgemeinheit in Frage, indem sie Ungeformtem, Unartikuliertem und Besonderem zum Ausdruck verhilft. Während das Kunstwerk monadenhaft in sich geschlossen ist, erweist es sich zugleich als brüchig, sofern es von Spuren des *Mimetischen*, *Spontanen* oder *Improvisierten* durchsetzt ist (208). Für das Kunstwerk ist dieser immanente Doppelcharakter von logischer Form und ästhetischer *Spur* konstitutiv. Es ist ein Kraftfeld rivalisierender Tendenzen, Qualitäten und Charakteristiken. Aber nicht in allen Kunstwerken erhält sich diese Spannung. Vielfach kapitulieren sie im Zuge ihrer Produktion oder Rezeption und schlagen sich auf die eine oder andere Seite. Solche Einseitigkeit ist von ästhetischen wie gesellschaftlichen Schemata bedingt, die Unterschiede – wie zwischen ernster Kunst und Unterhaltungskunst – erstarren lassen, anstatt die Spannung zwischen einander widerstrebenden Seiten zuzulassen. Es gibt keinen Ort, an dem sich Kunst, Gesellschaft oder Denken jenseits totalitärer Schemata entfalten könnten.

Die schattenhaft wiederkehrende ästhetische Logik beruht zwar auf den empirischen Schemata von Zeit und Raum, doch gehen diese in die Kunstwerke nur als negierte und überwundene ein. Das Kunstwerk *bricht* und *verwandelt* das Kontinuum der Zeit und die Struktur des Raums, wodurch der – folglich durch ästhetischen Schein vermittelte – Sinn etwas Schwebendes gewinnt (*siehe* Tränkle). Was vom Verwandelten zurückbleibt, *konvergiert* mit demjenigen Moment der Mimesis (*siehe* Früchtl, Bertram, Angehrn), das das Kunstwerk in eine spiegelnde Beziehung zum Walten der Natur und des Denkens in der Welt setzt. Mimesis ermöglicht aber, wichtiger noch, darüber hinaus den Ausdruck einer durch den *Eingriff* des Geistes vermittelten Freiheit der *Bewegung*. Diese Freiheit verleiht dem *Zusammenhang* des Kunstwerks und seiner immanenten *Abfolge* ästhetischen Charakter. Insofern es die *Heterogenität* von *empirischer* und – zum Beispiel – *musikalischer* Zeit nicht unterschlägt, sondern herausstellt, macht das Kunstwerk den Übergang zwischen alltäglicher und ästhetischer Zeit erfahrbar. So kann sich etwa eine Pause während einer musikalischen Aufführung als erkenntnisfördernde Unterbrechung erweisen, indem sie die Spannung zwischen den wechselnden Zeitdimensionen zur Erfahrung bringt. Das gilt auch für die Verwandlung von Raumerfahrung. Im Konzertsaal befindet man sich in einem ebenso gewöhnlichen wie ungewöhnlichen Raum und in einer ebenso gewöhnlichen wie ungewöhnlichen Zeit. An dieser nicht zuletzt phänomenologisch aufschlussreichen Spannung haftet außerdem das Moment einer einst religiösen Erfahrung (208).

Kunstwerke zeigen uns, wie Menschen an gesellschaftliche, geschichtliche, begriffliche, wissenschaftliche und ideologische Schemata gebunden sind und wie sie sich von ihnen lösen können. Der Freiheit des ästhetischen Scheins entspringt ein dialektisches Denken, das sich dem Verblendungszusammenhang entringt und doch an ihn gekettet bleibt. Solches dialektische Denken wird überdies von der „unauflöslichen Spur von Mimesis" getragen (208). Mimesis gehorcht der Logik der sequenziellen Entfaltung – und hält ihr zugleich stand. Denn sie *negiert* die der Konstruktion eignende Tendenz zur Setzung und Affirmation, ohne die das Kunstwerk nicht existieren kann. Insofern die Spur nicht in Erscheinung tritt, gehorcht Mimesis dem *Bilderverbot*. So korrespondiert sie mit dem, was ebenfalls dem *Bann* unterliegt: was dem messianischen Gesetz als erhaben gilt, was verborgen bleibt oder sich sprechend dem Gewöhnlichen, Dogmatischen und Verhärteten des alltäglichen Lebens widersetzt.

Da Material und ästhetische Prinzipien in einem Traditionszusammenhang stehen (*siehe* Hogh, Koch), haben die Verwandlungen, die in den Kunstwerken stattfinden, immer geschichtlichen Charakter. Um die sich wandelnden Vermittlungen zwischen Form und Inhalt nachzuvollziehen, bezieht sich Adorno auf Beispiele, die meist aus der Musik, bisweilen aus der Malerei stammen (215–219). Wandlungsprozesse bestimmen die Geschichte der Techniken und Verfahrensweisen, die als medienspezifisch für die jeweilige Kunstgattung gelten. Sie manifestieren sich in dem, was Adorno als „Verfransung" kennzeichnet (383; vgl. 271): einer Nivellierung aller Gattungen durch die Kulturindustrie, wodurch sich Kunstwerke unterschiedlichen Typs dem modernen Sozialcharakter anähneln. Weder lassen sie spezifische Eigenschaften noch eine geschichtliche Verortung erkennen, sind ebenso *entqualifiziert* wie *enthistorisiert* (223). In der Moderne wird das Kunstwerk zum Mann ohne Eigenschaften.

Produktion und Rezeption von Kunstwerken stehen unter dem Einfluss des Diktats ihnen äußerlicher Gesetze, Prinzipien oder Regelwerke, die sich im Laufe der Geschichte verändern. Eingedenk der Dialektik der Aufklärung büßen Werke ihre Kraft und ihre Besonderheit ein, sobald sie dem ideologischen Apriori von Markt oder Wissenschaft unterstellt werden (214 f.). Selbst solche Werke, die allein gemäß der immanenten Ansprüche von Form, Inhalt und Material entstehen, sind dem Risiko ausgesetzt, einer ihnen äußerlichen Methode entsprechend rezipiert und umgeformt zu werden. Adorno verurteilt die reduktionistische Logik des *Von-oben-her-Arrangierten* (240), die Identität dort *erzwingt*, wo sich dialektische Gegensätze erhalten sollten: Sie reduziert das Nichtidentische auf das Identische, das Nichtbegriffliche auf das Begriffliche, das Besondere auf das Allgemeine, das Innere auf das Äußere, das Ästhetische auf das Empirische, das Intuitive auf das Artikulierte und das Künstlerische auf das Gesellschaftliche.

Vielfach werden Kunstwerke von vornherein nach einer bestimmten *Methode* „produziert" oder gleichsam *nach Zahlen* gemalt. Je methodischer die Produktion und Rezeption von Kunst sich vollzieht, desto konsequenter kapituliert die Kunst vor der Kommodifzierung bzw. der Nivellierung von Gebrauchswert und Tauschwert. Je weiter sich die Durchkomposition des Kunstwerks einer vollkommenen Versöhnung aller Spannungen annähert, desto mehr *scheint* solche Form bloß erzwungen (215) – und desto weniger geht sie als *erscheinende* aus dem immanenten Prozess hervor (216). Schönbergs berühmte Forderung, seine Kompositionen zuerst als Kompositionen und dann als Beispiele für die Zwölftonmethode zu verstehen (214 f.), verleiht dem Ausdruck. Prozessuale Form widersetzt sich aber auch denjenigen, die der Methode abschwören, um dem reinen Zufall das Feld überlassen. Zum absoluten Anspruch erhoben, bildet das Würfelspiel ein Extrem, das mit dem ihm entgegengesetzten Extrem, der totalen Organisation, konvergiert (234). Zufall ohne Form ist leer, Form ohne Zufall ist blind – und umgekehrt.

Zu verteidigen ist ein Formalismus, der sich sowohl der bedingungslosen Unterwerfung des Kunstwerks unter die Welt der (äußeren) Dinge als auch seinem völligen Rückzug von ihr widersetzt. *Kritischer Formalismus* gesteht den Kunstwerken eine Existenz *sui generis* sogar dann zu, wenn sie das Ringen um Leben und Tod, die antagonistische Arbeit ihrer rivalisierenden Triebe zur Schau stellen. Ein solches Kunstwerk suggeriert durch seine *Stimmigkeit* ein *So-muss-es-sein!* Das *es* bezieht sich dabei auf die komponierte respektive konstruierte Form, der zugleich ein Moment der Kontingenz, des Lösens, ja der Dekomposition innewohnt (Goehr 2018). So bewahrt die geschlossene Form im besten Fall ein Moment von Offenheit (212).

Durch ihre inneren Konflikte haben Kunstwerke an der Dialektik von Natürlichem und Künstlichem teil. Wenn Kunstwerke im Namen des Inhalts formale *Herrschaft* über die Materialien ihres Mediums erlangen, tun sie dem, was im Material den Gesetzen der Natur gehorcht, *Gewalt* an (209). Die Gesetze herrschen über Klang, Farbe, Wahrnehmung und Geschehen. Solche Gewalt aber ist notwendig und wird außerdem durch einen Erkenntnisgewinn vergütet. Denn sie erhellt diejenigen Naturgesetze, die das Kunstwerk sowohl befolgen muss als auch zu brechen vermag. Der kantische *Zwang* der Form signalisiert den Eingriff einer Subjektivität, die vom Naturgesetz befreit ist, während das Kunstwerk als Objekt nicht gänzlich den Gesetzmäßigkeiten der Natur entragen kann. Durch ästhetische Zweckmäßigkeit wird das Kunstwerk autonom (209–211). Sie erhebt gegen die rationale Zweckbestimmung Einspruch, ohne sie aufzulösen. Darin gründet der Doppelcharakter des Kunstwerks, der notwendige Konflikt zwischen Illusionserzeugung und Realitätsprüfung.

Durch seine Entfaltung im Kunstwerk bestätigt das Ästhetische seine eigenständigen begrifflichen Bestimmungen und stellt sie zugleich in Frage, *sagt* sich von ihnen *los*. Darin gründet die *Autonomie*, aber auch eine reflexive *Heautonomie* (KWA 10, 39) und ein *selbstreflexives* Verhalten der Kunstwerke, die sich zur Welt hin ebenso öffnen wie verschließen. Die Geschlossenheit der Form – ihre Stimmigkeit – kann entweder Dynamiken im *Sinn* des Kunstwerks zulassen, die auf seine Offenheit gerichtet sind; oder sie kann zur „Hybris" werden (209), das Kunstwerk stillstellen und gänzlich verschließen. Dann entspricht sie der Ideologie von Beständigkeit, Dauer und Unsterblichkeit.

Für Adorno ist es „[e]rstaunlich wie wenig diese Kategorie [der Form – LG] von der Ästhetik reflektiert ward, wie sehr sie ihr, als das Unterscheidende der Kunst, unproblematisch gegeben dünkte." (211) Erstaunlicher als dieses *wie wenig* ist aber *wie sehr* der Formalismus missverstanden und zur Ideologie erhoben wurde, so dass seine Kategorien letztlich selbstverständlich wurden. Adornos Erstaunen ist der zum Äußersten gesteigerte Ausdruck einer Strategie. Sie zielt darauf, die selbstzufriedene Aussage zu entkräften, das Problem der Form sei gelöst. Das Problem ist nicht gelöst. Vielmehr ist der falschverstandene Formalismus Ausdruck der Krise noch der gegenwärtigen Kunst.

Wann immer Form nach *Vollkommenheit* strebt, verfährt sie mit einer Gewalt (240), die Adorno am „bestialischen" Klang des Ausdrucks „formvollendet" abliest (213). Solche Tendenz zu Positivität und Affirmation beseitigt das, was Form nicht disziplinieren kann. Sie tritt im Vergleich *neuer* musikalischer Werke (wie denen Schönbergs) mit *traditionellen* Werken (von Bach und Mozart zu Beethoven), gemäß des Paradigmenwechsels von der Klassik zur Romantik hervor. Anlässlich dieses Vergleichs fragt es sich, ob nicht das *Neue* auch eine falsche gesellschaftliche Rezeption unterminiert, welche die Werke der Vergangenheit zu Klassikern, zu triumphalen, aber entmachteten Schlachtrössern gemacht hat. Die Frage des Neuen zu stellen (siehe Hogh, García Düttmann) bedeutet immer auch das Alte in Frage zu stellen: Ob in den Kompositionen Bachs oder Mozarts ein Moment des *Bindens* und *Lösens* der Form überlebt, das wir im Sinne einer gelungenen Konfiguration zentrifugaler Tendenzen wahrnehmen können; ob wir dieses Moment den Standards abzutrotzen vermögen, die, durch kalte, monotone Wiederholungen das Vergangene zum Erstarren bringen und darin einem extrem positivistischen Denken gleichen.

Adornos Einsicht, der zufolge heute Ungewissheit herrscht, ob Kunst überhaupt noch möglich ist (*siehe* Hullot-Kentor), wird auch vom Blick auf eine Vergangenheit motiviert, in der das Ideal des Klassischen die goldene Mitte vorgab (240–244). An dieser Mitte wäre nichts falsch und auch nichts am Gold; falsch aber wird es, wenn dieses Ideal nur noch die Muster ökonomischen Tauschs und philisterhafter Mäßigung befördert. Eine Komposition funktioniert nicht wie ein Legobausatz, so dass man etwa diesen Inhalt und jene Form auswählen und sie dann einfach zusammenfügen könnte. *Lego* ist bekanntlich vom dänischen „leg godt" abgeleitet und bedeutet *gut spielen*. So ist die Einbildungskraft aufgefordert, sich nicht darauf zu beschränken, passende Exempel für ein schon Vorgegebenes zu finden. Sie zielt vielmehr auf ein Regelfolgen, das sich in der exemplarischen Produktion dessen übt, was zugleich zu jenem passt und doch nicht dazu passt.

Die dialektische Bewegung zwischen Gleichheit und Unterschied, Identität und Nichtidentität tritt durch eine Stimmigkeit in Erscheinung, die nicht voll und ganz stimmt (216), eine *Harmonie*, die zugleich *dissonant* ist (235 f.) – wodurch sich die *Komposition* von jeder fixen *Lehre* emanzipiert. Adorno, der sich kritisch auf Adolf Zeisigs ästhetisches Modell und Erwin Steins *Neue Formprinzipien* bezieht, lehnt eine Kunstwelt ab, in der sich Werke durch Vorbilder präformieren lassen (214). So konstituiert etwa eine Komposition, die wie in der seriellen Musik strikt den Prinzipien einer *Reihe* folgt, einen Zusammenhang, der den Hörern kaum mehr die Erfahrung von *Stimmigkeit* und das Verständnis eines *Sinns* ermöglicht (215). Als vollauf determinierte Form produziert die Reihe stattdessen wieder den Höreindruck eines Rohen und Stumpfen – also eines schlechthin Ungeformten.

Adorno lokalisiert im Verhältnis der Form zu ihrem Anderen ein emanzipatorisches Element der Kunst (216), durch das sie am Fortschritt der Zivilisation teilhat und das Barbarische – auch in derselben – kritisiert. Durch Form vollzieht Kunst eine „Transfiguration des Seienden" (ebd.), deren Gelingen im Angesicht der verbreiteten Tendenz, nur Banales zuzulassen, stets fragil bleibt. Keine göttliche Hand garantiert eine gelingende Transfiguration, auch wenn Ideologie es glauben machen will. Keine Komposition ist eine Schöpfung aus dem Nichts, sondern je durch gesellschaftliche und geschichtliche Arbeit vermittelt (*siehe* Mettin/Zwarg). Gerade diese Bedingtheit, welche die Komposition überwinden möchte, verleiht uns Erkenntnisse über die gesellschaftliche Situation (*siehe* Hogh). Kunst berührt sich in zweifacher Hinsicht mit Kritik: Sie setzt sich mit der gesellschaftlichen Situation in Beziehung und konkurriert mit den Werken der Vergangenheit. Jedes einzelne Kunstwerk baut, als Urteil und Kommentar, auf

Werken der Vergangenheit auf und antizipiert zukünftige. Als eine solche Kritik stellt ein Kunstwerk neue Forderungen an den Kunstbegriff und weist diejenigen vergangener Meisterwerke zurück. Diese antagonistische Haltung ist gleichermaßen von Erfolg gekrönt wie mit Melancholie und Schuld behaftet, denn kein Werk kann den Begriff der Kunst je *ganz* erfüllen. Seine spezifische Form konstituiert sich immer auch durch Auswahl, Zuschnitt und Ablehnung (217) und zitiert so implizit andere Werke herbei. Diese Schuld ist zugleich Unschuld, denn ohne parteiergreifende Form, ohne eigene Perspektive, kann kein Kunstwerk existieren. Die affirmative Lüge, der Anspruch, den das Werk auf den Begriff der Kunst und seine eigene Totalität erhebt, dient zugleich der Wahrheit des Begriffs von Kunst: dass jedes Kunstwerk durch und durch dialektisch ist – durchgeformt, aber nicht zur Totalität geformt (221). Die Produktion von Kunst, gleich dem Leben, als eine nie abgeschlossene Aufgabe zu betrachten, kann sich auf eine Reihe von Denkern berufen. Adorno erwähnt Nietzsche und erinnert an Prokrustes' unerbittlichen Versuch, jeglichen Stoff in einen festen Rahmen einzupassen (217). Sofern jedes Einpassen etwas ausschließt, etwas auslässt, eröffnet es eine Sphäre der Möglichkeit, die nicht Teil der Wirklichkeit ist.

Jedes Kunstwerk ringt mit der Spannung zwischen seinen vermittelten und unmittelbaren Qualitäten: dem Gemachten, Komponierten und der Spontaneität bzw. dem Unkontrollierten. Dennoch entziehen sich gewisse Künstler, seien sie nun Philister oder sentimentalische Schwärmer, diesem Ringen, indem sie kulinarische Produkte anbieten, die sich durch leicht zu konsumierende Oberflächen – eingängige Melodien, passgenaue Harmonien oder fahnenschwenkende Botschaften – kompromittieren (*siehe* Hofstätter). Manche verweigern sich im Namen des Populären dem Schwierigen, Fordernden oder Rätselhaften, das Kandinsky *Gehirnakte* nennt (218). Verfahren, ein Werk so zu gestalten, dass es das künstlerische Potential ungenutzt lässt, überwiegen die Ausschöpfung des Möglichen.

Adorno zeichnet eine flüchtige Skizze der Kunstgeschichtsschreibung (219) und untermauert so die Allianz ästhetischer Theorie mit dem deutschen Idealismus, der vor seiner eigenen Ideologie kapituliert und – als kritischer – doch nicht ganz kapituliert hat. Selbst die konsequent durchgeformte Symphonie kann in Stücke zerlegt werden oder als Skizze, im Sinne von Ludwig Klages' *Graphologie*, neu konzipiert werden; wie im Fall Anton von Weberns kann eine Komposition kondensiert werden, ohne dem Verdikt einer *Intensität ohne Extension* zu verfallen. Jedes Kunstwerk erreicht seine Form über einen Umweg, es wirft sich weg, um sich zu gewinnen (220) – das gilt ebenso für Künste wie Malerei oder Bildhauerei. Adorno unterstreicht die Weigerung Schönbergs, einen einzelnen Faden – einen Ariadnefaden – auszumachen, der durch das Innere der Kunstwerke leitet (221). Wenn es überhaupt einen Faden gibt, so einen versteckten, was die Spannung zwischen dem, was im Kunstwerk ganz und was fragmentarisch ist, provoziert. Einen Abschluss für ein Kunstwerk zu finden, ohne diese Spannung aufzulösen, erweist sich – so auch bei Brecht oder Beckett – als produktive Herausforderung.

Die fortwirkende Möglichkeit moderner Kunst impliziert keinen Ruf nach der Wiederkunft des Heiligen. Modern ist vielmehr der Anspruch, sich dem Material selbst, also den profanen, stofflichen Details, insbesondere den von Lichtenberg, Kierkegaard oder Freud thematisierten Phänomenen des kulturell Verworfenen bzw. des gesellschaftlichen *Abfalls* zu widmen (223–226). Diese Hinwendung zu Abfällen, vermeintlich geschichtlich Hinfälligem oder Alltäglichem setzt ein Gefühl der Krise frei. Man mag mit Adorno an einen gemalten Stuhl denken (wie bei Van Gogh, 224); an einen Witz, der in einer Mülltonne erzählt wird (wie bei Beckett); an Joris Ivens und Hanns Eislers *Vierzehn Arten den Regen zu beschreiben* bzw. zu filmen; oder an Brechts *Fünf Schwierigkeiten beim Schreiben der Wahrheit* (225). Adorno referiert auf Karl Kraus: „Aus einer losen Reihe von Vorgängen ... baut sich dem helleren Auge eine Welt der Perspektiven, der Stimmungen und Erschütterungen auf, und die Hintertreppenpoesie wird zur Poesie der Hintertreppe, die nur jener offizielle Schwachsinn verdammen kann, dem ein schlecht gemalter Palast lieber ist als ein gut gemalter Rinnstein." (224) Die Liste ließe sich noch um Gertrude Steins Satz „eine Rose ist eine Rose ist eine Rose" ergänzen, der jegliche verbriefte Verbundenheit zwischen *Namen* und *Ding* in Frage stellt. Problematisiert wird die Vorstellung eines inneren *Sinns* jenseits eines Begriffs von *Bedeutung*, wie er wissenschaftliche Tatsachenproduktion und philosophische Abbildtheorien in der Moderne bestimmt. Die von Adorno angeführten Werke sind stets dem Risiko der „Regression auf vorkünstlerische Inhaltlichkeit" (217) ausgesetzt; es ist die Kulturindustrie, die noch die eigensinnigsten Werke in allgemein verständliche verwandelt und deren ästhetischen Scheincharakter dekomponiert.

Ästhetischer Eigensinn erschöpft sich allerdings mitnichten in subjektiver Intention, andernfalls würde die Kunst sich durchstreichen und zur Nebensache werden. Denker wie Lessing, Goethe, Schiller und Hegel haben das ebenso betont wie Künstler der *radikalen* Moderne in Frankreich, so Verlaine, Debussy und Cocteau, oder in der Musik nach 1945 Ligeti und Stockhausen. So folgt die moderne Kunst, wie Adorno mit Adolf Loos konstatiert, nicht dem Muster von „Form-plus-Ornament" (vgl. 228). Sie fragmentiert vielmehr die großen Formen durch subtile Störungen, verfährt differenzierend, nicht totalisierend. Im Rückblick auf vorausliegende Stadien der Kunst, so in der italienischen oder niederländischen Malerei oder im vormodernen Roman, etwa bei Cervantes und Sterne (234 f.), weckt Adorno die Aufmerksamkeit dafür, dass am vermeintlichen Stimmen je schon nicht alles stimmte: „Stimmt heute nichts mehr, so darum, weil das Stimmen von einst falsch war." (236) Der Sinn, der durch ihre Stimmigkeit den Werken innewohnt, ist nicht von einem fixen Standpunkt aus als Wahrheit oder Unwahrheit zu beurteilen. Er konstituiert sich vielmehr immer neu in der dialektischen Bewegung zwischen Wahrheit und Unwahrheit. Insofern diese Kritik die Moderne mit der Tradition verknüpft, sträubt sie sich sowohl gegen eine konservative oder regressive Haltung, die dem Alten Wahrheit zuschreibt und dem Neuen Unwahrheit; als auch gegen eine Ideologie des linearen Fortschritts, die es umgekehrt hält.

In seiner Diagnose einer „Krise des Sinns" (229 – 235) verweist Adorno darauf, dass es angesichts der geschichtlichen Erfahrungen schon lange vor Auschwitz fragwürdig war, dem Dasein einen positiven Sinn zu unterstellen (229). So attestiert er bereits Kants Begriff der Zweckmäßigkeit, eine Immanenz des Kunstwerks zu erfassen, durch die es sich unbewusst den etablierten, mit gesellschaftlicher Reproduktion vermittelten Kategorien der Bedeutung widersetzt. Hatte Adorno in den zwanziger Jahren Avantgardebewegungen wie den Surrealismus, den Dadaismus und die Neue Sachlichkeit als regressiv verurteilt, so rettet er nun den „Neo-Dadaismus" (230) seiner Gegenwart; gilt es doch, in Rekurs auf Günther Anders und Elisabeth Lenk, die Absurdität in den Werken Becketts als antiaffirmative Tendenz zu verstehen (ebd.). Entsprechendes gilt laut Adorno für Zufalls-Kompositionen wie das Kölner Klavierkonzert von John Cage (1958) (231) und die Montagetechnik in moderner Photographie (232). Hier handelt es sich um Anti-Werke, in denen sich die Krise des Sinns als ihr Sinngehalt erweist – ohne dass sie entweder auf nihilistische Resignation oder Affirmation hinauslaufen. Sie müssen letztendlich offen bleiben, denn nur so kann jene Dialektik weiterwirken, durch die sich die Möglichkeit einer von der gegenwärtigen Realität unterschiedenen Zukunft erhält.

Dagegen stehen Kunstwerke, die dem Ideal der klassischen Form gemäß geschlossen sind (239). Sie folgen ihrem affirmativen Impuls zwar auf authentische Weise, verraten jedoch die Wahrheit der Kunst: Ihre geschlossene Form, in der sich eine geschlossene Gesellschaft widerspiegelt (236), bietet falsche Sicherheit und drängt auf ihre eigene Dekomposition, um der Langeweile und Monotonie bloßer Wiederholung zu entgehen (236 f.). In kritischer Bezugnahme auf den Schriftsteller und Pianisten Hermann Grab blickt Adorno auf eine Epoche zurück, in der Kompositionen im Dienst von Kirche und Hof in der Wahl ihrer musikalischen Mittel von außerkünstlerischen Zwecken präformiert wurden (237). Bachs Kompositionen sind dafür mustergültig, dass er sie zwar auf Gott verpflichtete, sie aber dem Zwang des *Von-oben-her-Arrangierten* widerstanden. Sie sind reicher, tiefer, emphatischer „gut", denn in ihnen überflügelt die Harmonie *musikalisch* das „*mathematische* Harmonie-Ideal" (ebd. – Herv. LG).

Unter den Bedingungen einer gesellschaftlichen Produktion von Kunst, die Bedürfnisse nach Harmonie, Symmetrie und Schönheit befriedigte, entsprachen die Beherrschung der Kunstwerke und der äußeren Welt einander (237 f.). Anders in der Moderne: Die Möglichkeit des Fortbestands von Kunst und dessen, was sie vermag, stehen in Frage. So sucht eine extreme Tendenz der modernen Kunst alle Spuren von harmonischer Symmetrie und Schönheit auszulöschen; und eine gegenläufige Tendenz, Harmonie und Schönheit für unantastbar zu erklären. Widerstreitende Ansätze zeigen sich in Versuchen, das Übermaß an realer Gewalt durch schöne Form zu sublimieren; oder aber die Kategorien von Form und Inhalt gänzlich abzulehnen, wodurch die Idee dauernder Werke mit der von Gesten ersetzt wird, die sich der reinen Unmittelbarkeit der Aufführung oder der bloßen Bestätigung von Material – etwa unter der Rubrik des Geräuschs – verschreiben. Diese Tendenzen sind, folgen wir Adorno, zum Scheitern verurteilt, sofern sie den grundlegenden Charakter von *Kunstwerken* preisgeben. Als *Werke* sind sie durch ihre stimmige Logik einerseits, die dialektischen Spannungen anderseits bestimmt, die zwischen „Ähnlichkeit und Kontrast, Statik und Dynamik, Setzung, Übergangsfeldern, Entwicklung, Identität und Rückkunft" walten (238). In der Preisgabe dieses dialektischen Werkbegriffs konvergieren Setzungen, die Unterschied und Negation nicht zulassen, mit solchen, die eine „unabdingbare Nötigung zur Kohärenz" (239) oder Sehnsucht nach Versöhnung leugnen.

Dieser Prozess schlägt sich auch in der Theorie nieder, besonders in den Manifesten der Moderne. Dass in der Moderne „[a]lles Ständische und Stehende verdampft" (Marx/Engels 1977, 465) führt zur allgemeinen Orientierungslosigkeit, auf die mit falschen Identitätsansprüchen reagiert wird. Als falsch müssen laut Adorno Versuche gelten, die den Unterschied zwischen dem zuerst Auftretenden und dem darauf Folgenden tilgen, als ob die Reihenfolge keine Rolle mehr spielte; oder Versuche, die Relation zwischen Dynamischem und Statischem aufzulösen, wofür Adorno exemplarisch Stockhausens *Zeitmaße* (1955/56) zitiert (238). Insofern sich solche Relationen überhaupt nicht auflösen lassen, enthüllt die Behauptung ihrer gelungenen Suspension, dass ein Werk gemäß einem falschen Schema produziert wurde. Es scheint, als überlebten solche Werke (sofern sie überhaupt noch Kunstwerke sind), der an sie herangetragenen Theorie und Interpretation oder sogar eigenen Intention und Erscheinung zum Trotz, indem sie ein Dasein im Schatten ihrer selbst führen – ohne einem autoritären Diktat des Geistes zu gehorchen, der über sie von Oben zu bestimmen sucht.

10.6

Obwohl Adorno Werke der Tradition als *Klassiker* der herrschenden Ideologie erliegen sieht, sucht er sie als *Besondere* vor einem Nominalismus zu retten, der sie zu bloßen Beispielen einer Methode reduziert (239; *siehe* Gordon). In Weberns *Liedern* oder auch in Schuberts *Winterreise* spüren wir die Zerbrechlichkeit und Fehlbarkeit der Komposition. Bei Picasso (237), im frühen Roman (ebd.), bei Bach oder Schönberg entdecken wir Verfahrensweisen, die nicht an *Werken* arbeiten, sondern „an deren Stelle" an „Paradigmata einer möglichen Musik" (AGS 10.1, 179; vgl. Goehr 2021). Adornos auf Schönberg gemünzte Behauptung findet sich in seinem Gedenkaufsatz – *Arnold Schönberg. 1874–1951* (AGS 10.1, 152–180). Er folgt in den *Prismen* auf den einzigen Essay, den Adorno Bach gewidmet hat (ebd., 138–151) – voller Bewunderung und als Kritik jener allgemeinen Bewunderung, die dazu führte, dass Bachs Kompositionen unter den Bedingungen eines verhärteten Werkbegriffs falsch verstanden wurden. In seiner *Philosophie der neuen Musik* fächert Adorno diesen Problemkomplex prismatisch auf: „Die einzigen Werke heute, die zählen, sind die, welche keine Werke mehr sind." (AGS 12, 37) Indem sie den Werkcharakter verweigern, zeigen die „avancierten Produkte" (503), was alte und neue Werke sein könnten, wenn sich die gesellschaftliche Situation radikal verändern würde. Indem Kritik die Emanzipation der Kunst durch ihre Rettung anstrebt, fordert sie eine Korrektur der Produktions- und Rezeptionsbedingungen der gesamten Tradition. Das ist das Ziel von Adornos *Ästhetischer Theorie*, die als unentbehrliche Begleiterin seiner *Negativen Dialektik* zu lesen ist.

Der Abschnitt zu *Stimmigkeit und Sinn* schließt mit Überlegungen, die dem Begriff des Klassischen in seiner Komplexität gerecht zu werden suchen (240–244). Im Klassischen findet Adorno einen Prototyp, der auf Mosaiken und Skulpturen der Antike zurückreicht, die großen Renaissancegemälde, aber auch die klassischen Dramen Goethes und Schillers umfasst. Das Zeitalter der Romantik – die Epoche der Revolution – positionierte sich gegen das Klassische als überkommenes Stilideal. Schließlich wurde es zu einem Gewand, in das die Moderne rückblickend das Zeitalter vor Beethoven kleidete.

Adornos kritische Modellierung der klassischen Tradition folgt der Dialektik der Aufklärung mit ihren Momenten von Barbarei und Rohheit (Schiller); ihren Tabus (Freud); ihrem ökonomischen Entwicklungsdrang, der zu Kapitalismus, Kommerzialisierung und Massenproduktion führen sollte (Marx und Baudelaire); und ihrem theologischen Streben nach reiner Innerlichkeit (Hegel und Kierkegaard). Adorno scheidet die *klassischen Werke* von wohlfeilen Gipsimitationen. Auf Rettung drängt das Zerbrechlichste in solchen Kunstwerken: die zwanglose und frei komponierte Bewegung, durch die sich das *Eine* und das *Mannigfaltige* ihrer Versöhnung annähern (242). Sobald Kritik vergisst, dass kein Begriff und kein Gegensatz einen historisch festen Ort hat, schlägt Rettung fehl. Heute, nicht weniger als zu Adornos Zeiten, fordert die Bewegung der Begriffe ein Mehr an Denken – und dann ein Noch-Mehr.

Übersetzt aus dem Englischen von Antonia Hofstätter

Literatur

Adorno, Theodor W. 2013: Aesthetic Theory, übers. v. Robert Hullot-Kentor, London/New York
Goehr, Lydia 1992: The Imaginary Museum of Musical Works. An Essay in the Philosophy of Music, Oxford
Goehr, Lydia 2008: Elective Affinities. Musical Essays on the History of Aesthetic Theory, New York
Goehr, Lydia 2018: What Anyway is a „Music Discomposed"? Reading Cavell through the Dark Glasses of Adorno, in: Paulo de Assis (Hrsg.), Virtual Works – Actual Things. Essays in Music Ontology, Leuven, 135–152
Goehr, Lydia 2021: Did Bach Compose Musical Works? Thinking with Adorno through Paradigms of Possibility, in: New German Critique 142, 1–39
Hanslick, Eduard 1858: Vom Musikalisch Schönen. Ein Beitrag zur Revision der Ästhetik in der Tonkunst, Leipzig
Marx, Karl/Engels, Friedrich 1977: Manifest der Kommunistischen Partei (1848), in: Marx/Engels Werke, Band 4, Berlin/Ost, 459–493
Schönberg, Arnold 1966: Harmonielehre, Wien
Schönberg, Arnold 1989: Stil und Gedanke, Leipzig

Gertrud Koch
11 Subjekt–Objekt

Die zahlreichen Gegner des Adorno'schen Denkens hielten fälschlicherweise die Aporien, die er dachte, für die seines eigenen Denkens und nicht für solche, die in/mit den Gegenständen seines Denkens gegeben sind, und insofern Gegenstand seines Denkens. Etwas als aporetisch zu denken, heißt ja nicht, selbst in Aporien zu versinken, auch wenn deren Reflexion ihre Form annehmen kann. Diese mimetischen Momente, in der Sache und Begriff sich treffen, sind weniger die Schwäche als die Stärke in Adornos Philosophie. Gleichwohl bilden sie vielleicht die Grundlage für diese systematische Verschränkung von Subjekt und Objekt des Denkens. Die Konstitution einer „Sache", die sowohl einen Sachverhalt wie auch dessen Fassung in einem Begriff umfasst, bildet ein zentrales Problem in der ästhetischen Theorie, insofern die „Sache", um die es ihr geht, die Kunst, ein Kunstwerk ist, das in der ästhetischen Theorie seine begriffliche Existenz und Extension zur Sprache bringt. Kunst/werk selbst wird als Gegenstand der ästhetischen Theorie zum Gegenstand der Philosophie, das heißt begrifflich gedacht, aber nicht gänzlich abgetrennt von seinen materiellen Konditionen.

Der Abschnitt zu *Subjekt–Objekt* beginnt mit der Konstruktion einer Aporie als Ausgangspunkt ihrer dialektischen Aufhebung: Weder der vermeintliche Subjektivismus Kants noch der Objektivismus Hegels können ohne Vermittlung bestehen (*siehe* Berger). Wenn das Subjekt nicht auf eine psychologische Größe reduziert wird, ist es durchsetzt mit Objektivem. „Die Termini sind dabei äquivok." (244) „Kant stand eine subjektiv vermittelte, doch objektive Ästhetik vor Augen." (245) Aus der Diskussion Kants heraus folgt die dialektische Begründung: „Subjektive und objektive Ästhetik, als Gegenpole, stehen einer dialektischen gleichermaßen zur Kritik: jene, weil sie entweder abstrakt-transzendental oder kontingent je nach dem einzelmenschlichen Geschmack ist – diese, weil sie die objektive Vermitteltheit der Kunst durchs Subjekt verkennt. Im Gebilde ist Subjekt weder der Betrachter noch der Schöpfer noch absoluter Geist, vielmehr der an die Sache gebundene, von ihr präformiert, seinerseits durchs Objekt vermittelt." (248)

Adornos Möglichkeit einer dialektischen Lösung der Aporie einer Subjekt und Objekt jeweils einseitig betonenden Ästhetik liegt in einem dritten Begriff, der „Sache" (246). Diese ist nicht einfach gleichzusetzen mit dem „Gebilde" (248) oder dem Kunstwerk, sondern umfasst das, worum es in ihm geht, das, worauf sich das „ästhetische Gefühl" bezieht, das scharf von anderen Gefühlen, etwa bloßer Erregung, abgegrenzt wird. Die Aporie von Subjekt und Objekt – als sich ausschließender Entitäten – wird in der „Sache" der Kunst unterspült. Subjekt/Objekt-Relationen erweisen sich in allen Dimensionen als „äquivok": das

Künstler-Subjekt objektiviert sich im Objekt, das Objekt subjektiviert sich im Betrachter, der Betrachter entsubjektiviert sich im Aufgehen im Objekt ebenso wie im ästhetischen Urteil, das immer auch verallgemeinerungsfähig sein will. In zahllosen Quergängen weist Adorno darauf hin, dass Subjekt und Objekt aneinander gebunden sind, sich wechselseitig überhaupt erst konstituieren. Die reziproke Verschlungenheit von Subjekt und Objekt führt zu den unterschiedlichsten Konstellationen: „Was, analog zu der Konstruktion eines Gegebenen in der Erkenntnistheorie, so objektiv undurchdringlich den Künstlern entgegentritt wie vielfach ihr Material, ist zugleich sedimentiertes Subjekt" (248). Der Rekurs auf das Material, das, was als Äußeres im Objekt bearbeitet und reflektiert wird, öffnet eine der vielen osmotischen Röhren, in denen Subjekt und Objekt, materiales und soziales Außen sich prozesshaft durchdringen.

Am Deutlichsten formuliert findet sich das Verhältnis von Subjekt und Objekt in der Triangulierung durch das Kunstwerk nicht etwa am Ende des Abschnitts, sondern als re-iterativer Neubeginn im Absatz des nächsten Abschnitts (*siehe Eusterschulte*), wo es gerade um die Konstitution des Kunstwerks geht. Der Abschnitt zu Subjekt und Objekt schließt mit dem Satz: „Das vollends objektivierte Kunstwerk fröre ein zum bloßen Ding, das seiner Objektivation sich entziehende regredierte auf die ohnmächtige subjektive Regung und versänke in der empirischen Welt." (262) Die ersten Sätze des folgenden Abschnitts schließen hier an: „Daß die Erfahrung von Kunstwerken adäquat nur als lebendige sei, sagt mehr als etwas über die Beziehung von Betrachtendem und Betrachtetem, über psychologische Kathexis als Bedingung ästhetischer Wahrnehmung. Lebendig ist ästhetische Erfahrung vom Objekt her, in dem Augenblick, in dem die Kunstwerke unter ihrem Blick selbst lebendig werden." (262) Von hier aus wiederholt Adorno noch einmal ein sprachphilosophisches Argument, das seiner ästhetischen Theorie zugrunde liegt: das Kunstwerk spricht, und „[i]ndem es spricht, wird es zu einem in sich Bewegten." (262) Die Sprache als Medium der Vermittlung von Subjekt und Objekt wird in diesem Abschnitt expliziert und dann vorausgesetzt.

Es sind mehrere externe mediale Ebenen, in denen diese Vermittlungsprozesse stattfinden:
- Sprache
- Material
- Arbeit

Durch diese Ebenen hindurch bildet sich jene Sache, die in der Kunst sichtbare, hörbare Gestalt annimmt. In ihnen wird auch die Frage der Freiheit und Autonomie virulent, die in der idealistischen Ästhetik des *Ältesten Systemprogramms* (Jamme/Schneider 1984) ihren Entwurf vorgelegt hat.

11.1 Sprache

„Der Sprachcharakter der Kunst führt auf die Reflexion, was aus der Kunst rede; das eigentlich, der Hervorbringende nicht und nicht der Empfangende, ist ihr Subjekt." (249) Wenn das Subjekt der Kunst das ist, was „aus ihr redet", dann ist ihre Subjekthaftigkeit nicht durch die Fähigkeit zu assertorischen Äußerungen bezeichnet, sondern durch eine Sprachlichkeit, die nicht identitär signifiziert durch Bedeutung und Benennung, sondern auf das Ausdruckspotential, das somatischer Artikulation, die sowohl im Klang wie in der linguistischen Sprache eingeschlossen ist und zumindest in den romantischen Sprachtheorien der grammatischen Sprache vorausgeht. Adorno sucht aber nicht zu einem vermeintlich besseren Urzustand zurückzufinden, sondern sieht in der Kunst gerade die Möglichkeit, etwas zur Sprache zu bringen, was in der Bezeichnung nicht aufgeht (*siehe* Bertram, Tränkle, Eusterschulte, Gordon). Insofern ist das Sprechen oder besser die Rede der Kunst negativ auf die Praxis des Sprechens – als eines Ausschließens – bezogen. Indem sie keine Bedeutung präferiert, bringt sie zur Sprache, was sich als nicht Identisches der Sprache entzieht. Eine solche Negation führt in eine Reflexion auf das im Sprechen Anklingende, was nicht ausgesagt werden kann. Diese Stellung der Kunst in und zur Sprache gilt auch in der Musik und der Malerei – das Subjekt der Kunst ist dezentriert. Die Ich-Position, die in Kunstwerken bezogen wird, täuscht darüber hinweg, dass Subjektivität im Kunstwerk zu einem Objektiven wird und nicht rückführbar ist auf einen vermeintlichen Sprecher. Das „Ich" der Lyrik ist eine Funktion des Gebildes, in das es als grammatische Position eingeschrieben ist, ohne je mit dem Ganzen zusammenzufallen. Diesen Sachverhalt markiert Adorno durch die Unterscheidung des grammatischen „Ich" im „Gebilde" vom „latenten" Ich des Werks, das Subjekt der ästhetischen Rede (249). Adorno wirft an dieser Stelle die Frage auf, ob sich dieses „latente Ich" in allen Gattungen der Kunst gleichermaßen ausprägt und bejaht dies indirekt durch seine weitere Argumentation. Denn insofern das „latente Ich" selbst nicht sprachlich-grammatisch determiniert ist, sondern ein noch freizusetzendes, ist es auch nicht in Subjekt-Objekt-Relationen logischer Art eingebunden. Das „latente Ich" entwischt dem Künstler-Subjekt, der „Privatperson", und gibt einem „Wir" Platz: „Dem ist gemäß der zentrale Sachverhalt, daß aus den Kunstwerken, auch den sogenannten individuellen, ein Wir spricht und kein Ich, und zwar umso reiner, je weniger es äußerlich einem Wir und dessen Idiom sich adaptiert." (250) Die literarische Sprache, die ein grammatisches Wir kennt, steht vor dem Problem, dass sie ihr eigenes Material zerlegen muss, um der Falle des designierenden Sprechens zu entgehen – und zwar nicht durch die Ausbildung einer Art Privatsprache reiner Subjektivierung, sondern gerade in der allgemeinen Negation der identifizierenden Rede. Die Bildende Kunst sieht Adorno im Modus des Zeigens auf jenes Wir verweisen, das auf das Außen des Gebildes sich richtet. Die appellative Struktur spricht nicht von Einem, sondern adressiert ein allgemeines Gegenüber. Die Kunst spricht auch deswegen eine Sprache, die nicht dinghaft identifiziert, weil sie sich auf etwas richtet, was Schein ist, Fiktion bleibt; eine Sprache, die eine Welt des Scheins erzeugt, die zur empirischen, aus deren Material sie ist, ein aporetisches Verhältnis hat. Sie negiert sie und durchdringt sie zugleich sowohl materiell wie geistig. Die Aporie einer Sprache, die nicht bezeichnet und doch redet, konstituiert eine Möglichkeit der Freiheit als Lossagung vom bloß Empirischen. In den nachgelassenen Vorlesungen zur Ästhetik, die Adorno 1958/59 an der Frankfurter Universität gehalten hat, verweist er auf die „Freiheit zum Objekt" (ANS IV.3, 46). Darunter versteht er die Dezentrierung des Subjekts im Objekt, einen Zug der „Selbstvergessenheit", der Auflösung im Objekt, in dem es sich entäußert. Diese „Selbstvergessenheit" wird als Freiheitsgewinn betrachtet, der eben aus der „Freiheit zum Objekt" gewonnen wird. Es ist also ein Moment der Wahl darin enthalten, von einem Objekt besessen zu werden. Die Freiheit besteht gerade nicht in der beliebigen Identifikation mit Figuren oder lyrischen „Ichs", sondern in der Möglichkeit zur Preisgabe der Grenzen eigener Subjektivität. Indem man zum Objekt des Werks wird, dezentriert man seine eigene Subjektivität, um sie freilich genau darum zu erweitern. In der *Ästhetischen Theorie* nimmt Adorno Film als paradigmatisch für diese Bewegung: „Das Verhältnis zur Kunst war keines von Einverleibung, sondern umgekehrt verschwand der Betrachter in der Sache; erst recht ist das der Fall in modernen Gebilden, die auf jenen zufahren wie zuweilen Lokomotiven im Film." (17)

Kunst widerfährt, sie erzeugt Gefühle, die aber von den empirischen Gefühlen unterschieden sind, es sind „ästhetische Gefühle", die nicht in Begriffen der Individualpsychologie beschreibbar sind. Ästhetische Emotionen sind also eine eigene Art von Gefühlen und lassen sich nicht ausschließlich als Sonderfall von Emotionen zweiter Ordnung sehen („Genuss am Horror" etc.). Adorno stellt das ästhetische Gefühl frei.

Adornos ästhetische Subjektkonstitution greift auf ein Modell von Freiheit zu, dass die Unterscheidung von negativer und positiver Freiheit zu unterlaufen scheint: Denn die Freiheit besteht auch darin, sich in einem Objekt wiederzufinden und nicht darin, dieses in Besitz zu nehmen durch Identifikation. Stattdessen wird hier ein Moment von Freiheit realisiert, in dem sowohl Subjekt wie Objekt Autonomie erfahren. Adornos Konstruktion ästhetischer Freiheit und Autonomie ist also nicht die Behauptung einer sozialen Unabhängigkeit, sondern liegt in der Freiheit zur Reflexion auf die soziale Abhängigkeit. In diesen gedanklichen Vollzügen wird das Subjekt überhaupt erst seiner eigenen Gemachtheit gewahr und erst in diesem sich vollziehenden Gedanken kann es sich selbst denken. Das Subjekt ist ein Modus des Denkens und nicht das Ergebnis einer inneren, psychologischen Bildung. Damit weist Adorno die Subjekt/Objekt-Differenz in einen Prozess der Verzeitlichung: Das Subjekt ist nicht das Ergebnis, sondern Teil eines Denkprozesses, an dem das Objekt gleichermaßen teilhat. Das Objekt denkt das Subjekt jenseits des „Ichs". Man kann von hier aus die Frage nach der Aktualität der Adorno'schen Ästhetik stellen, die vor der Kulisse der Subjektkritik der letzten Dezennien zu formulieren ist. Weder reduziert Adorno das Subjekt auf das *subiectum*, das der grammatischen Sprache und anderen Mächten Unterworfene, noch hält er trotzig am idealistischen Autonomiemodell fest. Eine visuelle Form hat diese dezentrierende Beziehung zwischen Subjekt und Objekt in einer Einstellung in Ingmar Bergmans Film *Sommaren med Monika (Sommer mit Monika)* (1953) gefunden. Die missglückende Liebesgeschichte zwischen zwei proletarischen Jugendlichen endet mit der Trennung durch die Untreue der Frau. Wir sehen sie mit ihrem Liebhaber in einem Lokal im Profil, bevor sie ihren Kopf der Kamera zuwendet und aus dem Halbprofil heraus direkt in die Kamera blickt. Ein Blick, der ca. 18 Sekunden anhält und den Zuschauer jäh konfrontiert mit den Grenzen von Fiktion und Betrachtung, der Subjektwerdung eines Objekts und der Objektwerdung eines Subjekts. Der Blick des Betrachters subjektiviert und objektiviert sich im Objekt seines Blicks gleichzeitig. Indem er sein eigenes Ich aufgehen lässt in der Fiktion, objektiviert er sich und indem er sich die Fiktion zu eigen macht, subjektiviert er sich. Dieses ständige Spiel zwischen Projektion und Introjektion, eines ständigen Wechsels vom Objekt zum Subjekt, wird in der Großaufnahme der in die Kamera blickenden Schauspielerin Harriet Andersson selbst zum Objekt. Die chaotische, sexuelle Lebendigkeit der Figur, die sich im Moment der Untreue selbst treu bleibt, sprengt die mimetische Repräsentation des Mediums. Im beharrlichen Blick in die Kamera manifestiert sich nicht die psychologische Kondition einer noch sehr jungen Frau, sondern das Autonomiemoment der Kunst selbst, Leben zu entwerfen, dass sich nicht anhand von Regeln und Normen vorherbestimmen lässt. Indem diese Einstellung den Blick in die Kamera von der narrativen Einbettung der Figur ablöst, wird er aber auch abstrakt. In dieser Einstellung wird nicht etwa bloß die Institution der Ehe hinterfragt, oder die Enge proletarischer Lebensformen. In der Loslösung wird der Blick frei: Jemand schaut uns an, taxiert uns. Die rebellische Subjektivität, die sich hier dem Betrachter entgegenstellt, sucht nicht Verständnis noch Einverständnis, sondern fordert diese heraus.

Das Rätsel, das die Kunst stellt, ist diese Undurchdringlichkeit. Die Kunst spricht zu uns, aber in Rätseln (*siehe* Hofstätter). Manifest ist der Blick durch die Kamera, der den Zuschauer frontal trifft, sowohl eine Durchbrechung der Externalisierung der Zuschauerposition wie auch eine werkimmanente Aufkündigung des Versprechens, die Figuren verstehen zu können. Das Kunstwerk, in dieser Einstellung ohne jede sprachliche Vermittlung, konstituiert ein „Wir", in dem

Werk und Betrachter sich fremd gegenüberstehen: Das Kunstwerk löst nicht das Rätsel, das wir sind, sondern stellt es. Und in dem Moment, in dem Kunst das tut, fordert sie ihre eigene Theorie heraus. Das Rätsel, das die Kunst stellt, ihr ständiges Schwanken zwischen Sinnvermittlung und Sinnentzug, wird Gegenstand der Ästhetik.

Adorno löst die Aporie des Subjekts – als entweder völlig determiniert oder als völlig autonom – auf in die verzeitlichte Positionierung und Hervorbringung des Subjekts selbst im Denken. Ästhetisches Denken ist für Adorno nicht das Andere der Kunst, sondern entfaltet sich *in* der Kunst. Ästhetisches Denken ist ebenso das Denken *im* Ästhetischen wie das Denken *des* Ästhetischen. Ästhetische Theorie wäre demnach die Vermittlung dieser Ebenen, weder ist sie ganz frei vom Objekt ihres Denkens, noch kann sie ihren Gegenstand ganz im Begriff aufheben, wie Hegel sich das vorstellte. In den Vorlesungen zur *Ästhetik* erläutert Adorno das dubiose Verhältnis von Kunst und theoretischer Ästhetik sehr plastisch, wenn er „ganz schlicht" sagt: „Jene Objektivität des Ästhetischen, von der ich annehmen möchte, daß sie uns hier beschäftigen soll, die kann sich ergeben nur als eine Objektivität aus der Analyse von Sachverhalten, Problemen, Strukturen der ästhetischen Gegenstände, nämlich der Kunstwerke. Es gibt keinen anderen Weg zu dieser Objektivität, als in die Kunstwerke selber sich zu versenken [...]. Und je reiner wir uns der Sache, der Bewegung des Begriffs dabei überlassen, umso nachdrücklicher, so möchte ich annehmen, wird dabei auch unser eigenes subjektives Bedürfnis zu Ehren kommen." (ANS IV.3, 14)

An einer späteren Stelle der Vorlesung allerdings springt Adorno der theoretischen Ästhetik vehement zur Seite, denn nun sieht er die Gründe für eine solche nicht mehr in der Vermittlung, die aus der Kunst heraus kommt, sondern in einem „Riß" (ANS IV.3, 34), der als ein Moment der Entfremdung sich zwischen Kunst und Denken stellt. Ein Riss, der aus der Unvermittelbarkeit der Kunst selbst stammt, aus dem, was für Adorno ihren Rätselcharakter ausmacht. Das jähe Heraustreten aus dem Kunstwerk, mit dem die Frage sich aufdrängt: „Ja, was soll das Ganze eigentlich, was ist das eigentlich?" (ebd., 33) und das Kunstwerk sich als Rätsel vor einem verschließt, erfordert das Eintreten der theoretischen Reflexion, die aus dieser Entfremdung heraus diesen Riss selbst zu begreifen sucht. Auch hier wird aus den Sachen der Kunst die Sache der Kunst.

11.2 Material

Kunst ist wie die Subjekt/Objekt-Relation aporetisch gedacht: Sie ist gleichzeitig ein materiales Objekt, ein Werk, das weder dem Künstler noch dem Rezipienten zuzuschlagen wäre, und zugleich ein lebendiger, verzeitlichter Prozess, der sich nicht als materiale Extension verstehen lässt. In der Literatur wird die Sprache zum Material (*siehe* Hogh), sie wird zu etwas Stofflichem, das sich im symbolischen, grammatischen oder pragmatischen Gebrauch nicht auflöst, sondern sich ihm im Wortsinne widersetzt, Objekt vis-à-vis des Subjekts – aber im Kunstwerk wiederum vermittelt durchs Subjekt der Herstellung wie der Wahrnehmung. Das „Material" enthält also ebenfalls Subjekt und Objekt in einer dialektischen Verbindung: „Fürs Kunstwerk, und darum für die Theorie, sind Subjekt und Objekt dessen eigene Momente, dialektisch darin, daß woraus auch immer es sich zusammensetzt: Material, Ausdruck, Form, je gedoppelt beides sind." (248) Man könnte auch sagen, diese Dialektik manifestiert sich durch die materiale Konstruktion der Form. Zu unterscheiden sind Material und Materialien. Material ist die Gesellschaft als Ganzes, Materialien sind die Werkstoffe – auch diese sind bereits historischer, sozialer Natur und nicht etwa Natur per se (*siehe* Goehr). Der Stein, der Skulptur wird, ist nicht einfach Rohstoff, sondern bereits konstruiert durch die Auswahl (Marmor vs. Sandstein), die vorangegangenen Schritte der Bearbeitung (z. B. Abbau, Schnitt, Schliff etc.) und symbolische Designationen taktiler (z. B. glatt, kalt, rau, zerklüftet) oder historischer Eigenschaften (z. B. Herkunft, Wert, Tradition) – all dies verleiht dem Material selbst bereits eine Dimension der Potentialität dessen, was aus ihm werden kann oder aus ihm entbunden werden kann. In der künstlerischen Produktion wird diese Potentialität vom Künstler ausgelöst: „Im Produktionsprozeß sieht er einer Aufgabe sich gegenüber, von der es schwer fällt zu sagen, ob er auch nur diese sich stellte; der Marmorblock, in dem eine Skulptur, die Klaviertasten, in denen eine Komposition darauf warten, entbunden zu werden, sind für jene Aufgabe wahrscheinlich mehr als Metaphern." (249) Die „Aufgabe" besteht also darin, aus der Potentialität der Formen im Material diese zu einer Aktualität zu „entbinden". Um in der nahegelegten Metapher zu bleiben, geht es also um die Ablösung der Form aus dem Material, darum, dieser zu Leben zu verhelfen, in der Aktualität einer eigenen Präsenz. Die sokratische Metapher von der „Entbindung" der Gedanken aus der selbstgestellten Frage im Dialog wird als die der Form aus dem Material insoweit ernst genommen, als diese eben nicht als Naturmetapher, auf das Kreatürliche zielend gedacht ist, sondern als auch kognitiver, mentaler Prozess, denn „die Aufgaben tragen ihre objektive Lösung in sich, wenigstens innerhalb einiger Variationsbreite, obwohl sie nicht die Eindeutigkeit von Gleichungen besitzen" (249), die der Betrachter dann auszurechnen hätte. Die ästhetische Produktion als eine Art Maieutik, die durch Fragen an die Potentiale des Materials dieses in eine aktualisierte Form bringt, lässt sich hier umformulieren als eine Triangulierung der Dialogformen: Subjekt und Objekt, Künstler und Material bringen gegen- und miteinander eine neue Form hervor, die weder rein subjektiv noch rein objektiv zu verstehen ist, sondern in sich vermittelt ist auf verschiedenen Ebenen. Adorno wendet sich damit ausdrücklich von einer rein subjektiv gedachten Ausdrucksästhetik ab und denkt seine ästhetische Theorie im größeren Rahmen einer materialistischen Sozialphilosophie. Der Begriff des Materials ist doppelt konnotiert. Er umfasst die physische Natur wie die soziale, und zwar als ineinander verschränkte: Marmor (Naturstoff) als Block (bearbeitet und vorgeformt) wird zu immer neuen Skulpturen (Form, Kunst). Die aus dem Naturstoff herausgearbeiteten Maserungen lassen diese als Form erscheinen, als Bild, das im Material potentiell enthalten ist, aber erst durch seine Formung zum Bild aktuell und damit neu wird. Die Linien der Maserung sind „objektiv" im Sinne einer vorfindlichen Gegebenheit, aber erst im Akt einer künstlerischen Hervorbringung werden sie als ästhetische Formen aus Linien und damit als eigenständige Artefakte sichtbar. Das Material verbindet die Objektivität der Physis und der Gesellschaft und bindet sich auch in seiner neuen Formung an die Gesellschaft zurück.

In anderen Abschnitten verwendet Adorno den Begriff der Monade, um diese innere Verbundenheit zu bezeichnen (*siehe* Mettin/Zwarg). Wie für die Leibniz'sche Monade, die keine Fenster hat, aber dennoch mit den anderen Monaden gemeinsam ausgerichtet ist, weil sie alle im Inneren denselben Bauplan haben, gilt: „Kunstwerke sind gegeneinander verschlossen, blind, und stellen doch in ihrer Verschlossenheit vor, was Draußen ist." (268) Das Material, aus dem das Kunstwerk ist, ist objektives Außen und wird dennoch „einverleibt" (248). Wie an der Einstellung aus Bergmans *Monika* dargestellt, wird das Außen, auf das sich der Blick in die Kamera richtet, zum inneren Brennpunkt des Films, der die Wechselwirkung von Subjekt und Objekt als Rätsel der Kunst hervorbringt: Mehr als ein Dispositiv, das lediglich an der Wahrnehmung schraubt, wird das Kunstwerk auch selbst materiales Objekt, ebenso stofflich-materiell (*diese* Einstellungen, *jenes* Licht etc.) wie als mentales Artefakt, ein nur gedanklich und in seiner konkreten Erfahrung als Konstruktion und Gestalt aktualisierter Prozess. Auch das autonom gedachte Kunstwerk ist immer mehr als bloße subjektive Selbstbezüglichkeit, es ist ein einzelnes Allgemeines, wie Jean-Paul Sartre diese monadischen Verdichtungen in seiner Studie zum Werk von Gustave Flaubert bezeichnet hat (Sartre 1977).

11.3 Arbeit und Genie

Die materialästhetische Dimension verweist auf die gesellschaftliche Vermittlung von Subjekt und Objekt und auf die Vermittlung der Stofflichkeit des Werks mit seiner Form. Diese Vermittlung geschieht im Handeln des Künstlers. In der romantischen Genie-Ästhetik des 18. und 19. Jahrhunderts wird dieser mit der Fähigkeit ausgestattet, aus dem Nichts heraus ein originales Werk zu schaffen, das nicht mehr durch Arbeit vermittelt ist. In der Auseinandersetzung mit der Genie-Ästhetik schärft Adorno noch einmal den Subjekt-Begriff bzw. dessen Interdependenz mit der Objektivation im Werk und seinen sozio-historischen Situierungen und Bedingungen. In der Genie-Ästhetik wird das Subjekt aus der dialektischen Verschlingung mit der Gesellschaft herausgelöst und als Individuum freigestellt von allen Hintergründen, der Künstler wird zum Schöpfer-Helden, der in völliger Einsamkeit und Freiheit aus dem Nichts die Werke schöpft. Für die ästhetische Kritik und Theorie zieht das die bekannten ideologischen Muster nach sich, nach denen sich im Werk die dahinterliegende Schöpferpersönlichkeit zum Ausdruck bringt, wodurch das Werk selbst bloß funktionales Anhängsel an den Künstler wird und keine eigene Sache vertritt. Dennoch bleiben auch nach der Kritik an der Genie-Ästhetik Momente davon bestehen: „Trotz allen Mißbrauchs aber erinnert der Geniebegriff daran, daß das Subjekt im Kunstwerk nicht durchaus auf die Objektivation zu reduzieren ist." (255) In der Diskussion des Genie-Begriffs wird noch einmal entfaltet, wie Subjektivität gerade da „genial" wird, wo sie auf ein Äußeres zielt, auf eine Sache: „Was am Genie zu retten ist, das ist instrumentell zur Sache." (256) Genie ist also kein psychologisches Vermögen eines Individuums, sondern ein Moment des Werks, der nicht von ihm abzulösen ist. Gegen die Genie-Ästhetik setzt Adorno implizit auch in dieser Auseinandersetzung die Werkästhetik vorrangig, denn im Werk vermitteln sich Subjekt und Objekt in etwas Neues hinein. „Genial heißt soviel wie eine Konstellation treffen, subjektiv ein Objektives, der Augenblick, da die Methexis des Kunstwerks an der Sprache die Konvention als zufällig unter sich läßt." (256) „Genial" wäre also genau der Moment der ästhetischen Transformation, in dem in Abstoßung von Konventionen etwas Neues erscheint (*siehe* Hogh, Goehr, García Düttmann), das aber als sachlich Gegebenes auftritt. Das Neue manifestiert sich über den „Genieblitz" hinaus als eine materiale Konstellation. Das ist das objektive Moment des Werks, wo es „sachlich" wird und eben nicht rein subjektiv. Das Unvermittelte des subjektivistisch verstandenen Genies wird geerdet in der Arbeit, in der Produktion und Herstellung des Werks, das in der Konstellation zwischen Einfall, Material und Durcharbeitung prozesshaft entsteht.

Die Arbeit des Künstlers bringt ein Werk hervor, aber dieses Werk löst sich nicht auf in seinen Arbeitsschritten. Es lässt sich nicht wie eine Maschine in seine funktionalen Einzelteile zerlegen. „Arbeit" umfasst im ästhetischen Produktionsprozess sowohl Phantasie, den Einfall, die Idee, wie auch die hartnäckige Durcharbeitung von widerständigem Material, das sich dieser entgegenstellt. Phantasie und Arbeit sind nicht voneinander getrennt, auch sie bilden eine dialektische Verklammerung: „Der Phantasie mag primär im Kunstwerk ein Konkretes aufblitzen, zumal bei den Künstlern, deren Produktionsprozeß von unten nach oben führt. Ebenso jedoch wirkt Phantasie in einer Dimension, die dem

Vorurteil für abstrakt gilt, im quasi leeren Umriß, der dann durch die ‚Arbeit', jenem Vorurteil zufolge der Phantasie konträr, gefüllt und eingelöst wird." (259)

„Arbeit" bildet hier einen Scharnierbegriff: Arbeit vermittelt zwischen dem Einfall und der Widerständigkeit und Eigenheit des Materials. Arbeit ist Praxis, eine Praxis, die nicht ohne theoretische Vorannahmen, Wissen, Verstandestätigkeit und Technik ist. Stil, Form, Kanon bilden den Horizont, der überschritten werden muss, aber in dieser Praxis nimmt auch das „Genie" daran teil. „Methexis" greift als Teilnahme und Teilhabe in beide Richtungen aus, in Produktion und Rezeption. Der erst platonisch, dann aristotelisch verwandte Begriff der „Methexis" meint die Teilhabe am Ganzen, bei Platon die der Dinge an der Idee; bei Aristoteles taucht die Frage wieder auf als die des Verhältnisses von Substanz und Form. Wie schon im Begriff der Monade, den Adorno einsetzt, wird auch die Methexis zum Schlüsselbegriff der Frage, wie Allgemeines und Besonderes zusammenhängen und damit auch der Frage, wie Subjekt und Objekt zusammenhängen: Wie kann Kunst Autonomie beanspruchen, wenn sie teilnimmt an der materiellen, sozialen und natürlichen Welt, aus der sie kommt und auf die sie auch referiert? In mehreren Passagen der *Ästhetischen Theorie* operiert Adorno mit der Methexis in je verschiedenen Kontexten. In der ersten Passage geht es um den Übertritt mythischer Bilder in ästhetische: „Von den mythischen Bildern aber emanzipieren die ästhetischen sich dadurch, daß sie ihrer eigenen Unwirklichkeit sich unterordnen; nichts anderes heißt Formgesetz. Das ist ihre Methexis an der Aufklärung." (134) Erweitert geht es dann aber schon nicht mehr nur um die Teilnahme an der Aufklärung, aus der die Kunst ihre Freiheit bekommt, sondern um die „Methexis an der Wahrheit." (166) Die Wahrheit der Kunst ist an ihren Scheincharakter gebunden (*siehe* Tränkle), Kunst ist wesenhaft Schein und bezeugt damit gerade ihre Wahrheit: „Die Rebellion gegen den Schein, das Ungenügen der Kunst an sich selbst, ist als Moment ihres Anspruchs auf Wahrheit [...] in ihr enthalten" (168). Die Kunst hat ebenso Teil an „Versöhnung" (180) wie am „Finsteren" (204; *siehe* Hogh). Die Teilhabe der Kunst ist Arbeit als gesellschaftliche Praxis.

Diese Konkretisierung der Methexis der Kunst an gesellschaftlichen und materialen Prozessen hat auch eine sprachliche Dimension, jenes „Wir", das in der Kunst angesprochen ist und in ihr verkapselt ist (*siehe* Eusterschulte). Das „lyrische Ich" und das „ästhetische Wir" formieren sich auf dem Horizont eines geteilten „gesellschaftlichen Verhältnisses" (250): „Das ästhetische Wir ist gesamtgesellschaftlich im Horizont einiger Unbestimmtheit, freilich auch so bestimmt wie die herrschenden Produktivkräfte und Produktionsverhältnisse einer Epoche." (251) In diesem Kontext wird der Arbeitsbegriff ganz marxistisch mit der Verdinglichung zusammengedacht. „Der Scheincharakter der Kunstwerke, die Illusion ihres Ansichseins weist darauf zurück, daß sie in der Totalität ihres subjektiven Vermitteltseins an dem universalen Verblendungszusammenhang von Verdinglichung teilhaben; daß sie, marxisch gesprochen, ein Verhältnis lebendiger Arbeit notwendig so zurückspiegeln, als wäre es gegenständlich." (252) „Arbeit" umfasst begrifflich also nicht nur die künstlerische Praxis, sondern die gesamtgesellschaftlichen Produktionsverhältnisse, die auf der Verdinglichung von Arbeit zur Ware basieren. Dagegen hält die Kunst die Illusion einer Form der Arbeit, in der Subjekt und Objekt in ein freieres Verhältnis eintreten. Allerdings in Form einer Negation. Die strukturelle Verweisung auf Produktionsverhältnisse und verdinglichende Arbeitsprozesse hat Adorno in einer anderen Schrift auf den Punkt gebracht. Walter Benjamin zitiert im *Passsagen-Werk* aus dem Manuskript Adornos zu Wagner eine Stelle, die weder in den *Fragmenten über Wagner* (Adorno 1939/40) noch im *Versuch über Wagner* (AGS 13, 7–148) erhalten geblieben ist: „Wagners Orchesterkunst ... hat den Anteil der unmittelbaren Produktion des Tons aus der [...] aesthetischen Gestalt vertrieben ... Wer ganz verstünde, warum Haydn im Piano die Geigen durch eine Flöte verdoppelt, der könnte vielleicht ein Schema gewinnen für die Einsicht, warum die Menschheit vor Jahrtausenden aufgab, rohes Getreide zu essen und Brot buk, oder warum sie ihre Geräte glättete und polierte. Im Konsumgegenstand soll die Spur von dessen Produktion vergessen gemacht werden. Er soll aussehen, als ob er überhaupt nicht mehr gemacht wäre, um nicht zu verraten, dass der Tauschende eben ihn nicht machte, sondern die in ihm enthaltene Arbeit sich aneignete. Die Autonomie der Kunst hat zum Ursprung die Verdeckung der Arbeit." (Zit. n. BGS V.2, 823.) Auch der Arbeitsbegriff hat zwei Bedeutungen, die aufeinander verweisen: die ästhetische und die entfremdete. Die Spannung in der Kunst entspringt dieser Doppeltheit von Arbeit am Schein und Vorschein der Arbeit: „Die Verdeckung der Produktion durch die Erscheinung" (AGS 13, 82).

Subjekt und Objekt sind vermittelt in Bezug auf die soziohistorische Konstellation, in der sie jeweils ihre Versachlichung erfahren, also sowohl als „Sache" wie als „Ding". Die Sache der ästhetischen Theorie ist, die Entstehung einer „Sache", eines Werks, aus dem gesellschaftlichen Material zu analysieren und dabei den unvermeidbaren Anteil der Verdinglichung am Produktionsprozess nicht aus den Augen zu verlieren, auf den sich die Kunst negativ bezieht. In diesem Punkt ist auch die ästhetische Theorie historisch und sozialtheoretisch zu verstehen. Die Methexis der Kunst ist die an der Gesellschaft sowohl in ihren konstruktiv-ideellen wie materiellen Rahmungen.

11.4 Stellung zur und in der Geschichte – politische Ästhetik

Wie aber, wenn das Subjekt „abdankt"? In der sprachlichen, materiellen und praktisch-tätigen Verschränkung im Ästhetischen werden Subjekt und Objekt wechselseitig konstituiert und treten in einen unabschließbaren Prozess der Vermittlung ein. Die in diesem Prozess verhandelte Sache wird zu einem aus dem ästhetischen Schein heraus sich bildenden Gedanken, der wiederum aus der Kunst herausführt, in die Theorie der Kunst und/oder in die soziale Praxis, die in ihr zur Sprache kommt. Die Autonomiebedingung der Kunst ist die Möglichkeit der „Freiheit zum Objekt". Adorno setzt durchaus auch praktische Bezüge: „Involviert ein jegliches Kunstwerk einen – wahrscheinlich aporetischen – Problemzusammenhang, so entflösse daraus nicht die schlechteste Definition von Phantasie. Als Vermögen, im Kunstwerk Ansätze und Lösungen zu erfinden, darf sie das Differential von Freiheit inmitten der Determination heißen." (260) Man kann dieses Freiheitspotential für eine *quantité négligeable* halten, weil es selbst im Scheincharakter der Kunst verbleibt, eben „nur" eine Phantasie oder ein Gedanke ist. Aber für Adorno gilt der skeptische Einwand des „nur" nicht, denn die Aporie, dass Kunst da, wo sie reales Ding wird, dies nur in der Erzeugung von Schein ist, unterbietet die Realität von Begriff und Denken. Theorie und Praxis sind nicht weniger vermittelt als Subjekt und Objekt.

Das ästhetische Objekt kann weder durch privaten Besitz erlangt werden, das wäre Verdinglichung statt Objektivierung; noch durch psychologische Identifikation mit seinen Teilen, das wäre sachfremde Projektion, Kolonisierung eines Anderen. Die prozessuale Vermittlung von Subjekt und Objekt, die in der Kunst den Prozessen der Verdinglichung entzogen werden, macht diesen Prozess denkbar und vollzieht sich in diesem Denkprozess. Wo immer es um Freiheit geht, kann diese nicht determiniert sein, denn dann verlöre sie das, was man ihr begrifflich zuschreibt, das Ungezwungene. Greift man auf dieses Freiheitsmoment in der Subjekt/Objekt-Vermittlung zurück, dann wird klarer, warum es hier nicht um etwas selbstverständlich Gesetztes gehen kann. Kunst ist unter Prämissen der Ästhetik keine funktionale Institution, die kompensatorische Ausdrucksmedien organisiert, sondern ein prekärer Erfahrungsmodus mit offenem Ausgang. Das scheint mir wichtig zu betonen gegenüber der Kritik, die Adornos Ästhetik entweder als zu stark sozial determiniert oder zu stark im bürgerlichen Subjekt verhaftet versteht (Wesche 2018, 150–204).

Am Ende des Abschnitts schwenkt Adorno auf die historische und soziale Positionierung des Subjekts ein, auf seine Abdankung von oben: „Die Aporie der Kunst heute ist nicht durch willentliche Bindung an Autorität zu kurieren. Wie im Stande des ungemilderten Nominalismus ohne Gewalt zu etwas wie der Objektivität von Form zu gelangen sei, ist offen; von veranstalteter Geschlossenheit wird sie verhindert. Die Tendenz war synchron mit dem politischen Faschismus, dessen Ideologie ebenfalls fingierte, ein der Not und Unsicherheit der Subjekte unterm Spätliberalismus enthobener Zustand wäre zu hoffen von der Abdankung des Subjekts. Tatsächlich geschah sie im Auftrag mächtigerer Subjekte." (261) Hier überkreuzen sich die machttheoretische und die ästhetische Subjektdimension: das Subjekt, das Herrschaft ausübt bzw. dasjenige, das sie erleidet; und das im Objekt aufgehobene der Ästhetik. Im Formprozess des ästhetischen Objekts können beide involviert sein. Gegen die „Abdankung" des Subjekts nimmt Adorno Partei für das Subjekt: „nicht einmal das betrachtende Subjekt, in seiner Fehlbarkeit und Schwäche, hat dem Objektivitätsanspruch einfach zu weichen." (261) Begründet wird dieses Festhalten am schwachen Subjekt durch seinen Status als historisches Subjekt, das in der formalistischen Vollendung des Werks aus der Zeit ausgeschieden wird, um im Ewigkeitsanspruch der Werke als empirischer Rest nicht zu stören. „Jeder Schritt zur Vollkommenheit der Kunstwerke ist einer zu ihrer Selbstentfremdung […]. Die Antinomie ästhetischer Verdinglichung ist auch eine zwischen dem wie immer gebrochenen metaphysischen Anspruch der Werke, der Zeit enthoben zu sein, und der Vergänglichkeit alles dessen, was in der Zeit als Bleibendes sich setzt." (261 f.) Das historische Subjekt mahnt diesen falschen Zungenschlag an, es revoltiert gegen seinen doppelten Ausschluss aus der Zeit, aus der Ewigkeit wie aus der gnadenlos ablaufenden Zeit der empirischen Welt. Diese zeitphilosophische Dimension der Subjekt-Objekt Vermittlung lässt sich in zwei Hinsichten reformulieren: zum einen als Begründung einer ästhetischen Zeit (Theunissen 1991, 285–298), analog zum ästhetischen Gefühl; zum anderen als eine der Geschichtlichkeit.

In den späten vierziger Jahren hat Adorno die Entleerung des Subjekts, das gänzlich in die Funktionale institutionalisierter Kultur gerutscht ist, an der Kulturindustrie plausibel gemacht, zugleich aber auch in den Faschismusanalysen die gesellschaftspolitischen Konsequenzen gezogen (AGS 8, 408–433; vgl. Gordon 2018). Obwohl die *Studien zum autoritären Charakter* (AGS 9, 143–509) psychologisch angelegt waren, interessierte Adorno am einzelnen Individuum seine soziale Konstruktion. Das Subjekt, so könnte man seine sozialwissenschaftliche These sozialphilosophisch rückübersetzen, ist immer auch eine Objektivation gesellschaftlicher Verhältnisse. Die Grenzen des Subjekts liegen nicht in diesem selbst, sondern sind die Bahnen, die die Gesellschaft in ihm gezogen hat. Nicht das schwache, konditionierte Subjekt ist das Problem, sondern seine völlige Eliminierung durch die Formen, die totalitäre Herrschaft und ökonomische Verdinglichung verbinden. In der *Ästhetischen Theorie* wird diese Subsumtion des Subjekts unter die Funktionale des Gesamtzusammenhangs nicht kompensiert, sondern artikuliert. In einer Sprache, die selbst nicht mehr funktional beschränkt ist.

Literatur

Adorno, Theodor W. 1939/1940: Fragmente über Wagner, in: Zeitschrift für Sozialforschung 8, 1–48

Gordon, Peter E. 2018: The Authoritarian Personality Revisited. Reading Adorno in the Age of Trump, in: ders./Wendy Brown/Max Pensky (Hrsg.), Authoritarianism. Three Inquiries in Critical Theory, Chicago, 45–84

Jamme, Christoph/Schneider, Helmut (Hrsg.) 1984: Das „älteste Systemprogramm des deutschen Idealismus" (Verf. ungeklärt), in: Mythologie der Vernunft. Hegels ältestes Systemprogramm des deutschen Idealismus, Frankfurt a. M.

Sartre, Jean-Paul 1977: Der Idiot der Familie, Reinbek

Theunissen, Michael 1991: Freiheit von der Zeit. Ästhetisches Anschauen als Verweilen, in: ders., Negative Theologie der Zeit, Frankfurt a. M., 285–298

Wesche, Tilo 2018: Adorno. Eine Einführung, Ditzingen

Anne Eusterschulte
12 Zur Theorie des Kunstwerks

Ist jedes Kunstwerk ein geschichtsgeladener „Problemzusammenhang" (532), so hat Philosophie die Aufgabe, sich der „mikrologischen Figuren bis in ihr Innerstes" (531) zu versichern. Adorno setzt bei der ästhetischen Erfahrung an. Seine dialektische Ästhetik sucht den allgemeinen Anspruch des Kunstwerks „vom Objekt her" zu bestimmen, dessen materialgebundene Dynamik erst einen geistigen Vollzug ermöglicht. Denn „[e]in Kunstwerk schlägt dann dem Betrachter die Augen auf, wenn es emphatisch ein Objektives sagt" (409). Als prozessuale Bewegung „motiviert" es die subjektive Möglichkeit, „der Sache nachzuhören, mit den Augen der Sache zu sehen." (398) Die Haltung des Kunstbetrachtenden wie die Rolle des künstlerisch hervorbringenden Subjektes sind dialektisch vermittelte Faktoren, doch gilt: „Ästhetische Erfahrung kristallisiert sich im besonderen Werk." (400) Sofern Adorno das Kunstwerk als in sich umschlossene, sich gegen die empirische Welt verschließende, aber gleichwohl über sich hinausdrängende Komplexion ästhetischer Wahrheit denkt, provoziert er in selbstkritischer Reflexion eine ständige Destruktion begrifflicher Verfestigungstendenzen: dialektische Paradoxien.

Die Unbegrifflichkeit des Kunstwerks wird über Variationen und Versetzungen von Begrifflichkeiten konturiert, die er aus ihren traditionalen Verwendungszusammenhängen löst, konstellativ re-figuriert und so semantisch transponiert. Bestimmungen wie Prozessualität, zweckfreie Praxis und Lebendigkeit; die Spannung zwischen Wahrheitsgehalt und kollektiven Antagonismen; Formprinzipien wie Synthesis, Artikulation und Sprachcharakter; Erfahrungen von Intensität, Stimmigkeit, Tiefe, Spontaneität und schließlich das Erhabene sind radikal geschichtlich zu denken. Adornos Re-Konzeptualisierung dieser Kategorien führt auf *Paradoxien*, die ein jedes Kunstwerk in sich austrägt. Problematisch wird auch das Verhältnis von Kunstwerk und Kunst als Gattungsbegriff: Eingedenk der europäischen wie weltgeschichtlichen Katastrophen sind invariante Genres vollends obsolet. Kunst muss sich der Dialektik von Entkunstung und Verfransung stellen (271; vgl. AGS 10.1, 432–453).

Wenn ein Kunstwerk prozessuale Einheit in der Form ist, dann ist eine ästhetische Begriffsbildung gefordert, die dessen bewusstlose Beweglichkeit in sich aufnimmt und philosophisch zum Bewusstsein bringt (270). Auch gilt es, dem „lebendig Autarkische[n]" (268) als Potential, sich in der Zeit je neu zu artikulieren, gerecht zu werden. Trotz der permanenten Absorption der Kunst im kapitalistischen Vereinnahmungsgeschehen ist es eine der Paradoxien des Kunstwerks, dass es Daseiendes ist, „das seinem Sinn nach Werden ist" (274) und „kein

Festes, Endgültiges, sondern ein Bewegtes" (266). Es verläuft sich weder ins Unbestimmte noch verschlingt es sich mit der empirischen Welt, sondern positioniert sich zu dieser dialektisch als Mimesis und Konstruktion (*siehe* Früchtl). Kraft der eingelagerten Spannungs- und Sprengpotentiale, die das konkrete sinnliche Werk in sich bindet, drängt ein geistiges Potential zur Entladung. Versuchen wir dieser Bewegung in einer Lesart zu folgen, die diese *paradoxale ästhetische Lebendigkeit* herausstellt.

12.1 Dialektische Blickverschränkungen

Der Vorrang des Objekts suspendiert weder künstlerische Praxis noch subjektive ästhetische Erfahrung. Lebendig wird letztere allerdings erst in „betrachtende[r] Versenkung" in das Kunstwerk: „vom Objekt her, in dem Augenblick, in dem die Kunstwerke unter ihrem Blick selbst lebendig werden" (262, vgl. 185, 520), entbirgt sich die eingesenkte Dynamik von Kräften. Sie aktualisiert sich im Vollzug (Endres et al. 2013, 196–198; Eusterschulte 2016). Koextensiv „wird der immanente Prozeßcharakter des Gebildes entbunden. Indem es spricht, wird es zu einem in sich Bewegten" (262) und entäußert sich in einer sprachförmigen Artikulation fernab jedes Aussagecharakters.

Weder wissenschaftliche Objektanalysen aus positivistischer Distanzperspektive noch kulturelle Praktiken musealisierender Besichtigung oder ein kulinarischer Konsum gesellschaftlich sanktionierter Erlebnisformate machen ein Artefakt als „Kunstwerk" erfahrbar. Erst durch Versenkung in die Eigenlogik des Kunstwerks (*siehe* Bertram) entlädt sich die im Innern aufgestaute Spannung. Indem „ästhetische Objektivität" (ANS IV.3, 13) in ihre Untiefen hineinzieht, entfesseln sich inhärente Kraftwirkungen aus ihrer stummen materialgebundenen Immanenz. Kunstwerke werden, so Adorno in Rekurs auf Walter Benjamin (BGS I.2, 646 f.) und Karl Kraus, in einer änigmatischen Geste der Anrede beredt, die eine Erkenntnisbewegung in begrifflicher Versprachlichung einfordert.

12.2 Subjektgebundene Objektivität

Wenn für Adorno gilt, dass Kunstwerke „Bilder", d. h. ästhetisch konstituierte Eigenwirklichkeiten jenseits von Repräsentation oder Abbildlichkeit, erst dadurch werden, „daß die in ihnen zur Objektivität geronnenen Prozesse selber reden" (132 f.), verweigert er sich produktions- wie rezeptionsästhetischen Konzepten. Es ist eine durch individuelle Erfahrungssubjekte hindurchgehende „latente Kollektivität" (133), die sich im Kunstwerk in seiner Besonderheit als eigengesetzliche

Objektivität zur Sprache bringt (274). Vermittelt ist sie mit den Hervorbringungstechniken des künstlerischen Subjekts, dessen Wahrnehmungsweisen in das Werk eingehen, doch „gerade sie sind kollektiven Wesens; so und nicht anders wird Kunst zur Erfahrung vermittelt." (133) Der in das Werk eingesenkte Erfahrungsgehalt setzt kollektiv Unbewusstes in subjektiven Brechungen ins Bild. „Gesellschaft, die Determinante der Erfahrung, konstituiert die Werke als deren wahres Subjekt; das ist dem rechts und links kurrenten Vorwurf des Subjektivismus entgegenzuhalten." (133) Der Wahrheitsgehalt eines Kunstwerks ist ein in der Form auskristalisiertes Echo eines „kollektiven Unterstrom[s]" (133), eine ästhetisch konzentrierte Reflexion des Stands der Produktivkräfte und Produktionsverhältnisse, ohne dass das rezipierende oder produzierende Subjekt sich dessen bewusst sein müsste (250). Jedes Kunstwerk stellt seine Dinghaftigkeit der verdinglichten Welt und deren Kollektivnormen entgegen, formiert sich als „Antithesis des dinghaften Unwesens." (250) So individuell es sich geben mag, spricht aus ihm ein „Wir" und zwar um so mehr, je weniger es dem auswendigen kollektiven Gebaren etwas ablauscht, sondern vielmehr die latenten Antagonismen des Bestehenden strukturell in sich problematisiert. Künstler wie Valéry oder Schönberg operieren nicht als genialische Einzelne. Sie suspendieren, so Adorno, die Künstlerideologien tradierter Geniemetaphysik (siehe Koch), fordern eine Unterwerfung unter die Notwendigkeit der Sache. Wahrheit resultiert aus der Strenge der Selbstverpflichtung im Verhältnis zum Stand gesellschaftlicher Unwahrheit. In negativer Kritik des determinierenden Systemcharakters agiert der Artist als „Statthalter des gesellschaftlichen Gesamtsubjekts." (AGS 11, 126)

Die „spezifisch künstlerische Leistung" besteht in einer Bildsprache, deren Erfahrungsgehalt kollektive Bilder mikrodynamisch konzentriert, um „monadologisch, vorzustellen, was jenseits der Monade ist." (133) In dieser Komplexität und Pointierung zeigt das Kunstwerk eine Haltung zur Welt, perspektiviert Normen des Gesellschaftlich-Empirischen und transzendiert sie. Die Tätigkeit des künstlerischen Subjekts verbürgt ein irreduzibles Moment „ästhetische[r] Spontaneität" (287), sie überschreitet die scheinbar determinierenden Verhältnisse. Spontaneität meint hier nicht schöpferische, zeitenthobene Individualität. Die Initiativen des spontanen Subjekts, seine besondere Erfahrungsfähigkeit, Ideen wie künstlerische Verfahren sind gesättigt vom gesellschaftlichen Zeitgeschehen. Mit der künstlerischen Arbeit tritt es in zeitlicher Individuierung hervor. Das Unverwechselbare spontaner Produktivität kommt nicht aus dem Nichts, sondern ist in Bezug zum außerästhetisch Realen „bestimmter Widerstand dagegen" (287). In Rekurs auf Marx ist künstlerisches Tun für Adorno stets Erscheinungsmedium einer allgemeinen Entwicklung: „Entfaltung der Produktivkräfte, welche die Kunst im Innersten mit der Gesellschaft gemein hat, der sie zugleich durch ihre eigene Entfaltung opponiert." (287) Kunstwerke bzw. ihr Wahrheitsgehalt sind zeitlich und verändern sich in der Zeit.

Verpflichtet auf den Wahrheitsgehalt gehen Künstler bzw. Künstlerin im besten Sinne im Kunstwerk auf. Die chinesische Legende eines Malers, der nach vielen, vom kaiserlichen Auftraggeber gewünschten Überarbeitungsschritten einer Gartenansicht schließlich durch das gemalte Gartentor in seiner Leinwand verschwindet (Greiner 1999), wird zum Gleichnis eines künstlerischen Subjekts, das der Selbstherrlichkeit subjektiver Vernunftautonomie entsagt und damit auch einer Zurichtung der Dinge im Zeichen instrumenteller Vernunft. „Kunstwerke sind dann wirklich so etwas wie eine Sühneleistung der Autonomie." (Adorno 1961/62, 6538; vgl. 430) Sie erstatten der Sache ihr Eigenleben zurück, üben Rationalitätskritik und entfalten die Potentiale einer phänomengebundenen ästhetischen Vernunft, die dem Geistigen ihre Stimme leiht, um damit das Nichtidentische, Natur, die der Geist auswendig unterworfen und zerstört hat, in der Besonderung des Werkes zur Sprache kommen zu lassen.

12.3 Schrift- und Sprachförmigkeit

Gleich einer verrätselten Schrift (*siehe* Hofstätter) zeugen Kunstwerke von einer subkutanen Sprachlichkeit. „Schrift nicht zuletzt deswegen, weil, wie in den Zeichen der Sprache, ihr Prozessuales in ihrer Objektivation sich verschlüsselt." (264) In der Besonderheit des konkreten Werkes drängt etwas Allgemeines zur Artikulation. Sprach- und Schriftförmigkeit sind von Adorno immer wieder aufgerufene Charakterisierungen des Kunstwerkes (*siehe* Bertram, Tränkle, Koch, Gordon), die auf eine intentionslose Syntax der Werke weisen, die sich chiffrenhaft, in einer Anmutung von Lesbarkeit sinnlich ausformuliert. Der „sprachlose[r] Ausdruck" wird erst „Sprache [...] durch [...] Objektivation als Kunst" (274); er bedarf der Interpretation (auch im Sinne von Spiel- und Aufführungspraxis) bzw. einer philosophischen Einlassung (Kommentar, Kritik) in dieses „Sagende" (275), damit es als geistige Bewegung sprechend wird. Das meint keine monodirektionale Entfaltung eines je schon insinuierten Gehalts. Adorno, vielfach in einem subtilen Dialog mit Benjamin, rekurriert auf dessen Bestimmung des dialektischen Bildes in der Sprache. Ästhetische Erfahrung ist „Dialektik im Stillstand" (131; BGS V.1, 577). Gibt sich im Aufscheinen eine Sinnfülle in plötzlicher Prägnanz zu erkennen, so gerinnt sie zu einem ästhetischen Bild, gleich einem rätselhaften Schriftbild, dessen Sinngeste sich diskursiver Handhabung entzieht, Routinen begrifflichen Erfassens jäh unterbricht. Das Werden des Kunstwerks ist je sich herstellende Ausdruckskraft, etwa im Akt des Mitvollziehens einer Symphonie, der Versenkung in ein Gemälde oder Vertiefung in ein literarisches Werk: Somatisch gebunden an die sinnliche Kraft des Kunstwerks ist es ein geistiger Erkenntnisprozess, der sich vom Objekt her im Subjekt vollzieht.

Weder ist die subjektive Betrachtung eines Kunstwerks passiv, so als würde jemand ein Kunstwerk bloß auf sich wirken lassen, noch darf sie ihrem Gegenstand subjektive Erkenntnismodi oder eigenpsychische Projektionen auferlegen. Je energischer sie sich, wie Adorno wiederholt betont, wegwirft an das Objekt, d. h. den Bewegungsmodi des Kunstwerks in ihrer Entäußerungsweise folgt, desto intensiver wird sie des Prozesses der Entbindung von Kräften inne. Kunstbetrachtung ist eine dialektische Erkenntnis-Praxis (261), denn „je größer die Anstrengung, das Werk und seine strukturelle Dynamik mitzuvollziehen [...], desto glücklicher wird das Subjekt selbstvergessen der Objektivität inne" (396).

Doch im selben Zuge, in dem das Kunstwerk seine Objektivation als „Kunst" fordert und damit beansprucht, mehr zu sein als ein beliebiges sinnfälliges Ding, sperrt es sich gegen eine klassifizierende Verdinglichung. Und so behauptet das Werk seinen Dingcharakter, verweigert sich der paralysierenden Begreifbarkeit und drängt doch auf eine Erkenntnis. Diese „perennierende Revolte der Kunst gegen die Kunst" (262) ist eine Dimension der *antagonalen* Dynamik, die sich für Adorno im Kunstwerk austrägt.

Lebendigkeit und Prozessualität negieren eine „Analyse" im Sinne einer Zergliederung von Komponenten oder isolierbaren Eigenschaften. Das Kunstwerk ist kein totes Konglomerat. Doch lebendige Verflechtung bedeutet nicht offenes Gewebe. Durch seine Form gewinnt das bis zum Äußersten gespannte Gefüge Gestalt, bezieht Stellung gegen die entstellte Welt und birgt doch die Strukturprinzipien dessen, wogegen es sich stellt.

Synthesis heißt für Adorno, konfligierende Momente so in Bezug zu setzen, dass sich die Verwerfungen der bestehenden Welt in ihrer Gegenläufigkeit, ästhetisch vermittelt, im Kunstwerk zum Ausdruck bringen. Das hat nichts mit An- bzw. Einpassung des Besonderen zugunsten eines Gesamteindrucks gemein. „Was irgend am Kunstwerk Totalität heißen darf, ist nicht das all seine Teile integrierende Gefüge. Es bleibt auch in seiner Objektivation ein vermöge der in ihm wirksamen Tendenzen erst sich Herstellendes." (266) Entsprechend sind Durchbildung und Stimmigkeit keine Verfahren der Ein- oder Befriedung, sondern bringen durch Verfugung von Disparatem das Widerstreitende zur Bestimmtheit.

> Wahr ist Kunst, soweit das aus ihr Redende und sie selber zwiespältig, unversöhnt ist, aber diese Wahrheit wird ihr zuteil, wenn sie das Gespaltene synthetisiert und dadurch erst in seiner Unversöhnlichkeit bestimmt. (251)

Es ist eine der *Paradoxien des Kunstwerks*, dass es die Vielfalt der Kraftwirkungen so organisiert, dass sie sich in ihrer Unversöhnlichkeit in sprechender Form artikulieren. Ein Kunstwerk „verstehen" heißt dann – extrapolieren wir Adornos Beckett-Analyse – „seine Unverständlichkeit verstehen" (AGS 11, 283). Alludiert es in der Form an Erwartungen eines Sinnzusammenhangs, so setzt es diesen durch die immanente Widerstrebigkeit von Momenten zugleich außer Kraft. Die „aufklaffende Divergenz" zwischen prozedierenden Einzelmomenten und einer Anbildung an eine resultative Totalität „zerreißt [...] den Sinn." (266) Sinn wird zur Prozesskategorie.

Wenn bei Beckett diskursive Sprachformen in die Absurdität getrieben werden, artikuliert sich immanente Kritik kraft einer „Verwendung von Formen im Zeitalter ihrer Unmöglichkeit." (AGS 11, 302) Dialoge, die sich in staccatohafter Brüchigkeit verlautbaren, „[k]urzatmig bis zum Verstummen" (ebd., 304), annullieren eine Verständigung. Als letzte Zuckungen bewegen sie sich an der Grenze zum Schweigen (ebd.) bzw. in Dissonanzen einer sich negierenden Sprachlichkeit (ebd., 306; AGS 14, 39 f., 49 f.). Der *paradoxen, dialektischen* Vermittlung dieser sprachlosen Sprache innezuwerden ist der „Zweck des Kunstwerks", als einer „Bestimmtheit des Unbestimmten." (188)

Als „Verbindung des Unverbundenen" (284) ist Synthesis keine Harmonisierung oder gar Aufhebung von Spannungsmomenten, denn „[r]eal ungeschlichtete Antagonismen lassen sich auch imaginär nicht schlichten; sie wirken in die Imagination hinein, und reproduzieren sich in deren eigener Unstimmigkeit" (253). Ästhetische Bilder schärfen das Bewusstsein für unauflösliche Antagonismen. Dies ist eine Dimension von „Tiefe", die Adorno ebenso wenig wie Spontaneität dem Subjekt beilegt, sondern über dieses vermittelt den Kunstwerken. Tief sind diese, wenn sie Widersprüche „zur Erscheinung zwingen" (283), extrahiert aus dem real Ungeschlichteten, das sie ästhetisch, in gewaltloser Bindung, thematisieren. Verkörpern sie in ihrer Formgebung und Durchbildung eine „Möglichkeit von Schlichtung" (283), so zugleich das Wissen um die ungeschlichteten realen Konflikte. Dass Kunstwerke darüber nicht hinwegtäuschen, ist für Adorno ihr „bedrohlichste[r] und fruchtbarste[r]" innerster Widerspruch, sie sind konstitutiv unversöhnlich (283) und widerständig. „Paradox hat sie [die Kunst – AE] das Unversöhnte zu bezeugen und gleichwohl tendenziell zu versöhnen; möglich ist das nur ihrer nicht-diskursiven Sprache." (251)

Ist dem real Existierenden eine Bedürftigkeit nach einem Anderen eingeschrieben, die eine nur geringe Versetzung erforderte, um sich artikulieren zu können, so machen Kunstwerke der Realität diese „Versetzung" vor, sie zeugen durch ihr Dasein für die Möglichkeit dessen, „was nicht ist" (199 f.). Das Kunstwerk setzt in eine Nahbeziehung zu dem, was Adorno – Benjamins Bestimmung der Aura transponierend – mit Eichendorff „Schöne Fremde" nennt: „Der versöhnte Zustand annektierte nicht mit philosophischem Imperialismus das Fremde, sondern hätte sein Glück daran, daß es in der gewährten Nähe das Ferne und Verschiedene bleibt, jenseits des Heterogenen wie des Eigenen." (AGS 6, 192) Das Kunstwerk löst dies ein, wenn es den Dingen, die sich unter dem Joch einer auswendigen Gewaltgeschichte verhärtet haben, in der ästhetischen Form sinnlich-material ihr Sprechendes zurückerstattet.

12.4 Stimmige Unstimmigkeit

Als Kraftfeld ist das Kunstwerk Schauplatz von gesellschaftlichen Konflikten und Verwerfungen. Damit führt es je auch tradierte ästhetische Kategorien *ad absurdum*. In Adornos dialektischer Reflexion sind sie negativ präsent, werden jedoch in ihrer Hinfälligkeit geradezu vorgeführt, ausgelaugt, kritisch destruiert. Aber eben das ist stets auch eine Re-Formulierung. *Stimmigkeit* ist eine von Adorno im Verbund mit Durchbildung, Gelingen und Artikulation des Kunstwerkes emphatisch geforderte Distinktionskategorie authentischer Kunst. Aber Stimmigkeit macht nichts einstimmig oder in sich homogen. Sie „stimmt nicht" (281; vgl. 436), wenn sie Unversöhnliches akademischer Glättung unterzieht, statt ein Problem auszutragen. „Stimmigkeit [...] involviert auch ihr Unwahres; in ihren exponierten Manifestationen hat Kunst von je dagegen revoltiert, und die Revolte ist heute in ihr eigenes Bewegungsgesetz übergegangen." (252)

Die Form als „antagonistische und durchbrochene Stimmigkeit der Artefakte" (213) ermöglicht es den Kunstwerken, sich in sich selbst kritisch zu verhalten (216), sie wird zum Garanten „ästhetischer Wahrheit" (196) und einer „Moral der Kunstwerke" (281), wenn sie der Fülle widerstrebender Impulse Raum gewährt. Eine ausgleichende Nivellierung wäre geradezu ein Verrat, solange außerhalb der ästhetischen Sphäre nichts als Zerklüftung und zerstörerische Gewalt herrschen. Für Adorno definiert sich der Wahrheitsgehalt des Kunstwerks über seine Haltung zur gesellschaftshistorischen Situation, d.h. *dialektisch gefasst* als das jeweilige Verhältnis der spannungsgeladenen „Synthesis" des Kunstwerks zu seiner geschichtlichen „Realität", gegen die es sich positioniert und der es zugleich verhaftet ist (ANS IV.3, 330 f.; Sonderegger 2011, 420).

Prozessualität und *antagonale Spannung* zersetzen fortwährend jede fixierende Auffassungstendenz von Sinnganzheit und verwehren sich gegen Anmutungen von Finalisierung oder Geschlossenheit. „Kunst obersten Anspruchs drängt über Form als Totalität hinaus, ins Fragmentarische." (221) Das Operieren mit Montagetechniken (231, 233), Flecken (234), Versetzungen und Weisen des Zerschneidens, Zerstückelns, der Zerrüttung von Sinnversprechen weist auf diese Tendenz. Auch dies sind Formen der Synthesis, d.h. einer Demontage, Fragmentierung und Re-Figuration. Doch selbst wenn Kunst dezidiert mit Unstimmigkeit, Sprödigkeit und Dissonanz konfrontiert, verlangt dieses Gegeneinander von Momenten eine *façon*, damit sie als Dissonante in Erscheinung treten (AGS 12, 118–120), im je *werdenden* Werkcharakter.

Fragmentarisierung ist auf das Agieren der Einzelimpulse innerhalb einer Form angewiesen: „Noch die von harmonistisch-symmetrischen Vorstellungen befreiten Kunstwerke sind formal charakterisiert nach Ähnlichkeit und Kontrast, Statik und Dynamik, Setzung, Übergangsfeldern, Entwicklung, Identität und Rückkunft." (238)

Spannung, Übergängigkeit und Zeitlichkeit sind Kriterien der Form. Auf Benjamin rekurrierend sowie vermittelt auf frühromantische Konzepte verweist das Fragmentarische bei Adorno auf einen formalen Ausdruckscharakter des Kunstwerks, nicht nur, weil es als Versammlung von *disiecta membra* der Objektwelt aus einer *dialektischen Innenspannung* lebt und diese in der erscheinenden Form nach außen kehrt. Sondern auch sofern das Kunstwerk seinen eigenen Scheincharakter, die Anmutung von Überdauerndem, torpediert (*siehe* Tränkle). „Das Fragment ist Eingriff des Todes ins Werk. Indem er es zerstört, nimmt er den Makel des Scheins von ihm. Durchs Fragmentarische vollstreckt sich im Kunstwerk seine Wahrheit." (Adorno 1961–69, 20675) Das unterstreicht den antinomischen Charakter, den Adorno dem Kunstwerk (und seinem Begriff) beilegt, sowie die Opposition zu ideologischen, affirmativ aufgeladenen Auffassungen vom gelungenen Werk. Die „Wendung zum Brüchigen und Fragmentarischen ist in Wahrheit Versuch zur Rettung der Kunst durch Demontage des Anspruchs, sie [die Kunstwerke – AE] wären, was sie nicht sein können und was sie doch wollen müssen; beide Momente hat das Fragment." (283)

Was zählt, ist das *Wie* einer Malweise, die formale Brechung des schönen Scheins, so dass Bilder „vom Sturm all der Emotionen toben", d. h. vollgesogen sind von gesellschaftlichen Traumata und geschichtlichen Katastrophen, wie es sich in der provozierenden Malweise etwa eines Stuhls von Picasso für Adorno als Tiefe solcher Erfahrungshaltigkeit manifestiert (224).

Fortwährend stellt sich für Adorno die Frage, wie sich überhaupt konstitutive Kategorien des Kunstwerks gewinnen lassen, sofern begriffliche Logizität stets abschneidend, entzeitlichend und reduktionistisch wirksam wird. Wenn sie sich über die diffuse Irregularität von Einzelimpulsen hinwegsetzt, verstrickt sie sich in einen Schuldzusammenhang. Zugleich bliebe die Diversität flüchtiger Momente stumm, wenn sie nicht in der begrifflichen Objektivation des Kunstwerks als konstitutive Fülle gefasst würde. Die prozessual sich zeitigende Aufführung ästhetischer Wahrheit verklänge ungehört. So muss der Begriff des Kunstwerks selbst „die Unmöglichkeit der Identität des Einen und des Vielen als Moment ihrer Einheit" (278) in sich hineinnehmen. Die „ihrer selbst unbewußte Allegorie von Kunst" ist Adorno die listenreiche Webkunst der mythischen Penelope. Sofern sie

„nächtens auftrennt, was sie des Tages gewirkt hat" (278), zeigt sich hieran ein grundlegendes, wiederum *prozessual-temporalisiertes Paradox* des Kunstwerks: Während die Impulse sich im Werk verweben, um sich nicht ins Amorphe zu verflüchtigen, suchen sie es zugleich wieder aufzutrennen. Die Scheu vor resultativer Vereinheitlichung macht den Anspruch des Kunstwerks als Kraftfeld verstehbar, innerhalb dessen desintegrative Tendenzen nicht unter eine reglementierende Verfügungsgewalt gezwungen und so getilgt werden: die integrierende Form erst verleiht ihnen Leuchtkraft (Adorno 1961, 20513; 280). Als „gewaltlose Integration des Divergierenden jedoch transzendiert das Kunstwerk zugleich die Antagonismen des Daseins ohne den Trug, sie wären nicht mehr." (283)

Wenn Form dem einzelnen Moment Leuchtkraft verleiht, dann blitzt ästhetische Wahrheit auf. Wir müssen die gesamte Symphonie Beethovens hören, um durch eine Stelle in Erschütterung versetzt zu werden. Aus dem Zusammenhang isoliert wird sie nicht sprechend. Was im Kunstwerk augenblickshaft, als *kairós*, aufbricht, kann Erfahrungen von Schmerz, Erschütterung, tiefster Verstörung auslösen. Doch dieses Inkommensurable bedarf des Gefüges und der Entbergung im Ganzen des Verlaufs. *Intensität* bezeichnet diese Rückerstattung der Kraft an die Details (279 f.). Bedingung hierfür ist die *Artikulation* als Modus einer formgebenden ästhetischen Realisierung des in sich unterschiedenen Reichtums von Momenten. Wir mögen an eine artikulierte Tonalität (Musik), eine sich artikulierende Rede in Nuancierung, Pointierung oder Akzentuierung denken oder an eine malerische Artikulation. Stets geht es darum, Formideen in die Extreme zu treiben, jeder sinnlichen Faser des Gebildes konstitutive, vibrierende Energie zu verleihen. „Artikulation ist die Rettung des Vielen im Einen." (284) Das heißt nicht exaltierte Emphase oder Übertreibung. Auch im Nüchternen, Stillen oder Zurückgenommenen bedeutet Artikulation, dass kein einziges Element verzichtbar ist und stumm verbliebe. Aufführungspraxis mag dies stellvertretend verdeutlichen: „Ein Drama oder ein Musikstück richtig aufführen heißt, es richtig als Problem formulieren derart, daß die unvereinbaren Forderungen erkannt werden" (277).

12.5 Konstellierte Kraftfelder

Dem konstellativen Charakter von Kunstwerken entspricht die begriffliche Darstellung (AGS 6, 164–165). Adornos Kritik an restriktiven Begriffsapplikationen ruft Benjamins Konstellationsverfahren auf und exponiert es als Methode (AGS 5, 342), die dem Prozesscharakter der Kunstwerke korrespondiert. Begriffliche Bestimmungen werden in ein polyvalentes Beziehungsgefüge versetzt, um im Mit- und Gegeneinander von einem Geistigen zu zeugen, das sich in der erscheinenden

Form ausprägt. Das erfordert eine Beweglichkeit ästhetischer Erkenntnis des Gegenstandes bzw. „des Prozesses, den er in sich aufspeichert." (AGS 6, 166) Diese Tiefendimension virulenter Potentialität fasst Adorno als *Kraftfeld*.

> Prozeß ist das Kunstwerk wesentlich im Verhältnis von Ganzem und Teilen. Weder auf das eine noch auf das andere Moment abzuziehen, ist dies Verhältnis seinerseits ein Werden. [...] Umgekehrt sind die Teile nicht, als was sie durch Analyse fast unvermeidlich verkannt werden, Gegebenheiten: eher Kraftzentren, die zum Ganzen treiben, freilich, aus Not, von jenem auch präformiert sind. Der Strudel dieser Dialektik verschlingt schließlich den Begriff des Sinnes. (266)

Es sind nicht zuletzt Hegels Systemansatz einer dialektischen Entfaltung der Totalität des Nichts zum Sein im Werden (276; *siehe* Berger) sowie eine in der Geschichte der Kunsttheorie etablierte, immer wieder modifizierte Diktion des Schönen als „Einheit in der Mannigfaltigkeit" vor deren Hintergrund Adorno den Prozesscharakter des Kunstwerks als *Dialektik* von kontinuierlicher Dynamik und statischer Objektivation entfaltet.

12.6 Monadische Kommunikation des Unkommunizierbaren

Anknüpfend an Walter Benjamin sowie Mallarmé greift Adorno den Leibniz'schen Begriff der Monade auf, um dieser *paradoxen Einheit*, dem *dialektischen Strudel*, Kontur zu verleihen. Gleich einer Monade ist ihm das Kunstwerk Kraftzentrum und Ding in eins, in sich Bewegtes und fokussiert Gefasstes, geistige Selbstbewegung und *Antagonismus* geschichtlicher, den Momenten eingelagerter Tendenzen bzw. material stillgestellte ästhetische Objektivation. Leibniz' Begriff der Monade als Repräsentation der gesamten Welt aus einer perspektivischen Brechung und Selbstumschlossenheit in Verweigerung einer direkten Kommunikation mit dem Außen (Fensterlosigkeit) wird zum Signum der Kunstwerke (268).

Kunstwerke verschließen sich in- und gegeneinander, sind gleichsam blind, sofern sie nichts widerspiegeln, sondern mimetische Impulse reflexiv in sich darstellen und so strukturell auf ein Außen reagieren. Als in sich selbst ihren Zweck bildende sind sie insofern autonom, als sie ihrer eigenen Gesetzlichkeit folgen, die ihrerseits stets gesellschaftlich imprägniert ist. Gesellschaftlich sind autonome Kunstwerke für Adorno vor allem kraft ihrer Positionierung gegen bestehende Verhältnisse. Gegen diese opponierend, sind sie je selbst gesellschaftliche Faktoren (*siehe* Mettin/Zwarg). Zwar ist die „inwendige Gefügtheit" (268) der geistigen Herrschaft über die Außenwelt abgeborgt und hat einen Zug von geistiger Ermächtigung und (Material-)Beherrschung. Doch Adorno geht es um eine geistige Bewegung, die strukturkonstitutiv wirksam ist. „Jene Kategorien werden aber dabei so weitgehend modifiziert, daß nur der Schatten von Bündigkeit übrig ist." (268)

Einerseits ist das Kunstwerk Residuum einer naturhaften Zweckhaftigkeit, die der Natur im Zuge rationalisierender wie positivistisch vergegenständlichender Vereinnahmungen verloren gegangen ist. Es wahrt ein Ideal von Naturhaftigkeit (*siehe* Bernstein). Andererseits ist die monadische Autarkie nicht geschichtslos, sondern geradewegs Austragungsort geschichtlicher Tendenzen. Denn die Form ist für Adorno stets sedimentierter Inhalt, bis in alle Modi von Materialität (222) und Stofflichkeit hinein (*siehe* Hogh, Goehr, Koch). Problembewusstsein latenter Geschichtlichkeit manifestiert sich in der Wahl künstlerischer Medien, Techniken wie in der Formfindung. Als Kulminationsraum geschichtlicher Kräfte ist das Kunstwerk selbst ein geschichtliches Moment. Mit pointierender Tiefenschärfe aus der empirischen Verflüchtigung extrahiert und so ästhetisch konzentriert, entbirgt das Kunstwerk mikrologisch eine Kollisionsdynamik (132) und transzendiert Zwangsmechanismen und Gewalttätigkeit durch die Form. Diese *Dialektik* von Teil und Ganzem ästhetisch zu erfahren, ermöglicht erst eine kritische Erkenntnisbewegung und ein Begreifen ästhetischer Wahrheit (371).

12.7 Unmöglichkeit des Kunstwerks

Jedes Kunstwerk ist streng genommen selbst ein „Unmögliches", ein „tour de force", ein Gewaltakt, sofern es „versucht, einander widersprechende und unvereinbare Kräfte doch irgendwie zusammenzubringen"; und das bedeutet für die ästhetische Erkenntnis: „man fängst erst dann an, Kunstwerke wirklich zu verstehen, wenn man der Momente inne wird, durch die ein jedes Kunstwerk, das es wirklich ist, eben dadurch zugleich in sich selbst unmöglich wird." (ANS V.1, 306 f.; vgl. 162 f.; *siehe* Tränkle) Dieses „Bewußtsein der Unmöglichkeit eines jeden Werkes" (ANS V.1, 307), das Adorno „Von der Musik her" denkt (AGS 20.2, 527–29), radikalisiert die Unmöglichkeit einer subjektiven künstlerischen Autonomie in Rekurs auf Konzepte von Originalität (335) und weist Künstlermythen als ideologischen Trug aus. Es gibt keinen Standpunkt, auf den man sich aus dem Getriebe der Welt inklusive der massenkulturellen Vereinnahmungen der Künste zurückziehen könnte. Sind die zur Verfügung stehenden Formen und Materialien gesellschaftlich durchtränkt vom Stand der Produktionsverhältnisse, so erst recht die Produktivkraft des künstlerischen Subjektes. Diese soziale Durchdrungenheit, ideologische Kontaminierung und kulturindustrielle Zurichtung problematisiert ein Kunstwerk vermittelt durch die künstlerische Ausführung, rezeptive Vergegenwärtigung oder interpretatorische Aufführung (305 f.).

Kunst lebt von der „Einsicht in die innere Möglichkeit oder Unmöglichkeit von Formen" (ANS V.1, 317) und ist in Verschränkung sinnlicher, somatisch erfahrbarer Lebendigkeit und geistiger Erkenntnis selbst das „drastischste Argument gegen die erkenntnistheoretische Trennung von Sinnlichkeit und Verstand." (260) Für Adorno modifiziert sich die Wahrheit des Kunstwerkes innerhalb seines geschichtlichen Verhandlungsraumes angesichts der rezipierenden, interpretierenden, kritisch reflektierenden Einstellungen von geschichtlich situierten Subjekten wie eingedenk der in das Werk je eingelassenen, vermittelt ausgetragenen Spuren konfligierender Tendenzen.

„Kunstwerke synthesieren unvereinbare, unidentische, aneinander sich reibende Momente; sie wahrhaft suchen die Identität des Identischen und des Nichtidentischen prozessual, weil noch ihre Einheit Moment ist, und nicht die Zauberformel fürs Ganze." (263) Am Begriff des Moments erschließen sich miteinander verschränkte Zeitlichkeiten: Weist doch *momentum* gleichermaßen auf eine Augenblicklichkeit, einen Innehalt in der Zeit, wie auf einen Bewegungsimpuls, also eine punktual bewegungsauslösende Kraft.

Kunstwerke machen Tensionen erfahrbar, deren eminente Gegenstrebigkeit kein Auseinanderstreben ist, sondern auf *paradoxe Weise* zugleich ein Zustand der Geronnenheit: Kraftfeld. Gerade in der Stillstellung momentgebundener Tendenzen hält das Kunstwerk den Zeitstrom auf und gibt zu denken. „Überließe man das Diffuse der Kunstwerke, ihre Einzelimpulse ihrer Unmittelbarkeit, sich selbst, so würden sie spurlos verpuffen. In Kunstwerken drückt sich ab, was sich sonst verflüchtigt." (278)

12.8 Ästhetische Polemik

Als Enklaven einer „perennierenden Revolte" besitzen Kunstwerke für Adorno polemische Stoßkraft. Sie liegen entsprechend dem Auswendigen mit sich und so mit diesem im Streit, bieten keinen Ruhepol, sondern lassen das Unversöhnte in lebendigen Zuckungen wirksam werden. Als scharfgestellte Unruheherde fordern sie Einstand: Innehalt und Einstehen gegen das bloß Bestehende. Indem sie Reibung erzeugen und, wie Adorno es formuliert, geradezu knistern, als würden sie etwas zur Glut bringen, evozieren sie – im ästhetischen Erkenntnisvollzug – ein ständiges Störgeräusch, ein Knirschen, eine Aufstörung, die auf Adornos Umbesetzung der Erfahrung des Erhabenen führt.[1]

---

[1] Vgl. zum Knistern und Rauschen AGS 16, 635; Adorno 1961/62, 7068; sowie zur Erschütterung als Re-Konzeption des Erhabenen ANS IV.3, 53–54.

12.9 Zeitkern

„Der Prozeßcharakter der Kunstwerke ist nichts anderes als ihr Zeitkern." (264) Sie reiben sich auf, bis zum Verschwinden. Dauer, Ewigkeitsansprüche, eine Anwartschaft auf überzeitliche Bedeutsamkeit ist Werken fremd, die sich eher selbst preisgeben als sich dem Markt des Konsums, der Konventionen oder begrifflichen Stabilitäten anzudienen. Adornos Kunstwerkbegriff hat eine revoltierende Dimension. *Paradox* ist die Kunst gerade darin, dass sie als Ding dem Verdinglichungsapparat gegenarbeitet: „damit wendet sich die Kunst gegen die Kunst" (262), wehrt sich dagegen, als Objekt der Inbesitznahme in einer ökonomisch verwalteten Welt auf Dauer gestellt zu werden. Lebendige Kunstwerke treiben den geschichtlichen Prozess voran, treten hervor und können in diesem verfallen, der Geschichte erliegen und vergehen. Sie können ihre reflexive Kraft verlieren. Nicht etwa, weil das Kunstwerk als Ding, d. h. die bemalte Leinwand, eine Skulptur, eine Federzeichnung oder Partitur veraltete oder verblasste. Was verloren gehen kann ist der geistige Impetus als widerständige Verhaltensweise, die sich in der Form artikuliert. Das Kunstwerk ist ein je geschichtlich vermitteltes Bild der Wirklichkeit und als ästhetisches Bild zugleich unwirklich, Schein (*siehe* Tränkle). Eben darin, in der immanenten kritischen Reflexion auf die antithetische Spannung von Wirklichkeitsgehalt und Unwirklichkeitscharakter gewinnt es aber die nötige, kritische Distanz zu einer Realität bestehender Gewaltverhältnisse, denen weder mit didaktischen noch mit engagierten Ambitionen beizukommen ist. Die Antithese zur Realität ist zugleich das Störpotential innerhalb einer Realität, der es entgegentritt. „Fremdheit zur Welt ist ein Moment der Kunst" (274).

12.10 Besondertes Allgemeines

Kein Kunstwerk ist in seiner Besonderheit wirklichkeitsneutral oder aus dem Wirklichkeitsgeschehen isolierbar, sondern vermitteltes Allgemeines, dessen ästhetische Bestimmung „einzig durch sein monadologisches Verschlossensein hindurch" zu gewinnen ist (269). D. h. immanente Analyse führt auf allgemeine Bestimmungsgründe hin, die sich in der spezifischen Konstitution des Kunstwerkes in *bewusstloser Dialektik* austragen. Aufgabe einer „dialektischen Ansicht von der Kunst" ist es (270), diese Begriffsbewegung aus den Dingen zu entbergen.

Begriffliche Analyse ist ein konstitutives Moment ästhetischer Erfahrung und durch die inhärente Dynamik ihres Gegenstands bestimmt. Doch dieses Allgemeine ist kein zeitlos Abstraktes, es verändert sich, fordert so eine Verzeitlichung von Begriffsbildungen heraus und bricht als „[d]ie Dialektik des Allgemeinen und

Besonderen [...] die Invarianz der allgemeinen Kategorien." (270; *siehe* Gordon) Dies trifft den Begriff von Kunst selbst. Rigide weist Adorno Setzungen eines ontologischen Ursprungs oder Wesens der Kunst zurück, die den zeitlichen Index ihres Wahrheitsanspruchs zugunsten eines fundamentalen Seins kassieren.[2] Ebenso widerstreitet Adornos Kunstwerkbegriff konventionalen Hierarchisierungen von Gattungen, die sich an einem normativ-zeitlosen, vielfach emphatisch aufgeladenen Kunstbegriff messen, um Grade der Vergeistigung zum Maßstab einer Werteskala zu erheben, gar Kunstwerke einer Eignungsprüfung zu unterwerfen. Zwar entwirft Adorno über den Werkcharakter selbst einen strengen, normativen Kunstbegriff, doch reicht dieser in seiner *paradoxalen Bestimmung* „ins Offene, über den Status quo hinaus." (287) Zeitenthoben gesetzte Kategorien verkennen zukunftsgeladene Tendenzen der Kunstwerke, die in ihrem steten Werden eine „unbewußte Geschichtsschreibung" sind (272).

12.11 Geschichtlichkeit vs. Historisierung

Ist geschichtlicher Gehalt stofflich, strukturell wie formgesetzlich als prozedierendes Konfligieren in die Kunstwerke eingespeichert, so fordern sie eine kritische Reflexion ihrer eigenen Geschichtlichkeit heraus. Für Adorno lassen sie sich nicht als historische Zeugnisse in das Register einer Geschichtsschreibung einpassen, die einer kontinuierlichen Chronologie des Vergangenen folgt. Dem widerspricht schon allein, dass Kunstwerke niemals definitive Vergangenheitsgestalten sind. Ihr lebendiger Zeitkern kann je wieder zu einer explosiven Provokation werden. „Je intensiver man Bach begreifen will, desto rätselvoller blickt er mit all seiner Macht zurück." (273) Erfahrungsschichten zurückliegender Phänomene, Kunstwerke aus einer uns ferneren Zeit, entziehen sich einer Abfertigung durch ein vermeintliches Verstandenhaben. Sie können uns geradezu fremd entgegentreten. Und eben hierin liegt das potentielle Nachleben (Benjamin, Warburg) der Werke und ihres späten Aufbrechens (268).

Um den „Schein der Verständlichkeit" zurückzuweisen (273), fordert Adorno zum Widerstand gegen ein trügerisches Abgelegthaben auf, das den Werken ihren Lebensatem nimmt. Rationalisierende Archivierungsversuche nach akademischen Klassifikationsprinzipien oder konventionalen Normenbildungen restringieren kanonisierte Meisterstücke zur Verfügungsmasse kultureller Erbverwaltung. Die Eigengeschichtlichkeit der Kunstwerke perforiert

---

[2] Gegen „die Heideggerschule", die „mit schrecklicher Monotonie immer wieder versichert – Sein, Sein, Sein", setzt Adorno ein prozessuales Werden des Kunstwerkes. Adorno 1961/62, 6568.

jedes linearchronologische Geschichtsverständnis. Adorno stellt der Mumifizierung eine Fremdheit entgegen, die irritierend und intermittierend in die Zeit einbrechen kann. Im Blick auf einen musealisierenden Umgang mit dem Geschichtlichen attackiert er ideologische Strategien historischer Kunstkritik (AGS 10.1, 181–194). Exponenten der Nachkriegsära – prominent ist seine Auseinandersetzung mit Hans Sedlmayr – kritisiert er ob ihrer programmatischen Geschichtsverdrängung (Adorno 2003, 21 f.).

Temporalität offenbart sich darin, dass Kunstwerke eine „retrospektive Verwandlung" zulassen (275). Sie sind auf *paradoxe Weise* zeitlich. Musik macht dies exemplarisch nachvollziehbar, sofern eine Situation, sagen wir eine Klangsequenz, nachträglich, im Fortlauf der musikalischen Entwicklung gleichsam umgefärbt erfahrbar und zu einem „Ungeheuren" (275) werden kann (vgl. zu Beethoven 280).

12.12 Paradoxe Gegenwärtigkeit

Jedes Kunstwerk stellt vor „unvereinbare[n] Forderungen" (277), denen ästhetische Theorie begrifflich zu begegnen hat. Weil jedes Kunstwerk ein „System von Unvereinbarkeit" ist, entzieht es sich einer finalen Klassifikation, denn ästhetische Gebilde werden, „je insistenter man sie betrachtet, um so paradoxer" (274). Zwar vermag ihr „Werden selbst" ohne Fixierung sich nicht darzustellen (274), doch diese „Unversöhnlichkeit von Einheit und Besonderung" (276) in sich virulent werden zu lassen, ist die *paradoxe Anforderung* an die Form – und an die Theorie. Adorno betrachtet das Kunstwerk immer wieder im Wechsel von Perspektivierungen auf die je besonderen Elemente und die Totale. Befinden sich doch die Elemente „nicht in Juxtaposition, sondern reiben sich aneinander oder ziehen einander herbei, eines will das andere, oder eines stößt das andere ab. Das allein ist der Zusammenhang höher ambitionierter Gebilde." (275) Erst aufgrund dieser Dynamik gewinnen sie das Sagende.

An der von Adorno transponierten Kategorie des Erhabenen wird dies greifbarer (Welsch 1989). Hatte Kant das Erhabene als Spannungszustand angesichts überwältigender dynamischer Naturgewalten, die das Subjekt seiner Ohnmacht gegenüber der Natur (Unlust), im Gegenzug aber seiner eigenen intellektuellen Dignität gewahr werden lassen (Lust), als ästhetische Erfahrung gefasst, so transplantiert Adorno diese Spannung in das Kunstwerk (293): „Kunst, die in sich erzittert" (292). Indem ein Kunstwerk Nichtidentisches – Natur, das dem Geist unmittelbar Entgegengesetze – ästhetisch vermittelt in sich hineinnimmt, stellt sich latente Naturhaftigkeit im Kunstwerk geistig dar. Doch im Zeichen kulturindustrieller Zurichtungen und des Zivilisationsbruchs ist dies weder die gesellschaftlich akzeptierte, kulturell konfektionierte Natur, noch die überwältigende Größe von Naturgestalten, deren bewunderte Gewaltigkeit Adorno der Komplizenschaft mit Herrschaftsphantasien zeiht, und schon gar nicht eine affirmative Vorstellung von versöhnter Natur: Es ist das abstoßend Schäbige und Schmutzige, das Nichtige und Unscheinbare (AGS 6, 394), mithin die Hinfälligkeit des geschundenen Menschen. In der Kunst vergeistigt sich Intentionsloses, nicht kultiviertes Elementarisches (293). Und so kehrt in ästhetischer Vermittlung eine latente, nicht okkupierte Natur zurück, „Gegenbild bloßen Daseins" bzw. realen Schuldzusammenhangs (292). Das „Erbe des Erhabenen ist die ungemilderte Negativität, nackt und scheinlos" (296).

Damit aber diese latente Dimension eines naturhaft Nichtidentischen in Kunstwerken aufscheinen kann, sind sie genötigt, „Widersprüche nicht zu überspielen, sondern sie in sich auszukämpfen; Versöhnung ist ihnen nicht das Resultat des Konflikts, einzig noch, daß er Sprache findet." (294) Adornos Kunstwerkbegriff widerstreitet affirmativen Versprechen und ist allein als sich je negativ situierendes Verhalten Garant einer in die Kunst sich entbindenden ästhetischen Wahrheit.

Das zieht eine kritische Revision der ästhetischen Kategorie „Werk" nach sich. Die *paradoxale Dialektik* des Werkes steht quer zu Diskursen um „Gegenwartskunst" versus „Moderne",[3] für die ein traditionaler Werkbegriff den Abstoßungspunkt von der Moderne darstellt, und unterläuft eine historisierende Einschreibung in den Kategorienapparat einer vergangenen Moderne. Das Festhalten am Vorrang des Objekts in seiner materialen Widerspenstigkeit und als Grenzwert gegen ein Verfließen ins bloß Empirische führt auf ein sich zeitigendes, in der Zeit je neu aufbrechendes Bewegungspotential der Kunstwerke, der weit zurückliegenden wie der je aktuellen: Es gibt „keine vollkommenen Werke" (283), jedoch die Möglichkeit einer immer wieder hereinbrechenden „Gegenwart" ästhetischer Bilder, die im Hier und Jetzt aufstören und in Erschütterung versetzen. Regt sich doch für Adorno „gegenwärtig" Kunst dort am lebendigsten, wo sie ihrer Vereinnahmung, Vernutzung oder Funktionalisierung immanent reflektierend entgegentritt (271).

Als eine negative Praxis ist das Kunstwerk immanente Opposition „im fortgeschrittenste[n] Bewußtsein" (285) des materialen Stands der auswendigen Geschichte. Es „antwortet" auf die Verwerfungen, übt „verändernde Kritik der Verfahrungsweise" und „reicht ins Offene, über den Status quo hinaus." (287) Sofern ein Kunstwerk kollektive, rezeptive wie produktive Erfahrungsperspektiven *prozessual* in sich verschränkt, zeitigt es ästhetische Widerfahrnisse und transzen-

---

3 Siehe hierzu die Überlegungen in der Einleitung zu diesem Band.

diert den Kontinuitätsstrom des Zeitgeschehens. Kunst ist Negation einer jeden Praxis unmittelbaren Eingreifens oder Agierens und insofern interesselos und zweckentbunden. Doch in dieser negativen Praxis birgt sie „das Potential des wildesten Interesses" (Adorno 1961/62, 6363). Den Kunstwerken ist so für Adorno je ein Moment von gelingender Praxis eingespeichert. Dessen negative Möglichkeit, Aufschub in der Zeit, provoziert geradezu eine sich je überschreitende künstlerische Praxis und fordert ästhetische Theoriebildung unablässig heraus, sofern Kunst so etwas ist „wie der Versuch, Dinge herzustellen, von denen wir nicht wissen, was sie sind." (Adorno 1961/62, 6990; vgl. 174; AGS 16, 540)

Literatur

Adorno, Theodor W. 2003: Graeculus (II). Notizen zu Philosophie und Gesellschaft 1943–1969, in: Rolf Tiedemann (Hrsg.), Frankfurter Adorno Blätter VIII, München, 9–41
Adorno, Theodor W. 1961–69: Konvolut von Materialien I, in: Theodor W. Adorno Archiv, Frankfurt a. M., Ts 20672–20689
Adorno, Theodor W. 1961/62: Ästhetik (Vorlesung), in: Theodor W. Adorno Archiv, Frankfurt a. M., Vo 6355–7177
Adorno, Theodor W. 1961: Paragraphenästhetik, in: Theodor W. Adorno Archiv, Frankfurt a. M., Ts 20364–20515
Endres, Martin/Pichler, Axel/Zittel, Claus 2013: „noch offen". Prolegomena zu einer textkritischen Edition der „Ästhetischen Theorie" Adornos, in: editio 27, 173–204
Eusterschulte, Anne 2016: Apparition. Ephiphanie und Mentekel der Kunst. Aspekte des Zur-Erscheinung-Kommens bei Theodor W. Adorno, in: dies./Wiebke-Marie Stock (Hrsg.), Zur Erscheinung-Kommen. Bildlichkeit als theoretischer Prozeß (Sonderband der Zeitschrift für Ästhetik und allgemeine Kunstwissenschaft), Hamburg, 223–256
Greiner, Bernhard 1999: Hinübergehen in das Bild und Errichten der Grenze: Der Mythos vom chinesischen Maler bei Bloch und Benjamin und Kafkas Erzählung „Beim Bau der chinesischen Mauer", in: Jürgen Wertheimer/Susanne Göße (Hrsg.), Zeichen Lesen, Lese-Zeichen: Kultursemiotische Vergleiche von Leseweisen in Deutschland und China, Tübingen 1999, 175–199
Sonderegger, Ruth [2]2019: Ästhetische Theorie, in: Richard Klein/Johann Kreuzer/Stefan Müller-Doohm (Hrsg.), Adorno-Handbuch. Leben – Werk – Wirkung, Stuttgart, 521–533
Welsch, Wolfgang 1989: Adornos Ästhetik. Eine implizite Ästhetik des Erhabenen, in: Christine Preis (Hrsg.), Das Erhabene. Zwischen Grenzerfahrung und Größenwahn, Weinheim, 185–213

Peter E. Gordon
13 Universal and Particular

13.1 Genre and Nominalism (296–304)

In the section of *Aesthetic Theory* that appears under the heading of "Universal and Particular,"[1] Adorno's chief concern is the question of aesthetic genre. Most artworks can be identified as instantiations of a certain genre. A certain work of literature may exemplify genre-principles of comedy, tragedy, or epic, while a work of music may exhibit the formal principles of sonata, rondo, canon, or fugue. Genres are universal forms, or capacious "styles"; a given specimen of art might seem to stand as a particular manifestation of a universal. But Adorno rejects this claim. The most successful works of art, he argues, have always been those that did not fully instantiate a genre and its conventions. "Probably no artwork that matters has ever corresponded to its genre." (297) These critical views on genre are hardly new. In the culture industry chapter from *Dialectic of Enlightenment*, Adorno had observed that great works never "embodied style in its least fractured, most perfect form." (Adorno/Horkheimer 2002, 103/ AGS 3, 151) In *Aesthetic Theory,* Adorno applies this claim to the entire history of modern art, in which he discerns a gradual process of emancipation and particularization. The aesthetic could only emerge as a semi-autonomous sphere when it freed itself from the strictures of medieval religious ritual and took the path of increasing "nominalization." This dynamic is recapitulated in microcosm in the internal dynamics of each artwork. Any artwork that is worthy of its name must free itself from mindless submission to the universal rules of its genre. The claim that particular and universal must remain in unreconciled tension serves as a guiding theme throughout this section of the book (*see* Eusterschulte).

We might think that in his appraisal of modern art, Adorno would therefore value the particular over the general. But he immediately qualifies this praise for nominalization, noting that the emergence of autonomous art also represented a victory of "spirit." Aesthetic autonomy demands not only an affirmation of what is particular or unique; it also upholds the universal. Aesthetics honors the principle of individuation (*principium individuationis*), but this principle enjoys a

---

[1] In this section, the English-language translations rely on the superb translation by Robert Hullot-Kentor (Adorno 1997). But occasionally I have modified the translation based on the German original.

universal validity. We expect this autonomy, not only for a particular artwork but for all art as such. The universal element of "spirit" is instantiated *within* each and every work of art, not beyond it. Fugue, e. g., was not a pre-existent template but emerged out the immanent necessities of compositional practice. Tonality, when pursued consistently in accordance with its own *telos*, required that individual voices be set free from "the gravitational pull" of homophony so that they could be given their fullest freedom. Fugue was little more than the "rationalized" form for this polyphonic requirement; it was not a predetermined set of compositional rules. As a form, fugue "reaches beyond its individual realizations," and yet "does not exist without them" (298). Only a mindless composer would see such compositional principles as wholly obligatory, and when they harden into absolute forms such as the fugue, they become historical "fetters" (298). All the same, universal rules in aesthetic composition can serve as the medium for expressing what is most particular. Schoenberg, e.g., despite his nominalistic will to shatter all pre-existent forms, was also working within norms of composition that had already been established by Beethoven. Thus the "drive toward nominalism" does not stand starkly opposed to universalism. In all successful art, particular and universal stand in an unresolved dialectic (299–300).

In any artwork, the drive to become something unique – the nominalist impulse – coexists with a necessary universalism, insofar as the artwork strives to realize what its objective form demands. In the fugue, Bach realized what was objectively required by the genre itself, dispensing with everything that was inadequate. This universal moment helps us to see that, although genres develop historically and are transient, they nonetheless bear a resemblance to Platonic ideas (300). Works of art are not transcripts of individual genius or personal experience; they obey quasi-objective or "universal" rules. In this sense, every successful work of art participates in the universal, just as for Plato all of empirical reality participates (via *methexis*) in the Idea (*see* Koch). It does not follow, however, that a particular artwork enjoys validity *only* because it embodies the universal principles of its genre. Each work of art has a singularity to it that also marks its distance from the universal, while any artwork that perfectly instantiated its genre would be a failure. Adorno recalls his coauthored study in political psychology, *The Authoritarian Personality* (1950): Just as an authoritarian personality who ranks high on the "F-scale" for fascism exhibits an "intolerance for ambiguity," so too in aesthetics the preference for perfection is a symptom of repression. The demand that an artwork must conform fully and without reservation to its genre is authoritarian, i.e., it imposes the harsh edict that the particular must obey collective norms (301).

Such arguments confirm Adorno's dialectical view that even as modern art breaks with established convention and moves toward nominalism, it nonetheless relies on the conventions it opposes. The autonomous artwork obeys its own self-prescribed rules rather than the rules of the world; but such autonomy would be impossible were it not for the rules that are constitutive of genre. In granting this point, however, we must not lose sight of the status of aesthetic conventions as "sedimented social compulsion." (303) The rules of an aesthetic genre are like the rules of society: they hold sway over the nominalistic impulse in art much like an authoritarian ruler over the collective. The early Nietzsche, e. g., admired Greek tragedy as a unifying myth that obliterates the distinction between spectator and participant, and thus forges the social whole (Nietzsche 1988a). He later defended aesthetic convention and failed to see its authoritarian character (Nietzsche 1988b, §122, "Die künstlerische Convention"). Adorno, however, insists that an artwork draws upon the rules of an established aesthetic convention so as to draw back from social compulsion. Conventions "inwardly consolidated works" and enabled them to resist the "imitation of external life" (303). Artworks do not contribute to social unity, they shatter it; and insist on their difference from the collective. But they achieve this difference dialectically, by internalizing and making use of the rules that are given to them by inherited aesthetic convention. This dialectical appeal to convention helps us to appreciate what we might call the "traditionalist" aspect of Adorno's aesthetics. He sees that the autonomous artwork does not arise as a purely abstract negation of the past. Rather, even at its nominalistic extremity, the autonomous artwork makes use of what it also opposes. The artwork later developed a "specific quality" beyond fungibility and exchange. It gained this status thanks to its "deviation from the genre," but this new quality was nonetheless mediated *by* the genre (304).

13.2 Language and Art (304–305)

There follows a series of remarks on the resemblance between art and language (*see* Bertram, Tränkle, Koch, Eusterschulte). Like art, language is "hostile to the particular" but also "aims at its rescue." (304) On the one hand, art strives for a kind of universality: it relies on "universal elements" of convention and form, and it reaches out from singular experience toward a universal validity. On the other hand, art can only convey this universality by turning its energies inward, focusing its attention upon the particularities it means to express. This dialectical relation between universal and particular is also evident in language, where "universals" can reveal themselves only through particulars. Thus both art and language pay homage to the logic of nominalism. As illustration, Adorno quotes from a letter to Martin Buber (July, 1916) in which the young Walter Benjamin comments on the status of language: "Every salutary effect of language," Benjamin writes, "depends on its (the word's, language's) secret." Language is not merely a vehicle for the transmission of content; it also serves a higher and paradoxical purpose insofar as it strives for the "elimination of the unsayable [*Elimination des Unsagbaren*]." Rather than surrendering language to powerless silence, Benjamin focuses on "what is denied to the word" since a "magic spark" springs between "word and dynamic act" only where one's writing succeeds in revealing the realm of the "wordless [*diese Sphäre des Wortlosen*]." (304) Adorno enlists Benjamin's claims for his own dialectical conception of the relation between universal and particular. Language has the seemingly magical capacity to transcend the particular, to reach beyond the "here and now." We are naturally inclined to think of language as consisting in universal terms under which particulars are subsumed. But this model of language can easily give rise to a basic misunderstanding. Although language abounds in universal terms, we should not grant these universals the status of "metaphysical truth" (305). Rather, we should appreciate "the concentration of language on the particular." Art resembles language in this respect. Like language, art can impress us with a power of universal signification: its meaning reaches "beyond the here and now." Like language, however, art achieves this transcendence not by abandoning the plane of particularity but rather by plunging more fully into "radical particularization." *It reaches transcendence through immanence.* The resemblance between art and language also alerts us to their shared reliance on mimesis, our non-conceptual and non-instrumental responsiveness to nature. Both art and language mobilize the mimetic element in human experience. As early as 1933, Benjamin wrote of survival of the "mimetic faculty" in language, and he defined mimesis as the capacity to register the "non-sensuous similarity" (BGS II.1, 210–213). Here as elsewhere in *Aesthetic Theory*, Adorno draws on Benjamin's insights into the mimetic aspect of language. Art, like language, is an instance of mimesis: it awakens us to what is "opaque and particular," and it thereby gives a voice to what is "wordless." Art becomes "universally eloquent" only through its "opposition to the universal" (305).

13.3 Style (305–308)

Adorno now turns to the topic of style. In the history of art, we conceive of style as the way in which a given artwork could be said to exemplify the aesthetic conventions of its time. When such a harmony is effective, we may feel that there is no incompatibility between the particularity of the artwork and the broader conventions it instantiates. This harmony, however, was always an illusion. Driven by its impulse toward increasing nominalization, art has gradually emancipated itself from the authority or "spell" of style. Admittedly, nineteenth-century art often bowed to the authority of style, but this resulted only in the "feigned" styles we associate with romantic nationalism. (Consider, e. g., the appeal to nationalist idioms in music: Brahms' "Hungarian" style, or Chopin's *Polonaise*.) Adorno further claims that style is little more than a symptom of an artwork's "incapacity for individuation" (306). Obedience to style thus illustrates an antinomy in the bourgeois ideal of freedom. Just as bourgeois society promises universal freedom while restricting it only to a propertied few, so too is any bourgeois art that promises autonomy but conforms to the dictates of style is caught in self-contradiction: "[A]rtworks sprung from freedom cannot thrive under an enduring societal unfreedom whose marks are branded upon them, even when they are bold." (306)

A composer such as Beethoven was able to carve out a space for subjective freedom even within the dominant style of Viennese classicism. He made the sonata-form into something wholly his own, and thus succeeded in harmonizing the "objective spirit" of the contemporary style with his own "spontaneity" as a composer. But this was possible only so long as society had not yet overwhelmed individual subjectivity. After Beethoven, the space that had once permitted the subject's freedom of expression within the historically dominant styles has narrowed. In the current situation, style reveals itself as the correlate of a "closed" or "repressive society"(307). This is why the greatest artists of the modern era have become unrestrained critics of style. Schoenberg, e. g., contrasts "mere style" with "real idea," and he insists that a true composer "will never start from a preconceived image of a style." Rather, such a composer "will be ceaselessly occupied with doing justice to the idea." Whereas a style emerges only in the finished product of a given work, an idea guides the composer at every step in the creative pursuit. Schoenberg thus finds it "regrettable" that contemporary composers "care so much about style and so little about idea." (Schoenberg 1984a, 123/Schoenberg 1989, 98) Adorno enlists this polemic against style for his own defense of radical individuation, as a criterion of aesthetic success. "Authentic artists like Schoenberg protested fiercely against the concept of style." (306) The rejection of style is "a criterion of radical modernism."

In the history of aesthetics, it is a commonplace that traditional art conformed to dominant styles and forms, whereas aesthetic modernism brought a willful rejection of inherited style and a zeal for formal experimentation. Adorno does not share this commonplace opinion; he explicitly rejects the claim that antipathy to style is a distinctive feature of modernism alone. Instead, he claims that the concept of style *"never* fully did justice to the quality of works."

(307 – emphasis PG). Adorno does not see resistance to style as a distinguishing characteristic of modernism alone; rather, he inflates it into a transhistorical criterion of aesthetic merit across epochs. This may strike us as surprising, as we typically think of Adorno as subscribing to strongly historicist modes of explanation that correlate different aesthetics with historically variable social norms. But this standard reading is mistaken. Well before *Aesthetic Theory*, Adorno saw resistance to style as a transhistorical criterion. In *Dialectic of Enlightenment*, e. g., we read that "the notion of style" as an "aesthetic regularity" was never an accurate description of past aesthetics but merely "retrospective fantasy" that gained prominence during the Romantic era (Adorno/Horkheimer 2002, 103/ AGS 3, 151). But style and subjectivity *never* existed in total harmony. The very notion of a unified style, whether in the Christian Middle Ages or the Renaissance, corresponds to "the different structures of social coercion in those periods, not the obscure experience of the subjects, in which the universal was locked away." (Ibid.) The unreconciled tension between style and subject obtains for all epochs and artists, from Mozart to the heroes of high modernism: "*The great artists were never those whose work embodied style in its least fractured, most perfect form.*" (Ibid. – emphasis PG) Even so-called "classical" works such as the music of Mozart "contain objective tendencies which resist the style they incarnate. Up to Schoenberg and Picasso, great artists have been mistrustful of style" (ibid.).

In *Aesthetic Theory*, Adorno repeats this transhistorical claim. Even those works that may seem to exemplify their style with greatest precision are actually in conflict with it. This is true not only for modernism; it is also true for any artwork that deserves its name. "Every work is a force field [*Kraftfeld*], even in its relation to style." Adorno compresses this claim into a typically dialectical aphorism: style itself was "the unity of style and its suspension [*die Einheit von Stil und seiner Suspension*]." (307) A genuinely powerful artwork does not seek to harmonize universal and particular; rather, it thematizes their irreconcilability: "The higher the ambition of artworks, the more energetically they carry out the conflict with style." (307) Genuine artworks do not achieve perfection; they renounce it even at the risk of undermining themselves, as they recognize that such perfection would immediately lapse into a false affirmation.

13.4 Progress (308–316)

There follows a long section on the concept of aesthetic progress. Some preliminary background may be of use. In his 1962 lecture on "Progress," Adorno offers some speculative remarks on the traditional concept of progress and how it has been deployed ideologically to justify technological expansion and the domination of nature. Genuine progress, by contrast, would require that we put an end to this domination and that we "step out of the magic spell" of our will to technological mastery. Thus, Adorno concludes that "progress occurs where it ends." (Adorno 1998, 150/AGS 10.2, 625) In *Aesthetic Theory*, he revisits the concept of progress but from a different vantage point; he asks if the concept of progress in the aesthetic domain might be retained despite our skepticism regarding progress as a socio-historical ideal. Can one still hold on to the idea of progress in the history of art even if one has abandoned any straightforward commitment to progress in society? This question poses a false dilemma, as it rests on the mistaken impression that Adorno wholly dispensed with any notion of socio-historical progress. But the very thought that progress actually *occurs* where it ends suggests a negative-dialectical commitment to progress as a viable criterion for socio-historical criticism. Again, we see how Adorno sustains a dialectical view of history, rather than lapsing into a totalizing or one-sided skepticism.

In addressing aesthetic progress, Adorno is no less keen to insist on the critical validity of the idea of progress against its detractors. Conservative philosophers of culture are notably hostile to the idea of aesthetic progress; they refuse to acknowledge the "immanent tendency" of all art toward increasing radicalization in its use of formal procedures. They resist any notion of progress in both society and the arts, and they indict avant garde artists for an ostensibly naive faith in technological progress in aesthetics. But such hostility to aesthetic progress contributes to social unfreedom. Skepticism about progress in aesthetics ultimately lends greater power to the culture industry, in which novelty and eternal-sameness conspire against any genuine aesthetic achievement.

Against its conservative critics, Adorno suggests that in aesthetics the concept of progress retains its merit. Admittedly, any such progress must be understood not as continuous evolution but dialectically. Invoking both Hegel and Marx, Adorno insists that "art is enmeshed in the historical movement of growing antagonisms." The history of art is analogous to the history of society: neither follows a path of uninterrupted growth. Adorno emphasizes this point, not least because he wishes to explain how an inhabitant of modern society can still find aesthetic merit and pleasure in the artworks of the past. His dialectical conception of aesthetic progress recalls a passage from the Introduction to the *Grundrisse*, where Marx reflects on the possibility of appreciating past artworks. We can easily appreciate, Marx writes, that "Greek arts and epic are bound up with certain forms of social development." But it is harder to understand that such artworks "still afford us artistic pleasure and that in a certain respect they count as a norm and as an unattainable model. A man cannot become a child again, or he becomes childish. But does he not find joy in the child's naïveté, and must he himself not strive to reproduce its truth at a higher stage?" (Marx 1993, 111/Marx 1983, 45) Aesthetic progress is dialectical, not linear; thus, we can still appreciate the artworks of the Greek world without lapsing into a conservative's nostalgia for a return to the past. Adorno faults Hegel, however, for resisting the full implications of this dialectical notion of aesthetic progress. Hegel could not liberate himself from canonical veneration; he remained spellbound by the Greek aesthetic ideal. His thinking oscillated between dialectics and "invariants," and he thus adopted the highly conservative verdict that "art was once the adequate stage of spirit and no longer is." In his *Lectures on Aesthetics*, Hegel writes: "Art no longer affords that satisfaction of spiritual needs which earlier ages and nations sought in it, and found in it alone, a satisfaction that, at least on the part of religion, was most intimately linked with art. The beautiful days of Greek art, like the golden age of the later Middle Ages, are gone." (Hegel 1975, 10/HWA 13, 24) With this verdict, Hegel brought the concept of aesthetic progress to a standstill. A century later, his classicism would reemerge in the reactionary aesthetic policies of Eastern-bloc Communism (309).

Notwithstanding his classical bias, however, Hegel was not mistaken to claim that art emerges from and serves to satisfy "higher needs." (309) Art responds to what Hegel called "absolute needs" since it is "bound up with the most universal views of life and the religious interests of whole epochs and peoples." (Hegel 1975, 30/HWA 13, 30) All art that merits its name lives from a certain consciousness of human need, without which it would cease to be art. Such a responsiveness to need is in fact an ineliminable feature of art, given that we find ourselves in a world that has not succeeded in satisfying even the most minimal of human needs. As society threatens to descend into barbarism, art responds to the needs that society has denied, and in a society that is moving toward "speechless domination," art is charged with the duty to eloquence. Adorno dramatizes this idea by quoting the final lines from Samuel Beckett's 1953 novel, *L'Innommable:* "Il faut continuer, je ne peux pas continuer, je vais continuer." Our administered world threatens to shut down all experiences of possibility or difference. Artworks rebel against this condition; in their "breath" and "vigor," they "go beyond" the condition of "ever-sameness" that governs modern society. Artworks are thus gestures of liberation. They signify a critical moment in spirit that has not fully transformed into an instrument of domination. "Since there has been no progress in the world, there is progress in art." (310)

At this point, the reader may feel that Adorno has leapt without warrant from one thought to another. The mere fact of art's persistence, its continuing to exist despite worldly catastrophe, does not necessarily license the stronger claim that we can discern actual progress in the history of art. Adorno devotes several pages to a consideration of this stronger claim, though he resists the stark choice between affirmation and negation. "Progress in art is neither to be proclaimed nor denied." (310) His great admiration for the music of Beethoven, especially the "late-style" best exemplified by the late-quartets, numbers 12 to 16, along with the *Große Fuge* (Opus 133), moves him to say that no idea of progress in art would justify the verdict that any artworks of more recent times actually surpass the late-quartets in "truth content." (310; ANS I.1, 180 – 199) Any model of aesthetic progress would have to be dialectical rather than linear: no chronology would be adequate to the differential evaluation among individual works of art. The history of aesthetic progress is not uniform but "inhomogeneous" (*inhomogen*), or internally differentiated (310). At best we can discern only small spans of continuity in art, spans which correspond to periods of relative social stability. But these periods seldom proceed without interruption. An "abrupt change of social structure" will bring a no less sudden shift in "genres and stylistic types." (311) In the history of music, we can discern in the early modern period a contest between the compositional method of thoroughbass (which involves a continuous and repeated figure in the lowest voice) and the impulse to polyphony (which involves the contrapuntal juxtaposition of several voices). The thoroughbass style was "primitive to the point of regression," and it inhibited the emergence of the polyphonic or contrapuntal style that had flourished primarily in Dutch and Italian music. Only with Bach did the earlier advances in polyphony make a triumphant return, but after his death and with the rise of early Viennese classicism, the regressive method of figured bass swept Bach's achievements aside. Evidence of a similar fragmentation can be discerned in the life achievements of individual artists. They may create works that are "starkly antithetical" to what they have accomplished before, since they may wish to avoid a certain "rigidification" in their efforts, or they sense that the intrinsic "possibilities" of a given style or form have been exhausted. Neither in the history of a specific artist nor in the broader history of art can we speak of continuous progress.

The allusion to "possibilities" alerts us to a different and more helpful way of conceiving of aesthetic progress. Rather than thinking of progress as continuity in method or form, we should conceive of the succession between one artwork and the next as demonstrating a certain unity in the intrinsic "problems" that are posed. Progress is "the negation of what exists through new beginnings," but this kind of negation is (to use Hegelian language) determinate rather than abstract; it is a negation that emerges from the internal and unresolved problems of the artwork itself. "Questions that previous work either did not solve or were posed in the course of their own solutions await their treatment," and such resolution often requires interruption or a shift to a new aesthetic plateau (312). No sooner does Adorno propose this alternative idea of progress as "problem-solving," than he qualifies it with the suggestion that some problems are not resolved at all; they are merely forgotten. An historical antithesis can appear even where there is no thesis. This may happen, with sudden shifts in genre, when an old genre is revived long after it may have seemed defunct. This was the case, for instance, when Brecht sought to revive the didactic poem, a topic which Benjamin had discussed with Brecht in 1934 (Benjamin 2010, 92/Benjamin 1971, 160 f.). Animated by his loathing for the bourgeois veneration of tradition, Brecht refused to see art history as a "golden chain" of values or ideologies. He thus made "forgetting" into an aesthetic program. Hence the dictum: "No aesthetic progress without forgetting." (312)

Although Adorno rejects the proposal that we can see the history of art as a narrative of continuous progress, he grants that art exhibits a species of historical development insofar as its genesis is inseparable from the larger genesis of society. Art has a "double character" (312); it is both an autonomous monad and a product of social conditions (16; Gordon 2021; *see* Hesse). We must resist the consoling ideology of art as transcending the world; and we must admit that art develops in tandem with the development of the "social whole." (313) Its history thus exhibits a kind of necessity, if not in the movement from one artwork to the next, then at least in the "total social tendency" that conditions all artworks alike. But this holistic and sociological conception of aesthetic progress still permits Adorno to retain a strong sense for internal distinctions among artworks themselves. Such distinctions, however, are so pronounced as to obviate the idea of progress altogether. He grants that certain changes in technique may appear as signs of progress: the rise of polyphony (or multi-voiced, contrapuntal and horizontal structure in music) strikes us as an obvious example, and it would seem to confirm the idea that music has enjoyed progress from the early classical era of figured bass (or "thoroughbass") composition to the era of the "new music" of the Second Viennese School. Similarly, in painting, it may be tempting to say that the transition from impressionism to pointillism marked an advance. In both cases we can speak of changes in method, a shift in "mastery of the material." But it would be foolish to conclude that such changes in technique mark genuine advances in quality. Often what may seem an advance in technical mastery, in fact signifies a loss. Ultimately, we must abandon the thought of finding any transhistorical criterion by which to take the measure of progress. The example of perspective in painting is instructive. Pre-Renaissance painting lacked perspective, while more recent specimens of modernist painting have abandoned perspective. Non-perspectival techniques in modernist art can awaken us to the value of the pre-Renaissance techniques, throwing into disarray any sense that history moves in an upward arc of progress. Nor is it clear how one could compare the paintings of Piero della Francesca with the frescos by Giotto. The proposal that one work could be found superior to another in quality reflects a crude misunderstanding of aesthetic values. Works of art are not so much ranked as "incommensurable." They only "communicate with each other by means of antithesis" (313). To emphasize this claim, Adorno quotes a dictum from *Minima Moralia:* "Every work is the mortal enemy of the other." (313 f.; 59; AGS 4, 84)

Adorno does allow for the thought that the history of art might be conceived as progressive if one were to fasten on the technical phenomenon of differentiation: modern art focuses on its own materials and explores their intrinsic properties with greater refinement and specificity. This is clearly a reprisal of the discussion of "nominalization" earlier in the section. But Adorno takes note of an intriguing dialectic. This very same process of intensification may also appear to us from another perspective as a decline in "authenticity," as if the artwork were withdrawing from any contact with the objective world. Aesthetic progress is therefore dialectical. "The *prix du progrès* inheres in progress itself." (315) Compare, e. g., a movement from Franz Schubert's song-cycle, *Die Winterreise* (opus 89, 1828) with a work by Anton Webern. It may seem to us that the piece by Schubert speaks to broader or more "objective" concerns, whereas in the piece by Webern, "the content has narrowed to merely individual experience." (315) But Adorno contests this impression. Webern's work may exhibit greater "differentiation," insofar as it purges the music of everything conventional or schematic. But this purging of convention ironically makes Webern's music all the more "objective." (315) Ultimately, Adorno wishes to uphold the idea of progress in aesthetics notwithstanding all of the qualifications mentioned above. For progress is more than mere technique; it also signifies the "progress of spirit." Seldom in *Aesthetic Theory* does Adorno align himself more explicitly with Hegel than in this passage, where he affirms art's role in expressing our consciousness of freedom. Thus, Adorno concludes this section with an unapologetic affirmation that Beethoven's music is superior to Bach's, insofar as the former signifies "the maturity of the subject." (316)

13.5 Technique (316–322)

There follows an extended discussion of "technique," defined here as "mastery of material" (*see* Früchtl). Art emerged historically from artisanal craft, and even in the bourgeois era, it has never wholly emancipated itself from its medieval origins. But art is more than mere technique. "[A]ny view of artworks that perceives nothing but how they are made falls short of aesthetic experience" (316). Adorno knows that such a statement belongs to the arsenal of culturalist ideologues who would deny the significance of technique and prefer to emphasize art's role as a preserve of intangible meaning. The technical definition of art can indeed be exaggerated to such a degree that it dissolves aesthetics into mere functionalism. But technique is nonetheless "constitutive of art," not least for the obvious reason that every artwork is a "human artifact" and comes into the world only by means of our skillful activity (316). The risk in emphasizing technique arises chiefly where we reify the distinction between technique and content, such that we come to think of an artwork as a finely-wrought vessel for the conveyance of non-technical meanings. But technique and content are dialectically intertwined; one enhances the other. In Shakespearean drama, e.g., we see how the emergence of the human individual is conditioned by the formal division of the plays into short scenes. Technique, when it truly succeeds, is thus more than technique; it is both "rational and conceptless," and even while it may seem to be nothing more than an application of practical logic, it nonetheless helps to open up an aesthetic experience that is beyond logic and practice. "If no work can be understood without an understanding of its technique, no less can technique be understood without an understanding of the work." (317) We see here an instructive example of Adorno's formalism (*see* Goehr), his commitment to the notion that artworks gain their relative autonomy by obeying the self-prescribed laws of their own form. Although this formalist emphasis inclines Adorno toward an appreciation of technique, he is no less aware that merely technical skill will hardly suffice as a standard of aesthetic merit. A skillful composer must learn the *métier*, but must also transcend its rules. No composer blindly obeys, e.g., the technical stricture against permitting a transition with parallel fifths, but learning this stricture is key to learning composition as a *métier*. Debussy was able to make stunning use of parallel fifths in his compositions. Thus, we cannot draw a sharp distinction between aesthetic transcendence and technique. Even the "auratic" quality in an artwork can be understood as a trace of technical skill. Aura is "the memory of the hand" that "passed over the contours of the work" (318). This offers a corrective to Benjamin's claim that the application of modern technique results in a dissolution of aura. *Contra* Benjamin, Adorno understands that technique and aura are intertwined; indeed, technique serves as the *gradus ad Parnassum*, the staircase to Parnassus where Apollo dwells with the muses (319).

Adorno admits that the encomium to technical skill may be taken to an extreme, as if one could praise artworks that display only technique but lack aesthetic merit. Alban Berg once remarked that Richard Strauss did not merit praise for his compositional technique, since he applied his skills episodically and they do not contribute to the integrity of a musical whole. This remark may seem to betray Berg's fidelity to outmoded and traditional ideas of musical unity, especially Schoenberg's idea of "developing variation." (Schoenberg 1984b, 397/ Schoenberg 2007a, 258) But Adorno insists that the verdict against Strauss is valid, since Strauss's compositions violate the requirement of aesthetic coherence. All art mobilizes technique for aesthetic ends that transcend it. Beethoven expressed this point with candor in a famous remark that Adorno also repeats elsewhere (ANS I.1, 121), namely, that what sounds like compositional genius is often just an effect of properly using a diminished seventh chord (320; Bekker 1911, 189). Yet it remains true that mindless obedience to technique can never result in genuine art, a point Arnold Schoenberg understood (Schoenberg 1984c/ Schoenberg 2007b). Adorno adds his well-known complaint that in the later works that exemplify the "twelve-tone" compositional method, Schoenberg betrayed his own artistry and succumbed to a fetishism of mere technique (AGS 3, 311; AGS 12, 36–126). An exaggerated emphasis on aesthetic technique resembles the technocratic fantasies of the French utopian Saint-Simon. "Technique is not an abundance of means but rather the stored up capacity to be suited objectively to what the matter at hand demands." (320)

13.6 Nature and Mimesis (322–326)

The reflections on technique prompt Adorno's further commentary on both the merits and the limits of Benjamin's views regarding art in the era of technological reproduction. Technical advances alone are not sufficient to mark advances in aesthetics, since an artwork's *terminus ad quem* or highest purpose is not an external matter of its circulation or social effect but is found only within the work itself. On the other hand, any artwork that actually gained absolute autonomy would become a fetish. Absolute purposelessness resembles the purposes of commodification. Nor can one escape this problem of advanced technology by striving for the lost immediacy of natural experience. A stroll in the woods is disrupted by the sound of airplanes overhead. Poems about nature have become impossible. This helps us to appreciate why the highest exemplars of modernist literature (e.g., by Beckett and Celan) withdraw from nature-romanticism into the "anorganic" (325). The only way that art can help in "making peace with an unpeaceful world" is to integrate technological reality into art itself rather than seeking an escape into the false immediacy of a vanished nature. The "mimetic impulse" in art cannot be rescued by returning to nature (*see* Früchtl, Angehrn). Art responds to the world mimetically by taking into itself what is fleeting and impermanent. If it wishes to honor its mimetic capacities, art cannot yield to false objectification, the will to make permanent what is transitory.

13.7 Closed and Open Form (326–330)

Adorno returns in this passage to the theme of nominalism and offers intriguing remarks on the difference between "open" and "closed" forms. The nominalistic impulse in art does not entail a thoroughgoing abandonment of established genre or form; rather, nominalism is realized *in and through form*. Particular and universal are thereby mediated: what is new can only appear as such by drawing upon and modifying convention (*see* Hogh, Goehr, García Düttmann). Some forms may "rattle on" long after they have fulfilled their aesthetic role, and to accept such forms means imprisoning oneself in what has grown obsolete (326). Open forms, by contrast, are "universal genre categories" that still allow for the "nominalistic critique of universality" (326). Bach, e.g., made use of previously developed musical forms, but did so in a way that was not wholly deferential and resisted their reification. He used musical conventions as a medium for nominalism; his work in established genre remained open to novelty and experimentation. Art cannot leave all conventions behind since unrestrained nominalism would mean complete surrender to the "material," lapsing into a fetishism of particularity. A genuine investment in established compositional form, e.g., in Mozart, can coexist in dialectical tension with the boldest innovation. Adorno is thus skeptical of movements in modern art that surrender to chance (e.g., action painting, and "aleatorical" art), as if one could shift the burden of responsibility for organizing the material back from the subject onto the material alone. Such movements betray the subject's willing resignation, as if statistical effects could substitute for conscious formation. On the other hand, Adorno warns us that no aesthetic formation can ever be complete; nor can vagaries of content be wholly expelled. All formation is the forming of a given content, and any content imports into the artwork moments that are accidental and cannot be anticipated. Form must inhere in what is heterogenous to form: this is what Adorno calls the "antinomy of nominalism" (330). The artwork's will to differentiation cannot reach completion without undermining the idea of art itself.

13.8 Construction (330–334)

Adorno concludes with a discussion of the principle of construction. An artwork is seen as a "construction" when the dynamic principle of process – whether of development in music or intrigue in literature – begins to lose credibility. In both modern music and literature, the interim phase of development or intrigue began to consume aesthetics, while the grand finale or denouement was reduced to stereotype and cliché. This explains the quality of humor, the absurdity of a simple conclusion, in works such as Beethoven's *Rondo a capriccio for piano* (Opus 129, in G Major), later christened *Rage over a Lost Penny* (*Die Wut über den verlorenen Groschen*). Once the dynamic principle lost its meaning, it was inevitable that not only the conclusion but development itself would yield to stasis. Thus, Baudelaire's dismissive remark in *Le spleen du Paris* (1869) that plot itself is "unnecessary." After Baudelaire, the ideal of art as a process came to seem ludicrous, meaningless repetition. The loss of the dynamic principle culminated in Beckett's work, where "the ever-same" is identical with disaster. Adorno concludes with remarks on the ambivalent status of construction in modern art. On the one hand, construction expresses the resignation of a subject who no longer possesses the power to effect actual change in social conditions; construction is thus an aesthetic of alienation in an administered world: it reinforces the authority of given conditions. On the other hand, construction is an aesthetic that anticipates a "reconciled" state beyond both dynamism and stasis. Although still unknown, this aesthetic form beckons as a utopia. Construction implies "rational organization" even while it promises to overcome "all categories of administration" (334). Here as elsewhere in his work, Adorno does not seek to resolve the dialectical contest between hopelessness and hope.

Bibliography

Adorno, Theodor W. 1997: Aesthetic Theory, Robert Hullot-Kentor (trans.), Minneapolis
Adorno, Theodor W. 1998: Progress, in: Critical Models: Interventions and Catchwords, Henry W. Pickford (trans.), New York, 143–160
Adorno, Theodor W./Horkheimer, Max 2002: Dialectic of Enlightenment: Philosophical Fragments, Edmond Jephcott (trans.), Stanford
Bekker, Paul 1911: Beethoven, Berlin
Benjamin, Walter 1971: Versuche über Brecht, Frankfurt a. M.
Benjamin, Walter 2010: Conversations with Brecht, in: Aesthetics and Politics, New York
Gordon, Peter E. (2021): Social Suffering and the Autonomy of Art, in: New German Critique 143, 125–146
Hegel, G. W. F. 1975: Aesthetics. Lectures on Fine Art, Vol. 1, T.M. Knox (trans.), Oxford
Marx, Karl 1983: Grundrisse der Kritik der politischen Ökonomie, in: Marx/Engels Werke, Vol. 42, Berlin/Ost
Marx, Karl 1993: Grundrisse. Foundations of the Critique of Political Economy, Martin Nicolaus (trans.), London
Nietzsche, Friedrich 1988a: Die Geburt der Tragödie, in: Kritische Studienausgabe (KSA), Vol. 1, Giorgi Colli and Mazzino Montinari (eds.), München/Berlin
Nietzsche, Friedrich 1988b: Menschliches, Allzumenschliches I und II, in: KSA, Vol. 2
Schoenberg, Arnold 1984a: New Music, Outmoded Music, Style and Idea, in: Style and Idea: Selected Writings, Leonard Stein (ed.), Leo Black (trans.), Berkeley, 113–124
Schoenberg, Arnold 1984b: Bach, in: Style and Idea, 393–397

Schoenberg, Arnold 1984c: Problems in Teaching Art, in: Style and Idea, 365–368
Schoenberg, Arnold 1989: Neue Musik, veraltete Musik, Stil und Gedanke, in: Stil und Gedanke, Leipzig, 252–268
Schoenberg, Arnold 2007a: Bach, in: Stile herrschen, Gedanken siegen. Ausgewählte Schriften, Mainz, 255–258
Schoenberg, Arnold 2007b: Probleme des Kunstunterrichts, in: Stile herrschen, Gedanken siegen, 58–62

Martin Mettin, Robert Zwarg
14 Gesellschaft

Für Alexandra

14.1 Themen

„Die Immanenz der Gesellschaft im Werk ist das wesentliche gesellschaftliche Verhältnis der Kunst, nicht die Immanenz von Kunst in der Gesellschaft." (345) Aufgerufen wird diese Denkfigur bereits auf den ersten Seiten der *Ästhetischen Theorie*.[1] Als eines der zentralen Themen bestimmt sie den Abschnitt *Gesellschaft*, leitet in unterschiedlichen Variationen durch die abschließenden Textpassagen, die bisweilen resümierenden Charakter haben und Darstellungsfäden der vorangehenden Reflexionen zusammenführen. Die Gedankengänge umkreisen dabei folgenden Kern: Kunstwerke erhellen nicht dort etwas über Gesellschaft, wo sie unmittelbar zur Sprache gebracht wird. Umgekehrt, erst wo sich das Werk der es bedingenden Gesellschaft entzieht und versperrt, kann Gesellschaftliches – dessen Strukturbedingungen, die Male von Herrschaft sowie das, was über die falsch eingerichtete Welt hinausweist – einen ästhetischen Ausdruck finden. Adorno begründet diese mit Emphase vertretene These durch den „Doppelcharakter" von Kunstwerken: Sie sind autonome Gebilde einerseits, andererseits soziale Tatsache, „fait social" (16, 335, 340). Das dialektische Verhältnis von Autonomie und Heteronomie ist zugleich die Kraftquelle der Auseinandersetzung mit der Frage nach dem politischen Gehalt sowie der gesellschaftlichen Wirkmächtigkeit von Kunst als zweitem Hauptthema des Abschnitts. Wenn Kunst nicht nur gemäß ihrer historischen Entwicklung in der kapitalistischen Moderne, sondern auch aus ihrem eigenen Gesetz heraus verstanden werden muss, wenn sie also anders als und getrennt von Gesellschaft zu begreifen ist und trotzdem auf Gesellschaft reagiert und zurückwirken soll, dann verkompliziert sich die Frage nach ihrem politischen Gehalt. Denn dieser ist niemals unmittelbar gegeben; er muss sich sowohl im Inhalt als auch in der Form des Kunstwerks entfalten oder im spielerischen Verhältnis beider. Unter Vermeidung etablierter Positionen und Gegensätze gerät Kunst dahingehend in den Blick, wie sie selbst ihren Doppelcharakter austrägt.

---

[1] Dort heißt es beispielsweise: „Die Kommunikation der Kunstwerke mit dem Auswendigen jedoch, mit der Welt, vor der sie selig oder unselig sich verschließen, geschieht durch Nicht-Kommunikation; darin eben erweisen sie sich als gebrochen." (15; *siehe* Hesse)

„Gesellschaftliche Kämpfe, Klassenverhältnisse drücken in der Struktur von Kunstwerken sich ab", aber: „Mit Gesinnung ist wenig getan" (344). Im Zuge des Nachweises, dass Kunst „weniger als Praxis und mehr" ist (358), ruft Adorno immer wieder Dichotomien auf, um sie sogleich reflexiv aufzulösen und zu vermitteln. Mit Stichworten wie „Engagement", „Realismus", „Formalismus", „Konstruktivismus" oder „Fortschritt" und „Reaktion" greift er dabei auf weit zurückreichende Debatten, eigene Aufsätze und Auseinandersetzungen zurück, wobei zugleich frühere Positionen zwar nicht revidiert, aber doch differenziert werden. Wie sich zeigen wird, unterläuft Adorno nicht nur die vermeintliche Aporie „jeder marxistischen Ästhetik" (Bubner 1973, 53), nämlich entweder Kunst als bloßes Überbauphänomen auszuweisen oder mit dem Verständnis ihres Gegenstands als autonomer Erscheinungsform auch den Bezug zur Gesellschaft zu verlieren. Vielmehr wird darüber hinaus deutlich, inwiefern die am Ende des Abschnitts formulierte Idee von Kunst als der „zum Bewußtsein ihrer selbst getriebene[n] Mimesis" (384) weder Ausdruck eines kulturkonservativen Elitismus noch Ergebnis einer Flucht ins Ästhetische ist, die Adorno immer wieder vorgeworfen wurden.[2]

14.2 Doppelcharakter der Kunst

Dass Gesellschaft dem Werk dort immanent sei, wo das Werk gerade nicht ausdrücklich von Gesellschaftlichem handelt, mag zunächst kontraintuitiv anmuten. Wie das Kunstwerk selbst, so hat aber auch der Begriff der Immanenz bei Adorno etwas schillernd Mehrdeutiges und daher ist das intuitive Verständnis genauso erhellend wie irreführend. Erhellen kann das Alltagsverständnis von Immanenz die eine Seite des ästhetischen Doppelcharakters, die des „fait social", verstanden als Immanenz der Kunstwerke in der Gesellschaft. Fasst man Immanenz der lexikalischen Konvention gemäß als Gegenbegriff zur Transzendenz, so bezeichnet erstere dasjenige, was innerhalb einer bestimmten Grenze bleibt, beispielsweise innerhalb der sinnlichen Erfahrungswelt, die sich vom Übersinnlichen abgrenzt. In diesem Sinne ist Kunst für Adorno tatsächlich der Gesellschaft immanent, denn sie wird von gesellschaftlichen Verhältnissen bedingt und hervorgebracht, tritt nicht von außen zur Gesellschaft hinzu. Die Sphäre einer Kunst, die keine anderen als innerkünstlerische Funktionen zu erfüllen hat – im Gegensatz hierzu stehen funktionale Kunstformen wie etwa der Tanz im Ritual, die sakrale Malerei in der

---

[2] Eine kritische Darstellung der politischen wie philosophischen Resonanz auf Adorno in den Jahren 1969 bis 1982 gibt Klein 2019, 555 f.

Religion, höfische Musik in der Herrschaftsrepräsentation –, diese Sphäre autonomer Kunst entspringt ihrerseits der Gesellschaft und den „aus dieser stammenden und dann von ihr abgesonderten Produktivkräfte[n]." (339) Ihre Geschichte, ihre Herkunft aus feudalen und klerikalen Mittel-Zweck-Relationen, von denen sie sich mit dem Bürgertum zusammen emanzipiert, macht Kunst zu einem gesellschaftsimmanenten und damit sozialen bzw. soziologischen Tatbestand, eben zu einem „fait social". Ohne ihn zu zitieren, übernimmt Adorno das Wort von Émile Durkheim. Soziologischer Tatbestand ist laut Durkheim „jede mehr oder minder festgelegte Art des Handelns, die die Fähigkeit besitzt, auf den Einzelnen einen äußeren Zwang auszuüben; oder auch, die im Bereiche einer gegebenen Gesellschaft allgemein auftritt, wobei sie ein von ihren individuellen Äußerungen unabhängiges Eigenleben besitzt" (Durkheim 1980, 114 – i. O. Herv.).[3] Auch die von allen anderen gesellschaftlichen Zwecken befreite Kunst erfüllt demnach noch einen gesellschaftlichen Zweck, dessen heteronomen Vorgaben sie sich unterordnet: In ihr findet das autonome Selbstverständnis des emanzipierten Bürgertums einen Ausdruck. Ganz in diesem Sinne deutet Adorno gleich zu Beginn des Abschnitts *Gesellschaft* den Roman als eine spezifisch bürgerliche Kunstform, die nicht zuletzt von der neuen sozialen Situation des Bürgertums hervorgebracht wird (334 f.). Entsprechend gilt: „Ist Kunst [...] als Produkt gesellschaftlicher Arbeit des Geistes stets fait social, so wird sie es mit ihrer Verbürgerlichung ausdrücklich." (335) Hierin erweist sich die gesellschaftliche Totalität als eine allherrschende, die noch das vermeintlich Funktionslose von bürgerlicher Kunst ihren bestimmenden Strukturgesetzen integriert. Gerade in ihrer Autonomie bestätigt sich die „Immanenz von Kunst in der Gesellschaft" (345), ihre soziale Funktion – doch soll dieses unmittelbare Verhältnis, diese soziale Tatsache, ja gerade nicht der gesellschaftliche Wahrheitsgehalt von Kunst sein.

Hier nun kommt die kontraintuitive Bedeutung des Wortes „immanent" zum Tragen. Kunst ist nicht nur etwas der bürgerlichen Gesellschaft Immanentes, nicht allein bürgerlicher Zwecksetzung unterworfen. Vielmehr ist sich bürgerliche Kunst gerade als autonome auch *selbst* immanent, sie bleibt gewissermaßen bei sich, weil sie eine von nichtkünstlerischen Zwecken unbehelligte Welt etablieren soll. Damit aber entzieht sie sich schroff der bürgerlichen Immanenz, die wesentlich eine Welt der mehrwertproduzierenden und -akkumulierenden Ökonomie und des Tauschprinzips ist. Paradoxal formuliert Adorno dies so: „Gesellschaftlich an der Kunst ist ihre immanente Bewegung gegen die Gesellschaft" (336). Oder in

---

[3] Adorno veranstaltete im Sommersemester 1956 ein soziologisches Hauptseminar zu Durkheims *Die Regeln der soziologischen Methode*. Klein/Kreuzer/Müller-Doohm 2019, 616.

ästhetischen Begriffen: Kunst verhält sich zum Wesen der Gesellschaft durch „ihre eigene Komplexion zum Erscheinen wider die Erscheinung." (384) Der gesellschaftliche Zweck, der bürgerliche Kunst ins Leben ruft, zersetzt zugleich ihr Zweckdienliches. Soll Kunst eine vollends selbstbestimmte Sphäre werden, in der das Bürgertum sein Autonomiestreben spiegeln kann, so sagt sich Kunst im gleichen Akt vom Bürgertum los, erklärt ihm die Unabhängigkeit. Kunst wird „zum Gesellschaftlichen durch ihre Gegenposition zur Gesellschaft, und jene Position bezieht sie erst als autonome." (335) Ganz bei sich, gehorchen autonome Kunstwerke nicht der bürgerlichen Rechtsordnung, sie stellen sich vielmehr unter eigene, interne Gesetze – Autonomie wörtlich als Selbstgesetzgebung – und folgen einer innerästhetischen Logik (*siehe* Bertram), die sich aus der Sphäre des Ästhetischen und nicht aus gesellschaftlichen Vorgaben formiert. Das hängt nicht zuletzt mit der spezifischen Materialität von Kunst zusammen (*siehe* Hogh, Goehr, Koch). All ihre Materialien sind zwar gesellschaftlich bearbeitet. Keineswegs etwa ist das Tonmaterial der Musik ein bloßer Naturstoff, wie Adorno bereits in seiner *Philosophie der neuen Musik* ausführlich dargelegt hat (AGS 12, 36–42). Allerdings führt die gesellschaftliche Bearbeitung des Materials auch dazu, dass sich dieses Material immer weiter von anderen gesellschaftlichen Zwecken emanzipiert, worin eine Abstraktionstendenz des Materials begründet liegt, die in der Moderne vollends zum Tragen kommt. Philosophisch (und mit Kant) gesprochen, rufen Kunstwerke weder ein auf einen Sachverhalt der Natur gerichtetes theoretisches Urteil noch ein auf die Verwirklichung eines Handelns zielendes praktisches Urteil auf; vielmehr ist das Urteil, das sie verlangen, interesseloses, ihr Maß ist allein das Ästhetische (Hindrichs 2016, 247; *siehe* Berger). Dieses Maß wächst ihnen aus jenem Material zu, in dem sich sowohl eine ihm eigene Geschichte vollzieht als auch Bestimmungen über den Ort des Materials in der Gesellschaft wirksam sind, weswegen die so verstandene *Ästhetische Theorie* durchaus als materialistisch gelten kann (vgl. das gegenteilige Urteil bei Bubner 1973, 59; ausführlich Hindrichs 2016).

Kunstwerke, die ihrer gesellschaftlichen Bestimmung und Materialtendenz gerecht werden, verkapseln sich folgerichtig in sich selbst, kreisen um die Probleme, vor die ihr Material sie stellt, und verschließen so weit wie möglich ihre Augen und Ohren vor der realen Gesellschaft. Allerdings verläuft dieser ästhetische Individualisierungsprozess parallel zum gesellschaftlichen: Durchlaufen die Bürger mit einem Wort von Marx eine „Robinsonade" (AGS 10.1, 280; vgl. Marx 1967, 90), so werden die Kunstwerke „Monaden" (385; *siehe* Eusterschulte). Den „gesellschaftlichen Prozeß", der die Individuen vereinzeln lässt, wiederholen die Kunstwerke in ihrer Abkapselung noch einmal, „nach Leibnizens Formel repräsentieren sie ihn fensterlos." (350) Die fensterlose Monade ist die figurative Beschreibung des Grundmotivs „Immanenz der Gesellschaft im Werk" (345): Der gesellschaftliche Prozess reicht bis in die Kunstwerke hinein, allein deshalb, weil das „künstlerische Subjekt an sich [...] gesellschaftlich, nicht privat" (343) ist. Einen wirklichen *Ausdruck* für gesellschaftliche Zustände, die auf den Individuen lasten und sie bedrücken, findet das Kunstwerk, indem es der sozialen Realität den Rücken zukehrt (*siehe* Tränkle).

Dies affiziert auch das Verhältnis zwischen Werk und erfahrendem Subjekt. Auch hier führt Adorno scheinbar Gegensätzliches zusammen: Einerseits erfordern die Kunstwerke der Moderne eine „erkennende[n] Haltung" (361) statt den bloßen Genuss, andererseits gelingt deren Erkenntnis als „geschichtliche[n] Sprecher unterdrückter Natur" (364) nur in einem Moment der Überwältigung, den Adorno – in strenger Abgrenzung von der Kategorie des Erlebnisses – als „Erschütterung", als zwar nicht reale, aber erahnte „Liquidation des Ichs" (365) beschreibt. Vermittelt und spontan zugleich, sich sowohl überlassend als auch in „äußerste[r] Anspannung", wird das Subjekt im Kunstwerk seiner „eigenen Beschränktheit und Endlichkeit" inne, weil es an ihm die Möglichkeit erfährt, nicht für anderes sein zu müssen und „seine Selbsterhaltung unter sich zu lassen" (364).

14.3 Engagement und Realismus

Die Abwendung von Gesellschaft und der Verzicht auf unmittelbare Wirkung sind nicht als Ästhetizismus oder als *l'art pour l'art* misszuverstehen. Zwar handelt es sich bei diesen Kunstströmungen historisch durchaus um Formen des Protests. Sie haben sich für Adorno allerdings deswegen delegitimiert, weil ihre „Phantasmagorie einer von Zwecken ungestörten ästhetischen Welt [...] der unterästhetischen zum Alibi" (382) verhilft. Um den Gedanken zu verdeutlichen, wie eine recht verstandene Autonomie die Heteronomie, von der sie sich gelöst hat, in eine der verändernden Praxis zuneigende ästhetische Gestalt bringen kann, setzt sich Adorno mit den in der (marxistischen) Kunsttheorie kanonischen Vorstellungen einer politisch wirksamen und einer der richtigen gesellschaftlichen Anschauung entsprechenden Kunst auseinander. Sie lauten auf die Begriffe Engagement und Realismus. Verweist die Rede vom Engagement ideengeschichtlich auf Sartres *Was ist Literatur?* und verbindet sie sich bei Adorno mit dem spannungsvollen Verhältnis zu Bertolt Brecht, steht hinter der Chiffre Realismus – changierend zwischen Forderung und Gattungsbezeichnung – vornehmlich Georg Lukács. Mit ihnen allen hat sich Adorno jeweils an anderer Stelle ausführlich auseinandergesetzt – vor allem in den Aufsätzen *Engagement* (AGS 11, 409–430)[4] und *Erpreßte Versöhnung* (AGS 11, 251–280), nicht ohne Polemik, die die *Ästhetische Theorie* allerdings stellenweise zurücknimmt.

Adorno bestimmt engagierte Kunst als eine, der die politische Intention wesentlich geworden ist. Sofern mithilfe dieses Begriffs ein Kategorienapparat über die Kunst gestülpt und Kunst mechanisch nach dem Grad ihrer Fortschrittlichkeit bewertet wird, lehnt er ihn unzweideutig ab. Sachlich aber ist die Rede vom Engagement ernst zu nehmen, reagiert sie doch auf die Frage nach dem Ort des politischen Gehalts im Kunstwerk, eine Frage, die vor allem die mit Lukács verbundene marxistische Diskussion zugunsten eines, von Adorno als „voräshetisch" beschriebenen, „parti pris für Stoff und Mitgeteiltes" (AGS 11, 274) beantwortet hat. Als politisch fortschrittlich wurde Kunst hier betrachtet, wenn sie sich sozialaufklärerische Stoffe wählte, die Lage der Arbeiter, die Verkommenheit der Bourgeoisie o. ä. Unter diesem Paradigma jedoch nähert sich Kunst nicht nur der Didaktik und Pädagogik an, sondern gibt in der Unterordnung an politische Zwecke ihre Autonomie auf. Dem erteilt Adorno eine Absage. Aufgrund der bereits in der *Dialektik der Aufklärung* diagnostizierten Integrationskräfte der spätkapitalistischen Gesellschaft sowie der im Nationalsozialismus real gewordenen Drohung eines Rückfalls hinter die bürgerliche Gesellschaft gilt Adorno „wahre[r] Politik" (ebd., 430) als verstellt. „In Deutschland" – so Adorno ebenfalls in dem Essay *Engagement* – „läuft vielfach das Engagement auf Geblök hinaus, auf das, was alle sagen, oder wenigstens latent alle gern hören möchten." (ebd., 429) Der Begriff des „Geblöks" taucht auch in der *Ästhetischen Theorie* wieder auf. Er evoziert das animalisch Dumpfe, die instinkthafte Äußerung statt des reflektierten Ausdrucks, gleichsam die negative Version des leibhaften Moments der Erschütterung, das Adorno für das gelungene Kunstwerk reklamiert (363). Zwar spricht auch noch die *Ästhetische Theorie* davon, dass es sich beim Engagement häufig um „nichts als Mangel an Talent oder an Anspannung" (372) handle; und dennoch fällt das Urteil insgesamt differenzierter aus. „[G]leich subaltern" ist hier das „Geblök gegen Tendenz und gegen Engagement", das mit der Forderung konvergiert, die Kunst solle den „elfenbeinernen Turm" verlassen (367). In Wahrheit, so Adorno, verdeckt die einfache Kategorisierung als engagierte Kunst – wie auch ihre bürgerliche Gegenposition – den Zusammenhang zwischen Stoff, Intention und Form. Die landläufige Rede vom Engagement schlägt den politischen Gehalt der Aussage und der Wirkung zu. Zwar kann die Wirkung eines Werks zuweilen erhellen, „was die Kunstwerke in ihrer Dinghaftigkeit in sich verschließen" (359),

---

[4] Der dem Aufsatz zugrundeliegende Vortrag trug den für das hier Verhandelte bezeichnenden Titel *Engagement oder künstlerische Autonomie*.

sie darf aber nicht zum Maßstab werden. „Praxis", so Adorno, „ist nicht die Wirkung der Werke, aber verkapselt in ihrem Wahrheitsgehalt." (367) Zur Verdeutlichung verweist Adorno jeweils auf gewissermaßen nichtintendierte sozialpolitische Gehalte kanonischer Kunstwerke: auf das Ideal nicht „verstümmelt[er]" Liebe in Shakespeares *Romeo und Julia*, auf den Protest gegen Kleinbürgerlichkeit in Goethes *Werther* oder auf die Reflexion eines umfassenden Sinnzerfalls in Cervantes *Don Quixote* (ebd.). In ihnen ist jeweils „Engagement zur ästhetischen Produktivkraft" (ebd.) geworden, aber mitnichten ein schlicht in Kunst übertragenes politisches Ansinnen. In ähnlicher Weise deutet Adorno auch das Werk des durchaus didaktischen und der Intention nach auf unmittelbare Wirkung zielenden Brecht. Das Entscheidende seiner Dramen liegt nicht in der politischen Intention als solcher, sondern in der Verbindung von Stoffwahl und Formgesetz: „Didaxe führte ihn zu seinen dramaturgischen Neuerungen"; die Thesen des Marxismus „wurden konstitutiv, prägten das Drama zu einem Anti-Illusionären, trugen bei zum Zerfall der Einheit des Sinnzusammenhangs. Das macht ihre [Brechts Stücke – MM/RZ] Qualität aus, nicht das Engagement, aber sie haftet am Engagement, es wird zu ihrem mimetischen Element." (366)

Die in der marxistischen Orthodoxie dem Engagement entsprechende Kunstform sollte – streng dem Kampfbegriff des Formalismus gegenübergestellt – der sozialistische Realismus sein. Aber statt sich entgegen des verordneten Realismus schlicht auf die Seite der Form zu stellen, unterläuft Adorno die vermeintliche Dichotomie zwischen einer „Versöhnung mit dem Objekt" (381) durch dokumentarische Abbildung der hässlichen Wirklichkeit auf der einen Seite und einer von jeglichem Inhalt losgelösten, bloß formrevolutionären Abstraktheit auf der anderen (*siehe* Goehr). Die *Ästhetische Theorie* kehrt das Verhältnis um: So wie bei Brecht das Inhaltliche in formale Neuerung umschlägt, meldet sich beispielsweise im Konstruktivismus ein inhaltliches Moment an: Sein Rückzug von der Gegenständlichkeit registriert das Problematisch-Werden der „Adäquanz der Kunst an die entzauberte Welt" (381). Weder dürften „formale Charakteristiken" in der Kunst „umstandslos politisch interpretiert werden", noch gibt es ein „Formales ohne inhaltliche Implikate" (379). Tatsächlich verschiebt Adorno – auch dies eine Invektive gegen den inhaltsfixierten Realismus – die Verortung des Gesellschaftlichen in die Form, sie „vertritt im Kunstwerk das soziale Verhältnis" (ebd.). Im Begriff des Vertretens – verwandt dem von Adorno in Bezug auf Valéry gebrauchten Begriff des Statthalters (AGS 11, 114–126) – ist dabei das Moment der Vermittlung und der Nichtidentität mitgedacht; was man vertritt, ist man nicht selbst. Dass die Form aber diese Rolle spielen kann, ist wiederum selbst gesellschaftlich und historisch begründet. In der liberalen Ära – als der Roman und sodann der Realismus entstanden – existierte mit dem Bürgertum auch ein der realistischen Beobachtung fähiges, teilautonomes Individuum, das zwar den ökonomischen Strukturgesetzen kapitalistischer Produktion zu gehorchen hatte, aber noch nicht gänzlich in die Tausch- und Warenwelt integriert war. Daher konnte die Kunst sich die besonderen Elemente der sozialen Realität „ohne viel Federlesens [...] zueignen, ihr sinnfällig ähnlich bleiben, mit ihr kommunizieren." (379) Mit dem Übergang von der liberalen zur organisierten oder monopolistischen Phase des Kapitalismus – und damit in dem historischen Augenblick, da sowohl das Individuum als auch das Besondere verschwinden, wodurch Wirklichkeit zur „verdoppelnden Ideologie ihrer selbst" (ebd.) wird – kann der Wahrheitsgehalt der Kunst nicht mehr in ihrem realistischen Wirklichkeitsbezug liegen.

14.4 „Formgesinnung" und „Stoffwahl": Kafka und Beckett

Gelungene Kunst bringt für Adorno etwas vom Wesen der Gesellschaft zum Ausdruck. In ihrer monopol- bzw. spätkapitalistischen Verfassung ist Gesellschaft als ein der Verwaltung unterworfener, tendenziell alles integrierender Zwangszusammenhang zu begreifen (AGS 8, 9–19). Zum Ausdruck bringen kann Kunst einen solchen Zwangszusammenhang aber nicht, indem sie „beredet, bebildert, irgend imitiert", sondern indem sie das Wesen „ergreift" (384; siehe Tränkle). Kunstwerke, die sich dieser Aufgabe stellen, verbinden dabei eine spezifische Stoffwahl mit einer (wie Adorno beiläufig formuliert) „Formgesinnung" (378), verstanden als in den ästhetischen Formen wirkende Tendenz oder Perspektive genauso wie als Verschmelzung von inhaltlichen mit formalen Momenten. Zwei Modelle solcher Formgesinnung findet Adornos *Ästhetische Theorie* bei Franz Kafka und Samuel Beckett, deren beider Œuvre sich gegen sozialrealistische Lesarten sträubt.

Zunächst zum ersten Modell: „Kafka, in dessen Werk der Monopolkapitalismus nur entfernt erscheint, kodifiziert am Abhub der verwalteten Welt getreuer und mächtiger, was den Menschen unterm totalen gesellschaftlichen Bann widerfährt, als Romane über korrupte Industrietrusts." (342) Aber nicht allein die Wahl apokrypher und fernliegender Stoffe, die gerade durch ihre gesellschaftliche Randexistenz – ihr „Asoziale[s]" (335) – ins Herz der Gesellschaft stoßen, macht Kafka für Adornos dialektische Soziologie des Ästhetischen zu einem Modellfall. Mehr noch als der literarische Inhalt ist es dessen Sprachform, die nach Adornos Kafka-Lektüre den Phänomenen der spätkapitalistisch verwalteten Welt zum Ausdruck verhilft: „Während sein Werk den Mythos zu transzendieren sich versagen muß, macht es in ihm den Verblendungszusammenhang der Gesellschaft kenntlich durch das Wie, die Sprache." (342) In dieser Formulierung findet das Motiv von der mehrdeutigen Immanenz einen Widerhall und eine erneute Variation: Immanent erweist sich Kafkas Werk, indem es kein Entrinnen aus dem sozialen Verblendungszusammenhang durch Kunst behauptet. Solches Transzendenzstreben muss sich Kafka versagen, weshalb Adorno an anderer Stelle auch eine eindeutige Absage formuliert an die Adresse einer plumpen existenzial-theologischen Kafka-Interpretation, die hinter den undurchdringlichen Gewalten in Kafkas Werk das Wirken Gottes ausmachen möchte, auf das sich dann trotz Hoffnungslosigkeit noch hoffen ließe (AGS 10.1, 254 – 287). Gleichwohl transzendiert Kafkas Sprache bei aller Immanenz zugleich die verwaltete Welt, der sie entstammt. In der Frage nach dem Wie der literarischen Sprache, in der Formfrage also, verbindet sich so der gesellschaftstheoretische Aspekt mit einem anderen Hauptthema der *Ästhetischen Theorie*, mit der Deutung von Kunstwerken als Rätseln (*siehe* Hofstätter). An Ort und Stelle des Abschnitts *Gesellschaft* ist dieser Zusammenhang aufs äußerste verdichtet (342 f.). Legt man die bereits zitierten *Aufzeichnungen zu Kafka* aus den *Prismen* neben diesen Passus, dann wird das Modell sehr plastisch. Zunächst konstatiert Adorno in den Kafka-Aufzeichnungen allgemein: „Jeder Satz steht buchstäblich, und jeder bedeutet. Beides ist nicht, wie das Symbol es möchte, verschmolzen, sondern klafft auseinander, und aus dem Abgrund dazwischen blendet der grelle Strahl der Faszination. [...] Jeder Satz spricht: deute mich, und keiner will es dulden." (AGS 10.1, 255) Nicht allein die literarischen Stoffe machen Kafkas Prosa demnach apokryph. Es ist ungleich mehr die Wörtlichkeit seiner Sprache, die unablässig Rätsel produziert. In der *Ästhetischen Theorie* schreibt Adorno entsprechend, dass ein Widerspruch zwischen „Sachlichkeit" und „den durch ihren imaginären Charakter so nüchterner Darstellung entrückten Vorgängen" (342) Kafkas Sprache durchwalte. Die ästhetisch dargestellte Wörtlichkeit ist die Wiederkehr der schlechten Immanenz der Gesellschaft. Was wörtlich ist, steht vereinzelt, nur für sich, duldet keinen Weg über sich hinaus; was bedeutet, so legt es bereits das Wort nahe, möchte sich transzendieren, verweist auf anderes, das es nicht selber ist.

An diesen allgemeinen Deutungsversuch, der gerade das Abbrechen einfacher Deutbarkeit zum Thema macht, schließt sich in den *Aufzeichnungen zu Kafka* eine Detaillektüre verschiedener Texte an. Wiederkehrendes Motiv ist dabei Kafkas Phänomenologie des Abfalls und der in Vergessenheit geratenen Dinge, eine Phänomenologie der Nutzlosigkeit, wie sie sich etwa an der Figur des Odradek aus *Die Sorge des Hausvaters* studieren lässt. Mit Blick auf Gestalten wie diese schreibt Adorno: „Kafka versündigt sich gegen eine althergebrachte Spielregel, indem er Kunst aus nichts anderem fertigt als aus dem Kehricht der Realität." (AGS 10.1, 262) Der Abfall, das Ausgesonderte und Nutzlose, denen jedes Hoffen auf zukünftigen gesellschaftlichen Nutzen versagt zu sein scheint, werden so zum wahren „Statthalter" (337) der Hoffnung auf ein von Nützlichkeitserwägungen befreites Leben; aber nur negativ, indem solche Dinge in ihrer geschundenen

Stofflichkeit kein Material mehr für gesellschaftlich nützliche Arbeit liefern: „Heilmittel gegen die halbe Nutzlosigkeit des Lebens, das da nicht lebt, wäre einzig die ganze." (AGS 10.1, 286)[5] Dieser Zustand der Dinge und Kreaturen in Kafkas Erzählungen und Romanen verweist auf den Status des modernen Subjekts. War der Roman, insbesondere die Abenteuererzählung, nach Adornos Deutung Kunstform par excellence der bürgerlichen Subjektivität, so ist in der literarischen Moderne das Machen und Verarbeiten von Erfahrungen, Movens des bürgerlichen Romans (334), zunehmend verstellt. Darum gleicht der Zustand der Subjekte dem der ramponierten Kreaturen in Kafkas Kosmos. Die Erfahrungsunfähigkeit frisst sich in die Sprachform hinein, doch verharrt Kafka nicht in diesem Zustand, verleiht dem Angefressenen vielmehr expressiven Ausdruck. In Adornos Lektüre wird Kafka deshalb zum Expressionisten: „Expressionistische Epik ist paradox. Sie erzählt von dem, wovon sich nicht erzählen läßt, dem ganz auf sich eingeschränkten und damit zugleich unfreien, ja eigentlich gar nicht recht seienden Subjekt." (AGS 10.1, 278 f.)

Aus den *Aufzeichnungen zu Kafka* in die *Ästhetische Theorie* zurückkehrend, erweist sich an diesem Modell, in welcher Weise gesellschaftliche Stoffe von Kunst bearbeitbar werden.[6] Für Adorno stellt die wörtliche Übernahme gesellschaftlicher Zusammenhänge in Kunst einen fragwürdigen „Stoffwechsel mit der zweiten Natur" (343), also mit der verdinglichten Gesellschaft dar. Das heißt aber nicht, dass überhaupt nichts Gesellschaftliches in Kunst transformiert werden kann. Nur muss der Stoff dabei den „Charakter der Wörtlichkeit" verlieren (ebd.). Aus gesellschaftlicher Realität und weltlicher Immanenz stammend, entrückt Kafka seine Stoffe durch sprachliche Gestaltung dieser Realität und dem ästhetischen Realismus. „Gestaltung, welche die wortlosen und stummen Widersprüche artikuliert, hat dadurch Züge einer Praxis, die nicht nur vor der realen sich flüchtet; genügt dem Begriff von Kunst selbst als einer Verhaltensweise." (345)

Die den Ausführungen zu Kafka zugrundeliegende Denkfigur, dass die Kunst „in sich hineingehen" muss, „um über sich hinauszugehen" (386), bestimmt auch Adornos Deutung der Werke Becketts, dessen Name besonders häufig in der *Ästhetischen Theorie* auftaucht. Dem editorischen Nachwort von Gretel Adorno und Rolf Tiedemann ist gar zu entnehmen, dass es „Adornos Absicht war, das Buch Samuel Beckett zu widmen." (544) Während Kafka in Reaktion auf den

---

[5] Themen wie Nutz- und Hoffnungslosigkeit verbinden Adornos Kafka-Lektüre mit derjenigen Walter Benjamins (BGS II.2, 409–438). In seinen *Aufzeichnungen* deutet Adorno mehrfach auf diese Parallele hin. Damit dechiffriert sich indirekt die Bemerkung über Kafkas „ebenbürtige[n] Leser" (342).

[6] Dass sich Adorno in seiner Kafka-Interpretation abermals gegen Lukács wendet wird deutlich in: ANS IV.3, 329.

Verlust der Selbstverständlichkeit des Erzählens an den Grundfesten der Gattung des Romans rührt, geht Beckett werkgeschichtlich zunächst durch den Roman hindurch, um sodann durch Rückzug von der Wirklichkeit die realistische Grundhaltung des Dramas an ihre Grenzen zu treiben. Dem Rückzug auf Wörtlichkeit bei Kafka entspricht bei Beckett die „Weigerung, seine Gebilde zu interpretieren" (47), und ferner das „nichts Bedeuten" als „einzige[n] Bedeutung" (AGS 11, 305). Insofern reagiert Adornos Beckett-Lektüre einerseits – bereits im *Versuch, das Endspiel zu verstehen* wird das deutlich (ebd., 289) – auf die Forderung nach realistischer Darstellung, wie sie von Georg Lukács geäußert wurde; und andererseits auf die Tendenz der engagierten Literatur, Gesellschaft nur „künstlerisch" zu „berede[n]" (369). Bei Beckett, so ließe sich Adornos Deutung verdichtet zusammenfassen, kommt die Reduktion des Subjekts auf zur Kommunikation unfähiges Restmaterial zum Ausdruck und zwar indem diese nicht einfach positiv angezeigt wird, sondern indem die Unmöglichkeit der kohärent-sinnhaften, realistischen Darstellung zum Formgesetz der Stücke geworden ist – darin liegt das oft in verkürzter Weise als absurd paraphrasierte Spezifikum der Beckett'schen Dramatik. „Becketts Stücke sind absurd nicht durch Abwesenheit jeglichen Sinnes – dann wären sie irrelevant – sondern als Verhandlung über ihn." (230) Die stockenden, sich wiederholende Dialoge in *Warten auf Godot* oder das scheinbar einem rätselhaften, verborgenen Gesetz folgende Frage-und-Antwortspiel zwischen Hamm und Clov inszenieren gewissermaßen das Verschwinden des Sinns, ohne den keine Kommunikation wäre, verfallen dabei allerdings nicht ins Extrem einer gleichsam dadaistischen Nonsenssprache.

Mit Blick auf die im Abschnitt *Gesellschaft* verhandelte Dichotomie – zwischen einer autonomen, nur auf sich selbst gerichteten Kunst auf der einen Seite und den der Gesellschaft zugewandten, realistischen und engagierten Werken auf der anderen – steht Beckett für die wechselseitige Durchdringung sozialer Inhalte und strenger technischer Gestaltung (370). Ihre Relevanz schöpft Adornos Deutung dabei aus der Tatsache, dass Beckett sowohl als inhaltslos, gewissermaßen als reine (dramatische) Form gedeutet wurde, als auch daraus, dass seine Stoffwahl häufig zu eindimensionalen gesellschaftlichen Zuspitzungen animiert hat. Aber, wie Adorno mit Blick auf das *Endspiel* ausführt: „Das Endspiel ist weder ein Atomstück noch inhaltslos; die bestimmte Negation seines Inhalts wird zum Formprinzip und zur Negation von Inhalt überhaupt." (371) Für Adorno denunziert Beckett die autonome wie die realistische Kunst. Anders gesagt, Beckett ist genau dort realistisch, wo es ihm vom sozialistischen Realismus Lukács'scher Lesart abgesprochen wird: in der Reduktion der „Menschen auf ihre Tierheit" (AGS 11, 289) wie in der Darstellung des „Schäbige[n]" und „Beschädigte[n]" (53). „Die kindisch-blutigen Clownsfratzen, zu denen bei Beckett das Subjekt sich desintegriert, sind die historische Wahrheit über es" (370). Und insofern der sozialistische Realismus die Darstellung des Negativen unter Kuratel stellt und der Maßgabe verschreibt, Positives, Erhebendes und Ermutigendes künstlerisch zum Thema zu machen, bezeichnet ihn Adorno selbst als „kindisch" (ebd.). Der inhaltlichen Zerrüttung von Sinn aber korrespondiert im Formalen die zerbrochene Einheit der Stücke selbst. Zwar gibt es beispielsweise die Einheit von Ort und Handlung, aber nur noch als Parodie: der Ort ist aufs Äußerste reduziert, so dass es sich um keinen und jeden handelt; die Handlung beschränkt sich auf Verharren, Sitzen, Gehversuche und körperliche Verrichtungen, deren Zeitmodus wiederum die Wiederholung ist – im Grunde die Karikatur einer intentionalen Handlung – und das Warten auf eine Katastrophe, die nicht eintritt oder schon dagewesen ist. Vor dem Hintergrund der Häufigkeit, mit der Beckett in der *Ästhetischen Theorie* auftaucht – Beckett gilt Adorno als nichts weniger als die „Spitze" der „gegenwärtigen Antikunst" (403) – verwundert es nicht, dass die Denkbewegung im Abschnitt *Gesellschaft* in eine durchaus starke Forderung übergeht: „In jeder noch möglichen [Kunst – MM/RZ] muß soziale Kritik zur Form erhoben werden, zur Abblendung jeglichen manifesten sozialen Inhalts." (371)

14.5 Kunstmarkt und -geschichte

Adorno stellt jedoch weder einen Regelkatalog für Kunstwerke auf, noch verortet er den politischen Gehalt einseitig auf Seiten der ästhetischen Moderne. Schon die beflissene Einordnung (kurz: Verwaltung) der Kunst, gemäß ihres Ortes in der Geschichte, ihres Stils oder ihrer Schule, gilt Adorno als Ausdruck der umfassenden Organisation der Gesellschaft überhaupt, als Ausdruck des omnipräsenten Tauschgesetzes (371). Wie sich an vielen Stellen des Abschnitts *Gesellschaft* zeigt, verbinden sich mit den ästhetischen Reflexionen jeweils Rückbindungen an das historische Schicksal der Kunst wie an ihren Ort im kapitalistischen Produktionsprozess: den Kunstmarkt. Das Verhältnis autonomer Kunst zur Gesellschaft ist gespalten, schizophren. Der Doppelcharakter von Kunst als zugleich von gesellschaftlicher Arbeit zehrender und der Gesellschaft vehement entgegengesetzter muss sie sozusagen in einen Wahnzustand treiben: „Jedes Kunstwerk heute, auch das radikale, hat seinen konservativen Aspekt; seine Existenz hilft, die Sphären von Geist und Kultur zu befestigen, deren reale Ohnmacht und deren Komplizität mit dem Prinzip des Unheils nackt zutage treten." (348) Der konservative Aspekt einer jeden Kunst erklärt sich gleich zu Beginn des Abschnitts, denn „in der Distanz läßt sie" – Kunst – „die Gesellschaft, vor der ihr schaudert, auch unbehelligt." (335) Weil autonome Kunst einen Raum konstituiert, der von heteronomen gesellschaftlichen Zwecken möglichst freigehalten werden soll, verführt sie notwendigerweise auch zum kontemplativen Verhalten, zur Abkehr von Gesellschaft und Politik. Bei aller Notwendigkeit, sich durch kritische Reflexion einer rein kontemplativen Haltung zu widersetzen, ist der konservative Aspekt von Kunst und Kultur Adorno zufolge jedoch auch „mehr als nur Ideologie: Gesellschaft nicht bloß die Negativität, welche das ästhetische Formgesetz verurteilt, sondern noch in ihrer fragwürdigsten Gestalt der Inbegriff des sich produzierenden und reproduzierenden Lebens der Menschen." (Ebd.) Aus ihrer Verstrickung in die Gesellschaft lässt sich Kunst beim besten Willen nicht herauslösen, sie ist beileibe nicht das Refugium des ganz und gar Anderen, keine Sphäre der Erlösung – zumal autonome Kunst nur als soziale Tatsache, als Produkt der warenproduzierenden bürgerlichen Gesellschaft entstehen konnte.

Am konfliktreichen Verhältnis von Kunst und Kunstmarkt lässt sich dies verdeutlichen. Einerseits widersetzt sich autonome Kunst dem Markt. „Fürs Herrschaftslose steht ein nur, was jenem [dem Tauschprinzip – MM/RZ] nicht sich fügt; für den verkümmerten Gebrauchswert das Nutzlose. Kunstwerke sind die Statthalter der nicht länger vom Tausch verunstalteten Dinge" (337). Andererseits hat Kunst immanent ein Streben zu ihrer Vermarktlichung. Die Warenform ist den Kunstwerken keineswegs äußerlich, „weil künstlerische Arbeit gesellschaftliche Arbeit ist [...]. Daß Kunstwerke, wie einmal Krüge und Statuetten, auf dem Markt feilgeboten werden, ist nicht ihr Mißbrauch sondern die einfache Konsequenz aus ihrer Teilhabe an den Produktionsverhältnissen." (350 f.) Als „faits sociaux" konnten sich Kunstwerke dem Herrschaftsanspruch von Hof und Kirche entwinden, weil sie sich dem Bürgertum warenförmig feilboten. Nicht erst die als Spekulationsobjekte dienenden Werke eines explodierenden Kunstmarktes unterliegen dieser Tendenz. Selbst die allein mit sich beschäftigte, von heteronomen Vorgaben wie denen des Marktes sich abkapselnde Kunst, *l'art pour l'art*, ist für Adorno weder unschuldig noch dem Markt gar so fremd, wie es scheinen mag. Sie macht sich sozial schuldig, weil sie „über die uralte Schuld in der Trennung körperlicher und geistiger Arbeit" (337) hinwegtäuscht. Und ihre Schönheit „betrügt dadurch über die Warenwelt, daß sie sie ausspart; das qualifiziert sie als Ware." (352) Was den Schein erweckt, es sei vom Tauschwert und vom dreckigen Geschäft der Warenproduktion ganz unbefleckt, lässt sich mit diesem Versprechen seiner Unschuld umso leichter zur Ware machen. Das gilt auch für Kunst, die sich dessen bewusst ist und auf dieses ideologische Moment reagiert. „Durchaus unideologisch ist Kunst wohl überhaupt nicht möglich." (351) Ebenso vorstellbar ist für Adorno daher, dass ein primär für den Kunstmarkt geschaffenes Werk über diese Funktion hinausreicht, einen ästhetischen Wahrheitsgehalt besitzt. Entscheidend ist weder die Stellung im Produktionsprozess noch die simple Abkehr von Inhaltlichem, sondern wie Kunstwerke dies jeweils in sich austragen:

> Daß Werke der Kommunikation absagen, ist eine notwendige, keineswegs die zureichende Bedingung ihres unideologischen Wesens. Zentrales Kriterium ist die Kraft des Ausdrucks, durch dessen Spannung die Kunstwerke mit wortlosem Gestus beredt werden. Im Ausdruck enthüllen sie sich als gesellschaftliches Wundmal; Ausdruck ist das soziale Ferment ihrer autonomen Gestalt. (353)

Womöglich zeigt sich an letztzitiertem Passus eine diskrete Verschiebung im Werk Adornos. Hatten seine Betrachtungen *Über den Fetischcharakter in der Musik* von 1938 noch sehr strikt zwischen den Potentialen autonomer Kunstmusik einerseits und kulturindustrieller Fetischisierung eines „Waren-Hören[s]" (AGS 14, 21) andererseits unterschieden,[7] so scheint diese recht eindeutige Gegenüberstellung Ende der 1960er Jahre nicht mehr möglich. Angesichts der gesellschaftlichen Integration und ökonomischen Aufwertung der künstlerischen Avantgarde vermögen ihre Werke kaum noch vergleichbare Erschütterungen zu verursachen wie am Beginn des Jahrhunderts. Angesichts dieser Situation aber nimmt rückblickend auch die Warenförmigkeit von Kunst neue Gestalt an. So schreibt Adorno in der *Ästhetischen Theorie*, autonome Kunstwerke seien „absolute Ware als jenes gesellschaftliche Produkt, das jeden Schein des Seins für die Gesellschaft abgeworfen hat, den sonst Waren krampfhaft aufrecht erhalten" (351). Insofern das moderne Kunstwerk prätendiert, keinen Gebrauchswert zu haben, zeigt es in seiner „Abstraktheit" und „Unbestimmtheit" als „Mimesis ans Verhärtete und Entfremdete" spiegelbildlich den Zustand einer Gesellschaft an, in der „weithin der Tauschwert, nicht mehr der Gebrauchswert genossen" wird (39 f.). Diese Reflexion einer realen gesellschaftlichen Tendenz in der Kunst beschreibt einen „Umschlag von Ideologie in Wahrheit" (351), der aber nur ästhetisch erscheinen kann, nicht in der Wirklichkeit, wo das Kunstwerk eine zu verkaufende Ware unter anderen bleibt. Anklingen mag in dieser ästhetischen Figur die Idee einer „vollendete[n] Negativität", die „zur Spiegelschrift ihres Gegenteils zusammenschießt" (AGS 4, 283), wie es in den *Minima Moralia* heißt. Entfremdete, unverständliche und insofern unvernünftige Kunst wird zum Statthalter der hoffnungslosen Hoffnung, dass die gesellschaftliche Unvernunft des Kapitalverhältnisses irgendwann doch noch praktisch aufgehoben werde.

Wie das Verhältnis autonomer Kunst zum Markt, so bestimmt die *Ästhetische Theorie* aber auch das Verhältnis von Avantgarde und Masse als ein dialektisches. Denn auch „[a]vantgardistische Doktrinen" lassen sich „elitär umfunktionier[en]" (377) – ganz zu schweigen von der potenziellen Anschlussfähigkeit an faschisti-

---

[7] Plastisch werde dies am Verhalten von Konzertbesuchern, die eine äußerliche Beziehung zum Musikgeschehen haben, denn „recht eigentlich betet der Konsument das Geld an, das er selber für die Karte zum Toscaninikonzert ausgegeben hat." AGS 14, 24 f.

sche Bewegungen, wie Adorno mit Verweis auf den Futurismus betont. Vielleicht weil Adorno der Vorwurf des Elitismus, nicht zuletzt durch die Studentenbewegung, wohlbekannt war, betont er die „Rancune", die die „elitäre Absonderung der avancierten Kunst" hervorruft: „in den Massen gegen das auch durchs Bildungsprivileg ihnen Versagte; in der Haltung nicht weniger ästhetisch Fortgeschrittener seit Strindberg und Schönberg gegen die Massen" (ebd.). Weder das eine noch das andere verhängt aber per se ein Urteil über das jeweilige Kunstwerk. Die Frage ist vielmehr, ob sich das „Gewaltsame" einer „soziale[n] Attitüde" auch in der künstlerischen Form wiederfindet, ob es sich beispielsweise, wie Adorno an Stefan George ausführt, auch den „Gewaltakten der Sprache" mitteilt (369).

14.6 Ende offen

Wie sich den verschiedenen Bearbeitungsstufen des Manuskripts entnehmen lässt, war sich Adorno bis zuletzt unsicher über das Ende der *Ästhetischen Theorie*. Zwischenzeitlich sollte das Buch mit dem Unterabschnitt „Kunst und das Elend der Philosophie" und mit der Idee des Friedens enden, dabei sichtbar Momente der Einleitung aufnehmend. In jener Passage variiert Adorno abermals das Leitmotiv von Kunst als autonom und „fait social": Indem Momente der sozialen Realität der Kunst „injiziert" und ihren Konstruktionsprinzipien unterworfen werden – ein Akt der „Sabotage" an Kunst –, explodiert der „Trug ihrer reinen Immanenz" (383). Diese Injektion von Sozialem in Kunst zersetzt aber nicht nur den Schein ästhetischer Geschlossenheit von Kunstwerken, sie ist zugleich eine Form von Ästhetisierung und Rettung: Herausbrechen von Wirklichkeitsfragmenten aus ihrer alltäglichen Hässlichkeit und Überführung in die Sphäre des künstlerisch Schönen, sei es dies auch noch so gebrochen. Entsprechend hätten die Schlusssätze der *Ästhetischen Theorie* in dieser Variante dann so gelautet: „Das Schöne in der Kunst ist der Schein des real Friedlichen. Dem neigt noch die unterdrückende Gewalt der Form sich zu in der Vereinigung des Feindlichen und Auseinanderstrebenden." (Ebd.) Unverkennbar versucht diese Formulierung, die Idee des Schönen in der Kunst nicht schlechterdings preiszugeben. Den Randbemerkungen letzter Hand ist jedoch auch zu entnehmen, dass Adorno selber noch nicht schlussendlich darüber entschieden hatte, ob das Buch derart emphatisch schließen soll.[8] In letzter Redaktion jedenfalls entschieden die Heraus-

---

8 Auskunft über die letzten Bearbeitungsschritte Adornos und die redaktionellen Entscheidungen nach seinem Tod geben neben der Typoskriptfassung letzter Hand im Theodor W. Adorno Archiv (Adorno 1969) zwei Aktenordner aus Rolf Tiedemanns Nachlass mit der Beschriftung

geber der *Ästhetischen Theorie*, mit einem Unterabschnitt gegen „falsche Versöhnung" zu enden (383–387). Mit dieser Entscheidung wird noch einmal das Augenmerk auf Kunst als Statthalterin einer humaneren, „veränderten Gesellschaft" (386) gelegt. Solange jedoch die gesellschaftliche Negativität andauert, in der eine unmenschliche Einrichtung der Verhältnisse peinigenden Zwang auf die Menschen ausübt, solange muss Kunst „das Gedächtnis des akkumulierten Leidens" (387) bleiben, kann also ihrerseits nur negativer Vorschein einer „befriedeten Gesellschaft" sein (386). Ob – und wie – die Kunst zu Ende geht, wird nur die Geschichte zeigen. Die Geschichte aber ist offen.

Literatur

Adorno, Theodor W. 1969: Ästhetische Theorie. Typoskriptfassung letzter Hand, in: Theodor W. Adorno Archiv, Frankfurt a. M., Ts 18210–18293

Adorno, Theodor W. 1970: Ästhetische Theorie (Verlagsmanuskript), in: Nachlass Rolf Tiedemann, Archiv der Akademie der Künste Berlin

Bubner, Rüdiger 1973: Über einige Bedingungen gegenwärtiger Ästhetik, in: Neue Hefte für Philosophie 5, 38–73

Durkheim, Émile 1980: Die Regeln der soziologischen Methode, Frankfurt a. M.

Hindrichs, Gunnar 2016: Ästhetischer Materialismus, in: Zeitschrift für kritische Sozialtheorie und Philosophie 3/2, 246–255

Klein, Richard [2]2019: Deutschland II: Philosophische plus politische Resonanz, in: ders./Johann Kreuzer/Stefan Müller-Doohm (Hrsg.), Adorno-Handbuch: Leben – Werk – Wirkung, Stuttgart, 554–568

Klein, Richard/Kreuzer, Johann/Müller-Doohm, Stefan [2]2019: Vorlesungen und Seminare, in: dies. (Hrsg.), Adorno-Handbuch. Leben – Werk – Wirkung, Stuttgart, 615–618

Marx, Karl 1967: Das Kapital, Band 1, in: Marx/Engels Werke, Band 23, Berlin/Ost

---

„Theodor W. Adorno, Ästhetische Theorie" (Adorno 1970). Die Ordner enthalten die bearbeite Abschrift der „Fassung letzter Hand", die vermutlich als Druckvorlage an den Suhrkamp Verlag ging.

Alexander García Düttmann
15 Paralipomena

Liest man das Nachwort, das Rolf Tiedemann der von ihm und Gretel Adorno aus dem Nachlass herausgegebenen *Ästhetischen Theorie* Adornos beigefügt hat, so handelt es sich bei den etwa neunzig Seiten umfassenden Fragmenten, die er unter dem Titel *Paralipomena* zusammengestellt hat und zu denen als eigenständiger längerer Abschnitt auch die Gedanken zu *Theorien über den Ursprung der Kunst* gehören (siehe Angehrn), um „nachträglich geschriebene Einfügungen" und um „Separatabschriften", das heißt: um „aus dem ursprünglichen Text ausgegliederte Passagen, die an einer anderen Stelle ihren endgültigen Platz finden sollten" (543). Weil Adorno „nur selten" die Stellen genauer gekennzeichnet hat, an dem diese Fragmente in den Text eingepasst werden sollten, erwies sich, so Tiedemann, ihre Eingliederung als „undurchführbar" (ebd.). Es boten sich dem Herausgeber immer zu viele Stellen an, so dass seine Entscheidung einen allzu willkürlichen Charakter beibehalten hätte. Die Willkür der Entscheidung wäre auch dadurch noch verstärkt worden, dass die Eingliederung der Fragmente die „Formulierung von Überleitungssätzen" (544) erfordert hätte. Es bleibt abzuwarten, wie eine historisch kritische Ausgabe der *Ästhetischen Theorie* mit diesen Fragmenten umgeht.

Die Anordnung der hunderteinundfünfzig Fragmente oder Paralipomena geht auf Tiedemann selber zurück. Obwohl sie anders als die Unterabschnitte im durchgehenden Text der einzelnen Abschnitte, aus denen die *Ästhetische Theorie* besteht, ohne jene thematischen Stichwörter auskommen, ohne die „headings", die der Herausgeber „oft" von Adorno übernommen hat (ebd.), scheint die Anordnung eine von Themen zu sein. Fragmente, die sachlich mehr oder weniger miteinander verwandt sind, werden somit zu Gruppen zusammengestellt, die wiederum durch Absätze oder Abstände, die größer sind als die zwischen den gruppierten Fragmenten, voneinander getrennt sind. Solche größeren Absätze oder Abstände trennen auch im durchgehenden Text die Abschnitte voneinander, die nur im Inhaltsverzeichnis ausdrücklich als solche ausgegeben werden, durch die Überschriften, die sie jeweils erhalten. Insgesamt lassen sich in den *Paralipomena* zwölf kleinere oder größere Gruppierungen ausmachen. Das entspricht numerisch genau der Einteilung des durchgehenden Texts in zwölf Abschnitte. Wollte man die lose innere Fügung der verschiedenen Gruppen jeweils durch die Nennung des Themas oder der Themen identifizieren, die in ihnen vorherrschen, so zeigt sich, dass das Thema oder die Themen häufig mit denen der zwölf Abschnitte des durchgehenden Texts übereinstimmen. So wird man etwa in der vierten Gruppe der *Paralipomena* auf Gedanken zum Naturschönen stoßen, zur Natur als Bild, in der zwölften Gruppe vor allem auf Gedanken zum Verhältnis von Kunst und Gesellschaft. Die Anordnung der Gruppen spiegelt allerdings nicht immer die der Abschnitte. Es gibt mindestens vier Ausnahmen. Fragmente zur Wahrheit und zum Rätselcharakter sind in der fünften Gruppe untergebracht, während sie im durchgehenden Text im siebten Abschnitt vorkommen. Fragmente zum Geistigen in der Kunst stehen eher in der dritten Gruppe als in der fünften, wo man sie erwartet hätte, wenn man das Spiegelbild als Anordnungsprinzip zugrunde legt. Die Spiegelung ist eine unterbrochene, erklärt und erklärt die Anordnung nicht. Man kann demnach nicht *einfach* behaupten, wie es Martin Endres apodiktisch tut, dass die *Paralipomena* von Tiedemann „gänzlich unsortiert" (Endres 2019, 103) abgedruckt wurden, als wäre diese Abteilung der *Ästhetischen Theorie* nichts anderes als eine „große Restetonne" (ebd., 106). Wer jedoch die *Paralipomena* als eine *Ästhetische Theorie* im Kleinen betrachtet und liest, kann sich auf eine Verdoppelung der Anordnung nicht verlassen.

Wenn man aber unabhängig von der Anordnung der Fragmente die *Paralipomena* als eine *Ästhetische Theorie* im Kleinen betrachten und lesen will, steht der Kommentator vor einer Schwierigkeit. Denn bei den *Paralipomena* kann sich jeder bedienen, ohne sich unmittelbar um einen Argumentationszusammenhang zu kümmern. Er muss höchstens, wenn er sich von Gründlichkeit und Ausführlichkeit leiten lässt, wissenschaftlich vorgehen will, Fragmente mit Passagen im Haupttext in Verbindung bringen, die sich inhaltlich mit ihnen decken, oder mit anderen Fragmenten in den *Paralipomena*, Kontinuitäten und Diskontinuitäten in der Gedankenführung feststellen, Abweichungen, Wiederholungen und Fortführungen verorten, Neues und Einmaliges entdecken, das die Suche nach einer Korrespondenz oder Variation an anderer Stelle zu einer müßigen Suche macht. Ein Kommentator, der sich mit einem bestimmten Abschnitt der *Ästhetischen Theorie* beschäftigt, kann von einer gewissen thematischen Einheit ausgehen, von einem Schwerpunkt. Er kann, wenn er sich zum Beispiel den vierten Abschnitt vornimmt, erwarten, dass er hier zunächst Adornos Gedanken zur Erfahrung und zum Begriff des Naturschönen vorfinden wird. In der Sekundärliteratur erhält er über sie dann vielleicht weitere Auskünfte, begegnet er dann vielleicht verschiedenartigen oder sogar entgegengesetzten Deutungen. So kann er diese Gedanken in ihrem Zusammenhang, ihren Verzweigungen, ihren Implikationen, ihrem geschichtlichen Stellenwert nachgehen, sie kritisch beleuchten und sie in die Tradition einer seit Jahrhunderten anhaltenden kunstphilosophischen Auseinandersetzung einordnen. Der Kommentator, der sich hingegen mit den *Paralipomena* beschäftigt, ist entweder überfordert oder unterfordert. Überfordert ist er in dem Maße, in dem er den Versuch unternimmt, von einem oder mehreren affinen Fragmenten auszugehen, um sie und schließlich alle anderen Fragmente im Licht der in den Abschnitten des durchgehenden Texts oder des Haupttexts entfalteten Gedanken zu beurteilen – ein Versuch, der am Ende einem integralen Kommentar der *Ästhetischen Theorie* gleichkommen würde. Unterfordert ist er jedoch in dem Maße, in dem er das Problem, die Fragmente in den Haupttext zu integrieren oder sie doch in ein Verhältnis zu ihm zu setzen, zu den in ihm enthaltenen Gedanken, ernst nimmt und sich weigert, ihre wie immer auch zufällige, von dem fragmentarischen Wesen des gesamten Werks bedingte Widerspenstigkeit gegen ihre Einbeziehung in eine Totalität zu leugnen. Will er dies zumindest für einige Fragmente leisten, statt ihre virtuelle Erlösung von ihrem fragmentarischen Sein zu betreiben und die Spur der Endlichkeit im Reich des Denkens zu verwischen, bleibt ihm der Vorwurf der Willkür nicht erspart, der Vorwurf, dass er das Arbiträre ins Fatale verwandelt, den Zufall in eine Notwendigkeit, die dem Denken gar nicht zukommt, ihm stets auch äußerlich bleibt, so hartnäckig sich der Zufall behaupten mag. Will er es für alle Fragmente leisten, jedes für sich untersuchen, als stünde es allein, wird er möglicherweise Anerkennung für eine große, aber subalterne Fleißarbeit erhalten, nicht viel mehr. Die *Paralipomena* fordern den Kommentator heraus. Weil sie gar kein Gegenstand eines Kommentars sein können, seine Grenzen aufzeigen?

Ein Kommentar kann entweder dogmatisch seinen Gegenstand als einen gegebenen voraussetzen, als einen, um dessen Einheit und Wiedererkennbarkeit er sich nicht zu kümmern braucht, oder er kann mit einer Reflexion einsetzen, die die Gegebenheit des Gegenstands selber, des Texts, zum Gegenstand hat. Wo beginnt der Text, wo endet er, was gehört zum Text, was nicht? An den *Paralipomena* könnte man dann die Schwierigkeit des Kommentars ablesen, eine Schwierigkeit, die nicht nur die *Ästhetische Theorie* bereitet, weil sie eben ein unfertiger, vom Autor nicht abgeschlossener oder in eine endgültige Fassung gebrachter Text ist, sondern jeder Text. Für den Kommentar bedeutet das, dass er sich immer zwischen den Extremen der Über- und der Unterforderung bewegt, selber Entscheidungen treffen, den Text gleichsam einrichten muss, sich auf keine Philologie verlassen kann, um ein Maß, ein maßvolles und gemäßigtes Verhältnis zum Text für sich in Anspruch nehmen zu können. Hat die Erosion des Dogmatismus erst einmal begonnen, hat man erst einmal angefangen, sich zu fragen, wo man anfangen und wo man aufhören soll, was dazu gehört und was nicht, gibt es kein Halten mehr, jedenfalls nicht, wenn man sich als Kommentator tatsächlich dem Text überlässt, ihn nicht mit einer von der Intention und der Autorität des Autors abhängigen Gestalt oder Form verwechselt. In der schlechten Unendlichkeit der *Paralipomena*, die ja wie jede schlechte Unendlichkeit eine nicht überwundene oder aufgehobene Endlichkeit ist, eine Endlichkeit, die insistiert, kommt die Schwierigkeit eines jeden Kommentars zum Vorschein. Was ein Paralipomenon auszeichnet, ist, dass es immer noch eines mehr oder eines weniger geben kann, so wie der Kommentar eines vermeintlich fertigen oder fertiggestellten Texts immer noch auf einen weiteren Aspekt des Kommentierten aufmerksam machen kann oder nicht, so naheliegend ein solcher Hinweis sein mag oder so weit abgelegen der fragliche Aspekt auch ist. Was dem einen Kommentator oder dem einen Kritiker eines Kommentars an den Haaren herbeigezogen scheint, abwegig, bleibt für den anderen ein Indiz, das man nicht vernachlässigen darf. Nur die Institution mit ihrer Idee von Wissenschaftlichkeit, von historischer und systematischer Berücksichtigung, wie die Formel dann lautet, zieht die Grenzen, die zu überschreiten – oder zu unterschreiten – ein Kommentator stets versucht sein wird, ein Kommentator zumindest, der wahrhaft einer ist, der also einen lebendigen und darum unabwendbar idiosynkratischen Bezug zu seinem Gegenstand hat, nicht einen zugerichteten. Unter dem Blick des Kommentators wird ein Text, ungeachtet seiner von ihm gesetzten und gerechtfertigten Einheit, an der auch die Unterscheidung von Primär- und Sekundärliteratur festgemacht wird, zu einem Paralipomenon oder zu einer Reihe von Paralipomena. Die Frage, die ihn regelmäßig heimsucht, ist die, was bleibt, ja, ob etwas bleibt.

Deshalb ist vielleicht *dem* Kommentator am meisten noch zu trauen, der übermütig genug ist, sich unbelastet, mit einer gewissen Unbekümmertheit und einer nicht gänzlich fingierten Naivität einem Text zu nähern, um gleichsam auf etwas zu setzen, das mit dem Text zu tun hat. Und deshalb ist ein Kommentar der *Paralipomena* der *Ästhetischen Theorie* aus institutioneller Sicht eine unangemessene und verdächtige Angelegenheit, aus nicht-institutioneller Sicht aber eine, die keiner weiteren Legitimierung bedarf. Ob der Kommentar anregend ausfällt, anregend für einen prospektiven Autor oder Kommentator, ob der riskierende Kommentator, der Kommentator, der einen Einsatz wagt, am Text etwas erschließt, indem er ihn gerade bis zu dem Punkt über sich hinaustreibt, an dem man ihn nicht einfach mehr wiedererkennt, müssen Leserinnen und Leser entscheiden.

Die Naivität des Kommentators ist die, die Adorno in einem Paralipomenon für das „ästhetische Bewußtsein" vindiziert, das, um überhaupt an das Werk zu rühren, daran teilzunehmen, sich dagegen sträuben muss, seine „Erfahrungen vom kulturell gerade Geltenden" (401) regulieren zu lassen. Das kann es aber nur, weil es ebenso wenig wie das Werk in der gesellschaftlichen Vermittlung aufgeht. Naivität, die Kraft „spontanen Reagierens" mobilisiert Verblendung gegen sich selber, gegen die Kraftlosigkeit oder die Ohnmacht der Borniertheit, um aus der Befangenheit, der Unfreiheit und der Unterwerfung unter etwas „Aufgenötigte[s]", aus der Heteronomie, die die Verblendung definieren, ein „Ferment" zu machen (ebd.). Naivität erweist sich somit als ein Begriff, der in dem Bereich einer „Kritik am chemisch reinen Verhalten zur Kunst" (ebd.) verortet werden muss, um die Formulierung eines Programms aus dem Paralipomenon zu zitieren, das in der von Tiedemann und Gretel Adorno besorgten Ausgabe der *Ästhetischen Theorie* unmittelbar dem Fragment über Naivität vorausgeht.

Die Naivität, für die Adorno eine Lanze bricht, für die er sich einsetzt, setzt auf „Partikulares" – auf „schöne Stellen", wenn man unter Schönheit, kantisch, eine erfahrene Intensität versteht, die auf eine „Dichte von Erfindung und Faktur" (449) im Werk schließen lässt. Sie ergreift, ob sie es weiß oder nicht, für das „Teilganze" (ebd.) Partei, das das Ganze negiert und dabei einer „Forderung" des Ganzen nachkommt, des Ganzen, das sich gegen sich selbst kehrt und, paradox, dadurch nur Ganzes sein kann. Sie widerspricht damit nicht nur der Idee eines „Ganzen", dem sich jedes „Teilganze" unterordnen muss, sondern meldet, ob sie es weiß oder nicht, auch Zweifel an der für die Organisation der *Ästhetischen Theorie* so zentralen Idee einer paratakischen „Gestaltung" an, die jedes Teil „gleich nah zum Zentrum" rückt, „ohne zu erschlaffen" (ebd.). Warum? Wohl, weil es Intensität ohne graduellen Unterschied gar nicht geben kann, ohne stärkere und schwächere Intensitätsgrade – wenn alles gleich intensiv wäre, würde sich die Intensität abschaffen –, ohne das mit Parataxis unverträgliche „Sekundäre" (ebd.), das es allein in einem widersprüchlichen Ganzen geben kann, in einem Ganzen, das von seinen Teilen eben auch „fordert", dass sie sich von ihm lossagen, aus ihm herausragen. Die Naivität leistet, ob sie es weiß oder nicht, Widerstand gegen die „ästhetische Askese", die sich auf das „Detail" und die „atomistische Verhaltensweise des Rezipierenden" richtet (ebd.). Denn solche Askese entzieht dem Werk – und dem Kommentar der *Ästhetischen Theorie* – eben ein „Ferment", das des „Angerührtwerden[s]" oder der „Bezauberung" als Augenblick der „Elevation" oder der Erhabenheit (ebd.). Ist das „Angerührtwerden" als „Angerührtwerden" von einem Detail, einem Teil oder Teilganzen, einer schönen Stelle, nicht selbst zwangsläufig diffus, so dass die Frage nach einer Gestaltung, nach einer Form, die das einzelne als „Ferment" erhält, als eines, das weder sich dem Ganzen unterordnet noch durchartikuliert genug ist, um „gleich nah zum Zentrum" zu stehen, sich als Frage nach einer „lose[n]" (454) Verbindung des Diffusen erweist, nach einer Verbindung, die eigentlich keine ist, nach einer Verbindung ohne Verbindung? Ist die Form nicht insofern auch ein „Kraftfeld" (434) und ein „Offene[s]" als sie danach streben muss, nicht Hypotaxe und nicht Parataxe zu sein, nicht „Repräsentanz des Offenen" (436), wohl aber eine unverbundene oder „lose" Verbindung von Diffusem? Die Idee einer losen Verbindung des Diffusen skizziert Adorno im Zusammenhang mit Mozarts Formverständnis: „Das Gewaltlose an Mozart rührt daher, daß er noch in der Balance das qualitative Sosein der *Details* nicht verkümmern läßt, und was mit Grund sein Formgenie heißen darf, ist nicht die für ihn selbstverständliche Meisterschaft im Umgang mit den Formen sondern seine Fähigkeit, diese ohne herrschaftliches

Moment zu verwenden, durch sie lose gleichsam das Diffuse zu verbinden." (454 – Herv. AGD)

Das „ästhetische Bewußtsein" (401), das Bewusstsein, das sich bewusst, reflexiv und selbstreflexiv, „unnaiv", kritisch urteilend zur Kunst oder zu einem Kunstwerk verhält (391),[1] ist, wie man an der für es ebenfalls unabdingbaren Naivität zu erkennen vermag, an der Naivität, die in einer Spannung zur „Unnaivetät" steht, stets auch das Bewusstein eines „transästhetische[n]" Subjekts (401). Insofern der Kommentator der *Ästhetischen Theorie*, der *Paralipomena*, zwar nicht zu einem Kunstwerk sich verhält, nicht nach den Regeln der Wissenschaft, die zwischen Ästhetik und Kunst unterscheidet, aber doch eine Position einnimmt, die durch die im „ästhetischen Bewußtsein" angelegte Selbstreflexion erst gewonnen werden kann, muss er selber, als ein erweitertes „ästhetisches Bewußtsein", ein „transästhetisches" oder metaästhetisches Subjekt sein (ebd.). „Transästhetisch" oder „metaästhetisch" meint, dass das „ästhetische Bewußtsein", das Bewusstsein des Künstlers, des Kunstbetrachters oder des Kommentators der theoretischen Kunstbetrachtung, das Diffuse nicht einfach als kunstfremd brandmarkt. „Transästhetisch" oder „metaästhetisch" meint, dass sich das Subjekt oder das Bewusstsein, das sich zur Kunst und zur Theorie oder Philosophie der Kunst betrachtend und reflektierend verhält,[2] zur ästhetischen Theorie, nicht von seiner gesellschaftlichen Bedingtheit freimachen kann, von „empirischen Schichten" und der „empirischen Existenz" (ebd.). Denn die in der Ästhetik vieldiskutierte Frage nach der Teilnahme an Kunst (García Düttmann 2011, 87 ff., passim), danach, ob „Gefühle" (400), die die Kunst erregt, lediglich Quasi-Gefühle sind oder nicht (Walton 1990, passim), beantwortet Adorno eindeutig. Diese Gefühle sollen „real" und darum „außerästhetisch" sein, kognitiv zugängliche

---

[1] Wenn „[j]edes Werk" wie ein „Mime" sagt „bin ich nicht gut" und wenn Kritik, „wertendes Verhalten", darauf antwortet (392), dann liegt darin vielleicht auch ein außerkünstlerisches, ein trans- oder metaästhetisches Moment, die Antwort auf eine für die Kunst konstitutive Anmaßung, eine auf Wirkung bedachte Schauspielerei, die sie der Nicht-Kunst schon öffnet. Die kritische Antwort muss stets lauten: nein, so sehr sie in einem reflektierten und verstehenden Ja bestehen mag. Kritik entpuppt sich als Anwältin eines „chemisch reinen Verhalten[s]" (401) der Kunst – und zur Kunst – und gleichzeitig als Anklägerin eines solchen Verhaltens. Wie „chemisch rein" muss das Verhalten der Kunst – und zur Kunst – sein, wie „chemisch rein" die Kritik?

[2] Ästhetische Theorie ist Philosophie der Kunst, wo sie nachweisen möchte, dass die Kunst eine „Einheit" bildet, die nicht „abstrakt" ist, sondern „die Entfaltung der Kunst zu ihrem eigenen Begriff." (392) Ästhetische Theorie ist Philosophie der Kunst, wo sie von dem Gedanken beherrscht wird, dass „[d]as intellektiv am Werk Erkannte [...] auf dessen sinnliche Wahrnehmung" zurückstrahlt und dass diese „subjektive Reflexion" legitim ist, weil sie den „immanenten Reflexionsprozeß" wiederholt, „nochmals vollzieht", der „objektiv im ästhetischen Gegenstand stattfindet und keineswegs dem Künstler bewußt sein mußte." (463)

Gefühle, wenn anders, wie Adorno ebenfalls nahelegt, die „erkennende Haltung" als eine angesetzt werden muss, die mit der „betrachtenden", mit der Haltung des „ästhetischen Bewußtseins" unvereinbar bleibt und in der „Gegenrichtung" zu ihm angesiedelt werden muss (400 f.). Die unabdingbare Naivität des „ästhetischen Bewußtseins" des Kunstbetrachters und des Kommentators ästhetischer Theorie partizipiert am „Schulfall von Banausie", an der Identifikation mit fiktiven Figuren, ja sie partizipiert am „Amusische[n] schlechthin", an der „Identifikation mit der unmittelbaren empirischen Person", die Adorno zurecht als „falsch" bezeichnet, als ein Akt der Unaufrichtigkeit, vergrößert sie doch die Entfernung, die sie verkleinert, konsumiert sie die „Aura" (409) des anderen, und verkleinert sie doch die Entfernung, die sie vergrößert.

„Transästhetisch" oder „metaästhetisch" meint ebenso, dass das vom „ästhetischen Bewußtsein", vom Künstler und vom Kommentator anvisierte „Konvergieren" von Kunst und „Wahrheit" sich nicht in der Kunst oder als Kunst ereignet, sondern über sie hinausweist, oder dass es sich gerade dadurch, dass es sich in der Kunst oder als Kunst ereignet, nicht in ihr erschöpft (420; siehe Tränkle). Wie soll es anders sein, ist die Konvergenz ein Ende, ein Ende der Kunst, ihrer Betrachtung, ihres Kommentars, ihrer Erkenntnis, ja ist sie das Ende überhaupt, weil die Kunst und ihre Betrachtung, die ästhetische Theorie und ihr Kommentar nicht säuberlich abgesondert werden können, voneinander und von dem, was sie nicht sind oder nicht sein sollen? „Transästhetisch" oder „metaästhetisch" meint schließlich, wie bereits an der Naivität deutlich geworden ist, dass das Bewusstsein oder das Subjekt außerhalb der Gesellschaft steht, außerhalb der gesellschaftlichen Empirie, soll es sich zur Kunst und zur ästhetischen Theorie verhalten können (siehe Mettin/Zwarg).

Das „ästhetische Bewußtsein" oder das Subjekt, das Kunst betrachtet, an ihr teilnimmt, über sie reflektiert, ist ein kontaminiertes, ein unreines, ein unfreies, ein verblendetes und unterworfenes, ein dinghaftes und ein kontingentes, muss es sein, soll es zur Betrachtung und zur Teilnahme überhaupt kommen. Es lässt sich so wenig isolieren wie der Text, der theoretische oder der dichterische, literarische, künstlerische, auf den sich ein Kommentar bezieht, als ein einheitlicher fassen lässt. Seine Unbekümmertheit oder seine Naivität sind aus diesem Grund nicht nur eine Not, wo die Einheit des Texts keine dogmatische Voraussetzung mehr sein kann. Sie sind, wenn nicht eine Tugend, so doch seine einzige Chance.

Auf die Unreinheit, das „Meta" und das „Trans", stößt man zweimal, im Subjekt und in der Sache. Während sich das „ästhetische Bewußtsein" nicht in Grenzen halten lässt, die Rede von der Selbstreflexion eine stetige Erweiterung anzeigt, die von einem Verhalten zur Kunst zu einem Verhalten zur ästhetischen Theorie führt und zu einem Verhalten zu dem, was sich außerhalb von Kunst und ästhetischer Theorie befindet, in der Empirie und in der Gesellschaft, jenseits der

Gesellschaft und ihrer Empirie, lässt sich korrelativ dazu die Sache auch nicht in Grenzen halten, die Kunst und die Philosophie, der Kommentar und der Kommentar des Kommentars, die Gesellschaft und das Jenseits der Gesellschaft ... Einzig wenn man sich von dem Gedanken und der Praxis einer solchen doppelten Be- und Entgrenzung leiten lässt, kann man verstehen, wie Gefühle, die *ein Kunstwerk* hervorruft, überhaupt „real" und „außerästhetisch" sein können. Das Innen und das Außen, Autonomie und Heteronomie berühren sich in der Unentscheidbarkeit, die die Naivität des Kommentars oder des Kommentars des Kommentars in einen Fluch und in eine Chance der Kunst und der Philosophie, der Betrachtung und der Erkenntnis, der Gesellschaft und des Außen der Gesellschaft verwandeln.

Adorno übt in einem Paralipomenon Kritik an der Kategorie der erweiternden Reflexion oder Selbstreflexion. Ihre Bewegung ist eine der „Abschaffung" der Werke, als hätte es am Ende eine ästhetische Theorie der Gegenwartskunst nicht mehr mit ihnen zu tun, sondern einzig mit ihrer Möglichkeit oder mit Modellen, mit Werken, die als ihre eigene Möglichkeit geschaffen werden: „Die unabdingbare Reflexion gravitiert zur Abschaffung dessen, was reflektiert wird." (456) Das Festhalten an Naivität bremst also den Impuls solcher Gravitation ab, die Dynamik der Vergeistigung. Naivität wirkt wie eine Art Katechon, mit allen theologisch begründeten Zweideutigkeiten, die dem Begriff innewohnen (Cacciari 2013, 60 ff., passim).

Folgt man Adorno weiter, hält man sich weiterhin an die beiden angeführten Paralipomena der *Ästhetischen Theorie*, muss man feststellen, dass die selbstreflexive Erweiterung der Kunst, die sich einer „unnaiven" Betrachtung „öffnen" soll (401), das Selbst hinter sich lässt, keine Reflexion ist, die von einem Selbst bestimmt, geleitet, gelenkt wird. Dort, wo das „ästhetische Bewußtsein" vom Kunstwerk verursachte „reale Erfahrungen" macht, wo die Gefühle, die es hervorruft, „reale" sind, wo es wirklich vom Kunstwerk „erschüttert" wird, erweist sich die „Wahrheit" des Kunstwerks als die des „erschütterte[n] Subjekt[s]" selber (ebd.), wird die Grenze zwischen Subjekt und Objekt, Rezeption und Produktion, Teilnahme und Werk überschritten, durchlässig. Diese einsichtsvolle und nicht mehr bloß gefühlsmäßige Überschreitung, die man nicht als eine Selbstüberschreitung ansehen kann, weil sie auf eine Überschreitung des Selbst hinausläuft, vom Selbst nicht mehr eingegrenzt wird, ist stets ein Moment der Wahrheit. Die Einsicht, die das Selbst, das Subjekt, das „ästhetische Bewußtsein" gewinnt, ist die, dass es weder es selber noch das Kunstwerk gibt. Der „Vorrang des Objekts", der „im ästhetischen Gebilde" der Vorrang „der Sache selbst" sein soll, des Kunstwerks, „über den Hervorbringenden wie über den Empfangenden" (479), hat die Abschaffung eines dem Subjekt gegenübertretenden Objekts zur Folge. Adorno schreibt: „Das von Kunst erschütterte Subjekt macht reale Erfahrungen;

nun jedoch, kraft der Einsicht ins Kunstwerk als Kunstwerk solche, in denen seine Verhärtung in der eigenen Subjektivität sich löst, seiner Selbstsetzung ihre Beschränktheit aufgeht." (401) Die Naivität, deren das „ästhetische Bewußtsein" bedarf, um auf die Kunst oder ihre ästhetische Theorie zu setzen und seine eigene Beschränktheit aufzuheben, zielt auf eine Entgrenzung, und zwar in Gestalt einer Erfahrung der Erschütterung, die Einsicht ist und Gefühl zugleich: „Hat das Subjekt in der Erschütterung sein wahres Glück an den Kunstwerken, so ist es eines gegen das Subjekt; darum ihr Organ das Weinen, das auch die Trauer über die eigene Hinfälligkeit ausdrückt." (Ebd.)

Wenn nun im Zuge der quasi-selbstreflexiven Erweiterung das „ästhetische Bewußtsein" des Kunstbetrachters zum „ästhetischen Bewußtsein" des Kommentators ästhetischer Theorie wird und das Kunstwerk zur ästhetischen Theorie, zum Text, der den Titel *Ästhetische Theorie* trägt, so muss man mit Adorno sagen, dass der einsichtsvolle Kommentator der *Paralipomena*, der seiner Identität sich so wenig gewiss sein kann wie der Identität oder der Einheit des von ihm kommentierten Texts, einer ist, der weint, und dass seine Tränen, nie lediglich bildhaft oder übertragen, sondern immer „real", weder Tränen des Glücks noch Tränen des Unglücks sind. Wie die Einsicht aufhört, Einsicht in etwas zu sein, das das Bewusstsein oder das Subjekt unabhängig von sich betrachten können, aus der „Distanz" ihrer „Selbstsetzung" (401), ist das Gefühl nicht länger dieses oder jenes Gefühl. Man erkennt die Träne nicht wieder, ohne dass sie sich als ein gleichgültiges Sekret verselbständigt, ihr Ausdruck, das Leiden oder das Erleiden (479), in die reine Äußerlichkeit verfließt (zum Ausströmen und Versiegen oder Austrocknen der Tränen in Adornos Ästhetik vgl. Lie 2019, passim). Man verfügt nicht über eine Einsicht, ist dem Werk und sich selber nicht nah und nicht fern, integriert es nicht und reduziert es dadurch nicht auf sein „bloßes Dasein", belässt es jedoch auch nicht einfach in einer „Distanz", durch die es sein „bloßes Dasein" transzendiert (460).

In der Deutung eines Verses des Gedichts von Eduard Mörike „Das verlassene Mägdlein" bemerkt Adorno: „Verloren ging seitdem [seitdem die ‚traditionelle Ästhetik' dem Gedicht die ‚Qualität des Typischen nachgerühmt' hat – AGD] das latente Umfangensein der Einsamkeit, eine Situation, in der Gesellschaft dem gut zuflüstert, der so allein ist wie in der frühesten Dämmerung. Mit dem Versiegen der Tränen wurde dieser Zuspruch unvernehmbar." (441) Das „Versiegen der Tränen" ist ihr Eingehen in die reine Äußerlichkeit. Solange man weint, die Träne nicht zum gleichgültigen Sekret geworden ist, was ihrem „Versiegen" gleichkommt, ist man noch umfangen, selbst wenn man nicht mehr sagen kann, wovon und warum, ist die gesellschaftliche Kälte nicht überall eingedrungen: gibt es noch Kunst, Kunstbetrachtung, ästhetische Theorie und Kommentar, egal, wie ungewiss die Grenzen sind und sein müssen.

Der anregende und riskierende Kommentar, ob er nun die Kunstrezeption betrifft, die Betrachtung eines Werks oder die Theorierezeption, wird es dadurch, dass er wie die Kunstproduktion auf das Neue setzt. Auch an den *Paralipomena* wird schnell sinnfällig, dass der Begriff des Neuen einer der Schlüsselbegriffe der *Ästhetischen Theorie* ist (*siehe* Hogh, Goehr). Er soll das Erbe des „individualistische[n] Begriff[s] der Originalität" (402) antreten, um respektlos den diesem Begriff inhärenten Konservativismus abzuschütteln, der in dem Individualismus begründet liegt. Das Neue ist ein Schlüsselbegriff der Moderne, der gegen die Genieästhetik mobilisiert wird, von der er sich herleitet. Diese Mobilisierung hat etwas Terroristisches, einmal, weil das Neue sich in unmittelbarer Nachbarschaft zum „Chaos" hält, zu dem, was in der Genieästhetik Natur genannt wird und zwar unergründliche, aber nicht chaotische Züge trägt, und was, so Adorno, nur dort zum „Unheil" (405) ausschlägt, wo man es vergisst oder leugnet; zum anderen, weil das „ästhetische Bewußtsein" zunehmend nichts anderes mehr ertragen kann als eben das Neue: „Der Terror einer Reaktionsweise, die nichts als das Neue erträgt, ist als Scham über den Schwachsinn der offiziellen Kultur heilsam." (Ebd.)

Dass man das Neue als einen Schlüsselbegriff ästhetischer Theorie ansehen muss, bedeutet freilich nicht, dass seine Wahrnehmung und Erkenntnis unproblematisch sind: „Häufig erscheint das Neue als Manier; und erst die Erkenntnis der Tendenz erlaubt auszumachen, ob es mehr ist. Aber die Tendenz ist auch kein Arbiter." (447) Und wie kann man am Neuen als Neuem die kritische Fähigkeit der Kunstbetrachtung und der ästhetischen Theorie erproben, das Verstehen von Kunst als einem „Geistigen", das erst das Urteil über „wahr und falsch" ermöglicht (391)? Wie kann das Neue als Neues zur geschichtlichen Vereinheitlichung der Kunst beitragen, zur Bestimmung dessen, „was Kunst war" oder „wozu sie wurde", eine Bestimmung, ohne die ihre „allgemeinen Bestimmungen" (392), die Begriffe oder Schlüsselbegriffe der Kunstbetrachtung und der ästhetischen Theorie sich gar nicht erringen oder konstruieren lassen?

Dass man das Neue als einen Schlüsselbegriff ästhetischer Theorie ansehen muss, bedeutet auch nicht, dass es sich um eine Invariante handelt, so wenig sich auch seine drohende Stilisierung zur Invarianten, die aus der terroristischen Insistenz auf ihm resultiert, als „Hemmendes", „Nivellierendes", „Steriles" auswirken muss (404), das Neue weiterhin mit einem Freiheitsversprechen lockt. Die „Schwäche" (ebd.) des Neuen schwächt es nicht wirklich. Das tut auch seine „Antinomik" nicht (405). Im Unterschied zur Originalität ist das „ästhetisch Neue" im modernen Kapitalismus kollektiv in dem Maße, in dem es von mechanischer Reproduzierbarkeit abhängt, von jenen „industriellen Verfahrungsweisen", die „die materielle Produktion der Gesellschaft zunehmend beherrschen" (ebd.). Damit steht das Neue immer in einer inneren Spannung zu dem ihm

„konträre[n] Prinzip" der „Wiederholung identischer Rhythmen" und der „wiederholte[n] Hervorbringung von Identischem nach einem Muster" (ebd.). Wenn es jedoch die Kunst verschmäht, „objektive Antinomien" durch den Anruf eines „Mittlere[n] zwischen den Extremen" zu meistern, wenn sich die Kunst vielmehr an dem „Vollzug ihrer Antinomik" versucht, um nicht von ihr „zerrissen" zu werden, so advoziert Adornos ästhetische Theorie, ihr Setzen auf das Neue, eine Annäherung ihres Gegenstands – und damit ihrer selbst – an die „Grenze" des „Verstummens" (442). Das Setzen auf das „ästhetisch Neue" in der Kunst, in der ästhetischen Theorie, im Kommentar der *Ästhetischen Theorie*, ist das Setzen auf einen Begriff, der sich als Grenzbegriff erweist, als Begriff, der in sich von einer „Logik des Zerfalls" (AGS 6, 148) heimgesucht wird, um eine Wendung oder einen Gedanken Adornos aus der *Negativen Dialektik* zu gebrauchen oder aufzugreifen.

Der „Vollzug" der Antinomik des Neuen sucht folglich nicht die „Identität in der Differenz jeglichen Gegenstandes von seinem Begriff" (ebd.) zu erfassen. Das Neue ist in diesem Sinne kein einheitlicher Begriff, keine allgemeine Bestimmung, die als solche die Kraft hat, den Gegenstand zu vereinheitlichen, und deshalb schon gar nicht ein Schlüsselbegriff. In einer Notiz, die Adorno der *Negativen Dialektik* hinzugefügt hat, weist er darauf hin, dass die „Idee einer Logik des Zerfalls" die „älteste seiner philosophischen Konzeptionen" sei (ebd., 409).

Was ist das Neue und Anregende am Neuen in den *Paralipomena* der *Ästhetischen Theorie?* Dass Adorno aus dem Neuen einen Differenzbegriff macht, nicht so sehr im Verhältnis zum Alten oder zur „wiederholte[n] Hervorbringung von Identischem" (405), aus deren Entgegensetzung er es dann gleichsam herausschält – zwischen Neuem und Altem gibt es keinen Gegensatz sondern Unterschiede –, als im Verhältnis zu sich selbst – um neu zu sein, muss das Neue sich nicht als solches behaupten, als etwas, das unabweisbar und beherrschend, eingreifend, verdrängend und ersetzend hervortritt und durchdringt, als etwas, das sich zur Schau stellt und stellen lässt. Anregend und befreiend, ein „Ort von Produktivität" ist das Neue als „Differential" (402), in seiner kaum wahrnehmbaren Annäherung an das Verstummen oder an das Nichts. Nicht bloß der Vollzug seiner „Antinomik" nähert das Neue dem Verstummen oder dem Nichts an, sondern es selber gleichsam entsteht allein im minimalen Abstand zum Verstummen oder zum Nichts. Der Künstler, der Neues schafft, „vollbringt den minimalen Übergang, nicht die maximale creatio ex nihilo" (ebd.), wie Adorno es einprägsam formuliert. Eigentlich gibt es das Neue nicht, kann man nicht sagen, dass es existiert, weil es sich entzieht, verschwindet, sobald man es als *das* Neue ausgeben möchte. Das Neue schwebt in der Unentscheidbarkeit und Ununterscheidbarkeit, zwischen Sein und Nichts, Existenz und Nicht-Existenz, Anwesenheit und Abwesenheit, Kontinuität und Diskontinuität, zwischen Umschlag und Fortsetzung, Quantität und Qualität, Entscheidung und Hinnahme. Es ist ein

Niemandsland. Die „Antinomik des ästhetisch Neuen" (405) zu vollziehen, heißt auch, sich dieser Unentscheidbarkeit und Ununterscheidbarkeit auszusetzen, ohne dass je ausgemacht sein könnte, dass der Künstler damit einen „Ort von Produktivität" für sich erobert.

Man müsste den Begriff des Neuen als Differential, in dem Leibniz nachklingt, ebenfalls mit dem „Theologumenon" in Verbindung bringen, das Adorno sowohl in der *Negativen Dialektik* als auch in der *Ästhetischen Theorie* erwähnt und im ersten Fall als ein „jüdisches" identifiziert: „Im richtigen Zustand wäre alles, wie im jüdischen Theologumenon, nur um ein Geringes anders als es ist, aber nicht das Geringste läßt so sich vorstellen, wie es dann wäre." (AGS 6, 294) Und: „das Theologumenon, daß im Stand der Erlösung alles sei, wie es ist, und gleichwohl alles ganz anders." (16; vgl. 208; Martins 2016, 45 f.)

Adorno kann durch die „Antinomik des Neuen" den „Mythos vom künstlerischen Schöpfertum" (402) entkräften, die „Hybris" (403) des Genies durchkreuzen, und ebenso eine andere Idee der kollektiven Tragweite des Neuen skizzieren, sie von den „industriellen Verfahrungsweisen" (405) loslösen. Denn „[d]urch das unendliche Kleine des Entscheidenden" soll „der Einzelkünstler sich als Exekutor einer kollektiven Objektivität des Geistes" bewähren, „der gegenüber sein Anteil verschwindet" (402 f.). Der Künstler wird, je schöpferischer oder produktiver er ist, je mehr es ihm gelingt, etwas Neues zu erzeugen, umso mehr zum „Empfangenden" (403) und zum Kollektiv, verhält sich um so passiver, je aktiver er zu sein scheint. Die Unentscheidbarkeit und Ununterscheidbarkeit des Neuen ist also nicht nur eine der Sache, des Werks. Sie ist ebenfalls eine des Subjekts, das das Werk hervorbringt, das „Artefakt" (ebd.), zwischen Aktivität und Passivität, zwischen Individualität und Kollektivität. In der Unentscheidbarkeit und Ununterscheidbarkeit des Neuen rührt das So-ist-es oder das „[S]o und nicht anders" (ebd.), nach dem das Artefakt und die künstlerische Entscheidung streben, an das So-ist-es oder das So-und-nicht-anders des Gegebenen, des „Entscheidenden".

In dem Maße, in dem „[d]as Quentchen Wahrheit am Glauben, alles sei stets noch da", hier „seine Stätte" hat (403), in dem hier der „Glaube" entspringt, das Gegebene könne nicht verloren gehen, weil es empfangen wird und nicht hervorgebracht, als wäre die Geschichte der Kunst eine zeitliche, diskontinuierliche Erkundung eines Raums, in dem alles kontinuierlich, gleichzeitig gegeben ist, ist Kunst als Insistenz auf dem Neuen eine schöpferische Kontemplation der Welt unter dem Aspekt des Dauernden oder Ewigen, für die das Alte und die Wiederholung – entstellt oder nicht – einstehen. Die Wahrheit der *Ästhetischen Theorie* ist am Ende nur ein „Quentchen Wahrheit". Reicht es für einen Kommentar?

Literatur

Cacciari, Massimo 2013: Il potere che frena, Mailand
Endres, Martin 2019: Von der Produktionsseite. Zur Revision der „Ästhetischen Theorie",
    in: Zeitschrift für Ideengeschichte 13/1, 97–106
García Düttmann, Alexander 2011: Teilnahme. Bewusstsein des Scheins, Konstanz/Paderborn
Lie, Sulgi 2019: Gehend kommen. Adornos Slapstick: Charlie Chaplin & The Marx Brothers,
    Habilitationsschrift Freie Universität Berlin
Martins, Ansgar 2016: Adorno und die Kabbala, Potsdam
Walton, Kendall L. 1990: Mimesis and Make-Believe, Cambridge (Mass.)/London

Emil Angehrn
16 Theorien über den Ursprung der Kunst

Nach dem Ursprung zu fragen, ist für die Philosophie keine beliebige und keine neutrale Fragestellung. Prominent ist sie seit Aristoteles, der die Metaphysik als Erforschung der ersten *archai* (Anfänge, Ursachen, Prinzipien) definiert hatte, wobei er diese in der Breite des erkenntnismäßig, seinsmäßig und zeitlich Ersten diversifizierte; wir müssen notwendig, meint er, zum Ersten vorstoßen, um im Erkennen Klarheit zu gewinnen und in der Sache das Wesentliche und Grundlegende zu treffen (Aristoteles, Metaphysik I.1–2, II.2). Diese Überzeugung hat im Lauf der Geschichte ihre Selbstverständlichkeit verloren. Für F. Bacon liegen Erkenntniskraft und Nutzen der Wissenschaft nicht im Bereich der Erst-, sondern der Mittelursachen; andere Konzepte haben die offen-unendliche Prinzipienkette gegen die Orientierung am Ersten rehabilitiert. Ob und wie nach dem Ursprung zu suchen sei, versteht sich nicht von selbst.

So gilt auch Adornos Interesse in dem dieser Frage gewidmeten *Exkurs* (480 – 490) nicht einfach dem Auffinden des Ältesten und Ersten und den diesbezüglichen Theorien und Thesen, sondern der Frage selbst. Unverkennbar ist dabei ein Vorbehalt gegenüber der Ursprungsbesinnung als solcher, der bei Adorno über das im Textabschnitt Angesprochene hinausgeht. Der Exkurs gliedert sich in drei Absätze, denen der vorliegende Kommentar folgt: eine Auseinandersetzung mit der Suche nach dem Ursprung als solcher, eine kritische Sichtung der theoretischen Ansätze zum Ursprung der Kunst, eine Diskussion der mit der Ursprungsfrage verschränkten Dialektik von Mimesis und Ratio. Ein besonderes Augenmerk der folgenden Ausführungen gilt dem ersten Punkt.

16.1 Ursprungskritik

Auch wenn Adorno die mit dem Ursprungsmotiv zuweilen verbundene Sehnsucht nicht einfach schmähen will, gilt die klare Hauptstoßrichtung seiner Auseinandersetzung mit dem Ursprungsgedanken dessen Kritik. In ihr überlagern sich methodologische, ontologische, psychologisch-anthropologische, kultur- und ideologiekritische Argumente.

In direkter Gegenwendung zur metaphysischen Begründung verwirft Adorno den Ansatz bei einem „schlechterdings Ersten überhaupt" (ANS IV.14, 68), das im Erkennen wie im Sein als letztes Fundament fungieren soll. Dagegen gilt es, mit Hegel dem Impuls dialektischen Denkens folgend, an der Vermitteltheit auch des vermeintlich Unmittelbaren festzuhalten und dessen Wahrheitsanspruch zu problematisieren. Dies gilt für die höchste wie die elementarste Wissensform: für die intellektuelle Anschauung und die phänomenologische Wesensschau ebenso wie für Bergsons „données immédiates de la conscience" und die von der Phänomenologie als Ausgangspunkt anvisierten hyletischen Daten und Empfindungen (ebd., 49; AGS 5). Auch die historisch ältesten Zeugnisse von Kunst gewähren keine privilegierte Einsicht in deren Bereich und Wesen, zumal sie naturgemäß auf den Umkreis des Optischen, ohne Hinweis auf Dichtung oder Musik, beschränkt sind. Vom Unmittelbar-Ersten her ist keine Erkenntnis zu gewinnen.

Analoges wie für die epistemologische gilt für die ontologische Hypostasierung des Anfangs, die Interpretation des Ursprungs als eines Zugrundeliegenden und Wesentlichen, wie es den Fluchtpunkt des metaphysischen Essentialismus bildet. Die Hauptrichtung der Ursprungskritik in der *Ästhetischen Theorie* zielt auf die Gleichsetzung von Ursprung und Wesen: auf die angeblichen „Urphänomene künstlerischen Verhaltens", auf die Suche nach „reiner Wesenhaftigkeit" und die „vergebliche Jagd nach den Urwesen von Kunst" (522 f.), auf die „Versuche, Ästhetik aus dem Ursprung der Kunst als ihrem Wesen zu begründen" (480). Das Älteste ist nicht mit dem „Begriff: der Sache selbst" gleichzusetzen, „die erst durch Entfaltung wird, was sie ist" (481); ja, das von der Philosophie, auch der Fundamentalontologie und Transzendentalphilosophie, anvisierte absolut Erste erweist sich in Wahrheit gerade nicht als ein in sich Identisches und substantielles Fundament, sondern als leeres Konstrukt und abstraktes Residuum nach Ausschaltung aller Bestimmtheit (AGS 5, 15, 23).

Mit der Zwiespältigkeit des Fundaments geht die der Suche nach ihm einher: der Suche nach dem festen Boden und stabilen Halt. Das Sicherheitsbedürfnis, das psychische Dispositionen und soziale Lebenswelten durchdringt und die metaphysische Fragerichtung prägt (AGS 6, 42–50; Angehrn 1993), ist einem modernen Denken suspekt, das sich der Herausforderung stellt, mit dem Bodenlosen und Zerbrechlichen zurechtzukommen und sich im Vielfältigen und Ordnungslosen zu orientieren. Denkformen des Identifizierens und Systematisierens, der vereinheitlichenden Rückführung auf Letztprinzipien und erste Ursprünge erscheinen im Zeichen des Zwangs, dem sich das Streben nach Freiheit und Offenheit widersetzt. Ursprungsphilosophie, so Adorno, ist von einem Vorurteil für das Einfache und Primitive getragen und durch eine „Tendenz zur Regression" bestimmt (AGS 5, 27). Es sind Ideen und Dispositionen, die nicht zuletzt in ihren kulturellen Konnotationen und politischen Implikationen zu reflektieren sind, Motive des festen Grundes, der Nähe, der Heimat, aber auch (entsprechend der Doppelbedeutung von *archê*) der Herrschaft: „Die Kategorie der Wurzel, des Ursprungs selbst ist herrschaftlich, Bestätigung dessen, der zuerst drankommt, weil er zuerst da war; des Autochthonen gegenüber dem Zugewanderten, des Seßhaften gegenüber dem Mobilen." (AGS 6, 158) Es ist zuletzt die Herrschaft des

Vergangenen über das Kommende, wie sie Adorno und Horkheimer unter vielfachen Facetten im Bann des mythischen Kreislaufs des Immergleichen diagnostizieren (ANS IV.13, 24 ff.; AGS 3, 27 ff. passim). Im Blick sind psychische und zivilisatorische Phänomene, die Adorno zugleich in ideologiekritischer Perspektive im Horizont des theoretischen Diskurses thematisiert, wobei als erster Adressat Heidegger und seine Beschwörung des Eigentlichen und Ursprünglichen fungiert (AGS 6, 413–526).

Bei alledem ist die Abwehr des Ursprungsgedankens nicht eine Absage an historisches Denken. Im Gegenteil geht es darum, Geschichte jenseits der Ursprungsfixierung ernst zu nehmen, Kunst in ihrem historischen Werden und Gewordensein zu erfassen: Kunst „ist nicht, was sie von je soll gewesen sein, sondern was sie geworden ist." (522) „Das Älteste" ist gerade nicht „mit dem Begriff: der Sache selbst" gleichzusetzen, die „erst durch Entfaltung wird, was sie ist" (481); ihr Potential erschließt sich in dem, „wozu sie geworden ist", „was sie werden will und vielleicht werden kann." (11 f.) Nicht aus ihrem Ursprung und „Urwesen", sondern in „geschichtlichen Konstellationen" erkundet Ästhetik die „Idee von Kunst" (523). Ähnlich anderen Kritikern geschichtsphilosophischer Projektionen plädiert Adorno für eine kritisch-historische Beschreibung jenseits von Ursprungs- und Abschlussbildern. Was sich schon im 19. Jahrhundert, nach dem Ende der substantialistischen Geschichtsphilosophie, als Selbstverständnis historischer Forschung etablierte, wird im 20. Jahrhundert in verschärfter Weise bekräftigt als Absage an die großen Erzählungen und umfassenden Sinnkonstrukte, zuletzt an die hypostasierten Ursprünge, gegen welche die genealogische Forschung, im Anschluss an Nietzsche, die niederen Anfänge und kontingenten Entwicklungen in den Vordergrund rückt. Negative Dialektik, Dekonstruktion, Genealogie werden zu Titeln von Denkformen, welche die historische Rekonstruktion mit der kritischen Sondierung des Widerspruchs von Wesen und Erscheinung, Einheit und Vielfalt, Gesetz und Zufall verbinden.

Indessen verwahrt sich Adornos konzeptuelle Ursprungskritik gegen die Allianz mit dem „szientifische[n] Verstummen der Ursprungsfrage", worin die positivistische Faktensammlung „gediegene[r] Wissenschaft" als Argument gegen die „Theorie großen Stils" mobilisiert wird (481). Vielmehr geht es darum, den geschichtlichen Ursprung nicht als identisch-feste Referenzgröße späterer Entwicklungen zu fixieren, sondern ihn in seiner Noch-nicht-Festgelegtheit, in seiner Unbestimmtheit, Vagheit und Mehrdeutigkeit zur Geltung zu bringen (482). Die Zurückweisung des bestimmten, wesenhaften Ursprungs der Kunst in der *Ästhetischen Theorie* kommt in signifikanter Nähe mit der Identitätskritik der *Negativen Dialektik* überein. Ist diese vom Grundgedanken geleitet, „daß die Gegenstände in ihrem Begriff nicht aufgehen" (AGS 6, 17; vgl. ebd., 50, 63), dass zwischen Sache und Wort, Gegenstand und Begriff eine unausgelotete Spannung, ein Widerspruch besteht, so erkennt die *Ästhetische Theorie* im Unbestimmten, Diffusen der „ältesten künstlerischen Äußerungen" etwas „von jenem Vagen, dem Begriff Inadäquaten", dem „nicht Dingfeste[n] an den Dingen", an welchem Dialektik das Nichtidentische festmacht (482). Auch wenn der Ursprung nicht die substantielle Wahrheit des Ganzen ist, birgt er ein Potential, von dem her etwas über die Wahrheit des Ganzen auszumachen ist. Die vieldeutige Offenheit des Potentials ist, so Adornos These, ein Kennzeichen der Vorgeschichte, das erst mit der Herausbildung der Subjektivität durch eindeutige Festlegungen abgelöst wird (482). Gehalt und Triftigkeit dieser These stehen in der Erörterung der prähistorischen Kunst im zweiten Abschnitt zur Diskussion.

16.2 Lesarten der prähistorischen Kunst – Naturalismus vs. Symbolismus

Adorno unternimmt diese Erörterung im Spiegel ausgewählter Theorien über den Ursprung der Kunst. Wichtiger als die Auseinandersetzung mit den unterschiedlichen kunst- und religionswissenschaftlichen, ur- und frühgeschichtlichen, ethnologischen, verhaltenswissenschaftlichen und entwicklungspsychologischen Ansätzen ist dabei die generelle Linie der verhandelten Fragestellung. Sie orientiert sich an der Alternative zwischen einer naturalistischen und einer symbolischen Interpretation der frühesten Kunstformen, wobei die Alternative naturgemäß mit zeitlichen und sachlichen Spezifizierungen (Paläolithikum, Neolithikum, Religion, Magie, Animismus, sakrale und profane Kunst, Felsbilder, Plastik etc.) einhergeht und durch sie differenziert wird. Einen strukturellen Leitfaden bildet die Unterscheidung zwischen Einheit und Dualität, zwischen der Ungeschiedenheit von Schein und Wirklichkeit, Bild und Ding in einer realistischabbildmäßigen, teils magischen Weltwahrnehmung und einer in der „Spaltung von Form und Stoff" (484) gründenden, symbolisierenden Darstellung.

Allerdings geht Adornos Interesse nicht darauf, in dieser Gegenüberstellung, die in der zitierten Literatur durch materiale und epochenmäßige Aspekte gebrochen und modifiziert wird, für die eine oder die andere Seite Stellung zu beziehen und an ihr „festen Halt" zu gewinnen (487). Im Besonderen artikuliert er, in Übereinstimmung mit der generellen Distanzierung vom emphatischen Ursprungsmotiv, einen Vorbehalt gegenüber einer ursprünglich-substantiellen Einheit, sei es, dass diese in Termini der Ähnlichkeit, des Abbildes oder des Ausdrucks ausgeführt werde. Keine Rückkehr zu einem Ersten führt zu einem unmittelbaren Einssein, diesseits aller Spaltung zwischen Subjekt und Ausdruck, aller verdinglichenden Äußerlichkeit des Bildes und Abbildes. Grundsätzlich meint Adorno, dass eine strikte Dichotomie zwischen Einheit und Vielheit in der

Vorzeit gar nicht greifen kann, sondern sich erst in der Befreiung von der ursprünglich-diffusen Ungeschiedenheit herausbildet; „Trennung und Einheit" können nicht selbst als Signatur der Urzeit gelten, sondern sind mit der fortgeschrittenen gesellschaftlichen Organisation „gleichermaßen entstanden" (486). Wer somit die Entstehung der Kunst primär aus einem ursprünglichen Realismus oder einem primitiven Symbolismus herleiten will, verkennt den Status des prähistorisch Ersten und „isoliert jeweils einen Aspekt" des Phänomens, wie sich denn auch „bei den heute überlebenden Naturvölkern" keine grundlegende „Vorherrschaft des einen oder anderen Prinzips" erkennen lässt (ebd.). Den Ursprung in einer nicht-reduktionistischen und nicht-verfälschenden Art zu reflektieren heißt, ihn in dieser ursprünglichen Un- und Vor-Bestimmtheit zu denken, aus der erst die bestimmte und bestimmende Geschichte hervorgeht, in welcher Kunst und ästhetisches Verhalten ihr konkretes Wesen gewinnen. Ein basaler, mit dem Ursprung verschränkter Grundzug der Kunst liegt im Verhältnis von Mimesis und Ratio.

16.3 Dialektik von Mimesis und Ratio

Auch hier geht es darum, an einem bestimmten Wechselverhältnis, einer bestimmten Verflechtung festzuhalten, die in der gängigen Vorstellung von Kunst oft verdeckt wird und die Adorno im Schlusssatz des vorliegenden Abschnitts als Vermählung zwischen „Eros und Erkenntnis" kennzeichnet (490). Dass sie im vorliegenden Text zur Sprache kommt, hat damit zu tun, dass sie in spezifischer Weise mit dem Ursprung, der Vorgeschichte des Ästhetischen verknüpft ist. Jeder Art von Bildproduktion, auch der ältesten Höhlenmalerei, die immer schon ein Element der Veräußerlichung und Vergegenständlichung enthält, muss ein anderer, nicht-objektivierender Wirklichkeitsbezug vorausgegangen sein, den Adorno als „mimetische Verhaltensweise" kennzeichnet, die er als ein „sich selbst einem Anderen Gleichmachen" umschreibt (487). Des Näheren sieht er im mimetischen Moment der Kunst einen aus einer früheren Entwicklungsstufe beibehaltenen, in gewisser Weise „funktionslos" gewordenen „Überrest" (ebd.), der aber konstitutiv zur Eigenart des ästhetischen Weltbezugs in seiner produktiven wie rezeptiven Verfassung gehört. Dass der Kunst ein Element der Mimesis, der Nachahmung eigne (*siehe* Früchtl, Bertram), ist seit der antiken *techné*-Reflexion – von Aristoteles stammt das Diktum, dass die Kunst die Natur nachahme (Aristoteles, Physik 194a21–22) – vielfach bedacht worden, wobei aber gegen die mit dem Satz zuweilen verbundene einfache Abbildrelation in Adornos Sicht ein zweifacher Vorbehalt anzubringen ist.

Zum einen ist die *imitatio naturae* für ihn – wie für Hegel, Schelling und andere – nicht als Abbild des Naturgebildes, sondern als Nachahmung des hervorbringenden Naturprozesses, als *imitatio* nicht der *natura naturata*, sondern der *natura naturans* zu verstehen. In diesem Sinne hält die Ästhetik-Vorlesung fest, dass Kunst zwar gleichsam „etwas nachahmt, aber nicht etwas qua Gegenstand, nicht ein Objekt abbildend, sondern sich ähnlich machend in ihrer ganzen Verhaltensweise, in ihrem Gestus, in ihrem Sein" wie einem „Impuls der Mimikry" folgend (ANS IV.3, 70). Zum anderen will Adorno das mimetische Verhältnis von Anfang an mit einem anderen Akzent, dem ihm gegenläufigen Moment der Ratio verflechten: „[D]ie ästhetische Verhaltensweise ist nicht durchaus rudimentär"; „seit ihren ältesten, irgend überlieferten Relikten" ist Kunst „mit Rationalität durchtränkt." (487) In der Kunst kommt etwas vom ältesten, elementarsten Naturverhältnis, diesseits der Trennung von Subjekt und Objekt, zum Tragen, das aber nicht nur ein Sich-Anschmiegen des Menschen an die Prozessualität der Natur beinhaltet, sondern zugleich eine basalste Form der Naturbeherrschung verkörpert und einen ersten Schritt subjektiver Selbstbehauptung vollzieht. Von allem Anfang an ist, entsprechend dem in der *Dialektik der Aufklärung* variierten Leitgedanken, im archaischen Naturbezug das Ferment der Aufklärung wirksam. Doch ist die zusätzliche Feststellung wichtig, dass dieses im genuinen Medium des Ästhetischen nicht in der bloßen Zweckrationalität bzw. instrumentellen Vernunft aufgeht. Zwar gehört diese durchaus zur Seinsweise und Geschichte der Kunst, die wesenhaft mit der Entwicklung der technischen Verfahren verflochten ist. Doch ist es eine Rationalität, die zugleich über die Logik der Material- und Mittelbeherrschung hinausweist, dies gerade dank ihrer inneren Verbindung mit dem Ästhetischen, als „Rationalität in der Mimesis" (488) und Teilhabe an dem, was der etablierten Rationalität „am ästhetischen Verhalten für irrational gilt" (487). Darin eignet der Kunst eine spezifische Rationalität und ihr eigentümlicher „Erkenntnischarakter" (488).

Dass ein solcher der Kunst innewohnt, manifestiert sich nach Adorno mit besonderer Evidenz gerade dort, wo er fehlt: bei Menschen, denen das ästhetische Sensorium als solches abgeht, den „Amusischen", deren Studium, wie er meint, „für die Analyse des ästhetischen Verhaltens unschätzbar sein" müsste (488). Ähnlich wie Merleau-Ponty die sinnhafte Ausrichtung menschlichen Verhaltens *ex negativo* an Fällen pathologischer Störung erkundet (Merleau-Ponty 1945), wird für Adorno das Potential des Ästhetischen in der abstrakten Ratio indirekt erkennbar: Die schematisch-formale Verständigkeit, die das Ästhetische aus sich verbannt, wird zur deformierten, „unkräftig[en]", gegen „Dummheit" und „Schwachsinn" wehrlosen Rationalität (488 f.). Verlangt ist demgegenüber eine Rationalität jenseits der „tödliche[n] Trennung" vom Mimetischen: „Ratio ohne Mimesis", so die bündige Feststellung, „negiert sich selbst." (489) Sie führt zu einer Verarmung, wie sie jenseits der halbierten Kunst das Bewusstsein der verdinglichten Lebenswelt überhaupt beherrscht, deren „Erfahrungsverlust" weithin „mit erbitterter Verdrängung der Mimesis, anstelle ihrer Verwandlung, koinzidieren" dürfte (ebd.). Wahre Erkenntnis jedoch, deren die Kunst teilhaftig sein soll, ist eine, die über das positivistische Registrieren des Gegeben-Vorhandenen hinausgeht. In bemerkenswerten Formulierungen hält Adorno diese transzendierende Potenz des Ästhetischen fest, als „Fähigkeit, mehr an den Dingen wahrzunehmen, als sie sind", und Hinausgehen des Begriffs über das, „was er begreifen will." (488) Gewissermaßen von der Gegenseite widerspiegelt sich in solchen Figuren der Schritt, den die *Negative Dialektik* dem wahren Denken abverlangt, „über den Begriff durch den Begriff hinauszugelangen" – Reflex jener gemeinsamen „Sehnsucht", die nicht nur die Anstrengung des dialektischen Begriffs, sondern desgleichen „die Kunst als begriffslose beseelt" (AGS 6, 27).

Eine besondere Pointe der Erkenntnisfunktion der Kunst liegt darin, in der Natur und den Dingen, denen sie Sprache verleiht, die ihnen angetane Beschädigung wachzuhalten und zugleich zu ihrer „restitutio in integrum" beizutragen (AGS 6, 57; *siehe* Bernstein). In der ästhetischen Rationalität ist das naturbeherrschende Element zuinnerst mit dem befreienden verknüpft. Mit Nachdruck unterstreicht Adorno das der Kunst aufgegebene Gedächtnis des Unterdrückten und Zerstörten. In der ästhetischen Verhaltensweise, die ihr unabdingbar zugehört, „versammelt sich, was seit undenklichen Zeiten von Zivilisation gewalttätig weggeschnitten, unterdrückt wurde samt dem Leiden der Menschen unter dem ihnen Abgezwungenen" (487); ja, „[s]elbst in einer legendären besseren Zukunft", meint Adorno, „dürfte Kunst die Erinnerung ans akkumulierte Grauen nicht verleugnen", ohne dass „ihre Form nichtig" würde (479). Für Kunst gilt der emphatische Satz, der zu einem Leitmotiv negativer Dialektik geworden ist: „Das Bedürfnis, Leiden beredt werden zu lassen, ist Bedingung aller Wahrheit." (AGS 6, 29; *siehe* Tränkle) Die negativistische Verfassung kennzeichnet das Dispositiv dialektischer Theorie wie die Ausdruckskraft des Ästhetischen. Offenkundig ist die Erinnerung, die sich dem Verstummen widersetzt und dem Unterdrückten seine Sprache zurückerstatten, es an ihm selbst „beredt werden lassen" will (*siehe* Gordon), keine bloß bewahrende, sondern eine „rettende" Erinnerung. Zu ihrem Impuls gehört die Gegenwendung gegen die der Ratio innewohnende Tendenz der Naturbeherrschung. An ihr partizipiert Kunst dank ihres im Ursprung wurzelnden mimetischen Elements. In der „Urgeschichte von Kunst selber" ist angelegt, „daß das doch seine Stimme findet, daß dem doch Gerechtigkeit widerfährt", was durch rationale Naturbeherrschung versehrt wird; indem sie im mimetischen Verfahren „dieses Archaische, dieses Ältere festhält", will und vermag Kunst der „unterdrückten Natur" zugleich „zu dem Ihren zu verhelfen" (ANS IV.3, 69).

So interferieren im Ästhetischen zwei unterschiedliche Modalitäten der Anwesenheit des Vergangenen. Das eine ist die Reminiszenz der Herkunft, die im Mimetischen als solchem, als „Überrest" der Vorgeschichte der Kunst liegt. Das andere ist das Gedächtnis des Unterdrückten, das zu erschließen und dem beizustehen das genuine Vermögen des Ästhetischen mit ausmacht. Beides situiert sich im weiten Horizont der Ursprungsfrage, welche das Generiert- und Motiviertwerden der Kunst aus dem, was ihr vorausliegt, befragt. Diese zweifache Tiefenschicht aufzuhellen gehört zur Entfaltung eines vollen, unverzerrten Begriffs der Kunst. Die Frage nach dem Ursprung, die diesen doppelten Vergangenheitsbezug umgreift, ist als Fragerichtung ernst zu nehmen ungeachtet des vermerkten Vorbehalts gegenüber ursprungsphilosophischen Konzepten. Im Gegenzug zu deren festlegenden, verfälschenden oder regressiven Tendenzen geht es gerade darum, in der Besinnung auf den Ursprung das nicht-reduktive, offene Potential des Ästhetischen zur Entfaltung zu bringen und darin das Eigenste der Kunst zu artikulieren. Dieses Potential kommt in der Ursprungsreflexion über die Erkenntniskraft des Mimetischen, die „Rationalität in der Mimesis" (488) zum Tragen, die Adorno in ihrer göttlichen, sinnlichen und erotischen Komponente aufspannt. Eine Ahnung von ihr erkennt er im platonischen „Enthusiasmus" (ebd.) als Bedingung höheren Erkennens, ihren Ausgangspunkt sieht er im „Schauer" als dem leiblichen „Angerührtsein" (490) vom Anderen, ihr genuines Medium in der Vereinigung von „Gefühl und Verstand" (489), ihren Kulminationspunkt in der Vermählung von „Eros und Erkenntnis" (490). Dieses Potential zu erschließen ist Aufgabe der Kunst wie der ästhetischen Reflexion. In diesem Sinn bildet der (in der Textanordnung der Herausgeber) abschließende Exkurs *Theorien über den Ursprung der Kunst* einen umfassenden Horizont und zugleich eine Art Fluchtpunkt, an welchem die „Urgeschichte" an die Stelle einer „Verbaldefinition" oder vorgegebenen „Idee von Kunst" tritt, um den Zugang zu einer vertiefenden Erfassung des Ästhetischen zu öffnen (ANS IV.3, 68 f.). Es gilt, die Ursprungsfrage jenseits ihrer metaphysischen oder historistischen Verengung neu zu artikulieren, um sie in ihrer Problematik wie in ihrer Bedeutung für ein sachgerechtes Begreifen des Ästhetischen zu verdeutlichen.

Literatur

Angehrn, Emil 1993: Das Streben nach Sicherheit. Ein politisch-metaphysisches Problem, in: Hinrich Fink-Eitel/Georg Lohmann (Hrsg.), Zur Philosophie der Gefühle, Frankfurt a. M., 218–243

Merleau-Ponty, Maurice 1945: Phénoménologie de la perception, Paris

Eva Geulen
17 Frühe Einleitung

17.1 Inhalt und Kontext

Die Herausgeber der *Ästhetischen Theorie* von 1970 hatten in ihrem Nachwort behauptet, Adorno habe die im Anhang neben den Paralipomena abgedruckte „frühe" Einleitung „preisgegeben" (542). Nach jüngsten textgenetischen Proben ist das nicht mehr gewiss (Endres/Pichler/Zittel 2013). Metakommentare und sogenannte Regieanweisungen im archivalischen Bestand zeigen an, dass der schon während der ersten, bis 16. Juni 1967 dauernden Schreib- bzw. Diktierphase verfasste und mehrfach überarbeitete Text Adorno wichtig war und wohl geblieben wäre. Da die Überarbeitungen zur Verdichtung tendieren, kann man spekulieren, dass eingehendere Auseinandersetzungen mit einzelnen Künstlern, wie die Ausführungen zum französischen Komponisten Pierre Boulez (508 f.), ebenso gestrichen worden wären wie das lange Eingangszitat aus dem Lexikonartikel von Ivo Frenzel (493). Dergleichen fehlt dann ja auch in der 1970 publizierten und legendär beispielsarmen *Ästhetischen Theorie*.

Jedenfalls ist die sogenannte *Frühe Einleitung* keine Einleitung im üblichen Sinn, sondern eine komprimierte Projektskizze unter der exklusiven Fragestellung nach der Möglichkeit, der Berechtigung und den Verfahren einer zu erneuernden philosophischen Ästhetik. Mit stark verknappten Bemerkungen zu „Nominalismus" (*siehe* Gordon), „Naivität", „Fetischismus", „mimetischen Impulsen" (*siehe* Früchtl, Bertram, Angehrn), „Rätselcharakter" (*siehe* Hofstätter), „Ende der Kunst" (*siehe* Hesse) und „Parolen" enthält dieser Text bereits wichtige Motive, die in der 1970 publizierten Buchfassung ausführlicher entfaltet werden. Dagegen sind andere so gut wie gar nicht vertreten, etwa der Fortschrittsanspruch der Kunst („il faut être absolument moderne" (286; *siehe* Gordon)) oder ihre utopische Dimension („promesse du bonheur" (26, 128, 461; *siehe* Tränkle)). Von der Vorlesung aus dem Jahr 1958/59 zehrt einerseits die nun allerdings sehr viel abstrakter gehaltene Beschäftigung mit ästhetischer Erfahrung (der Kunstrezipienten) bzw. künstlerischer Erfahrung (der Kunstproduzenten) sowie andererseits die Berücksichtigung akademisch-disziplinärer Usancen und Traditionen (wie das Verhältnis einer philosophischen Ästhetik zur akademischen Philosophie (495), ihre Stellung zur Philologie (507) oder die Auseinandersetzung mit Vor- und Nachteilen „werkimmanente[r] Analyse" (517 f.)).

Der die *Einleitung* gleichsam skandierende Doppelbezug auf Kants und Hegels Ästhetiken behauptet im Textverlauf ein leitmotivisches Eigenwicht, das an anderer Stelle separat diskutiert wird (*siehe* Berger). Dass die *Einleitung* aber auch in ihren anderen Aspekten eher erratisch und zwischen Extremen schwankend verfährt, stellt einen Kommentar vor weitere Schwierigkeiten. Auf sie wird mit der Entscheidung reagiert, die Frage nach dem Verhältnis von Kunstwerken zur Philosophie zu privilegieren und solche Themen, die in der *Ästhetischen Theorie* ausführlicher erörtert werden, nur zu streifen.

Der Text der *Frühen Einleitung* besteht aus drei durch Spatien voneinander abgegrenzten Textblöcken. Der erste Block (493–513) umfasst sechs Unterabsätze und beschäftigt sich zunächst überwiegend mit alten und neuen Ästhetiken, um dann nicht nur die Möglichkeit, sondern die Notwendigkeit einer aktuellen Ästhetik gegenläufig, nämlich im Ausgang von der zeitgenössischen Kunst zu begründen, die inzwischen ihrerseits so reflexiv geworden sei, dass sie der begrifflich geschulten (und auch Künstler schulenden) Philosophie bedarf, um „nicht in beliebige und amateurhafte Hilfshypothesen" zurückzufallen (507 f.). Der längste, mittlere Block (513–530) umfasst acht Unterabsätze, die um den Begriff der ästhetischen und der künstlerischen Erfahrung kreisen und im Anschluss den Verstehensbegriff erörtern. Dabei legen die zahlreichen Fußnotenverweise auf Adornos eigene Aufsätze zu Musik und Literatur nahe, dass er sich um eine systematische Darstellung der eigenen Deutungspraxis bemüht. Der dritte und letzte Block (530–533) ist mit nur einem Absatz der kürzeste und im Vergleich zum Vorangegangenen auch der schwierigste. Obwohl die Geschichtlichkeit sowohl der Werke wie ästhetischer Kategorien und Philosopheme auch in den vorangegangenen Teilen immer wieder betont worden war, treten Zeit und Geschichte im letzten stark in den Vordergrund. Fast gewinnt man den Eindruck, dem Autor sei dieses Thema im Rückblick bisher zu kurz gekommen, so herrisch tritt es am Schluss hervor: Geschichte gibt der skrupulös auf das Einzelwerk verwiesenen philosophischen Ästhetik jetzt Lizenz, ja zwingt sie förmlich, ihr Ideal der Singularität zu verraten. „Abstraktionen", auch „Gattungen" (532) treten gestärkt in ihr philosophisches Recht ein. Ästhetik macht ihren Anspruch auf Normativität geltend, die Werke rücken in die zweite Reihe. Das steht in beträchtlicher Spannung zu den beiden vorangegangenen Textblöcken.

Die *Frühe Einleitung* gibt auf die Frage nach dem Verhältnis von Kunstwerken und philosophischer Ästhetik also eigentlich zwei, hier vorab idealtypisch zuzuspitzende Antworten. Die eine, in den ersten beiden Teilen überwiegende, insistiert, dass jedes besondere Kunstwerk bereits an einem Allgemeinen partizipiert, wie umgekehrt die philosophische Ästhetik, so sie sich um die Werke kümmert und ästhetischer Erfahrung Raum lässt, selbst Züge von künstlerischer Praxis hat. Begriffliche Philosophie und konkretes Kunstwerk konvergieren letztlich in dem, was Adorno mit einer Formulierung aus Benjamins Wahlverwandtschaften-Aufsatz den „Wahrheitsgehalt" nennt (498, passim). In der

Ästhetischen Theorie wird diese in der *Frühen Einleitung* über das Konzept des Wahrheitsgehalts, an dem beide teilhaben, positiv formulierte Reziprozität von Kunst und Philosophie negativ gefasst und paradox pointiert: „Deshalb bedarf Kunst der Philosophie, die sie interpretiert, um zu sagen, was sie nicht sagen kann, während es doch nur von Kunst gesagt werden kann, indem sie es nicht sagt." (113) In dieselbe Richtung, aber anders gewichtend, weist die zweite Antwort der *Frühen Einleitung*. Was „zweite Reflexion" heißt, bewegt sich „in einem von den Kunstwerken distanzierten Medium" (532) und treibt „über die Werke hinaus" (533). Unter diesen Auspizien wird der Ort, an dem Kunst und Philosophie konvergieren können, nicht länger über den „Wahrheitsgehalt" (ebd.) der Werke bezeichnet, sondern beide kommunizieren miteinander „[i]n der Zone von Geschichte" (532). Dass man Geschichte bei Adorno nicht einfach gegen Wahrheit ausspielen darf, versteht sich. Die berühmte (von Benjamin geborgte) Formel vom „Zeitkern" (50) der Wahrheit belegt das. Aber es gibt doch einen merklichen Bruch zwischen den ersten beiden Teilen und der kurzen Schlusspassage, in der der Primat der „Geschichte" (532 f.) so installiert wird, dass philosophische Ästhetik qua Geschichte „normativ" (533) werden kann und muss. Das Wort „normativ" kommt erst in den Schlusssätzen überhaupt vor, mit denen Adorno tatsächlich alles auf die Karte einer freilich erneuerten, aber gleichwohl „allgemeine[n]", und d. h. die Werke transzendierenden „Ästhetik" (ebd.) zu setzen scheint. Allerdings ist dies auch der einzige Abschnitt, in dem Adorno sich anhand einer Beethoven-Sonate eine im Kontext und in dieser Vereinzelung zwangsläufig überdeterminiert anmutende „Interpretation" eines Kunstwerks leistet. Auch durch dieses überraschende Intermezzo wird die Spannung zwischen partikularer Werkexegese und philosophischer Allgemeinheit im dritten Teil gewissermaßen brutal auf die Spitze getrieben. Zwar hatte sich Adorno auch vorher wiederholt gegen alle bisherigen Versuche ausgesprochen, *in aestheticis* zwischen Begriff und Konkretem vermitteln zu wollen, weil Begriff und Kunstwerk beides jeweils schon und je anders vermitteln und eben deshalb gemeinsam am Wahrheitsgehalt partizipieren. Dieses Motiv wird aber im dritten Teil ausgefällt und durch eine „zweite Reflexion" (532) ersetzt, die nur von der Philosophie zu leisten ist. Warum Adorno sich am Ende so entscheidet und welche Effekte dieses Auftrumpfen der Philosophie über die Werke zeitigt, ist zu fragen.

17.2 Kommentar zum 1. Textblock

Auf Tuchfühlung mit unzeitgemäß gewordenen Ästhetiken und konkurrierenden intellektuellen Bemühungen um Kunst wird das Aufgabenspektrum einer nicht mehr „anachronistischen" (506) philosophischen Ästhetik nach dem Schema der bestimmten Negation entwickelt. So wenig wie in der Kunst selbst dürfen auch im Diskursiven die bisherigen Modelle, Praktiken und Ansätze verworfen werden, sondern sie haben verwandelt in eine neue philosophische Ästhetik einzugehen.

Die Möglichkeit einer philosophischen Ästhetik wird in diesem ersten Abschnitt doppelt hergeleitet und begründet: durch die Defizite, aber auch die Chancen vergangener philosophischer Bemühungen um Kunst einerseits und durch die besonderen Nöte der zeitgenössischen Kunst andererseits. Steht zunächst das Veraltete der Tradition und das allgemeine Desinteresse an Ästhetik als philosophischer Disziplin im Vordergrund, tritt anschließend die reflexiv gewordene zeitgenössische Kunst in den Fokus, die von sich aus auf ein ihr notwendiges Supplement dränge. Der Übergang von der einen zur anderen Perspektive steckt in der Bemerkung, dass Ästhetik, die philosophisch „überholt" scheint, aus Sicht der Kunst aber gerade jetzt „fällig" ist (507).

Die Obsoleszenz der philosophischen Ästhetik (493–507) wird anhand einer Reihe von Autoren (Benedetto Croce, Georg Lukács, Walter Benjamin, Georg Simmel) dokumentiert und durch Konfrontation mit anderen diskursiven Bemühungen um Kunst ergänzt (Psychoanalyse, empirische Ästhetik und Phänomenologien der Kunst). Gegen sie alle hält Adorno am „Wahrheitsgehalt" *des einzelnen Kunstwerks* (im Unterschied zum „Wesen" der Kunst) als Telos einer *philosophischen* Ästhetik auch und gerade nach dem Niedergang der Metaphysik fest: „[I]st das, was ein Werk in seiner spezifischen Gestalt objektiv an Geist in sich trägt, wahr?" (498) sei die entscheidende Frage; und weil sie metaphysisch ist, kann die Kunst selbst sie nicht beantworten. Adorno ist willens, die Kunst an der Metaphysik teilhaben zu lassen, aber nicht wie bei Schelling als Organon der Philosophie, sondern in Gestalt einer philosophischen Ästhetik, die ihren Ausgang bei den Werken nimmt – um sie am Ende aber auch entschlossen zu transzendieren.

Den Auftakt macht ein langes Zitat aus dem Lexikoneintrag zum Lemma „Ästhetik" von Ivo Frenzel für das Fischer-Lexikon der Philosophie aus dem Jahr 1958, dessen Autor seinerseits eine Passage aus Moritz Geigers *Zugänge zur Ästhetik* (1928) zitiert. Sie macht deutlich, dass der desolate Zustand der philosophischen Ästhetik, die „einer Wetterfahne" gleich zwischen verschiedenen Einflüssen, Zielen und Methoden irrlichtert, schon seit „Mitte des 19. Jahrhunderts" herrscht (493). Adorno lässt Frenzels Diagnose gelten, aber nicht ihre Begründung in der Abhängigkeit der Ästhetik von der Erkenntnistheorie, und er erweitert den Kreis der Symptome einer pluralistisch zersplitterten Ästhetik. Zuerst genannt wird Croces in seinem *Grundriß der Ästhetik* (1913) eingeführter Nominalismus, also die Aufkündigung einer Theorie der Gattungen und vergleichbarer Klassifikationen (Michler 2015, 90–118). Walter Benjamin hatte diese Haltung Croces zustimmend in seinem Trauerspielbuch besprochen, um dann aber doch gegen Croce an „kunstphilosophischen" Unterscheidungen wie „Tragisches" und „Komisches" festzuhalten (BGS I.1, 223 – 225). Deshalb nennt Adorno Benjamins Verteidigung Croces an dieser Stelle „hintersinnig" (494). Mit dem Tragischen und Komischen setzt denn auch der Unterabschnitt „Nominalismus und Niedergang der Gattungen" in der *Ästhetischen Theorie* ein (296 – 301; siehe Gordon). Die *Frühe Einleitung* beschränkt sich auf den Namen und das Stichwort.

Zum Symptomkreis einer obsolet gewordenen Ästhetik gehört weiter die ersatzweise Versenkung in partikulare Formprobleme. Genannt werden Lukács' *Theorie des Romans* (1916), Benjamins Wahlverwandtschaften-Aufsatz (1920) und dessen Buch über das barocke Trauerspiel (1927). Sie dokumentieren, dass die zentralen Fragen der inzwischen veralteten Ästhetiken in Bereiche abgewandert sind, die in Systemästhetiken als „Exempla" galten (494). Obwohl er der Erfahrung konkreter Werke einen hohen Stellenwert einräumt, kann sich Adorno nicht entschließen, die philosophische Tradition zu ignorieren und sich auf partikulare Formprobleme zu konzentrieren. Implizit macht er die kategorische Abwendung von der „großen" Ästhetiktradition sogar mitverantwortlich für das aktuelle Dilemma der Ästhetik in einer „fatale[n] Alternative zwischen dummer [...] Allgemeinheit und willkürlichen [...] Urteilen" (ebd.).

Hegels programmatischer Anspruch, sich „den Phänomenen [...] überlassen" (494) zu wollen, sei erst heute wirksam geworden, da die klassizistischen Normen seiner Gattungstheorie in der künstlerischen Praxis bedeutungslos geworden sind. Derselbe Umstand hat freilich die „Möglichkeit von ästhetischer Theorie" (ebd.) im überkommenen Sinne objektiv infrage gestellt. Eine allgemeingültige „Doktrin vom ästhetisch Konkreten" (ebd.) muss, so wendet Adorno auch gegen Benjamin ein, eine *contradictio in adiecto* bleiben. Diesem Problem habe eine erneuerte philosophische Ästhetik sich überhaupt erst einmal zu stellen. Einspruch gegen traditionelle Ästhetik erhebt aber auch die zeitgenössische Kunst selbst, deren Gebilde (Kafka wird genannt) die „wissenschaftlich" kontemplative Haltung traditioneller philosophischer Ästhetik nicht länger zulassen. Etwas später im Text (507 ff.) wird dieser Einspruch gegen die philosophische Disziplin zur Ästhetik-Bedürftigkeit zeitgenössischer Kunst verschärft. Weil es der (überholten) philosophischen Ästhetik heute an Kontakt mit zeitgenössischer Kunst mangelt, kann sie ihren Anspruch auf Allgemeinheit nicht erfüllen. Da es heute keine „Konkordanz" (496) zwischen Philosophie und Kunst mehr gibt, gerät Ästhetik in den Verdacht des „Kulinarischen" (497), also bloß willkürlicher Geschmacksurteile.

Auf der Seite der „bewusstlosen" Produktion wird einer jüngeren para-ästhetischen Form ein neuer Rang zuerkannt. Die wachsende Bedeutung der „Zeugnisse" (497) einzelner Künstler (etwa der in der Festschrift erschienene Text von Boulez (508), aber vielleicht auch das später an prominenter Stelle eingespielte „Manifest" (530)) ist auf Seiten der Kunst ein Analogon der Beschäftigung mit einzelnen Formproblemen. Die künstlerischen Dokumente werden als Ausdruck eines wachsenden Reflexionsbedürfnisses der modernen Kunst gewertet, das später rückwirkend dahingehend verallgemeinert wird, dass Reflexion immer schon teilhatte am künstlerischen Prozess. Denn der hat bei Adorno zwei Dimensionen: Jedes Kunstwerk ist einerseits Resultat eines beglückenden mimetischen Impulses: „[d]er reine mimetische Impuls – das Glück einer Welt noch einmal" (503). Dieser Impuls schließt die Aufkündigung der Spielregeln ein (499), mit Goethe „den Bodensatz des Absurden", den Adorno auch „Fetischismus" nennt (506; zum Mimetischen und Absurden vgl. 181). Aber ebenso unabweisbar ist die in moderner Kunst ostentativ werdende und sich in para-ästhetischen „Zeugnissen" dokumentierende Verpflichtung der Kunst auf Rationalität und eine „aufklärende[n] Komponente" (503). An philosophische Ästhetik reichen die künstlerischen „Zeugnisse" jedoch nur unter den Bedingungen ihrer Interpretation heran. Die Schwierigkeit einer Ästhetik bestünde auch diesen Dokumenten gegenüber darin, nach dem Ende der idealistischen Systeme „die Nähe des Produzierenden zu den Phänomenen zu verbinden mit der [...] begrifflichen Kraft" (498). Erst das wäre Ästhetik und weder „bloße Phänomenologie" einzelner Werke noch „empirische Ästhetik" (ebd.). Für Adorno stellen beide Missverständnisse dessen dar, was es heißt, „bei den Phänomenen" zu sein: Die Phänomenologie mutet sich werkunabhängige Fragen nach dem „Wesen" von Kunst zu, die Psychoanalyse erklärt die Phänomene mit Sublimierung weg. Deshalb bleiben beide unterhalb der Schwelle, die Adorno für Ästhetik ansetzt. Sie gilt in letzter Instanz unabdingbar der (metaphysischen) Frage nach dem *Wahrheitsgehalt* der Kunstwerke. Zu ihm führen zwei Wege, entweder ist „mit dem fensterlosen Gedanken" in einen anderen Gegenstand einzudringen, oder aber man hat „leibhaft nah" (497) bei der Produktion zu sein. *Tertium non datur.* Jedenfalls noch nicht an diesem Punkt der Argumentation.

Von der Kritik an Empirismen verschiedener Provenienz will Adorno an dieser Stelle, überraschend und einmalig, den amerikanischen Pragmatisten John Dewey ausgenommen wissen (498). In der späteren *Ästhetischen Theorie* fehlen der Name und das Lob. Dewey, der unter Kunst all das versammele, was den Spielregeln des Empirismus nicht zusage (ebd.), habe erkannt, dass eine philosophische Ästhetik auf die „Zone von Sicherheit" (525), wie sie etwa die Wissenschaft bietet, verzichten muss (ein Vergleich der Positionen Adornos und Deweys findet sich in Hammer 2019).

Im folgenden (zweiten) Absatz nimmt Adorno die schon unter dem Begriff der Kunst und Künstlern „anbefohlene Naivetät" (497) in Gestalt des „Sonntagsvergnügen[s]" (499) als eine andere Art der Separierung von Kunst auf. Die Bürger der arbeitsteiligen Gesellschaft fühlen sich durch Ästhetik so gestört wie der Empirismus durch die Kunst. Zu den objektiven Schwierigkeiten einer Ästhetik tritt also der subjektive Widerstand der Kunstgenießer gegen Ästhetik. Aber Adorno geißelt diese abwehrende Haltung nicht umstandslos als „Banausentum", sondern entlockt ihr als „Komplement des bürgerlichen Alltags" eine Wahrheit, die sich der „Betrieb" (ebd.), also die Kulturindustrie, zunutze macht. Bei der Vertreibung von Reflexion aus dem „Naturschutzpark" (ebd.) Kunst kann sich der Betrieb auf die (veraltete) Vorstellung von Ästhetik stützen, die Kunst auf Anschaulichkeit reduziert. Dem korreliert ein schwammiger Begriff von künstlerischer Naivität, den mit Hermann Cohens neukantianischer *Aesthetik des reinen Gefühls* (1912) zu verknüpfen Adorno nicht zögert. Die verschiedenen Versuche, Kunst reservatartig zu isolieren, bereiten einer „ins Offene und Ungedeckte" (525) drängenden Ästhetik den Boden. Ihr ist es vorbehalten, darüber zu entscheiden, wo die Grenzen der Kunst zu suchen sind.

Wie die Wahrheit der als „Sonntagsvergnügen" verstandenen Kunst von der Kulturindustrie instrumentalisiert wird, so verzerrt sie auch den Begriff künstlerischer Naivität. Aus Winckelmanns „edle[r] Einfalt" ist die „Einfältigkeit der Kulturkonsumenten" geworden (500). Aber Adorno hält auch hier an einer Wahrheit künstlerischer Naivität fest, die nur dort korrupt ist, wo sie als Position in Anspruch genommen wird. Denn der „künstlerische Impuls", der sich von der Verhärtung des Lebens nicht beirren lässt, und deshalb „die wahrhaft naive" (ebd.) Produktion zeitigt, setzt sich auch in einer vollends mit Ideologie geschlagenen Welt durch. Das Naive assoziiert Adorno mit dem Infantilen, das die Spielregeln und das Realitätsprinzip aufkündigt (ebd.) und zum „Bodensatz des Absurden" aller Kunst gehört. Überraschend ist jedoch, dass Adorno auf die Tücken künstlerischer Naivität unter den Bedingungen der Kulturindustrie mit einem Begriff reagieren zu können glaubt, der seit 1800 und vor allem bei Schiller Korrektiv und Komplement von Naivität gewesen ist. Von „Bildung" (ebd.) nämlich erhofft sich Adorno Widerstand gegen Konsum und falsch verstandene Naivität gleichermaßen. Etwas später heißt es kategorisch: „Wer nicht weiß, was er sieht oder hört, genießt nicht das Privileg unmittelbaren Verhaltens zu den Werken, sondern ist unfähig, sie wahrzunehmen." (502) Weil die Hierarchisierung von Naivität und Rationalität ein Effekt der Kulturindustrie ist, kann auch und gerade Rationalität zum Medium von Naivität und Unmittelbarkeit werden. Deshalb heißt es: „Naivetät ist Ziel, nicht Ursprung." (Ebd.)

Gegen den Irrtum, Naivität sei das Gegenteil von Reflexion oder Rationalität, bietet Adorno eine Reihe von Beispielen auf, darunter die Anleihen des Impressionismus bei der zeitgenössischen Optik. Als Exponent von Rationalität ist Wissenschaft vor allem im 19. Jahrhundert ein wichtiges „Agens von Kunst" (502). In Parenthese nennt Adorno die Anfänge elektronischer Musik, mit der sich die längeren Ausführungen zu Pierre Boulez beschäftigen (508 f.). Diesen Verweis begleitet aber schon der Verdacht, dass hier vielleicht ein „Missverständnis" der Wissenschaften von Seiten der Kunst vorliegen könne. Dieses Motiv einer durch den Vorrang technischer Möglichkeiten beliebig werdenden Kunst taucht auch an anderen Stellen auf und deutet auf die Situation heutiger Kunst voraus (*siehe* Tränkle). Vor diesem Hintergrund wird philosophische Ästhetik zu einer Rettungsaktion, die Kunst der ihr drohenden, aber von ihr selbst aufgrund des „fatale[n] Altern[s] der Moderne" (509) auch hervorgebrachten Beliebigkeit und Zufälligkeit zu entreißen sucht: Ästhetik als Gegengift für ein anderes als das Hegel'sche Ende der Kunst.

Im folgenden Absatz wird das Ende der Kunst folgerichtig von der zeitgenössischen Kunst aus perspektiviert. Zeitgenössische Kunst stellt sich selbst zunehmend infrage, etwa in Gestalt radikaler „Antikunst" (503). Die alte Frage, „ob [...] Kunst überhaupt möglich sei", ist nicht mehr radikal, sondern ob sie „heute" (ebd.) noch möglich sei, wird wichtig, weil sich Kunst von heute selbst negiert. Sie „will überleben durch ihren Tod" (ebd.). Die kunst-konstitutive Spannung zwischen dem „mimetischen Impuls" und der „aufklärenden Komponente" hat sich aktuell so verschärft, dass der Kunst ihre Selbstauflösung droht: Auf dem Theater wird die Illusion demaskiert; der Roman sträubt sich gegen die Fiktion des Dabei-Gewesen-Seins. So vollstreckt zeitgenössische Kunst das geschichtliche Urteil über die ästhetischen Kategorien, und in dieser Perspektive erscheint Kunstpraxis schon als ästhetische Theorie. Eine philosophische Ästhetik, die mit denselben Kategorien noch operiert, als wären sie intakt, gerät ihr gegenüber ins Hintertreffen. Und damit kann man sich fragen, ob, wenn die Kunst theoretisch wird, die Theorie ihrerseits ästhetisch werden müsste (Bräutigam 1975). Adorno scheint zunächst einen anderen Weg zu wählen.

Von einem theoretischen Selbstbewusstsein ist die Kunst nämlich doch sehr weit entfernt. Vielmehr fürchte sie, behauptet Adorno, „insgeheim" (505), dass es eine erneuerte Ästhetik wäre, die „die zum Zerreißen gestrafften Lebensfäden der Kunst durschneide[t]." (506) Denn über ihre Existenzberechtigung und ihren Wahrheitsgehalt „nach dem Sturz der Metaphysik" (ebd.) könne die Kunst nicht selbst entscheiden – wie sehr auch immer sie die Negativität in sich hineinnimmt und reflexiv wird –, sondern nur die philosophische Ästhetik. Ästhetische Praxis bringt die Kunstwerke in die Nähe einer Sinnlosigkeit, deren Sinn, und d. h. deren objektiver Wahrheitsgehalt, nur extern bestimmt werden kann. Kunst ohne Sinn hätte nichts anderes mehr, auf das sie sich berufen könnte, als „den Bodensatz des Absurden", die mimetischen Impulse, den Fetischismus. Aber das ist eben nur einer „ihrer Stämme" (ebd.). Wo er zum einzigen wird, „denunziert die Kunst" (ebd.) sich selbst. Radikale Kunst läuft auf Abschaffung der Kunst heraus, vor der sie zu bewahren nicht die geringste Aufgabe philosophischer Ästhetik ist.

Ästhetik ist in der Lage, die Reflexion zu leisten, die Kunst „von sich aus kaum zu vollbringen vermag" (507). Darin erfüllt sie auch eine „kunstpraktische Funktion", indem sie nicht bloß die längst überholten Gattungen, sondern die künstlerischen Kernbegriffe, „wie Material, Form, Gestaltung" (ebd.), sozusagen professionell aufarbeitet (wie es dann vor allem für die ersten beiden Begriffe in der *Ästhetischen Theorie* geschieht). Doch die wichtigste Aufgabe einer philosophischen Ästhetik ist die „Entfaltung der Werke" (ebd.). Denn auch dies, ihr eigenes Werden im geschichtlichen Prozess, können Kunstwerke schon deshalb nicht selbst leisten, weil eigentlich jedes dem anderen ein Todfeind ist (AGS 4, 83). Aber als immer auch geistige Werke „zitieren sie Formen des Geistes herbei, durch welche jenes Werden sich vollzieht" (507). Die Angewiesenheit der Werke auf Entfaltung in anderen Formen ist in dieser Formel vom „Herbeizitieren" beschlossen, die halb auf eine quasi magische Affinität verweist, halb aber den Charakter eines Befehls hat. Bei den Formen handelt es sich zunächst um „Kommentar und Kritik" (ebd.), ein Begriffspaar aus der Welt der Philologie, das Adorno wahrscheinlich aus dem Anfang von Benjamins Wahlverwandtschaften-Aufsatz übernommen hat (BGS I.1, 128). Aber anders als Benjamin gelten ihm sowohl Kommentar wie Kritik als „schwächlich", solange sie nicht den „Wahrheitsgehalt" eines Werks erreichen; und das gelingt ihnen nur, wenn sie „zur Ästhetik sich schärfen" und diese Sphäre nicht der Philologie überlassen (507). Aber es ist hier (noch) nicht so, dass die der Philosophie um ihres Wahrheitsgehalts willen bedürftige Kunst erst in der Philosophie zu sich selbst kommt. Das wäre die Hegel'sche Ästhetik mit ihrem Ende der Kunst. Dagegen scheint Adorno hier umgekehrt doch an ein Verschwinden der Philosophie zu denken. Im Wahrheitsgehalt „konvergiert" Philosophie „mit der Kunst oder erlischt in ihr" (ebd.). Der Weg dorthin führt nicht über Philosopheme, sondern die reflektierte Immanenz der Werke, im vollen Bewusstsein, dass Kunst und Philosophie nicht erst heute, sondern „seit bald zweihundert Jahren unvereinbar" geworden sind (ebd.). Philosophie muss die von den Kunstwerken begonnene Arbeit fortsetzen, „die untergehenden Kategorien als übergehende zu denken in bestimmter Negation" (ebd.).

17.3 Kommentar zum 2. Textblock

Was „die Erfahrung des ästhetischen Gegenstands" (513) ist und für eine philosophische Ästhetik zu leisten vermag, ist die Ausgangsfrage. Der Gegenstand soll aber nicht nur erfahren, sondern auch verstanden werden. Zu solchem Verstehen ist der Zugang durch den einmal mehr von der Kulturindustrie instrumentalisierten Primat von „Einfühlung", „Identifikation", auch „Projektion" und „Erlebnis" versperrt. Für ein nicht vom Subjekt, sondern von der „Objektivität determiniertes" (ebd.) Verstehen schlägt Adorno ein Schichtenmodell vor. Es muss nicht notwendig mit der ästhetischen Erfahrung beginnen, sondern kann auch zu ihr erst hinführen. Ästhetische Erfahrung ist möglich und sinnvoll, wenn sie „zwischen den Betrachtenden und das Objekt zunächst Distanz" legt (514). In dieser Distanz – kanonisiert in Kants Formel vom „interesselosen Wohlgefallen" (KWA 10, B 7) – wird der „Bann sturer Selbsterhaltung" durchbrochen (515). Schopenhauer wusste das (ebd.), denn der die Menschen treibende rastlose Wille setzt nur punktuell im Umgang mit Kunst aus, bei ihm vor allem mit Musik.

Die „zweite Schicht" betrifft „das Verstehen der Intention des Werkes", im Vokabular der traditionellen Ästhetik seine „Idee", aber auch dies betrifft und erreicht noch nicht den „Wahrheitsgehalt der Werke" (515). Hat man die intendierte Idee von Ibsens Drama *Die Wildente* verstanden, in diesem Fall die Schuldhaftigkeit subjektiver Moralität, ist damit nämlich noch kein Urteil gefällt darüber, ob und wie diese Intention im „Gefüge des Werkes" (ebd.) realisiert wurde. Mit dieser Frage nähert man sich aber dem Urteil über Wahrheit oder Falschheit eines Kunstwerks. Es ist vorläufig das Telos eines Verstehens, das sukzessive in „Kritik" (ebd.) übergeht. Aber auch damit ist der Prozess des Verstehens noch nicht an sein Ende gekommen. Wenn das Kunstwerk „als Komplexion von Wahrheit" verstanden worden ist, muss es noch zu der Unwahrheit in Beziehung gesetzt werden, die jedes Kunstwerk auch immer ist, weil es als *fait social* zwangsläufig teilhat am Unwahren „des Weltalters" (ebd.). In dieser Sphäre geht es nicht länger um Verstehen im landläufigen Sinn, sondern um Erkenntnis: „Die Erkenntnis der Kunstwerke folgt eigener erkennender Beschaffenheit: sie sind die Weise von Erkenntnis, welche nicht Erkennen von Objekt ist." (516) Es geht hier also nicht bloß um das Verstehen *von* Kunstwerken durch ihre Rezipienten, sondern auch um deren eigene Erkenntnisleistung, die nicht diskursiv auf ein Objekt gerichtet ist. Darin ähnelt dieses Erkennen der Erfahrung von Künstlern. Ihnen ist das Unverständliche selbstverständlich. Das ist ihre Substanz, aber auch ihr Defizitäres, das „Hilflose[n]" (ebd.) der Theoriebildung von Künstlern. Aufgabe der Theorie ist es nicht, die Unverständlichkeit wegzuerklären, sondern selbst so zu verstehen (Schlegel 1967), dass sie als Eigenschaft der Werke bestehen bleibt. Die Frage nach der Verstehbarkeit (186) verschärft sich unter aktuellen Bedingungen. Das ist der Einsatzpunkt für den „Rätselcharakter" (516) nicht nur der jüngsten intentional unverstehbaren Werke (etwa im absurden Theater Ionescos oder konsequenter bei Beckett), sondern aller Kunst.

Anschließend geht es um die besondere Art des Verstehens der „werkimmanenten Analyse", die nicht identisch ist mit der künstlerischen Erfahrung und sich in den Philologien der positivistischen Literaturwissenschaft angenähert hat, gegen deren „Kunstfremdheit" (517) sie zunächst gerichtet war. Die technische

Strukturanalyse ist ein wichtiges Element im mehrschichtigen Verstehensprozess, aber philosophische Ästhetik strebt darüber hinaus als „zweite Reflexion" durch Kritik (also die Entscheidung über richtig und falsch, wahr und unwahr) „zum Wahrheitsgehalt" (518). (Der Begriff der „zweiten Reflexion" wird erst im letzten Teil erläutert.) Aber wie die Bestimmung der Wahrheit auch das Verhältnis zur Unwahrheit einschließen muss, weil das Kunstwerk als *fait social* an einem unwahren Weltzustand partizipiert, muss auch die in werkimmanenten Analysen geleistete Einsicht in die „innere Zusammensetzung" (ebd.) jedes Kunstwerks sich mit dem beschäftigen, was am Kunstwerk nicht Kunst ist, sondern gesellschaftliche Realität. Denn „noch in der äußersten Absage an die Gesellschaft" ist die Kunst „gesellschaftlichen Wesens und unverstanden, wo jenes Wesen nicht mitverstanden wird" (518 f.). Deshalb kann kein Werk je rein aus sich selbst, also strikt immanent verstanden werden (*siehe* Mettin/Zwarg).

Erfahrung, die künstlerische der Produzenten und die ästhetische der Rezipienten, kann deshalb auch niemals „Rechtsquelle" für philosophische Ästhetik sein, zumal nicht nur neue, sondern auch veraltete Kunstwerke zunehmend „unmittelbar nicht mehr zu erfahren" sind (518). Wie die Unverständlichkeit zu verstehen ist, so muss in der Erfahrung auch das Unerfahrbare gerade älterer Werke erfahren werden. Dies gehört zur Archaik der Kunstwerke (*siehe* Angehrn), einem Analogon ihres Rätselcharakters (*siehe* Hofstätter). Aber nur im Ausgang von zeitgenössischer Unverständlichkeit, auch Sinnlosigkeit, kann man sich dem nähern. Und deshalb bedarf es zum Verständnis einer Beethovensymphonie sowohl der Analyse ihrer immanenten technischen Logik als auch der Bereitschaft oder Fähigkeit, in den Tönen ein Echo der französischen Revolution zu hören. Ästhetisches Verstehen muss sowohl drinnen (beim Geistigen der Kunstwerke) und draußen (bei der gesellschaftlichen Realität) zugleich sein. Damit daraus nicht das „Hin und Her" der seit dem 19. Jahrhundert zersplitterten Ästhetik wird, obliegt es philosophischer Ästhetik, das „Ineinander" (520) zu entwickeln. Dazu gehört auch die Erkenntnis, dass „künstlerische Erfahrung" des nach Schillers Wort naiven Künstlers „keineswegs so unmittelbar ist" (ebd.), wie das bürgerliche Bewusstsein annimmt. Eine Erfahrung, an der nicht der Gedanke als ein Allgemeines partizipierte, gibt es nicht, schon weil es mit der Versprachlichung durch ein Allgemeines hindurchmuss, dem die Formensprache des Kunstwerks korrespondiert, die nie nur seine ist.

Zum Verstehen gehört und eine dritte Schicht bildet das „Erklären" (521), das man auch der Forderung nach „Bildung" gleichsetzen kann, denn Erklären heißt für Adorno Unbekanntes auf Bekanntes zu reduzieren. Obwohl ihm das als „Frevel" gilt, bedarf es solcher „Erklärungen", weil sie zugleich das Medium sind, in dem sich das Fortleben der Werke entfaltet. Und mit einer auf den dritten Teil vorweisenden Schärfe heißt es von philosophischer Ästhetik: „Sie bewegt sich im

Medium allgemeiner Begriffe noch angesichts des radikal nominalistischen Standes der Kunst und trotz der Utopie des Besonderen, die sie mit der Kunst gemein hat." (Ebd.) Telos der philosophischen Ästhetik sind solche Begriffe, die das Besondere meinen. Für die Kunst heißt das, dass sie nicht wirklich herausführt aus dem Allgemeinen, das in letzter Instanz die Welt ist und ihr insofern keinen Schritt voraus ist. Beispiele dafür, dass noch und gerade das Besonderssein-Wollende der Allgemeinheit nicht entgeht, sind der Dadaismus und der zeitgleiche Expressionismus. Alles, was solche extremen Kunstwerke eliminieren, bleibt erhalten und um das zu sehen, bedarf es der Erklärung.

Anschließend rechnet Adorno mit der phänomenologischen Theorie von Kunst ab, die sagen möchte, was Kunst sei, und dabei ihr Objekt stillschweigend als gegeben voraussetzt. Aber „Kunst spottet der Versuche sie auf reine Wesenhaftigkeit zu vereidigen" (522), ob man jetzt den Nachahmungstrieb, das Ausdrucksbedürfnis oder Bildmagie als Letztinstanz postuliert.

Die verbleibenden Überlegungen (520–530) stehen noch einmal ganz im Zeichen der Rückkehr zu und Modifikation von Kant und Hegel. Die Schlusssätze fordern eine „geschichtsphilosophische Analyse" der Situation, sowohl derjenigen der Ästhetik wie der der Kunst (*siehe* Hogh), obwohl „große[n] ästhetische[n] Manifeste[n]" (530) – sozusagen gesteigerten „Zeugnissen" des ersten Teils – auch hier tendenziell der Wahrheitsgehalt zugesprochen wird, auf den philosophische Ästhetik bisher vergeblich oder fälschlich Anspruch erhoben hatte. Die „fällige" Ästhetik dagegen, so der vorletzte Satz, „wäre das Selbstbewußtsein solchen Wahrheitsgehalts eines extrem Zeitlichen." (Ebd.) Schwierig ist der Satz mit seinen zwei Genitiven, weil das erwartete Wort „als" vor „eines extrem Zeitlichen" fehlt. Das bedeutet nämlich nicht nur, dass der Wahrheitsgehalt „einen Zeitkern" hat, sondern radikaler, dass der Wahrheitsgehalt ein extrem Zeitliches *ist*. Diese Zeitlichkeit ist das zentrale Motiv des letzten Teils.

17.4 Kommentar zum 3. Textblock

Zunächst werden unter Verweis auf die Probleme einer „Methode" die Werke erneut in ihr Recht gesetzt. Den Nachweis, dass gerade die zeitgenössischen, zur Sinnlosigkeit tendierenden Werke in letzter Instanz eben doch nicht zufällig, nicht subjektiver Willkür entsprungen sind, kann nur die Auseinandersetzung mit ihnen erbringen. Und weil allein die praktische Ausführung solcher Auseinandersetzung – deren theoretische Rahmenbedingungen im zweiten Abschnitt bereits erläutert wurden – die Methode rechtfertigen kann, kann keine Methode vorausgesetzt werden.

Von der Methode zu unterscheiden ist jedoch die „kritische[n] Reflexion der Prinzipien" (531) der Ausführung. Noch einmal insistiert Adorno an dieser Stelle auf der „Affinität" von Kunst und Erkenntnis mit dem Begriff der „zweiten Reflexion" (ebd.). Resultat der ersten Reflexion ist (wie bei Hegel auch) die Vergegenständlichung eines Geistigen in einem Kunstwerk. Die zweite Reflexion besteht darin, diesen „vergegenständlichten Geist, durchs Medium der Reflexion hindurch, abermals in seinen flüssigen Aggregatzustand zu versetzen." (Ebd.) Das kann man so verstehen, als sei der flüssige Aggregatzustand die dem Geist gemäßere Form, seine Verfestigung in einem konkreten Kunstding hingegen eine Art Selbstentfremdung des Geistes, die von der zweiten Reflexion aufgehoben wird (was hegelianisch wäre). Warum sollte ein Aggregatzustand dem anderen vorzuziehen sein? Mindestens ebenso plausibel ist folglich eine Lesart, die „Verflüssigung" mit der am Ende des letzten Abschnitts so stark betonten Zeitlichkeit zusammenbringt. Die Verflüssigung ist die Rückkehr des Geistigen in seine extreme Zeitlichkeit und d. h. auch seine Vergänglichkeit.

Als habe er die Affinitäten zwischen Kunst und Kunsterkenntnis aber damit bereits zu weit getrieben, paraphrasiert Adorno seinen Punkt noch einmal in der Terminologie von Vermittlung und Begriff. Die Erkenntnis muss das in der Kunst vermittelte Geistige noch einmal vermitteln „durchs Medium des Begriffs" (531), was nur durch Hinwendung zu künstlerischen Details gelingt. Adorno liefert solche Hinwendung umgehend an dem höchst spezifischen Detail des Verschwindens als extremer Form der Zeitlichkeit in Beethovens Sonate *Les Adieux*. Dort ist kurz vor Schluss „über drei Takte das Getrappel von Pferden" weniger zu hören, als dass es „[z]itiert" wird – also kein ausgearbeitetes Motiv, sondern eine „rasch vergehende Stelle" und vielleicht auch nur eine „flüchtig entgleitende Assoziation" (ebd.) des Hörenden, die dem objektiven Gebilde unter Umständen gar nicht angehört, sondern der Subjektivität des Rezipienten geschuldet ist. Aber dieser „nicht einmal im Kontext des Satzes fest zu identifizierende Laut des Verschwindens" sagt mehr über „die Hoffnung der Wiederkunft" als alle allgemeinen Überlegungen zur Zeitlichkeit von Musik, ihr „flüchtig-überdauernde[s]" Wesen (ebd.).

Dieser Mini-Exkurs ist jedenfalls nicht „zweite Reflexion von Kunst im Medium des Begriffs", sondern mimetisches Tasten nach dem fast nicht mehr Hör- oder Wahrnehmbaren zwischen Objekt und Subjekt. Ohne große Mühe könnte man aus diesem Ineinander von Abschied, Vergänglichkeit und Hoffnung die utopischen Überschüsse von Adornos *Ästhetischer Theorie* herausholen. Aber er belässt es bei diesem so sparsamen wie bedeutungsvollen Nachweis, was erkennender Umgang mit Kunst sein könnte und sollte. Das soeben berührte „Geheime an Kunst", ihr Rätselcharakter, lässt sich eben weder „durch beschwörende Urworte" (531) noch durch Begriffe bannen.

Aber die Gegenbewegung lässt nicht lange auf sich warten, und sie fällt denkbar scharf aus: „Zu Recht will der einfache Menschenverstand, daß Ästhetik *nicht* [...] in der Einzelanalyse der Werke sich verkapsele" (532 – Herv. EG). Auch wenn philosophische Ästhetik der Werke und ihrer Details nicht „entraten" kann, verlangt und fordert sie *Abschied* von der „Freiheit zur Singularität" (ebd.). Nur wenn sie sich resignativ von diesem Ideal abwendet, es mindestens partiell preisgibt, entgeht sie der Gefahr, „Opfer der Schimäre einer Konkretion" (ebd.) zu werden (die oben auch „Doktrin des Konkreten" hieß). Adorno zögert nicht, die Kunst selbst eine „Schimäre der Konkretion" zu nennen, die nicht über jeden Zweifel erhaben sei. Und man möchte zurückfragen: Auch die Beethoven-Stelle nicht? Bei aller vorangegangenen Kritik an den konventionellen Kategorien bedarf philosophische Ästhetik nun doch „der Abstraktionen" und Klassifikationen, einschließlich „Gattungen" (ebd.). Man könnte sagen: Die Passage übersetzt den in Beethovens Sonate ästhetisch vorgeführten Abschied (samt seiner Hoffnung auf Wiederkunft) in den Primat des Diskursiven über die Werke. Beethoven ist dann allenfalls noch Trost (zur Kunst als Trostspender vgl. 10 und AGS 4, 253). Man könnte aber auch sagen: Ohne die Beethoven-Stelle, die die Lizenz zum Abschied vom Konkreten liefert und vorführt, was ein Abschied ist, wäre die handstreichartige Ermächtigung der Philosophie als Richterin über die Werke gar nicht möglich gewesen.

Begründet wird der Vorrang der Philosophie hier nicht mit dem Wahrheitsgehalt, sondern damit, dass jedes Kunstwerk als *fait social* seine Einzigkeit überschreitet, indem es an Geschichte partizipiert. Die radikale Geschichtlichkeit der ästhetischen Kategorien leiht der philosophischen Ästhetik zwar ihre eingestandenermaßen „zwanghaften" Züge, aber sie verleiht ihr doch die Kraft, „den ästhetischen Relativismus" zu brechen, der Kunst „als unverbundenes Nebeneinander der Kunstwerke vorstellen muß." (532) Es geht Adorno jetzt um die Konstruktion von Zusammenhängen, die Kunst selbst nicht kennt noch kennen kann, und „woran Ästhetik erst ihren Gegenstand hätte" (533). Kein Kunstwerk vermag die Spannung, in der es steht, selbst aufzulösen. „[W]eil Geschichte schließlich noch die Idee solcher Auflösung angreift, kann ästhetische Theorie nicht bei der Auslegung der vorhandenen Kunstwerke und ihres Begriffs sich befriedigen." (Ebd.) Verstehen muss sich zur Ästhetik schärfen, philosophische Ästhetik als Geschichtsphilosophie muss die Werke hinter sich lassen.

Dass solche Ästhetik jetzt „fällig" ist, darauf verweist in höchst schillernder Weise die Affinität zwischen dem philosophischen Bewusstsein von der Wahrheit der Kunstwerke mit dem „ästhetischen Manifest", dessen herrischen Duktus Adorno in diesen abschließenden Sätzen kontrapunktisch zur Beethoven-Stelle imitiert. Wenn die *Frühe Einleitung* in diesem letzten Abschnitt tatsächlich in Parole und Manifest übergeht und pro domo der Philosophie das Wort redet, dann weist sie sich aufgrund der vorangegangenen Bemerkungen über „Zeugnisse" und „ästhetische Manifeste" und dem manifesten Sinn der Inthronisation der Philosophie entgegen selbst als Kunst aus. Analog dazu müsste die Philosophie umgekehrt in der Beethoven-Stelle stecken. Aber eine solche Deutung überschreitet die Grenzen eines Kommentars in Richtung Spekulation.

Jedenfalls liegen mit der Beethoven-Deutung als Miniatur-Modell für eine „Konstruktion des ästhetisch Ganzen" (531) und der gegenläufigen geschichtsphilosophischen Ermächtigung einer neuen Ästhetik im Zeichen von Begriff, Abstraktion und Klassifikation der Form und der Sache nach die extremen Pole von Adornos *Ästhetischer Theorie* auf engstem Raum und in denkbar harter Fügung nebeneinander. Es ist, als reichten die beiden „Stämme" jedes Kunstwerks – sein Fetischismus, seine mimetischen Impulse, seine Aufkündigung der Spielregeln einerseits und seine geistige Dimension, seine „aufklärende Komponente", seine Verschwisterung mit dem Begriff andererseits – selbst bis tief in Adornos Ansprüche an eine philosophische Ästhetik. Und wie bei Kants „zwei Stämme[n]" (KWA 3, B 29) der Erkenntnis ist schlechterdings nicht zu entscheiden, ob es eine gemeinsame Wurzel oder ein (gemeinsames) Telos gibt. Im Medium der Philosophie darf man sich eine dialektische Vereindeutigung solcher Unentschiedenheit – an der die Frage hängt, ob Adornos *Ästhetische Theorie* ästhetisch oder theoretisch operiert – von Adornos Umgang mit Kants und Hegels Ästhetik erhoffen. So hilfreich das sein mag, es kann nur die halbe Wahrheit sein. Die andere Hälfte heißt: *Les Adieux*.

Literatur

Bräutigam, Bernd 1975: Reflexion des Schönen, schöne Reflexion, Bonn
Endres, Martin/Pichler, Axel/Zittel, Claus 2013: „Noch offen". Prolegomena zu einer
　Textkritischen Edition der Ästhetischen Theorie Adornos, in: editio 27, 173 – 204
Hammer, Espen 2019: Dewey, Adorno, and the Purpose of Art, in: Steven Fesmire (Hrsg.),
　The Oxford Handbook of Dewey, New York, 471 – 488
Michler, Werner 2015: Kulturen der Gattung, Göttingen
Schlegel, Friedrich 1967: Über die Unverständlichkeit, in: Hans Eichner (Hrsg.), Kritische
　Friedrich-Schlegel-Ausgabe, Erste Abteilung, Zweiter Band: Charakteristiken und Kritiken I
　(1796 – 1801), Paderborn/München/Wien, 363 – 372

Maxi Berger
18 Kant und Hegel in der *Ästhetischen Theorie*

Über die Kritik Adornos an den Begriffen Immanuel Kants und Georg Wilhelm Friedrich Hegels zu schreiben, verlangt zunächst die Reflexion einer Differenz der Darstellungsweisen – einerseits der Systembegriffe Kants und Hegels und andererseits der Konstellation in Adornos Denken. Diese Differenz in der Darstellung ist schon eine Konsequenz, die Adorno aus der Kritik jener zieht, und daher triftig.

Kant und Hegel haben sich bis in die Kunst und Ästhetik hinein mit philosophischen Fragestellungen auseinandergesetzt. Was bei beiden Autoren unterstellt ist – im Falle Hegels noch deutlicher als bei Kant –, ist das Streben nach einer systematischen Begründung der Vermittlung von Subjekt und Welt. Die *Ästhetische Theorie* Adornos widmet sich dagegen solchen Erfahrungen, die an und mit Kunstwerken gemacht werden. Sie behandelt eine Erfahrung zwischen Subjekt und Objekt, die aus diesem Grund ohne Beziehung zu den Kunstwerken gegenstandslos, ohne Beziehung zu den philosophischen Begriffen willkürlich und unbestimmt – eine Chimäre – wäre; umgekehrt aber weder durch die Interpretationen einzelner Kunstwerke noch durch philosophische Begriffe restlos aufzuschließen ist. Aufgrund der Schwierigkeiten, den Gegenstand ästhetischer Theorie im Hier und Jetzt aufzuzeigen, geht Adorno soweit, ihn im Irrealis zu bezeichnen, also als etwas, das möglich, aber nicht wirklich ist:

> So fragwürdig es erkenntnistheoretisch ist, je von einem Kunstwerk, oder gar von der Kunst insgesamt, zu sagen, sie seien ‚notwendig' – kein Kunstwerk muß unbedingt sein –, so sehr ist doch ihr Verhältnis zueinander eines von Bedingtheit und sie setzt in ihrer inneren Zusammensetzung sich fort. Die Konstruktion derlei Zusammenhängen geleitet zu dem, was Kunst noch nicht ist und woran Ästhetik erst ihren Gegenstand *hätte*. (532 f. – Herv. MB)

Die Eigentümlichkeit des Dargestellten prägt die Form der Darstellung. Dort, wo Adorno die philosophischen Begriffe in die Überlegungen hineinträgt, erklingen sie mehr, als dass sie in ihrem eigenen Medium mit ihren eigenen Mitteln systematisch analysiert und synthetisiert würden. Der Versuch, das systematische Gerüst der *Ästhetischen Theorie* nachzuvollziehen, führt sehr bald zu der Einsicht, dass die Begriffe nicht willkürlich, aber rhapsodisch aufgenommen und erst mit dem Fortgang des Textes an ihre Bestimmtheit herangeführt werden. Sie werden zu Momenten innerhalb eines Geflechtes, in dem auch Anderes trägt: Bildliches, Sprachliches, Aufscheinendes, Historisches, Gesellschaftliches. Indem das Ganze der Dynamik eines ästhetischen Kraftfeldes übereignet wird, wird der Text manchmal rätselhaft und das Gemeinte zum Phänomen, aber niemals, ohne dieses Vorgehen selbst zu reflektieren, z. B. in den Abschnitten über Apparition (*siehe* Bertram) oder Rätselcharakter (*siehe* Hofstätter). Die Theorie wird den Kunstwerken ähnlich, das Medium einer ästhetischen Erfahrung, und trägt damit etwas in sich aus, was sich ihr als Theorie ebenso entzieht. Das veranlasste Rüdiger Bubner schon zehn Jahre nach Adornos Tod dazu, die Theorie von ihrem Wahrheitsanspruch abzulösen (Bubner 1980, 133) – übrigens ein Schritt, der für die meisten ästhetischen Debatten nach Adorno leitend geworden ist. Obwohl die *Ästhetische Theorie* nicht systematisch begründend aufgebaut ist, wie es die Philosophen intendiert hatten, lässt Adorno am Ende ein Kraftfeld entstehen, eine Konstellation von Aussagen, die Ausdruck von Wahrheit ist. Diese Konstellation kreist dabei um ein Zentrum, das seinerseits unberührt bleibt: das Nichtidentische. „Was ist, ist mehr, als es ist. Dies Mehr wird ihm nicht oktroyiert, sondern bleibt, als das aus ihm Verdrängte, ihm immanent. Insofern wäre das Nichtidentische die eigene Identität der Sache gegen ihre Identifikationen." (AGS 6, 164) Adorno selbst spricht von einem Verfahren der Montage in der *Ästhetischen Theorie*, einer künstlerischen Technik also, und er bezeichnet die ästhetischen Aussageweisen in Anlehnung an und in Abgrenzung von Aussageweisen in der philosophischen Tradition als ästhetische Kategorien (Sonderegger 2019; Städtler 2014).

Dieses an künstlerischen Erfahrungen gebildete, zugleich dialektische Kraftfeld trägt den Titel einer *Ästhetischen Theorie*. Damit ist nicht nur angedeutet, dass es sich um ein ästhetisches Werk handelt, das Adorno seinen Lesern übereignet, sondern auch, dass darin der Anspruch auf Wahrheit nicht fallen gelassen wird. Es ist vielmehr die Konsequenz, die er aus den Problemen der Theorien Kants und Hegels zieht.

Adorno interpretiert die ästhetische Urteilskraft Kants und die Kunstphilosophie Hegels entlang ihrer Aporien. Sie sind das, was sich in beiden Konzeptionen als Movens des noch zu Vermittelnden erhält – so wie sich auch Kant und Hegel bereits an ihren Vorgängern abgearbeitet haben. In den Aporien liegt der blinde Fleck der Theorie. Sie tragen die theorieimmanente Spur des Nichtidentischen, das niemals ganz erreicht werden kann. Dennoch will Adorno ihm zu seinem Recht verhelfen, auch durch die Weise der Darstellung: Das System sei die Form einer Rationalität, die sich das Nichtidentische einverleibt, während ihm in der Konstellation Raum gegeben werde. Entsprechend werden auch die Deutungen Kantischer und Hegelscher Termini in die Bewegung der *Ästhetischen Theorie* montiert. Die Ausführung ihrer Kritik bleibt eine Voraussetzung, die nicht Gegenstand der *Ästhetischen Theorie* ist, ohne die aber ihre wesentlichen Denkfiguren im Dunkeln bleiben.

Die Darstellung wird zunächst der systematischen Darstellung Kants und Hegels folgen, um zeigen zu können, wie sich gerade daraus die Aporien ergeben, die Adorno schließlich dazu veranlassen, die Vorzeichen zu ändern und der ästhetischen Erfahrung den Vorrang einzuräumen.

18.1 Kant und Kritik

Block

Kants Auseinandersetzung mit Ästhetik findet in der *Kritik der Urteilskraft* statt. Diese dritte Kritik ist nach der *Kritik der reinen Vernunft* und der *Kritik der praktischen Vernunft* der Aufgabe geschuldet, die Ausgangsbegriffe beider zu vermitteln, genauer Natur und Freiheit. In welcher Weise diese Aufgabe ungelöst geblieben ist, zeigt sich an den Bestimmungen der *Kritik der reinen Vernunft*.

Die Lehre von der Wahrnehmung ist ihrem Bedeutungsumfang nach weiter als die Lehre vom Schönen und der Kunst. Kant bestimmt Wahrnehmung als eine „unbestimmte, empirische Anschauung" (KWA 4, B 422, Anm.), die noch vor aller begrifflichen Erkenntnis eines Objekts den zu erkennenden Stoff gibt. Um diesen Stoff erkennen, einen Begriff vom Objekt bilden zu können, bedarf es der Synthese der Wahrnehmungen – nach Kant ist diese Synthese an die Urteilsfunktionen des Verstandes gebunden, die er den Kategorien zuordnet. Von einem Objekt könne also erst die Rede sein, wenn die Anschauungen in eine bestimmte Beziehung zum Verstand, dem Vermögen der Erkenntnisse, gebracht werden (KWA 3, B 137). Um ein Objekt zu erkennen, ist es damit sowohl nötig, den Unterschied zwischen Begriff und Anschauungen zu bestimmen, als auch deren Verbindung, weil der Begriff ohne Anschauung leer, die Anschauung ohne Begriff blind sei (KWA 3, B 75).

Die Anschauungen sind zufällig, subjektiv, chaotisch, mannigfaltig; die Kategorien sind Arten, nach denen das erkennende Subjekt die Mannigfaltigkeit von Angeschautem formt (z. B. qualitativ, quantitativ, relational oder nach Kriterien der Modalität). Die Kategorien sind Bedingung der Möglichkeit a priori, objektive Urteile fällen zu können. Die Quelle der Wahrnehmungen liegt außerhalb des Subjekts in dem, was erkannt werden soll, während die Quelle der Verstandesbegriffe und des Vermögens, wahrzunehmen, im Subjekt liegen, in dem, was Kant Vernunft nennt. Wenn die Wahrnehmungen nicht an sich geordnet sind, sondern der Ordnung durch die Verstandesbegriffe bedürfen, dann sind sie notwendige, aber keine hinreichenden Bedingungen von Erkenntnis.

Die Frage nach dem Verhältnis von Kategorien und Anschauungen geht auf die innersubjektiven Bedingungen des Erkennens, denn die Subjekte erkennen die Objekte, nicht umgekehrt. Kant kann sich – z. B. mit den Newtonschen Gesetzen der Mechanik – auf die Wirklichkeit von notwendig-allgemein geltenden Urteilen über die Natur berufen. Solche Urteile müssen daher auch möglich sein. Es muss möglich sein, anzugeben, in welcher Weise Bestimmung a priori im Subjekt denkbar ist, also bevor noch ein einzelnes Objekt tatsächlich bestimmt wird. Bestimmung ist die Analyse und Synthese einzelner Elemente zu einem Ganzen. Das heißt, Kant beansprucht zu zeigen, wie dieses Synthetisieren logisch und vor aller Erfahrung möglich ist: „Die eigentliche Aufgabe der reinen Vernunft ist nun in der Frage enthalten: Wie sind synthetische Urteile a priori möglich?" (KWA 3, B 19)

Damit macht sich die *Kritik der reinen Vernunft* aber auch angreifbar, denn solange es nur um die Bedingungen der Möglichkeit synthetischer Urteile a priori geht, könnten sich deren Begriffe als Projektionen erweisen, die sich nicht auf die Objekte beziehen lassen. Deshalb gehört es darüber hinaus zu diesen Bedingungen, dass dem innersubjektiven Verhältnis von Kategorien und Anschauungen außersubjektiv ein Objekt entspricht. Es wäre ein Ding, wie es an sich ist, also ohne Zutaten erkennender Vernunft. Damit ist aber zugleich auch das Problem benannt, denn dieses außersubjektive Korrelat der Vorstellungen kann unabhängig vom Subjekt gar nicht erkannt werden. Kurzum: Es muss das Ding an sich geben, aber es kann nicht bestimmt werden, ohne die Inkonsequenz zu begehen, es innersubjektiv zu bestimmen. Das widerspräche aber seiner erkenntnistheoretischen Funktion. Das Ding an sich wird deshalb als ein negativer Begriff erschlossen, nicht im Sinne eines positiven Zugriffs auf die Natur.

Während der Verstand auf die Erkenntnis der einzelnen Objekte und ihrer Verhältnisse untereinander gerichtet ist, ist die Vernunft bei Kant das Vermögen, welches die systematische Einheit aller Erkenntnisse fordert. So fragt sie z. B. über den Verstand hinaus auch nach dem Ursprung der Erkenntnis und fordert, dass die Objekte untereinander in einer widerspruchsfreien Beziehung stehen. Die Vernunft ist jedem Erkennen logisch vorausgesetzt (sonst wäre sie nicht die Quelle des Erkennens), trotzdem erschließt Kant sie in der *Kritik der reinen Vernunft* dynamisch: In der 3. Antinomie wird gezeigt, dass die Begründung einer Erscheinung durch ihre Ursachen niemals vollständig ist, ohne die erste Ursache anzugeben. Nun geht eine Erscheinung aus ihrer Ursache hervor, aber diese Ursache ist ihrerseits die Wirkung einer weiteren Ursache usw. Man gelangt so immer zur nächsten und nächsten Ursache, aber niemals zu einer ersten. Weil die erste Ursache notwendig gedacht werden muss, aber nicht aus der Naturkausalität hergeleitet werden kann, ist sie ein spekulativer Vernunftbegriff. Das Problem gibt Anlass, auf die Freiheit zur Reflexion als erster Ursache zu schließen (KWA 4, 426). Kant meint damit nicht, dass Freiheit der Existenzgrund für die Natur ist, aber sie ist deren Bestimmungsgrund. Er formuliert sehr vorsichtig, dass er nur beweisen könne, dass der Begriff der Freiheit nicht unmöglich sei. Auch sie ist damit eine Bedingung der Möglichkeit synthetischer Urteile a priori (Städtler 2011).

Nun ergibt sich aber die Paradoxie, dass die Relata der Erkenntnisrelation – das Ding an sich und die Freiheit als Ursprung der Erkenntnis – beide nur als negative Begriffe erschlossen werden können. Die Grenzen der Vernunft seien unhintergehbar, da nichts, was angeschaut oder gedacht wird, an sich angeschaut und gedacht werden könne. Adorno bezeichnet das als den Block, den er – wenngleich modifiziert – zu einer zentralen Bestimmung werden lässt: „Der Kantische Block, die Theorie von den Grenzen möglicher positiver Erkenntnis, leitet, auch nach Hegels Kritik, vom Form-Inhalt-Dualismus sich her." (AGS 6, 378)

Geschmack und Urteil

Die Affinität des Angeschauten zu den Kategorien ist Gegenstand der ästhetischen Urteilskraft. Wenn Anschauungen und Begriffe wechselseitig aufeinander verwiesen sind, dann muss die Vermittlung der Formen des Verstandes und der Wahrnehmungen bestimmbar sein. Es muss also erklärbar sein, wie die Wahrnehmungen unter die Verstandesbegriffe subsumiert werden können; ebenso notwendig muss aber auch erklärt werden können, wie zu den Wahrnehmungen Verstandesbegriffe gefunden werden. Anders gesagt: Es muss nicht nur erklärt werden, wie das Einzelne, Subjektive, Zufällige unter die Begriffe subsumiert wird, sondern umgekehrt auch, wie für das Einzelne das Allgemeine, Notwendige, Zweckmäßige gefunden werden kann (KWA 10, 87). Und eben diese Frage, wie Wahrnehmungen reflektiert werden können, ist eine ästhetische Frage; das Vermögen, welches die Vermittlung leistet, ist bei Kant die ästhetische Urteilskraft (ebd., 99).

Die ästhetische Urteilskraft urteilt über ein Gefühl, welches anzeigt, ob es gelingt, Einbildungskraft und Verstand in Übereinstimmung zu bringen. Durch die Einbildungskraft können Gegenstände auch ohne deren empirische Anwesenheit vorgestellt oder erinnert werden. Gelingt es, sie mit dem Verstand in Übereinstimmung zu bringen, dann stellt sich ein Gefühl der Lust ein, kommen beide Vermögen nicht überein, stellt sich ein Gefühl der Unlust ein. Für dieses *Spiel der Erkenntniskräfte* kann es kein geregeltes Verfahren geben, denn dafür müsste man schon einen Verstandesbegriff voraussetzen und ihm dann die Anschauung subsumieren. Die reflektierende Urteilskraft soll aber begründen, warum eine solche Subsumtion unter Verstandesbegriffe überhaupt möglich ist und kann sie deshalb nicht voraussetzen. Deshalb kann über dieses Gefühl nichts ausgesagt werden, ohne dass es aktuell erfahren wird. Ebenso wenig wird es aber durch ein subjektives Interesse an einem bestimmten Gegenstand bewirkt. Es ist nicht der Appetit auf einen Apfel, sondern die Lust an seiner schönen Farbe oder Form. Das Wohlgefallen wird also durch ein Objekt veranlasst, geht aber allein auf den Zustand der Erkenntniskräfte und ist insofern uninteressiert. Obgleich das Gefühl sich individuell einstellen muss, kann es aber doch beurteilt und dadurch bestimmt werden.

In die Form der Geschmacksurteile prägt sich ein, dass ein Gefühl sich nur für ein einzelnes affiziertes Subjekt einstellen kann, zugleich aber Erkenntnis nur möglich ist, insofern es sich einstellt. Es ist dialektisch (KWA 10, 277 f). Darin zeigt sich – über Kant hinaus –, dass zu den Bedingungen der Möglichkeit synthetischer Urteile a priori etwas gehört, das in der Erfahrung liegt.

Die Dialektik des Geschmacks bestimmt die Form seines Urteils: Es ist allgemeingültig, ohne dass ihm ein objektiver Begriff zugrunde läge. Das Verhältnis, in welches Einbildungskraft und Verstand sich zueinander setzen, soll objektive Erkenntnis ermöglichen. Das Gefühl für die gelungene Übereinstimmung zeigt an, dass die Form die Subsumtion der schönen Vorstellung unter die Kategorien ermöglicht, und zwar unangesehen der individuellen Disposition eines Individuums für den Gegenstand. (Alle, die über einen bestimmten Gegenstand ästhetisch urteilen, müssten zu demselben Ergebnis kommen. Allerdings kann man dafür keinen Grund angeben und daher auch niemanden argumentativ überzeugen.) Das Urteil über diesen Zustand kann deshalb nur allgemeingültig sein, denn bezogen auf ein bestimmtes Objekt muss er sich für jedes Subjekt einstellen können. Diese Allgemeinheit ist sogar, wie Kant im vierten Moment des Geschmacksurteils entwickelt, in diesem Sinne notwendig (ohne Begriff). Oder, mit dem dritten Moment des Geschmacksurteils gesagt: die Relation von Verstand und Anschauung ist zweckmäßig für das Erkennen, ohne dass ihm ein Zweck entspräche.

Die Offenheit des Spiels beruht darauf, dass dessen Regeln nicht vorherbestimmt sind. Weder können diese aus der Einbildungskraft kommen, denn der stehen nur Wahrnehmungen und Formen der Anschauung zur Verfügung. Wie diese Momente eine Erkenntnis des Objektes an sich ermöglichen, soll mit der Urteilskraft gerade erst erklärt werden. Noch können die Spielregeln aus dem Objekt kommen, welches wahrgenommen wird, denn das erscheint an sich nicht. Das meint Adorno, wenn er vom Tasten nach der Objektivität im Offenen schreibt:

> Zu Kants Ehre ist es, daß er die Aporie von ästhetischer Objektivität und Geschmacksurteil einbekannte. Er hat zwar eine ästhetische Analyse des Geschmacksurteils nach seinen Momenten durchgeführt, diese jedoch zugleich als latent, begriffslos objektiv gedacht. Er hat damit ebenso die aus keinem Willen bloß fortzuschaffende nominalistische Bedrohung jeder emphatischen Theorie bezeichnet wie die Momente gewahrt, in denen sie sich übersteigt. Vermöge der geistigen Bewegung seines Gegenstandes, die gegen diesen gleichsam

die Augen verschloß, hat er den tiefsten Regungen einer Kunst zum Gedanken verholfen, die in den hunderundfünfzig Jahren nach seinem Tod entstand: die nach ihrer Objektivität tastet im Offenen, Ungedeckten. Durchzuführen wäre, was in den Theorien Kants und Hegels auf Einlösung durch die zweite Reflexion wartet. Die Kündigung der Tradition der philosophischen Ästhetik müßte dieser zu dem Ihren verhelfen. (509 f.)

Allerdings ist die Interpretation von Kunst als nach ihrer Objektivität tastend mit Kant nicht ohne Weiteres möglich, denn bei ihm bleibt es ein Problem, wie das Objekt mit dem ästhetischen Gefühl verknüpft ist.

Der Gegenstand des ästhetischen Urteils

Kants Intention gilt der Objektivität, auch wenn er mit dem Geschmack das subjektive Vermögen dazu bestimmt (245). Das Gefühl selbst ist Ausweis dieser Objektivität und deshalb nicht zu verwechseln mit einer bloß psychischen Gefühlsregung. Es ist das „Überwältigtsein vom Unbegrifflichen und gleichwohl Bestimmten, nicht der ausgelöste subjektive Affekt" (246).

Dennoch bleibt der Status des schönen Objekts bei Kant unentschieden: Einerseits ist es nicht der zu bestimmende Gegenstand des ästhetischen Urteils, sondern nur Anlass der Bewegung der Erkenntniskräfte. Andererseits soll das Verhältnis der Erkenntniskräfte zueinander die Affinität der Objekte für das Erkennen ergründen, d. h. das Spiel und die aus ihm resultierende Form muss das Objekt im Subjekt auch repräsentieren. In den Bestimmungen der schönen Artefakte findet sich diese Ambivalenz als ein blinder Fleck der kantischen Theorie, an dem die schöne Kunst der Spiegel einer Vorstellungsart ist, kein Objekt (KWA 10, 240). Solch eine Vorstellungsart sieht Kant dann in Lustgärten und Tapetendekor verwirklicht.

Adorno zeigt zweierlei daran auf: Innerhalb der Theorie hält Kant am aporetischen Charakter des Geschmacks fest, also daran, dass die ästhetische Erfahrung a posteriori zu den Bedingungen der Möglichkeit synthetischer Urteile a priori gehört. Momente wie das interesselose Wohlgefallen und die Zweckmäßigkeit ohne Zweck bezeichnen das. Ästhetische Erfahrung meint weder die Wirkung eines Objekts, noch ist sie Ausdruck der Sublimation körperlicher und psychischer Bedürfnisse. Zugleich drückt sich im ästhetischen Urteil auch etwas aus, dass sich der herrschenden Rationalität entzieht, ohne seinerseits irrational zu werden. Und doch bleiben die Kantischen Bestimmungen ungeschützt, solange sie nicht auf Objekte bezogen werden, deren Aporien sie sind. „Die Stellung der Subjektivität zur Kunst ist nicht, wie Kant es unterstellt, die der Reaktionsweise auf die Gebilde sondern primär das Moment ihrer eigenen Objektivität, wodurch die Gegenstände der Kunst von anderen Dingen sich unterscheiden." (527)

Adorno zufolge haben die Aporien des Geschmacksurteils ihren Grund nicht in der erkenntnistheoretischen Auseinandersetzung, sondern darin, dass sie Urteile über eine bestimmte Gattung von Artefakten sind, in denen sie stofflich ausgetragen werden: Kunstwerke. Dies ist eine Schicht, die Kant nicht ergreift. Das zu erreichende Ideal des Spiels der Erkenntniskräfte ist Harmonie. Kants Auffassung vom Schönen tendiert zum Kunstfremden: „Künstlerisch befangen in einem achtzehnten Jahrhundert, das er [Kant – MB] philosophisch nicht gezögert hätte, vorkritisch zu nennen, also vor der vollen Emanzipation des Subjekts, kompromittierte er sich nicht ebenso durch kunstfremde Behauptungen wie Hegel." (496 f.)

Während in den Geschmacksurteilen die Offenheit gegenüber den Objekten ein noch zu lösendes Problem bleibt und Kant bemüht ist, die Konstruktion zu glätten, wo sie zu stützen wäre, gelangt die Dialektik im Kunstwerk zur Darstellung. In den Kunstwerken gelinge, was der kantischen Vernunft den Griff zum Objekt verstellt. In ihnen sei das Problem der Überwindung der Kluft zwischen Subjekt und Objekt, für uns und an sich dargestellt. Aber „als Blockierte gerade sind Kunstwerke Bilder des Ansichseins." (191) – Sie sind Bilder des Blocks, wodurch sie selbst zu Rätseln werden: In den Kunstwerken wird die Erfahrung über die transzendentalphilosophisch bestimmten Grenzen hinausgetrieben, der sie als Objekte korrespondieren, ohne deren Objekte zu sein. Zugleich bilden sie aber das Ansichsein nicht ab, sondern konfigurieren es indirekt. Sie sind so Bilder des damit zu Tage tretenden Konflikts.

Das Erhabene

Mit dem Erhabenen bezeichnet Kant diejenige Erfahrung, die nicht auf die Übereinstimmung von Einbildungskraft und Verstand gerichtet ist, sondern auf die Nichtübereinstimmung von Vernunft und Anschauung. Das dadurch gewirkte Gefühl ist mit dem Gefühl der Unlust, welches im Falle der Nichtübereinstimmung von Einbildungskraft und Verstand gewirkt wird, nicht vergleichbar. Es geht nicht um die Unterscheidung zwischen Gelingen und Misslingen. Das Verhältnis von Vernunft und Einbildungskraft ist Ausdruck einer systematischen Überforderung der Einbildungskraft, denn der Forderung der Vernunft, Einheit in die Mannigfaltigkeit der Vorstellungen zu bringen, kann die Einbildungskraft als endliches Vermögen nicht gerecht werden: „Erhaben ist, was auch nur denken zu können ein Vermögen des Gemüts beweist, das jeden Maßstab der Sinne übertrifft." (KWA 10, 172) Während also das Schöne auf die Vorstellung der gelingenden Vermittlung von Verstand und Einbildungskraft abzielt, korrespondiert dem Erhabenen ein Gefühl der Erschütterung im Angesicht der Erfahrung der Negativität der Vernunft. Ein Beispiel, das Kant für das mathematisch Erhabene gibt, ist die Erfahrung, die man beim Betrachten großer Bauwerke macht. Der Versuch, eine Pyramide oder den Petersdom mit einem Blick zu erfassen, misslingt ob der Größe der Bauwerke. Der Betrachter kann sie nur nach und nach in ihren Einzelheiten auffassen, während er die Einheit des Bauwerks *denkt*. Dieser Erfahrung liegt ein übersinnliches Vermögen zugrunde, „[d]as gegebene Unendliche [...] ohne Widerspruch *auch nur denken zu können*" (ebd., 177). Der andere Anlass für die Erfahrung des Erhabenen ist die Naturbetrachtung: „Die Natur im ästhetischen Urteile als Macht, die über uns keine Gewalt hat, betrachtet, ist *dynamisch-erhaben*." (Ebd., 184) Gemeint ist damit das Selbstgefühl der Souveränität, der durch die Natur ausgeübten Macht widerstehen zu können.

Adorno interpretiert das Erhabene bei Kant als historisch gewordene Erfahrung, die unter dem Eindruck der Aufklärung das Selbsterleben des autonomen Subjektes ausdrückt. Es entzündet sich am Anblick der Natur, die den Individuen gleichzeitig das Empfinden der eigenen Souveränität und der eigenen Nichtigkeit gibt. Damit diese Erfahrung möglich ist, muss die technische und ökonomische Emanzipation vom Naturzusammenhang bereits in einem hohen Maße fortgeschritten sein. Solange die Menschen die Natur real als unmittelbare Bedrohung von Leib und Leben erfahren, haben sie nicht die praktische und so auch nicht die theoretische Erfahrung von Souveränität. Das lässt sich schon bei Kant herauslesen (KWA 10, 190).

Der kulturelle Fortschritt, darauf hatten Adorno und Horkheimer insbesondere in der *Dialektik der Aufklärung* hingewiesen, ist unlösbar in Herrschaftsverhältnisse verstrickt. Der ökonomische Grund dafür ist die herrschaftliche Verfügung über das Mehrprodukt, handelt es sich doch um die Grundlage, auf der sich ökonomischer, technischer und kultureller Fortschritt entwickeln konnten. Das Mehrprodukt ist das, was ein Mensch über das Lebensnotwendige hinaus produziert. Wer dieses Mehrprodukt besitzt, kann sich auch Anderem widmen als der Reproduktionsarbeit. Außerdem gehört es nicht notwendig demjenigen, der es erwirtschaftet, sondern dem, der es erfolgreich gegen Angreifer verteidigt; und ein Blick in die Geschichtsbücher zeigt, dass es in der Regel gewalttätig angeeignet und verteidigt wurde. Als Luxus des Herrschers trägt das Mehrprodukt nur begrenzt zur Emanzipation der Menschen vom Naturzwang bei, genaugenommen nur zu der des Herrschers. Wenn es aber genutzt wird, um Menschen für wissenschaftliche und technische Arbeit freizustellen, kann sich das Produktivkraftniveau und mit ihm auch die ökonomische Unabhängigkeit von Naturbedingungen für die Menschheit erweitern, sofern wissenschaftliche Erkenntnisse in Technik zurückübersetzt werden und so die Effizienz der Produktion steigern:

mehr Produkt mit weniger Arbeitsaufwand. Darin liegt die Dialektik der Aufklärung, denn es ist derselbe Prozess, in dem kultureller Fortschritt und herrschaftliche Repression emulgieren. Wenn Adorno von Herrschaft spricht, geht das aber noch über den ökonomischen Begriff hinaus, denn die Dialektik der Aufklärung schleicht sich ins Denken ein. Das Erhabene ist Ausdruck dessen: Kant habe darin „ungebrochen seine fraglose Komplizität mit Herrschaft bejaht." (296) Schließlich bezieht sich diese Kritik Adornos über den kulturkritischen Aspekt hinaus darauf, dass das Erhabene ein philosophisch Funktionales bleibt, weil es zwischen theoretischer und praktischer Vernunft vermitteln soll (293). Es sei darin Ausdruck der Herrschaft des rationalen Denkens über das Nichtidentische, obwohl Kant an der Widersprüchlichkeit des Verhältnisses von Vernunft und Welt festhalte und den Konflikt nicht überspiele. „Die Aszendenz des Erhabenen ist eins mit der Nötigung der Kunst, die tragenden Widersprüche nicht zu überspielen, sondern sie in sich auszukämpfen; Versöhnung ist ihnen nicht das Resultat des Konflikts; einzig noch, daß er Sprache findet." (294)

Adorno denkt das Erhabene aber nicht nur als kulturelles Phänomen, sondern auch als eine Erfahrung in den Kunstwerken selbst. Während bei Kant noch das Verhältnis von Naturwüchsigkeit und subjektiver Souveränität im Vordergrund steht, und dadurch eine Entfernung von der Natur, kehrt für Adorno die Natur im Kunstwerk zurück (*siehe* Bernstein). Sie wird durch das Nichtidentische repräsentiert, dem durch die Offenheit der Werke ein Raum eröffnet wird. Diese im Kunstwerk gestaltete Natur soll dann nicht mehr die vom Geist unterdrückte sein (293). Auch das Absolute wird im Kunstwerk zu etwas anderem: zu einem Aspekt im Endlichen, dem es als Negativ verbunden bleibt.

> Das Subjekt wird an jeglichem Schönen, wie Kant allein am Erhabenen es konstatierte, seiner Nichtigkeit sich bewußt und gelangt über sie hinaus zu dem, was anders ist. Die Kantische Lehre krankt allein daran, daß sie den Widerpart solcher Nichtigkeit zum positiv Unendlichen erklärte und wiederum ins intelligible Subjekt verlegte. Der Schmerz im Angesicht des Schönen ist die Sehnsucht nach jenem vom subjektiven Block dem Subjekt Versperrten, von dem es doch weiß, daß es wahrer ist als es selbst. Erfahrung, die ohne Gewalt des Blocks ledig wäre, wird eingeübt von der Ergebung des Subjekts ins ästhetische Formgesetz. (398; vgl. 295)

18.2 Hegel und das sinnliche Scheinen der Idee

Die Kluft zwischen Vernunft und Ding an sich, die in den unterschiedlichen Variationen bei Kant immer wieder aufscheint, veranlasst Hegel zu einem weiterführenden philosophischen Gedanken: Wenn sich die Bedingungen der Möglichkeit synthetischer Urteile a priori nicht ohne Rückgriff auf die Wirklichkeit von synthetischen Urteilen bestimmen lassen, dann gehört die Erfahrung der jenseitigen, auch empirischen Objektivität – wie die damit gesetzte Differenz – zu den Bedingungen der Möglichkeit von Erkenntnis. Dabei ist ihm die Kluft zwischen Vernunft und Ding an sich der subjektimmanente Ausdruck der Kluft zwischen Subjekt und Welt.

Das Ding an sich – so der Gedanke Hegels – wird von Kant als Garant dafür erschlossen, dass die Urteile a priori einen Gegenstand haben. Dieser Gegenstand sei aber nicht bestimmbar, weil er dann wieder durch die Erkenntnisvermögen vereinnahmt und damit seine erkenntnistheoretische Funktion verfehlen würde. Was bei Kant in der Antinomie stecken bleibt, treibt Hegel darüber hinaus: Die Unbestimmbarkeit des Dings an sich sei seine Bestimmtheit! Die Antinomie ist Bestimmung, die als Bestimmung ihren Ort im Denken habe, nicht außerhalb dessen. Die Identität von Identität und Unterschied hat ihren Ort in der Identität des Denkens, nicht im Unterschied oder dem Objekt an sich.

Mit dieser neuen dialektischen Wendung ist die logische Gestalt einer Bewegung bezeichnet, die für alle Bereiche der Argumentation Hegels bestimmend ist. Die Begründung dafür, dass Denken in allen seinen logischen Aspekten dialektisch bestimmt ist, führt Hegel in der *Wissenschaft der Logik* durch, an deren Ende der Begriff der absoluten Idee steht. Dass die Idee absolut sei, bedeutet in diesem Zusammenhang nicht, dass sie keine Bedingungen im Endlichen habe, sondern dass sie diese Bedingungen zu ihren eigenen umarbeitet. Die Idee hat sich theoretisch als das bestimmende Prinzip der Objektivität begründet, muss sich aber darüber hinaus in der Objektivität auch praktisch realisieren. Von der Idee, die sich realisiert, spricht Hegel als Geist. Neben den Gestalten der Natur, des subjektiven Geistes, des Rechts, der Religion und der Philosophie, betrifft das auch die Kunstwerke. Hegel intendiert also, die Objektivität als Bestimmungsmoment im Geist praktisch aufzuheben, im Unterschied zum Vernunftbegriff Kants, bei dem das Ding an sich in unerreichbare Ferne entrückte. Damit kann Hegel natürlich auch die erkenntnistheoretischen Gehalte anders denken als Kant und sie mit den Kunstobjekten und ihrer Geschichte als Konstituenzien des Geistes vermitteln. Kunst und Kunstgeschichte treten in den Gegenstandsbereich der Ästhetik ein; sie wird Kunstphilosophie, die Kunstwerke werden sinnliche Erscheinungsweisen der Idee.[1]

---

1 Die Textgrundlage, an der Adorno sich abarbeitet, sind die von Hotho bearbeiteten *Vorlesungen über die Ästhetik*. In der Hegel-Forschung ist es mittlerweile unstritten, dass diese Version weitreichende Umarbeitungen und damit verbundene Interpretationen Hothos enthalten. Insbesondere der systematische Charakter, den die Ästhetik in der Version Hothos annimmt, ist von Hegel nicht derart ausgearbeitet worden (Jaeschke 2016: 383–386; Gethmann-Siefert 2007). Zur philosophischen Begründung der Ästhetik bei Hegel vgl. Hindrichs 2018; Berger 2018.

> Das *Schöne* bestimmt sich dadurch als das sinnliche *Scheinen* der Idee. Denn das Sinnliche und Objektive überhaupt bewahrt in der Schönheit keine Selbständigkeit in sich, sondern hat die Unmittelbarkeit seines *Seins* aufzugeben, da dies Sein nur Dasein und Objektivität des Begriffs und als seine Realität gesetzt ist, die den *Begriff* als in Einheit mit seiner Objektivität und deshalb in diesem objektiven Dasein, das nur als Scheinen des Begriffs gilt, die Idee selber zur Darstellung bringt. (HWA 13, 151)

Die Kunstwerke sind Objektivationen des Geistes. Ihr Begriff bleibt damit an das erkenntnistheoretische Problem gebunden, wie die Vermittlung von Denken und Objektivität bestimmbar ist. Zugleich werden aber die an sich seienden Objekte auch in ihrer Differenz zum Denken bestimmt: weil sich die Objekte stofflich unterscheiden, ist die Weise der Vermittlung in den Kunstwerken spezifisch – es ist weder die Vermittlung mit Naturobjekten, noch mit gesellschaftlichen Bestimmungen, noch mit dem Ritus der Religion oder dem Begriff der Philosophie.

Trotz der spezifischen Gegenständlichkeit der Kunstwerke geht deren Bestimmtheit nicht über ihre Funktion für die Idee hinaus. In ihnen gilt das Material nicht als physikalisch oder chemisch bestimmtes, sondern als ein geformter Stoff, auf dessen Oberfläche die Idee erscheint. Die Kunstwerke sind keine Objekte an sich, sondern sie sind an sich Objekte für die Idee. Das Material denkt Hegel im Sinne dieser Funktion, in die es eingepasst wird. Je nachdem wie gut oder schlecht sich das Material für diesen Zweck eignet, wird es von Hegel in seiner ästhetischen Dignität beurteilt: Während sich Sprache der Idee gemäß formen lässt, ist der Marmor der Skulpturen mitunter widerspenstig. Anders als Adorno kann Hegel mit der Stofflichkeit der Musik am wenigsten anfangen, da sie ohne (gegenständlichen) Inhalt sei.

Der Konflikt zwischen der absoluten Idee und der endlichen Gegenständlichkeit ist nicht unmittelbar anschaulich, sondern wird dargestellt, wobei sich beide Momente historisch jeweils anders ins Verhältnis setzen und die Darstellungsweisen dabei eine Entwicklung beschreiben. Hegel unterscheidet symbolische, klassische und romantische Kunst. Mit der symbolischen Kunstform meint er die persische Kunst des Altertums, in der das Göttliche durch Übertreibung des Endlichen dargestellt wird, so z. B. durch vielarmige Göttergestalten. Die klassische Kunst ist die antike Kunst. In ihr stellen sich Idee und Stoff als miteinander versöhnte dar. In der romantischen Kunstform – gemeint ist eine weitreichende Epoche, die im Grunde direkt nach der Antike beginnt (Jaeschke 2018, 127) und sich bis in Hegels Gegenwart erstreckt – entwickelt sich das Bewusstsein der substantiellen Inadäquatheit von Idee und Objekt. Das Endliche wird in den romantischen Kunstwerken ironisch kommentiert. Darin artikuliert sich das Bewusstsein, dass „[d]ie eigentümliche Art der Kunstproduktion und ihrer Werke [...] unser höchstes Bedürfnis nicht mehr aus [füllt – MB]; wir sind darüber hinaus. [...] Der Gedanke und die Reflexion hat die schöne Kunst überflügelt." (HWA 13, 24)

Das Ende der Kunst formuliert Hegel aus der Perspektive des philosophischen Begriffs, dessen Entwicklung zum Vorschein gebracht hat, daß die philosophische Funktion der Kunst begrenzt ist, weil die Werke endlich sind. Der Geist tendiert zum Absoluten und sucht seinesgleichen, nicht das, was die Objekte von sich aus sind. Adornos Kritik an Hegel setzt hier an. Kunst ist für Hegel eine Gestalt der Wahrheit, weil sie den Konflikt der Idee austrägt, aber die Idee „bleibt, gleichgültig, wie man sie wendet, den Kunstwerken äußerlich und abstrakt." (194; siehe Tränkle) Aber auch die historische Entwicklung der Künste selbst, die mit der einsetzenden Moderne die Tendenz entfalten, das ästhetische Eigenleben des Materials zu befragen (siehe Hogh, Goehr, Koch), kann mit dem Geistbegriff Hegels nicht mehr bezeichnet werden.

Es bleibt bei Hegel paradox, dass er gegen Kant einerseits betont, dass die Objekte in ihrer Substantialität und Eigenständigkeit in die Überlegungen einbezogen werden müssen, wenn die Kluft zwischen Subjekt und Objekt überwunden werden soll; ihm aber andererseits die Objekte nur in dem Maße als eigenständig gelten, in dem sie sich als Funktionen der Idee bestimmen lassen. Für diesen Zweck reicht es hin, dass sie das Andere des Denkens sind. Wie sie dieses andere sind, nimmt auf die Bewegung des Begriffs keinen Einfluss. Deshalb verwechsele Hegel die „materialen Momente der Kunst mit ihrem gegenständlichen Inhalt." (119) Aus demselben Grunde verfehlt Hegel auch die Entwicklungen moderner Kunst mit dem Begriff vom sinnlichen Scheinen der Idee. „Offen hinterläßt die Hegelsche Ästhetik das Problem, wie von Geist als Bestimmung des Kunstwerks zu reden sei, ohne daß seine Objektivität als absolute Identität hypostasiert würde." (140)

18.3 Vorrang des Objekts und der Geist der Kunstwerke

Adorno führt das Problem des Verhältnisses von Subjekt und Objekt weiter: Nicht die Idee habe den Vorrang vor dem Objekt und füge sich dieses ein, sondern umgekehrt richte das Subjekt seine Form am Objekt aus, ließe dieses frei für sich. Es wäre allerdings ein Missverständnis, diese Verkehrung der Vorzeichen als einen naiven Rückfall in den Materialismus zu interpretieren. Das Objekt begründet seinen Vorrang mit der Kritik an den avancierten Subjektbegriffen Kants und Hegels und wäre ohne deren Probleme nicht zu verstehen. Der Vorrang des Objekts ist deren Konsequenz, nicht deren Negation (AGS 6, 184–187; AGS 10.2, 747). Deshalb werden bei Adorno auch die grundlegenden philosophischen Begriffe: Wahrheit, Kritik, Begriff, Subjekt, Objekt nicht ermäßigt. Aber anders als seine Vorgänger subsumiert ihnen Adorno die Dinge an sich weder als Funktionen, noch geht es darum, den Block durch eine positive Bestimmung zu überwinden.

Die Eigenständigkeit der Objekte zeigt sich vielmehr indirekt als Grund der Aporien, in denen sie der Form des rationalen Denkens Einhalt gebieten. Ihrem Einwand sei daher statt zu geben.

Dabei gilt es auch, diejenigen Momente festzuhalten, die jeweils bei Kant bzw. Hegel dem Objekt die Treue halten. Bei Kant betrifft das die Offenheit gegenüber den Objekten. Am sinnlichen Scheinen der Idee hingegen ist festzuhalten, dass die Kunst als eigenständiger Bereich zu befragen ist, nicht vom ästhetischen Urteil aus.

> Paradox bewirkt die Hegelsche Geistesmetaphysik etwas wie Verdinglichung des Geistes im Kunstwerk zu dessen fixierbarer Idee, während die Kantische Doppelschlächtigkeit zwischen dem Gefühl des Notwendigen und dessen gleichzeitiger Nicht-Gegebenheit, Offenheit treuer an die ästhetische Erfahrung sich hält als die soviel modernere Ambition Hegels, Kunst von ihrem Inwendigen her, nicht von außen durch ihre subjektive Konstitution zu denken. Behält Hegel recht mit dieser Wendung, so folgt sie keineswegs aus einem systematischen Oberbegriff, sondern aus der spezifischen Sphäre der Kunst. (141)

Die *Ästhetische Theorie* kann so als Modell dafür gelesen werden, wie der Vorrang des Objekts die Theorie verändert. Und auch in den Kunstwerken verwandeln sich unter der Hand diejenigen Momente, die aus der Philosophie stammen, in etwas anderes als Philosophie. Der Geist der Kunstwerke wird nicht aus einer transzendentalen Reflexion in diese eingearbeitet, sondern entsteht erst in der Konfiguration des Materials (*siehe* Bertram). Die gegenständliche Weise, in der die Kunstwerke das Geistige repräsentieren, entzieht ihre Urteile der Theorie, die sie zugleich, verwandelt, in sich aufnehmen. „Sein [des Geistes – MB] Ort ist die Konfiguration von Erscheinendem. Er formt die Erscheinung wie diese ihn; Lichtquelle, durch welche das Phänomen erglüht, Phänomen im prägnanten Sinn überhaupt wird." (135) Wenn der Geist durch das materielle Gefüge im Kunstwerk geformt wird, verändert er sich vom Begriff des Absoluten zu dem, was das materielle Gefüge der Werke übersteigt und gelesen werden will. Er ist im Kunstwerk gerade kein Begriff mehr, aber

> durch ihn werden sie [die Kunstwerke – MB] dem Begriff kommensurabel. Indem Kritik aus Konfigurationen in den Kunstwerken deren Geist herausliest und die Momente miteinander und dem in ihnen erscheinenden Geist konfrontiert, geht sie über zu seiner Wahrheit jenseits der ästhetischen Konfiguration. Darum ist Kritik den Werken notwendig. Sie erkennt am Geist der Werke ihren Wahrheitsgehalt oder scheidet ihn davon. In diesem Akt allein, durch keine Philosophie der Kunst, welche dieser diktierte, was ihr Geist zu sein habe, konvergieren Kunst und Philosophie. (137)

Die Kunstwerke, wie Adorno sie versteht, sind keine philosophischen Inkarnationen wie bei Kant oder Hegel. Aber sie sind in sich philosophisch, da sie als

Kunstwerke *sui generis* etwas verkörpern, auf das Philosophie verwiesen ist, ohne darüber verfügen zu können. Kategorien der philosophischen Tradition verwandeln sich so in ästhetische Kategorien, die ihre Bedeutung aus der Kunsterfahrung erlangen, zu ihrer Erklärung aber der philosophischen Kritik bedürfen (*siehe* Geulen). Der Zweck der Kunstwerke ist, jenseits des theoretischen Blocks das Unbestimmte zu bestimmen (188). Sie fällen damit ein Urteil über die Bestimmtheit, aber ihre Urteile haben nicht den erklärenden Charakter von Aussagen. Sie sind Rätsel, ihrer Substanz nach (*siehe* Hofstätter). Ein solches Rätsel kann man nicht lösen, man muss es erfahren. Daher die Relevanz des Erfahrungsbegriffs für die *Ästhetische Theorie*.

Damit kehren die Gedanken zum Anfang des Textes zurück, an dem es um die Form der Darstellung ging. Die Differenz zwischen der philosophischen Darstellung als System und der ästhetischen als Konstellation ist keine Geschmacksentscheidung, sondern folgt u. a. aus der Kritik Adornos an Kant und Hegel. Das Objekt ist in seiner Dignität dem Denken gegenüber frei zu lassen, ohne dass es empirisch oder gegenständlich einfach nur aufzuzeigen wäre. Alles Aufzeigen, Wahrnehmen und Denken birgt schon die Gefahr es zu vereinnahmen, wo es nur negativ zu erschließen ist. Das nur im Nichtidentischen mit sich identische Objekt trägt sich in die Erfahrung ein, dass das System nicht ohne Aporien durchzuführen ist. Es ist in der Negativität rationaler Denkformen der Philosophie und in der Offenheit am Kunstwerk. Deshalb entwickelt Adorno die Form der Darstellung aus dem, was er in seinem Gegenstand findet, und nicht umgekehrt aus der Form das, was dieser zu integrieren wäre. In den Konstellationen wirkt das Objekt korrigierend auf die Ratio, ohne sie ihrerseits zu relativieren. Ihr Potential als Bedingungen der Möglichkeit von Erfahrung verlieren die Theorien dadurch nicht, nur werden an ihrer Form die Grenzen abgetragen.

Literatur

Berger, Maxi 2018: Kadenz im Konjunktiv. Das Selbstbewusstsein in der Kunstreflexion, in: dies. (Hrsg.), Erfahrung und Reflexion. Das Subjekt in Kunst und Kunstphilosophie, Lüneburg, 15–38

Bubner, Rüdiger 1980: Kann Theorie ästhetisch werden? Zum Hauptmotiv der Philosophie Adornos, in: Burkhardt Lindner/Martin Lüdke (Hrsg.), Materialien zur ästhetischen Theorie Th. W. Adornos. Konstruktion der Moderne, Frankfurt a. M., 108–137

Gethmann-Siefert, Annemarie 2007: Einleitung. Hegels Ästhetik oder Philosophie der Kunst, in: Georg Wilhelm Friedrich Hegel, Vorlesungen über die Philosophie der Kunst, hg. v. Annemarie Gethmann-Siefert, Hamburg, XV–XLVI

Hindrichs, Gunnar 2018: Hegels Begründung der philosophischen Ästhetik, in: Birgit Sandkaulen (Hrsg.), G. W. F. Hegel. Vorlesungen über die Ästhetik, Klassiker Auslegen, Bd. 40, Berlin/Boston, 23–36

Jaeschke, Walter 2016: Hegel-Handbuch. Leben – Werk – Schule, Stuttgart
Jaeschke, Walter 2018: Die romantische Kunstform, in: Sandkaulen (Hrsg.), G. W. F. Hegel. Vorlesungen über die Ästhetik, 125–150
Sonderegger, Ruth ²2019: Essay und System, in: Richard Klein/Johann Kreuzer/Stefan Müller-Doohm (Hrsg.), Adorno-Handbuch. Leben – Werk – Wirkung, Stuttgart, 534–536
Städtler, Michael 2011: Kant und die Aporetik moderner Subjektivität. Zur Verschränkung historischer und systematischer Momente im Begriff der Selbstbestimmung, Berlin
Städtler, Michael 2014: Theorie, Kritik, Kunst und Gesellschaft. Zu Gegenstand, Methode und Darstellung kritischer Theorie, in: Zeitschrift für kritische Theorie (38/39), 124–154

Auswahlbibliographie

1 Editionen der Ästhetischen Theorie

Adorno, Theodor W. 1970: Ästhetische Theorie, in: Gesammelte Schriften, Band 7, hrsg. v. Rolf Tiedemann unter Mitwirkung von Gretel Adorno, Susan Buck-Morss und Klaus Schultz, Frankfurt a. M.
Adorno, Theodor W. 1971: Ästhetische Theorie, in: Gesammelte Schriften, Band 7, hrsg. v. Rolf Tiedemann unter Mitwirkung von Gretel Adorno, Susan Buck-Morss und Klaus Schultz, Frankfurt a. M. (= 2. revidierte Auflage; alle weiteren Auflagen und Ausgaben der ÄT folgen diesem Text)
Adorno, Theodor W. 2021: Schein – Form – Subjekt – Prozeßcharakter – Kunstwerk. Textkritische Edition der letzten bekannten Überarbeitung des III. Kapitels der „Kapitel-Ästhetik", 2 Bände, hrsg. v. Martin Endres, Axel Pichler u. Claus Zittel, Berlin/Boston

Zur Editionspraxis der Ästhetischen Theorie
Adorno, Gretel/Tiedemann, Rolf 1971: Editorisches Nachwort, in: Adorno, Ästhetische Theorie, 537–544
Endres, Martin 2019: Von der Produktionsseite. Zur Revision der „Ästhetischen Theorie", in: Zeitschrift für Ideengeschichte XIII.1, 97–106
Endres, Martin/Pichler, Axel/Zittel, Claus 2013: „noch offen". Prolegomena zu einer textkritischen Edition der „Ästhetischen Theorie" Adornos, in: editio 27, 173–204

2 Übersetzungen der Ästhetischen Theorie

Adorno, Theodor W. 2019: Bi no riron, übers. v. Kenji Ōkubo, Tōkyōto (Japanisch)
Adorno, Theodor W. 2019: Estetisk teori, übers. v. Sven-Olov Wallenstein, Göteborg (Schwedisch)
Adorno, Theodor W. 2017: Nazariyya istitiqiyya, übers. v. Naji al-Onelli, Freiberg am Neckar (Arabisch)
Adorno, Theodor W. 2011: Théorie esthétique, übers. v. Marc Jimenez u. Éliane Kaufholz-Messmer, Paris (Französisch)
Adorno, Theodor W. 2004: Teoría estética, übers. v. Jorge Navarro Pérez, Madrid (Spanisch)
Adorno, Theodor W. 2001: Ėstetičeskaja teorija, übers. v. A. V. Dranova, Moskva (Russisch)
Adorno, Theodor W. 2000: Aisthētikē theōria, übers. v. Leuterēs Anagnōstu, Athēna (Griechisch)
Adorno, Theodor W. 1997: Aesthetic Theory, übers. v. R. Hullot-Kentor, Minneapolis (Englisch)
Adorno, Theodor W. 1996: Autour de la Théorie esthétique. Paralipomena. Introduction première, übers. v. Marc Jimenez u. Éliane Kaufholz, Paris (Teilübersetzung: Paralipomena u. Frühe Einleitung) (Französisch)
Adorno, Theodor W. 1984: Aesthetic Theory, übers. v. Christian Lenhardt, London (Englisch)
Adorno, Theodor W. 1982.: Teoria estética, übers. v. Artur Morão, Lisboa (Portugiesisch)

Adorno, Theodor W. 1979: Estetička teorija, übers. v. Jovan Hristić u. Kasim Prohič, Beograd (Serbokroatisch)
Adorno, Theodor W. 1975: Teoria estetica, übers. v. Enrico De Angelis, Torino (Italienisch)
Adorno, Theodor W. 1974: Théorie esthétique, übers. v. Marc Jimenez, Paris (Französisch)
Adorno, Theodor W. 1971: Teoría estética, übers. v. Fernando Riaza, revidiert v. Francisco Pérez Gutiérrez, Madrid (Spanisch)

Zur Übersetzung der Ästhetischen Theorie
Goehr, Lydia 2019: Form und Satz in Adornos Ästhetischer Theorie, in: Martin Endres/Axel Pichler/Claus Zittel (Hrsg.), Eros und Erkenntnis – 50 Jahre „Ästhetische Theorie", Berlin/Boston, 71–79
Hullot-Kentor, Robert 1997: Translator's Introduction, in: Theodor W. Adorno, Aesthetic Theory, übers. v. Robert Hullot-Kentor, Minneapolis, xi–xxi
Hullot-Kentor, Robert 1985: Adorno's Aesthetic Theory: The Translation, in: Telos 65, 143–147
Hohendahl, Peter Uwe 2019: Ästhetische Theorie an der amerikanischen Universität, in: Endres/Pichler/Zittel (Hrsg.), Eros und Erkenntnis, 99–102
Lenhardt, Christian 1985: Reply to Hullot-Kentor, in: Telos 65, 147–152
Zwarg, Robert 2015: Adorno übersetzen oder „German is, or was, a Jewish language, too", in: Arndt Engelhardt/Susanne Zepp (Hrsg.), Sprache, Erkenntnis und Bedeutung. Deutsch in der jüdischen Wissenskultur, Leipzig, 123–40

3 Forschungsliteratur zur Ästhetischen Theorie

Im Folgenden wird aus der frühen Forschungsliteratur zur Ästhetischen Theorie (ÄT) lediglich eine Auswahl wichtiger Titel angeführt. Dokumentiert wurde das erste Jahrzehnt der Rezeption von:

Lang, Peter Christian 1980: Kommentierte Auswahlbibliographie 1969–1979, in: Burkhardt Lindner/W. Martin Lüdke (Hrsg.), Materialien zur ästhetischen Theorie Theodor W. Adornos. Konstruktion der Moderne, Frankfurt a. M., 509–556
Lindner, Burkhardt/Lüdke, W. Martin 1980: Kritische Theorie und ästhetisches Interesse. Notwendige Hinweise zur Adorno-Diskussion, in: dies. (Hrsg.), Materialien zur ästhetischen Theorie, 11–37
Pettazi, Carlo 1983: Bibliographie zu Th. W. Adorno, in: Heinz Ludwig Arnold (Hrsg.), Text+Kritik. Sonderband: Theodor W. Adorno, München, 176–193

Für weitere Literatur sei außerdem auf die umfangreiche Bibliographie der Adorno-Forschungsstelle an der Carl von Ossietzky Universität Oldenburg verwiesen (zum Zeitpunkt der Drucklegung auf dem Stand April 2012):

https://uol.de/f/4/inst/philosophie/download/Forschung/Internationale_Adorno-Bibliographie_Stand_April_2012.pdf

3.1 Rezensionen

Anonymus 1971: Nutzlose Kunst, in: Der Spiegel, 15.03.1971
Frenzel, Ivo 1971: Kunst ist die Welt noch einmal. Theodor W. Adornos Ästhetische Theorie fragmentarisch aus dem Nachlaß erschienen, in: Süddeutsche Zeitung, Buch und Zeit, 13./14.03.1971
Günther, Joachim 1971: Kunst als letztes Residuum von Metaphysik. Aus dem Nachlaß herausgegeben: Theodor W. Adornos Ästhetische Theorie, in: Neue Deutsche Hefte 18, 191–196
Heise, Wolfgang 1972: Rezension von Adorno: Ästhetische Theorie, in: Referatedienst zur Literaturwissenschaft 4, 97–102
Hinderer, Walter 1971: Die Kraft des Widerstands. Theodor W. Adornos Summa Aesthetica, in: Die Zeit 24.09.1971
Höck, Wilhelm 1971: Theodor W. Adorno. Ästhetische Theorie, in: Bayrische Staatszeitung, 26.11.1971
Oppens, Kurt 1971: Adornos Kunstphilosophie, in: Merkur 280, 802–805
Redeker, Horst 1972: Theodor W. Adorno: Ästhetische Theorie, in: Deutsche Zeitschrift für Philosophie 20.7, 928–932
Scheible, Hartmut 1972: Wie Adorno zu lesen sei. Die „Ästhetische Theorie". Rezensionen und andere Mißverständnisse, in: Frankfurter Rundschau, Beilage Zeit und Bild, 01.07.1972
Vollmann, Rolf 1970: Der Augenaufschlag des Rätsels. Zu Adornos nachgelassener Ästhetik, in: Literaturblatt Stuttgarter Zeitung, 21.11.1970

3.2 Biographisches und Historisches

Behrmann, Günther C. 1999: Kulturrevolution: Zwei Monate im Sommer 1967, in: ders. et al. (Hrsg.), Die intellektuelle Gründung der Bundesrepublik. Eine Wirkungsgeschichte der Frankfurter Schule, Frankfurt a. M./New York, 312–386
Claussen, Detlev 2003: Theodor W. Adorno. Ein letztes Genie, Frankfurt a. M.
Demirović, Alex 1999: Der nonkonformistische Intellektuelle. Die Entwicklung der Kritischen Theorie zur Frankfurter Schule, Frankfurt a. M.
Faber, Richard/Ziege, Eva-Maria (Hrsg.) 2008: Das Feld der Frankfurter Kultur- und Sozialwissenschaften nach 1945, Würzburg
Göttel, Dennis/Wessely, Christina (Hrsg.) 2019: Im Vorraum. Lebenswelten Kritischer Theorie um 1969, Berlin
Jäger, Lorenz 2003: Adorno. Eine politische Biographie, München
Jay, Martin 1984: Adorno, Cambridge (Mass.)
Kraushaar, Wolfgang (Hrsg.) 1998: Frankfurter Schule und Studentenbewegung, 3 Bände, Frankfurt a. M.
Müller-Doohm, Stefan 2003: Adorno. Eine Biographie, Frankfurt a. M.
Norberg, Jakob 2020: Adorno and Postwar German Society, in: Peter E. Gordon/Espen Hammer/Max Pensky (Hrsg.), A Companion to Adorno, Hoboken, 335–348
Peyrical, Aurélia 2018: Adorno et le mouvement étudiant en Allemagne, in: Les Temps Modernes 699, 25–52

Pohrt, Wolfgang 1984: Der Staatsfeind auf dem Lehrstuhl, in: Michael Löbig/Gerhard Schweppenhäuser (Hrsg.), Hamburger Adorno-Symposion, Lüneburg, 47–56

Steinert, Heinz 2003: Adorno in Wien. Über die (Un-)Möglichkeit von Kunst, Kultur und Befreiung, Münster

Tiedemann, Rolf 2000 (Hrsg.): Frankfurter Adorno Blätter VI, München (Beiträge zu Adornos Verhältnis zur Studentenbewegung um 1968)

3.3 Überblickswerke und Gesamtdarstellungen

Auer, Dirk/Bonacker, Thorsten/Müller-Doohm, Stefan (Hrsg.) 1998: Die Gesellschaftstheorie Adornos. Themen und Grundbegriffe, Darmstadt (zur ÄT bes. Jürgen Förster, Kunst als Statthalter der Utopie, 81–94)

Bittlingmayer, Uwe H./Demirović, Alex/Freytag, Tatjana (Hrsg.) 2019: Handbuch Kritische Theorie, Wiesbaden

Best, Beverly/Bonefeld, Werner/O'Kane, Chris (Hrsg.) 2018: The SAGE Handbook of Frankfurt School Critical Theory, 3 Bände, London (zur ÄT bes. Band 2, Teil V)

Celikates, Robin/Jaeggi, Rahel/Saar, Martin (Hrsg.) 2021: Handbuch Kritische Theorie. Werke – Begriffe – Wirkung, Stuttgart (im Erscheinen; zur ÄT bes. Juliane Rebentisch, Ästhetische Theorie)

Cook, Deborah (Hrsg.) 2008: Theodor Adorno: Key Concepts, Stocksfield (zur ÄT bes. Ross Wilson, Aesthetics, 147–160)

Gordon, Peter E./Hammer, Espen/Pensky, Max (Hrsg.) 2020: A Companion to Adorno, Hoboken (zur ÄT bes. Teil V., v. a. Eva Geulen, Adorno's Aesthetic Theory, 397–411)

Gordon, Peter E./Hammer, Espen/Honneth, Axel (Hrsg.) 2019: The Routledge Companion to the Frankfurt School, New York/London (zur ÄT bes. Kap. 2, 26, 27)

Honneth, Axel (Hrsg.) 2006: Schlüsseltexte der kritischen Theorie, Wiesbaden (zur ÄT bes. Rolf Wiggershaus, Ästhetische Theorie, 81–84)

Huhn, Tom (Hrsg.) 2004: The Cambridge Companion to Adorno, Cambridge

Jarvis, Simon 1998: Adorno. A Critical Introduction, Cambridge (zur ÄT bes. Kap. 4 u. 5.)

Klein, Richard/Kreuzer, Johann/Müller-Doohm, Stefan (Hrsg.) ²2019: Adorno-Handbuch. Leben – Werk – Wirkung, Stuttgart (zur ÄT bes. Ruth Sonderegger, Ästhetische Theorie, 521–533)

Schweppenhäuser, Gerhard ⁵2009: Theodor W. Adorno zur Einführung, Hamburg (zur ÄT bes. Kap. 7)

Wesche, Tilo 2018: Adorno. Eine Einführung, Ditzingen (zur ÄT bes. Kap. IV)

Thomson, Michael J. (Hrsg.) 2017: The Palgrave Handbook of Critical Theory, New York (zur ÄT bes. James Freeman, Adorno's Aesthetic Theory, 279–289)

3.4 Sammelbände

Arnold, Heinz Ludwig (Hrsg.) 1983: Text+Kritik. Sonderband: Theodor W. Adorno, München

Althammer, René/Hirdina, Karin/Menke, Christoph (Hrsg.) 1992: Ästhetik nach Adorno (Schwerpunktthema), in: Ästhetik und Kommunikation 79

Bernstein, J. M. et al. 2010: Art and Aesthetics After Adorno, in: The Townsend Papers in the Humanities, Band 3, Berkeley
David, Christophe/Perrier, Florent (Hrsg.) 2018: Où en sommes-nous avec Théorie ésthetique d'Adorno?, Rennes
Endres, Martin/Pichler, Axel/Zittel, Claus (Hrsg.) 2019: Eros und Erkenntnis – 50 Jahre „Ästhetische Theorie", Berlin/Boston
Früchtl, Josef/Theisohn, Philipp 2017 (Hrsg.): Adornos Philosophie der Kunst (Schwerpunktthema), in: Zeitschrift für Ästhetik und Allgemeine Kunstwissenschaft 62/1
Gandesha, Samir/Hartle, Johan/Marino, Stefano (Hrsg.) 2021: The „Aging" of Adorno's Aesthetic Theory: Fifty Years Later, Milano/Udine (im Erscheinen)
Gordon, Peter E. (Hrsg.) 2021: Adorno's Aesthetic Theory at Fifty. Special Issue, in: New German Critique 143 (im Erscheinen)
Grimm, Marc/Niederauer, Martin (Hrsg.) 2016: Ästhetische Aufklärung. Kunst und Kritik in der Theorie Theodor W. Adornos, Weinheim/Basel
Hofstätter, Antonia/Steuer, Daniel (Hrsg.) 2021: Adorno's Rhinoceros: Art, Nature and Critique, London (im Erscheinen)
Honneth, Axel (Hrsg.) 2005: Dialektik der Freiheit. Frankfurter Adorno-Konferenz 2003, Frankfurt a. M. (zur ÄT bes. Teil IV)
Huhn, Tom/Zuidervaart, Lambert (Hrsg.) 1997: The Semblance of Subjectivity: Essays in Adorno's Aesthetic Theory, Cambridge (Mass.)
Lindner, Burkhardt/Lüdke, W. Martin (Hrsg.) 1980: Materialien zur ästhetischen Theorie Theodor W. Adornos. Konstruktion der Moderne, Frankfurt a. M.
Quent, Marcus/Lindner, Eckardt (Hrsg.) 2014: Das Versprechen der Kunst. Aktuelle Zugänge zu Adornos Ästhetischer Theorie, Wien
Ross, Nathan (Hrsg.) 2015: The Aesthetic Ground of Critical Theory: New Readings of Benjamin and Adorno, London/New York
Roblin, Ronald (Hrsg.) 1990: The Aesthetics of the Critical Theorists: Studies on Benjamin, Adorno, Marcuse and Habermas, Lewiston
Von Friedeburg, Ludwig/Habermas, Jürgen (Hrsg.) 1983: Adorno-Konferenz 1983, Frankfurt a. M. (zur ÄT bes. Kolloquium Ästhetische Theorie, 133–197)
Schweppenhäuser, Gerhard/Wischke, Mirko 1995 (Hrsg.): Impuls und Negativität. Ethik und Ästhetik bei Adorno, Hamburg

3.5 Allgemeines zur Ästhetischen Theorie

Baumeister, Thomas/Kulenkampff, Jens 1973: Geschichtsphilosophie und philosophische Ästhetik. Zu Adornos Ästhetischer Theorie, in: Neue Hefte für Philosophie, Heft 5/1973, 74–105
Berger, Maxi 2016: Von der Höhle des Löwen. Arbeit, Kunst und Selbstbewusstsein zwischen Autonomie und fait social bei Hegel, Beckett und Adorno, in: Quent/Lindner (Hrsg.), Das Versprechen der Kunst, 203–222
Bernstein, J. M. 1992: The Fate of Art: Aesthetic Alienation from Kant to Derrida and Adorno, University Park
Bersarin, Nikolai 2020: Von der Grundfarbe Schwarz – Negative Ästhetik oder verhüllte Utopie in der Kunsttheorie Adornos, in: Kunst, Spektakel & Revolution 7, 29–39

Bertram, Georg W. 2009: Das utopische Potential der Kunst nach Theodor W. Adorno: Eine Reaktualisierung, in: Stephan Porombka/Silvio Vietta (Hrsg.), Ästhetik – Religion – Säkularisierung II. Die klassische Moderne, München, 247–263

Bürger, Peter 1983: Zur Kritik der idealistischen Ästhetik, Frankfurt a. M.

Bürger, Peter 1983: Das Altern der Moderne, in: Friedeburg/Habermas, Adorno-Konferenz 1983, 177–197

Bürger, Peter 1974: Theorie der Avantgarde, Frankfurt a. M.

Bohrer, Karl Heinz 2002: Ästhetische Negativität, Wien/München

Bulthaup, Peter 2018: Politische Gehalte der Ästhetischen Theorie Adornos, in: Maxi Berger/Michael Städtler (Hrsg.), Erfahrung und Reflexion. Das Subjekt in Kunst und Kunstphilosophie, Springe, 135–144

Duarte, Rodrigo 2005: Schema und Form. Wahrnehmung und ästhetische Betrachtung bei T.W. Adorno, in: Zeitschrift für kritische Theorie 20/21, 74–95

Eagleton, Terry 1990: Art After Auschwitz. Theodor Adorno, in: ders., The Ideology of the Aesthetic, Oxford, 341–365

Eichel, Christine 1993: Vom Ermatten der Avantgarde zur Vernetzung der Künste. Perspektiven einer interdisziplinären Ästhetik im Spätwerk Theodor W. Adornos, Frankfurt a. M.

Endres, Martin 2017: Revisionen. Wiederaufnahme und Fortschreibung einer Lektüre von Adornos Ästhetischer Theorie, in: Martin Endres/Axel Pichler/Claus Zittel (Hrsg.), Text/Kritik. Nietzsche und Adorno, Berlin/Boston 155–206

Eusterschulte, Anne 2021: Mimesis oder ästhetische Wahrheit. Geistesgeschichtliche Studien zur Genese eines ästhetischen Wahrheitsbegriffs, Berlin/Boston (im Erscheinen)

Eusterschulte, Anne 2016: Apparition: Ephiphanie und Mentekel der Kunst. Aspekte des Zur-Erscheinung-Kommens bei Theodor W. Adorno, in: dies./Wiebke-Marie Stock (Hrsg.), Zur Erscheinung-Kommen. Bildlichkeit als theoretischer Prozeß (Sonderband der Zeitschrift für Ästhetik und allgemeine Kunstwissenschaft), Hamburg, 223–256

Früchtl, Josef 1999: Wahrheit oder Ereignis? Ästhetik nach Adorno, in: Zeitschrift für Didaktik der Philosophie und Ethik 21.4, 295–308

Früchtl, Josef 1988: Adorno. Mimesis, in: Michael Kelly (Hrsg.), Encyclopedia of Aesthetics, Band 1, Oxford, 23–25

Früchtl, Josef 1986: Mimesis – Konstellation eines Zentralbegriffs bei Adorno, Würzburg

García Düttmann, Alexander 2015: Was weiß Kunst? Für eine Ästhetik des Widerstands, Konstanz

García Düttmann, Alexander 2000: Kunstende. Drei ästhetische Studien, Frankfurt a. M.

Geulen, Eva 2020: Expression and Suffering; Semblance and Mimesis (Notes on an Enigmatic Passage in Adorno's Aesthetic Theory), in: Sami Khatib et al. (Hrsg.), Critique: The Stakes of Form, Zürich, 53–68

Geulen, Eva 2019: Agonale Theorie. Adorno und die Rückkehr der Form, in: Zeitschrift für Ideengeschichte XIII.1, 5–19

Geuss, Raymond 2005: Art and Criticism in Adorno's Aesthetics, in: ders., Outside Ethics, Princeton/Oxford, 161–183

Gordon, Peter E. 2008: The Artwork Beyond Itself: Adorno, Beethoven and Late Style, in: ders. et al. (Hrsg.), The Modernist Imagination: Essays in Intellectual History and Critical Theory in Honor of Martin Jay, New York, 77–98

Gradl, Karlheinz 2012: Adorno und das Erhabene, in: Zeitschrift für kritische Theorie 34/35, 214–221

Groß, Pola 2018: Kunst – Kritik – Gesellschaft. Neue Studien zu Adornos ästhetischen Überlegungen, in: Zeitschrift für kritische Theorie 46/47, 272–285

Hammer, Espen 2015: Happiness and Pleasure in Adorno's Aesthetics, in: The Germanic Review 90.4, 247–259

Hellings, James 2012: Messages in a Bottle and Other Things Lost to the Sea: The Other Side of Critical Theory or a Reevaluation of Adorno's Aesthetic Theory, in: Telos 160, 77–97

Hindrichs, Gunnar 2016: Ästhetischer Materialismus, in: Zeitschrift für kritische Sozialtheorie und Philosophie 3/2, 246–255

Hindrichs, Gunnar 2000: Scheitern als Rettung. Ästhetische Erfahrung nach Adorno, in: Deutsche Vierteljahresschrift für Literaturwissenschaft und Geistesgeschichte 74, 146–175 (auch in: ders., Zur kritischen Theorie, Berlin 2020, 145–181)

Holfeld, Lukas 2020: Ästhetische Theorie und Erfahrung – Oder: Gedanken zum Nutzen einer Kunst-Theorie nach Adorno, in: Kunst, Spektakel & Revolution 7, 119–124

Hohendahl, Peter Uwe 2016: Integration and Critique: The Presence of Hegel in Adorno's Aesthetic Theory, in: Telos 174, 33–53

Hohendahl, Peter Uwe 2013: The Fleeting Promise of Art: Adorno's Aesthetic Theory Revisited, Ithaca/London

Hohendahl, Peter Uwe 2010: The Ephemeral and the Absolute: Provisional Notes to Adorno's Aesthetic Theory, in: Gerhard Richter (Hrsg.), Language without Soil: Adorno and Late Philosophical Modernity, New York, 206–226

Huhn, Thomas 1988: Diligence and Industry: Adorno and the Ugly, in: Canadian Journal of Political and Social Theory 12.3, 138–146

Huhn, Thomas 1985: Adorno's Aesthetics of Illusion, in: Journal of Aesthetics and Art Criticism XLIV.2, 181–189

Hullot-Kentor, Robert 2006: Things Beyond Resemblance: Collected Essays on Theodor W. Adorno, New York (zur ÄT bes. Right Listening and a New Type of Human Being, 193–209)

Jameson, Frederic 1990: Late Marxism: Adorno or the Persistence of the Dialectic, London/New York (zur ÄT bes. Teil III)

Jimenez, Marc 1983: Vers une esthétique négative. Adorno et la modernité, Paris

Jimenez, Marc 1973: Theodor W. Adorno: Art, idéologie et théorie de l'art, Paris

Johnson, Harriet 2011: Undignified Thoughts After Nature: Adorno's Aesthetic Theory, in: Critical Horizons 12.3, 372–395

Klasen, Isabelle 2015: „Erfahrung wider das Ich". Überlegungen zu einem Begriff des Schönen nach Adorno, in: Devi Dumbadze/Christoph Hesse (Hrsg.), Unreglementierte Erfahrung, Freiburg, 143–174

Kogler, Susanne 2014: Adorno versus Lyotard. Moderne und postmoderne Ästhetik, Freiburg/München

Liessmann, Konrad Paul 1999: Philosophie der modernen Kunst, Wien (zur ÄT bes. Kap. 11 u. 12)

Liessmann, Konrad Paul 1991: Ohne Mitleid. Zum Begriff der Distanz als ästhetische Kategorie mit ständiger Rücksicht auf Theodor W. Adorno, Wien

Menke, Christoph 1991: Die Souveränität der Kunst. Ästhetische Erfahrung nach Adorno und Derrida, Frankfurt a. M.

Nicholsen, Shierry Weber 1997: Exact Imagination, Late Work: On Adorno's Aesthetics, Cambridge

Ortland, Eberhard 2010: Rätselcharakter, Kommentar, Kritik. Kunstwerk und ästhetische Reflexion bei Adorno, in: JTLA. Journal of the Faculty of Letters, The University of Tokyo, Aesthetics 35, 55–69

Plessner, Helmut 1972: Zum Verständnis der ästhetischen Theorie Adornos, in: Philosophische Perspektiven 4, 126–137

Recki, Birgit 1988: Aura und Autonomie. Zur Subjektivität der Kunst bei Walter Benjamin und Theodor W. Adorno, Würzburg

Rebentisch, Juliane 2006: Fortschritt nach seinem Ende. Adorno und die Kunst der Postmoderne, in: dies./Christoph Menke (Hrsg.), Kunst – Fortschritt – Geschichte, Berlin, 229–241

Rebentisch, Juliane 2003: Die Liebe zur Kunst und deren Verkennung. Adornos Modernismus, in: Texte zur Kunst 52, 79–85 (auch in: Isabelle Graw et al. (Hrsg.), Erste Wahl. 20 Jahre „Texte zur Kunst", Bd. 2, Hamburg 2011, 423–435)

Richter, Gerhard 2010: Aesthetic Theory and Nonpropositional Truth Content in Adorno, in: ders. (Hrsg.), Language without Soil, 131–146

Sander, Sabine 2008: Der Topos der Undarstellbarkeit: ästhetische Positionen nach Adorno und Lyotard, Erlangen

Sakoparnig, Andrea 2017: Was und wozu ist Adornos Ästhetische Theorie? Von der Schwierigkeit, den Anspruch der Ästhetischen Theorie zu verstehen, in: Endres/Pichler/Zittel (Hrsg.), Text/Kritik. Nietzsche und Adorno, 97–154

Schweppenhäuser, Hermann 2012: Schein, Bild, Ausdruck. Aspekte der Adorno'schen Theorie der Kunst und des Kunstwerks, in: Zeitschrift für kritische Theorie 34/35, 10–29 (auch in: ders., Sprache, Literatur und Kunst, Gesammelte Schriften, Band 1, hrsg. v. Thomas Friedrich, Sven Kramer u. Gerhard Schweppenhäuser, Stuttgart 2019, 347–366)

Seel, Martin 2004: Adornos Philosophie der Kontemplation, Frankfurt a. M. (zur ÄT bes. Kap. 4)

Seel, Martin 1985: Die Kunst der Entzweiung. Zum Begriff der ästhetischen Rationalität, Frankfurt a. M.

Singh, Surti 2016: The Spiritualization of Art in Adorno's Aesthetic Theory, in: Adorno Studies 1.1, 32–43

Sziborsky, Lucia 1994: Rettung des Hoffnungslosen. Untersuchungen zur Ästhetik und Musikphilosophie Theodor W. Adornos, Würzburg

Wellmer, Albrecht 2003: Über Negativität und Autonomie der Kunst. Die Aktualität von Adornos Ästhetik und blinde Flecken seiner Musikphilosophie, in: Honneth (Hrsg.), Dialektik der Freiheit, 237–278

Wellmer, Albrecht 1993: Adorno, die Moderne und das Erhabene, in: ders., Endspiele. Die unversöhnliche Moderne, Frankfurt a. M., 178–203

Wellmer, Albrecht 1985: Zur Dialektik von Moderne und Postmoderne, Frankfurt a. M. (zur ÄT bes. Wahrheit Schein Versöhnung. Adornos ästhetische Rettung der Modernität, 9–47)

Welsch, Wolfgang 1989: Adornos Ästhetik. Eine implizite Ästhetik des Erhabenen, in: Christine Preis (Hrsg.), Das Erhabene. Zwischen Grenzerfahrung und Größenwahn, Weinheim, 185–213

Werckmeister, Otto Karl 1971: Ende der Ästhetik. Essays über Adorno, Bloch, das gelbe Unterseeboot und der eindimensionale Mensch, Frankfurt a. M. (zur ÄT bes. Das Kunstwerk als Negation. Zur geschichtlichen Bestimmung der Kunsttheorie Theodor W. Adornos, 7–32)

Wesche, Tilo 2002: Adornos Engführung von Kunst und Moderne. Zum Begriff des Neuen in der Ästhetischen Theorie, in: Maria Moog-Grünewald (Hrsg.), Das Neue – Eine Denkfigur der Moderne. Neues Forum für Allgemeine und Vergleichende Literaturwissenschaft 2, Heidelberg, 7–32

Wilson, Ross 2008: Dialectical Aesthetics and the Kantian Rettung: On Adorno's Aesthetic Theory, in: New German Critique 104, 55–69

Zenck, Martin 1977: Kunst als begriffslose Erkenntnis. Zum Kunstbegriff der Ästhetischen Theorie Theodor W. Adornos, München

Zima, Peter V. ²2018: Ästhetische Negation. Das Subjekt, das Schöne und das Erhabene von Mallarmé und Valéry zu Adorno und Lyotard, Würzburg

Zuidervaart, Lambert 1991: Adorno's Aesthetic Theory. The Redemption of Illusion, Cambridge

3.6 Ästhetische Theorie und Philosophie/Kritische Theorie

Behrens, Roger 2005: Die negative Dialektik der bestimmten Negation. Ästhetische Implikationen in Adornos kritischer Theorie der Gesellschaft, in: Zeitschrift für kritische Theorie 20/21, 96–111

Bernstein, J. M. 1997: Why Rescue Semblance? Metaphysical Experience and the Possibility of Ethics, in: Huhn/Zuidervaart (Hrsg.), The Semblance of Subjectivity, 177–212

Bowie, Andrew 2013: Adorno and the Ends of Philosophy, Cambridge

Bubner, Rüdiger 1989: Über einige Bedingungen gegenwärtiger Ästhetik, in: ders., Ästhetische Erfahrung, Frankfurt a. M., 9–51

Bubner, Rüdiger 1979: Kann Theorie ästhetisch werden? Zum Hauptmotiv der Philosophie Adornos, in: Lindner/Lüdke (Hrsg.), Materialien zur ästhetischen Theorie, 108–137 (auch in: ders., Ästhetische Erfahrung, 70–98)

Flodin, Camilla 2019: Art and the Possibility of a Liberated Nature, in Adorno Studies 3.1, 80–93

Geulen, Eva 2002: Das Ende der Kunst. Lesarten eines Gerüchts nach Hegel, Frankfurt a. M.

Hammer, Espen 2015: Adorno's Modernism: Art, Experience and Catastrophe, Cambridge

Hellings, James 2014: Adorno and Art. Aesthetic Theory contra Critical Theory, Basingstoke

Hofstätter, Antonia 2018: Adorno's „Meditations on Metaphysics" and Beethoven's Late Style, in: Zeitschrift für kritische Theorie 46/47, 96–117

Hulatt, Owen 2016: Adorno's Theory of Philosophical and Aesthetic Truth, New York, Columbia University Press

Macdonald, Iain 2019: What Would Be Different: Figures of Possibility in Adorno, Stanford

Marino, Stefano 2017: Adorno über Kant und das Verhältnis von Ästhetik und Metaphysik, in: Deutsche Zeitschrift für Philosophie 65.1, 67–88

Menke, Christoph 1997: Kritische Theorie und tragische Erkenntnis, in: Zeitschrift für kritische Theorie 5, 43–63

Quent, Marcus 2019: Das Delirium der Kritik, in: Zeitschrift für Ideengeschichte XIII.1, 33–42

Scholze, Britta 2000: Kunst als Kritik. Adornos Weg aus der Dialektik, Würzburg

Schweppenhäuser, Gerhard 2003: Das Glück „jenseits des Pedestren" und die Ehre der Fußgänger. Anmerkungen zu Adornos Wahrheitsbegriff, in: Zeitschrift für kritische Theorie 17, 27–72

Sonderegger, Ruth ²2019: Essay und System, in: Klein/Kreuzer/Müller-Doohm (Hrsg.), Adorno-Handbuch, 534–536
Städtler, Michael 2014: Theorie, Kritik, Kunst und Gesellschaft. Zu Gegenstand, Methode und Darstellung kritischer Theorie, in: Zeitschrift für kritische Theorie Heft, 38/39, 124–154
Tiedemann, Rolf 2009: Mythos und Utopie. Aspekte der Adornoschen Philosophie, München (zur ÄT bes. Kap. IV u. V)
Tiedemann, Rolf 2007: Niemandsland: Studien mit und über Theodor W. Adorno, München
Von Wussow, Philipp 2007: Logik der Deutung. Adorno und die Philosophie, Würzburg

3.7 Kunst und Gesellschaft/Kulturindustrie

Baumann, Claus 2012: Die Kunst der Avantgarde und ihr Verhältnis zum Klassenkampf. Walter Benjamins, Theodor W. Adornos und Guy Debords kritische Reflexionen der Kunst, in: Malter Völk et al. (Hrsg.): „…wenn die Stunde es zuläßt." Zur Traditionalität und Aktualität kritischer Theorie, Münster, 315–354
Behrens, Roger 2000: Popkulturkritik und Gesellschaft – Probleme nach der Kulturindustrie, in: Zeitschrift für kritische Theorie 10, 49–60
Bertram, Georg W. 2000: Ästhetik und Politik bei Adorno, in: Musik und Ästhetik 17.5, 48–65
Bittlingmayer/Demirović/Freytag (Hrsg.) 2019: Handbuch Kritische Theorie (zur Kulturindustrie bes. Teil VI)
Bowie, Andrew 2020: Adorno and Jazz, in: Gordon/Hammer/Pensky (Hrsg.), A Companion to Adorno, 123–137
Braunstein, Dirk/Dittmann, Sebastian/Klasen, Isabelle (Hrsg.) 2012: Alles Falsch. Auf verlorenem Posten gegen die Kulturindustrie, Berlin
Brunner, Markus/Jahn-Sudmann, Andreas 2009: Kritik der Kulturindustrie. Aktualisierungen im Anschluss an Adorno und Althusser, in: Zeitschrift für kritische Theorie 28/29, 149–162
Bürger, Peter 1980: Das Vermittlungsproblem in der Kunstsoziologie Adornos, in: Lindner/Lüdke (Hrsg.), Materialien zur ästhetischen Theorie, 169–184
Djassemy, Irina 2003: Produktive Widersprüche in Adornos Kritik der Kulturindustrie, in: Zeitschrift für kritische Theorie 17, 107–141
Djassemy, Irina 2002: Der „Productivgehalt kritischer Zerstörerarbeit". Kulturkritik bei Karl Kraus und Theodor W. Adorno, Würzburg
Duarte, Rodrigo/Fahle, Oliver/Schweppenhäuser, Gerhard (Hrsg.) 2003: Massenkultur. Kritische Theorien im interkulturellen Vergleich, Münster
Freytag, Carl 2001: White Noise. Das musikalische Kunstwerk im Zeitalter seiner technischen Reproduzierbarkeit, in: Frankfurter Adorno Blätter VII, München, 164–176
Früchtl, Josef 2003: „But I like it". Adorno und die Popkultur, in: Zeitschrift für Ästhetik und allgemeine Kunstwissenschaft 48.2, 171–173
Grigat, Stephan 2020: Verzweifelte Zärtlichkeit versus Tabula rasa. Adornos ästhetische Theorie und Debords „Kritik mit der Axt", in: Johannes Grenzfurthner/Günther Friesinger (Hrsg.), Subvert Subversion. Politischer Widerstand als kulturelle Praxis, Wien, 61–76
Grimm, Marc 2009: Ware, Kunst, Autonomie. Ästhetik und Kulturindustrie bei Theodor W. Adorno, in: Stefan Müller (Hrsg.), Probleme der Dialektik heute, Wiesbaden, 63–84
Hayner, Jakob 2016: Missverständnisse über Kulturindustrie, in: Kunst, Spektakel & Revolution 5

Hindrichs, Gunnar 2017: Kulturindustrie, in: ders. (Hrsg.), Max Horkheimer/Theodor W. Adorno. Dialektik der Aufklärung, Klassiker Auslegen 63, Berlin, 61–79 (auch in: ders.: Zur kritischen Theorie, 120–144)

Kaufman, Robert 2006: Poetry's Ethics? Theodor Adorno and Robert Duncan on Aesthetic Illusion and Sociopolitical Delusion, in: New German Critique 97, 73–118

Klaue, Magnus 2012: Vom Geschmack zur Idiosynkrasie. Zum Wandel von Geschmacksurteil und ästhetischer Erfahrung in der Kulturindustrie, in: Braunstein/Dittmann/Klasen (Hrsg.), Alles Falsch, 111–166

Kleesattel, Ines 2016: Politische Kunst-Kritik. Zwischen Rancière und Adorno, Wien

Klein/Kreuzer/Müller-Doohm (Hrsg.) ²2019: Adorno-Handbuch (zur Kulturindustrie bes. Angela Keppler, Ambivalenzen der Kulturindustrie, 307–315 u. Larson Powell, Radio Theory, 316–320)

Niederauer, Martin/Schweppenhäuser, Gerhard (Hrsg.) 2018: „Kulturindustrie". Theoretische und empirische Annäherungen an einen populären Begriff, Wiesbaden

Prokop, Dieter 2003: Freiheitsmomente kulturindustrieller Warenform. Identitätsdarstellung in der Nichtidentität, in: Zeitschrift für kritische Theorie 16, 131–159

Prokop, Dieter 2002: Dialektik der Kulturindustrie. Ein Beitrag der neuen kritischen Medienforschung, in: Zeitschrift für kritische Theorie 14, 121–141

Rebentisch, Juliane/Trautmann, Felix 2019: The Idea of the Culture Industry, in: Gordon/Hammer/Honneth (Hrsg.), The Routledge Companion to the Frankfurt School, 19–31

Ritsert, Jürgen 1996: Ästhetische Theorie als Gesellschaftskritik. Umrisse der Dialektik in Adornos Spätwerk, Frankfurt a. M.

Rush, Fred 2020: The Culture Industry, in: Gordon/Hammer/Pensky (Hrsg.), A Companion to Adorno, 85–102

Scheit, Gerhard 2014: Autonomie versus Engagement? Über Adorno und Brecht, in: Brigitte Marschall et al. (Hrsg.), (K)ein Ende der Kunst. Kritische Theorie. Ästhetik. Gesellschaft, Wien, 53–64

Schuh, Franz 2008: Kulturindustrie, in: Georg Kohler/Stefan Müller-Doohm (Hrsg.) 2008: Wozu Adorno? Beiträge zur Kritik und zum Fortbestand einer Schlüsseltheorie des 20. Jahrhunderts, Weilerswist, 199–222

Schweppenhäuser, Gerhard 2019: Zur Metakritik von Kultur und Moral bei Adorno, in: Zeitschrift für Kulturphilosophie 13.2, 133–145

Schweppenhäuser, Gerhard 2009: Kunst als Wunscherfüllung. Zur kritischen Theorie des Kitsches, in: Sven Kramer (Hrsg.), Bild – Sprache – Kultur. Ästhetische Perspektiven kritischer Theorie (Hermann Schweppenhäuser zum 80. Geburtstag), Würzburg, 181–200

Schweppenhäuser, Hermann 2020: Kulturindustrie und moralische Regression, in: ders., Kultur, Ausdruck und Bild, Gesammelte Schriften, Band 2, hrsg. v. Thomas Friedrich, Sven Kramer u. Gerhard Schweppenhäuser, Stuttgart, 15–26

Seubold, Günter/Baum, Patrick (Hrsg.) 2003: Wieviel Spaß verträgt die Kultur? Adornos Begriff der Kulturindustrie und die gegenwärtige Spaßkultur, Bonn

Stederoth, Dirk 2012: Kulturindustrie und Musik. Willkommen im „Haus of Gaga", in: Zeitschrift für kritische Theorie 34/35, 69–81

Steinert, Heinz 1998: Kulturindustrie, Münster

Türcke, Christoph 2002: Erregte Gesellschaft. Philosophie der Sensation, München

Wallat, Hendrik 2014: Das Schöne (in) der Revolte. Überlegungen zum Verhältnis von Ästhetik und Emanzipation, in: Zeitschrift für kritische Theorie 38/39, 155–172

3.8 Ästhetische Theorie und die Künste

Musik

Abel, Angelika 2003: Musikästhetik der Klassischen Moderne. Thomas Mann – Theodor W. Adorno – Arnold Schönberg, München
Bauer, Johannes 1995: Im Angesicht der Sphinx. Subjekt und System in Adornos Musikästhetik, in: Gerhard Schweppenhäuser (Hrsg.), Soziologie im Spätkapitalismus. Zur Gesellschaftstheorie Theodor W. Adornos, Darmstadt, 157–184
Berry, Mark 2008: Romantic Modernism: Bach, Furtwängler and Adorno, in: New German Critique 104, 71–102
Bertram, Georg W. 2014: Jazz als paradigmatische Kunstform. Eine Metakritik von Adornos Kritik des Jazz, in: Zeitschrift für Ästhetik und allgemeine Kunstwissenschaft 9.1, 15–28
Boissière, Anne 2011: La pensée musicale de Theodor W. Adorno. L'épique et le temps, Paris
Borio, Gianmario 2004: Über Sinn und Bedeutung in der Musik. Ein Blick auf Adornos Musikphilosophie, in: Andreas Gruschka/Ulrich Oevermann (Hrsg.), Die Lebendigkeit der kritischen Gesellschaftstheorie, Wetzlar, 109–129
Boucquet, Kristof 2010: Adorno liest Benjamin. Sprache und Mimesis in Adornos Theorie der musikalischen Reproduktion, in: Musik & Ästhetik 54, 52–66
Bowie, Andrew 2007: Music, Philosophy, and Modernity, Cambridge (zu Adorno bes. Kap. 9)
Dahlhaus, Carl 1974: Adornos Begriff des musikalischen Materials, in: Hans-Heinrich Eggebrecht (Hrsg.), Zur musikalischen Terminologie des 20. Jahrhunderts, Stuttgart, 9–17
Danese, Giacomo 2008: Theodor Wiesengrund Adorno il compositore dialettico, Soveria Mannelli
Dankemeyer, Iris 2020: Die Erotik des Ohrs. Musikalische Erfahrung und Emanzipation nach Adorno, Berlin
Dorschel, Andreas (Hrsg.) 2004: Gemurmel unterhalb des Rauschens. Theodor W. Adorno und Richard Strauss, Wien/London/New York
Ette, Wolfram et al. (Hrsg.) 2004: Adorno im Widerstreit. Zur Präsenz seines Denkens, Freiburg/München (zur Musik bes. Teil II)
Fahlbusch, Markus/Nowak, Adolf (Hrsg.) 2007: Musikalische Analyse und Kritische Theorie. Zu Adornos Philosophie der Musik, Tutzing
Gandesha, Samir/Marino, Stefano/Campbell, Colin J. (Hrsg.) 2019: Adorno and Popular Music: A Constellation of Perspectives, Milano/Udine
Geml, Gabriele 2020: Adornos Kritische Theorie der Zeit, Stuttgart (zur Musik bes. Teil IV)
Geml, Gabriele/Lie, Han-Gyeol (Hrsg.), „Durchaus rhapsodisch". Theodor Wiesengrund Adorno: Das kompositorische Werk, Stuttgart
Goehr, Lydia 2021: Did Bach Compose Musical Works? Thinking with Adorno through Paradigms of Possibility, in: New German Critique 142, 1–39
Goehr, Lydia 2008: Elective Affinities: Musical Essays on the History of Aesthetic Theory, New York

Goehr, Lydia 1994: The Imaginary Museum of Musical Works: An Essay in the Philosophy of Music, Oxford

Gordon, Peter E./Rehding, Alexander 2016 (Hrsg.): Adorno and Music: Critical Variations (Schwerpunktthema), in: New German Critique 129

Hindrichs, Gunnar 2014: Die Autonomie des Klangs. Eine Philosophie der Musik, Berlin

Hogh, Philip 2020: Sprachähnlichkeit der Musik, Musikähnlichkeit der Sprache. Eine Lücke in Adornos Musikästhetik, in: Musik und Ästhetik 24.1, 58–78

Hufner, Martin 1996: Adorno und die Zwölftontechnik, Regensburg

Hullot-Kentor, Robert 2006: Things Beyond Resemblance (zur Musik bes. The Philosophy of Dissonance. Adorno and Schoenberg, 67–76 u. Popular Music and „The Aging of Music", 169–179 u. The Impossibility of Music, 180–189)

Klein/Kreuzer/Müller-Doohm (Hrsg.) ²2019: Adorno-Handbuch (zur Musik bes. Teil III)

Klein, Richard (Hrsg.) 2015: Gesellschaft im Werk. Musikphilosophie nach Adorno, Freiburg/München

Klein, Richard/Mahnkopf, Claus-Steffen (Hrsg.) 1998: Mit den Ohren denken. Adornos Philosophie der Musik, Frankfurt a. M.

Mahnkopf, Claus-Steffen 1999: Ästhetische Modernität und kompositorische Kritik. Adornos Musikphilosophie, in: Zeitschrift für kritische Theorie 9, 31–58

Mettin, Martin/Schmidt, Mario C. 2017: Musikalische Aphorismen. Zu Adornos Sechs Bagatellen für Singstimme und Klavier op.6, in: Geml/Lie (Hrsg.), „Durchaus rhapsodisch", 73–92

Metzger, Heinz-Klaus 1984: Mit den Ohren denken. Zu einigen musikphilosophischen Motiven von Adorno, in: Löbig/Schweppenhäuser (Hrsg.), Hamburger Adorno-Symposion, 79–85 (auch in: Frankfurter Adorno Blätter VII, München 2001, 37–45)

Metzger, Heinz-Klaus 1980: Musik wozu. Literatur zu Noten, hrsg. v. Rainer Riehn, Frankfurt a. M. (zu Adorno bes. Das Altern der Philosophie der Neuen Musik, 61–89)

Negro, Giusy 2017: Adorno e le dialettiche della musica. Il passato, la sua ombra, l'utopia, Rom

Paddison, Max 2004: Adorno, Modernism and Mass Culture: Essays in Critical Theory and Music, London

Paddison, Max 1993: Adorno's Aesthetics of Music, New York

Roelcke, Teresa 2018: Der Kanon des Widerstandes. Musik, metaphysische Erfahrung und die Autonomie des Kunstwerks, in: Dirk Braunstein/Grazyna Jurewicz/Angar Martins (Hrsg.), „Der Schein des Lichts, der ins Gefängnis selber fällt". Religion, Metaphysik, Kritische Theorie, Berlin, 239–258

Scheit, Gerhard/Svoboda, Wilhelm 2010: Treffpunkt der Moderne. Gustav Mahler, Theodor W. Adorno, Wiener Traditionen, Wien

Seiwert, Elvira 2017: Enthüllungen. Zur musikalischen Interpretation im Zeitalter ihrer technischen Reproduzierbarkeit, Springe

Schwarz, Michael 2015: Über Anton von Webern. Theodor W. Adorno bei den Darmstädter Ferienkursen 1951, in: Musik & Ästhetik 74, 5–20

Sziborsky, Lucia 1979: Adornos Musikphilosophie. Genese, Konstitution, Pädagogische Perspektiven, München

Urbanek, Nikolaus 2010: Auf der Suche nach einer zeitgemäßen Musikästhetik. Adornos „Philosophie der Musik" und die Beethoven-Fragmente, Bielefeld

Sprache, Literatur und Theater

Berg, Nicolas/Burdorf, Dieter (Hrsg.) 2014: Textgelehrte. Literaturwissenschaft und literarisches Wissen im Umkreis der Kritischen Theorie, Göttingen
Burke, Donald A. et al. (Hrsg.) 2007: Adorno and the Need in Thinking: New Critical Essays, Toronto (zur Sprache bes. Teil I)
Cunningham, David/Mapp, Nigel (Hrsg.) 2006: Adorno and Literature, London
Daddario, Will/Gritzner, Karoline (Hrsg.) 2014: Adorno and Performance, New York
Duckheim, Simon 2015: Alles ganz anders. Adornos Utopie der Erkenntnis am Beispiel Prousts, in: Dumbadze/Hesse (Hrsg.), Unreglementierte Erfahrung, 51–82
Ette et. al. (Hrsg.) 2004: Adorno im Widerstreit (zur Literatur bes. Teil III)
Flodin, Camilla 2018: „The eloquence of something that has no language": Adorno on Hölderlin's Late Poetry, in: Adorno Studies 2.1, 2–27
Foster, Roger 2013: Adorno on Kafka: Interpreting the Grimace on the Face of Truth, in: New German Critique 118, 175–198
Foster, Roger 2007: Adorno. The Recovery of Experience, New York (zur Literatur bes. Proust: Experience Regained, 139–166)
Gandesha, Samir 2006: The „Aesthetic Dignity of Words": Adorno's Philosophy of Language, in: New German Critique 97, 137–158
Giffhorn, Antje 1997: In der Zwischenzone. Theodor W. Adornos Schreibweise in der Ästhetischen Theorie, München
Groß, Pola 2020: Adornos Lächeln. Das „Glück am Ästhetischen" in seinen literatur- und kulturtheoretischen Essays, Berlin/Boston
Groß, Pola 2019: Ist die Kunst heiter? Adornos Beitrag zum „Zürcher Literaturstreit", in: Zeitschrift für Deutsche Philologie 138.4, 591–608
Hogh, Philipp 2015: Kommunikation und Ausdruck. Sprachphilosophie nach Adorno, Velbrück
Johann, Wolfgang 2018: Das Diktum Adornos. Adaptionen und Poetiken. Rekonstruktion einer Debatte, Würzburg
Kaufman, Robert 2004: Adorno's Social Lyric and Literary Criticism Today: Poetics, Aesthetics, Modernity, in: Huhn (Hrsg.), The Cambridge Companion to Adorno, 354–375
Kaufman, Robert 2000: Red Kant, or The Persistence of the Third *Critique* in Adorno and Jameson, in: Critical Inquiry 26.4., 682–724
Kiedaisch, Petra (Hrsg.) 2006: Lyrik nach Auschwitz? Adorno und die Dichter, Stuttgart
Klein/Kreuzer/Müller-Doohm (Hrsg.) ²2019: Adorno-Handbuch (zur Literatur bes. Teil IV)
Kleine, Marc 2013: Adornos Schriften zu Literatur und Ästhetik. Neue literaturwissenschaftliche Studien, in: Zeitschrift für Kritische Theorie 36/37, 234–249
Kleine, Marc 2012: Ob es überhaupt noch möglich ist. Literatur nach Auschwitz in Adornos ästhetischer Theorie, Bielefeld
Kolesch, Doris 1996: Das Schreiben des Subjekts. Zur Inszenierung ästhetischer Subjektivität bei Baudelaire, Barthes und Adorno, Wien
Kramer, Sven 2009: Adornos Begriff der Deutung und die Stellung der Hermeneutik in der kritischen Literaturwissenschaft, in: ders. (Hrsg.): Bild – Sprache – Kultur, 201–223
Kramer, Sven 1996: „Wahr sind die Sätze als Impuls". Begriffsarbeit und sprachliche Darstellung in Adornos Reflexion auf Auschwitz, in: Deutsche Vierteljahrsschrift für Literaturwissenschaft und Geistesgeschichte 70, 501–523

Lindner, Burkhardt 1998: Was heißt: Nach Auschwitz? Adornos Denken, in: Stephan Braese et al. (Hrsg.), Deutsche Nachkriegsliteratur und der Holocaust, Frankfurt a. M./New York, 283–290

McCall, Corey/Ross, Nathan (Hrsg.) 2018: Benjamin, Adorno, and the Experience of Literature, New York

Müller, Harro 2009: Mimetic Rationality: Adorno's Project of a Language of Philosophy, in: New German Critique 108, 85–108

Nowak, Anja 2012: Elemente einer Ästhetik des Theatralen in Adornos Ästhetischer Theorie, Würzburg

Pacher, Heinrich 2010: Die Spontaneität der Literatur. Studien zur Literaturtheorie Adornos, St. Ingbert

Plass, Ulrich 2007: Language and History in Theodor W. Adorno's Notes to Literature, New York/London

Robinson, Josh 2018: Adorno's Poetics of Form, New York

Sautermeister, Gert 2013: Geschichtsphilosophische Dialektik literaturkritisch gewendet. Theodor W. Adornos Essay „Zum Klassizismus von Goethes Iphigenie", in: Zeitschrift für Kritische Theorie 36/37, 217–233

Schweppenhäuser, Hermann 2019: Sprachbegriff und sprachliche Darstellung bei Horkheimer und Adorno, in: ders., Sprache Literatur und Kunst, 135–158

Seiwert, Elvira 1995: Beethoven-Szenarien. Thomas Manns „Doktor Faustus" und Adornos Beethoven-Projekt, Stuttgart

Seng, Joachim 2003: Die wahre Flaschenpost. Zur Beziehung zwischen Theodor W. Adorno und Paul Celan, in: Rolf Tiedemann (Hrsg.), Frankfurter Adorno Blätter VIII, München 2003, 151–176

Teubner, Kim 2014: „Celans Gedichte wollen das äußerste Entsetzen durch Verschweigen sagen". Zu Paul Celan und Theodor W. Adorno, Würzburg

Tiedemann, Rolf 1994: „Gegen den Trug der Frage nach dem Sinn". Eine Dokumentation zu Adornos Beckett Lektüre, in: Frankfurter Adorno Blätter III, München, 18–77

Tiedemann, Rolf 1992: „Mitdichtende Einfühlung". Adornos Beitrag zum Doktor Faustus – noch einmal, in: Frankfurter Adorno Blätter I, München, 9–34

Tränkle, Sebastian 2021: Nichtidentität und Unbegrifflichkeit. Philosophische Sprachkritik nach Adorno und Blumenberg, Frankfurt a. M. (im Erscheinen)

Tränkle, Sebastian 2021: The Speaking Animal. On a Metaphor of Humanity, in: Hofstätter/Steuer (Hrsg.), Adorno's Rhinoceros (im Erscheinen)

Von Wussow, Philipp 2014: Adorno über literarische Erkenntnis, in: Berg/Burdorf (Hrsg.), Textgelehrte, 159–184

Wiser, Antonin 2014: Vers une langue sans terre. Adorno et l'utopie de la littérature, Paris

Bildlichkeit, Bildende Kunst und Film

Bernstein, J. M. 2006: Against Voluptuous Bodies: Late Modernism and the Meaning of Painting, Stanford (zu Adorno bes. Kap. 5, 7, 8, 9)

Drake, Ryan 2009: Devices of Shock: Adorno's Aesthetics of Film and Fritz Lang's Fury, in: Telos 149, 151–168

Früchtl, Josef 2016: Tell Me Lies, and Show Me Invisible Images! Adorno's Criticism on Film – Revisited, in: Discipline filosofiche, 26.2, 47–60

Hesse, Christoph 2016: „Dynamit der Zehntelsekunden". Die Kontroverse über den Film zwischen Theodor W. Adorno und Walter Benjamin, in: Alex Körner/Julian Kuppe/Michael Schüßler (Hrsg.), Der Widerspruch der Kunst. Beiträge zum Verhältnis von Kunst und Gesellschaftskritik, Berlin, 107–128

Hesse, Christoph 2014: Das drastische Medium. Über Adornos Kritik des Films, in: Marschall et al. (Hrsg.), (K)ein Ende der Kunst?, 105–120

Jay, Martin 2020: Adorno and Blumenberg: Nonconceptuality and the Bilderverbot, in: Gordon/Hammer/Pensky (Hrsg.), A Companion to Adorno, 173–191

Koch, Gertrud 2016: Die Wiederkehr der Illusion. Der Film und die Kunst der Gegenwart, Berlin

Koch, Gertrud 1989: Mimesis und Bilderverbot in Adornos Ästhetik, in: Babylon. Beiträge zur jüdischen Gegenwart 6, 36–45

Lie, Sulgi 2021: Gehend kommen. Adornos Slapstick: Charlie Chaplin & The Marx Brothers, Berlin (im Erscheinen)

Rebentisch, Juliane 2003: Ästhetik der Installation, Frankfurt a. M. (zur ÄT bes. Kap. II.2)

Schmid Noerr, Gunzelin 2001: Bloch und Adorno – bildhafte und bilderlose Utopie, in: Zeitschrift für kritische Theorie 13, 25–55

Schweppenhäuser, Gerhard 2010: Überlegungen zum Bildbegriff der Kritischen Theorie, in: Zeitschrift für Kulturphilosophie 4.2, 319–335

Schweppenhäuser, Hermann 2003: Dialektischer Bildbegriff und „dialektisches Bild" in der Kritischen Theorie, in: Zeitschrift für kritische Theorie 16, 7–46

Tränkle, Sebastian 2013: Die materialistische Sehnsucht. Über das Bilderverbot in der Philosophie Theodor W. Adornos, in: Zeitschrift für Kritische Theorie 36/37, 83–109

Tränkle, Sebastian 2011: Was nie geschrieben wurde, lesen. Zur Methode des kritischen Bilderlesens bei Theodor W. Adorno, in: Psychoanalyse. Texte zur Sozialforschung 27.2, 155–171

Trempler, Jörg 2019: Negative Kunst. Adorno, Wols und die Katastrophe, in: Zeitschrift für Ideengeschichte XIII.1, 54–64

Truskolaski, Sebastian 2020: Adorno and the Ban on Images, London/New York

Hinweise zu den Autorinnen und Autoren

Emil Angehrn, em. Professor für Philosophie an der Universität Basel. *Veröffentlichungen u. a.:* Geschichte und Identität (1985), Die Überwindung des Chaos. Zur Philosophie des Mythos (1996), Die Frage nach dem Ursprung. Philosophie zwischen Ursprungsdenken und Ursprungskritik (2007), Sinn und Nicht-Sinn. Das Verstehen des Menschen (2011), Sein Leben schreiben. Wege der Erinnerung (2017).

Maxi Berger, Professorin für Kulturwissenschaften an der Hochschule Wismar. *Veröffentlichungen u. a.:* Arbeit und Selbstbewusstsein bei Hegel (2012), (Hrsg.) Erfahrung und Reflexion. Das Subjekt in Kunst und Kunstphilosophie (2018). Artikel zu den Ästhetiken Hegels, Deweys und Adornos.

J.M. Bernstein, Professor für Philosophie an der New School for Social Research. *Veröffentlichungen u. a.:* The Fate of Art: Aesthetic Alienation from Kant to Derrida and Adorno (1992), Adorno: Disenchantment and Ethics (2002), Against Voluptuous Bodies: Late Modernism and the Meaning of Painting (2006): Of Ecocide and Human Rights: Foundations for Ecological Socialism (in Vorbereitung).

Georg W. Bertram, Professor für Philosophie an der Freien Universität Berlin. *Veröffentlichungen u. a.:* Hermeneutik und Dekonstruktion (2002), Die Sprache und das Ganze. Entwurf einer antireduktionistischen Sprachphilosophie (2006), Kunst als menschliche Praxis. Eine Ästhetik (2014), Hegels „Phänomenologie des Geistes". Ein systematischer Kommentar (2017). Zahlreiche Artikel zur Ästhetik und Philosophie der Kunst, Anerkennungstheorie, Sprachphilosophie, Subjektphilosophie, Philosophie Kants und Hegels.

Anne Eusterschulte, Professorin für Philosophie an der Freien Universität Berlin. *Veröffentlichungen u. a.:* (Hrsg. mit W.-M. Stock) Zur-Erscheinung-Kommen. Bildlichkeit als theoretischer Prozess (2016), (Hrsg. mit U. Schneider) Gratia. Mediale und diskursive Konzeptualisierungen ästhetischer Erfahrung (2018), (Hrsg. mit E. Benini) Kritik(en) des Leidens (2021). Zahlreiche Artikel zur Literaturästhetik und Kunstphilosophie. Mitherausgeberin der Hannah Arendt Kritischen Gesamtausgabe/Hybridedition.

Josef Früchtl, Professor für Philosophie an der Universität von Amsterdam. *Veröffentlichungen u. a.:* Mimesis. Konstellation eines Zentralbegriffs bei Adorno (1986), Ästhetische Erfahrung und moralisches Urteil (1996), Das unverschämte Ich. Eine Heldengeschichte der Moderne (2004), Vertrauen in die Welt. Eine Philosophie des Films (2013), (Hrsg. mit M. Calloni) Geist gegen den Zeitgeist. Erinnern an Adorno (1991). Artikel zur philosophischen Ästhetik, Kritischen Theorie, Philosophie des Films und zu Theorien der Moderne.

Alexander García Düttmann, Professor für Ästhetik an der Universität der Künste in Berlin. *Veröffentlichungen u. a.:* Das Gedächtnis des Denkens. Versuch über Heidegger und Adorno (1990), Kunstende (2000), Philosophie der Übertreibung (2004), So ist es. Ein Kommentar zu Adornos „Minima Moralia" (2004), Teilnahme. Bewusstsein des Scheins (2011), Naive Kunst. Ein Versuch über das Glück (2012), Was weiß Kunst? Für eine Ästhetik des Widerstands (2015),

Was ist Gegenwartskunst? Zur politischen Ideologie (2017), Love Machine. Der Ursprung des Kunstwerks (2018).

Eva Geulen, Direktorin des Leibniz-Zentrums für Literatur- und Kulturforschung und Professorin für europäische Kultur- und Wissensgeschichte an der Humboldt-Universität zu Berlin. *Veröffentlichungen u. a.:* Worthörig wider Willen. Darstellungsproblematik und Sprachreflexion bei Adalbert Stifter (1992), Das Ende der Kunst. Lesarten eines Gerüchts nach Hegel (2002), Giorgio Agamben zur Einführung (^{3}2016), Aus dem Leben der Form. Goethes Morphologie und die Nager (2016). Mitherausgeberin der Zeitschrift für deutsche Philologie.

Lydia Goehr, Professorin für Philosophie an der Columbia University. *Veröffentlichungen u. a.:* The Imaginary Museum of Musical Works: An Essay in the Philosophy of Music (1994), Elective Affinities: Musical Essays on the History of Aesthetic Theory (2008). Zahlreiche Artikel zur Ästhetik und Philosophie der Musik, jüngst: Bilder im Wartestand (2018), What anyway is a „Music Discomposed". Reading Cavell through the Dark Glasses of Adorno (2018), Form und Satz in Adornos Ästhetischer Theorie (2019), Did Bach Compose Musical Works? Thinking with Adorno through Paradigms of „Possibility" (2021).

Peter E. Gordon, Professor für Geschichte und Faculty Affiliate am Department of Germanic Languages und am Department of Philosophy an der Harvard University. *Veröffentlichungen u. a.:* Rosenzweig and Heidegger: between Judaism and German Philosophy (2003), Continental Divide: Heidegger, Cassirer, Davos (2010), Adorno and Existence (2016), (Hrsg. mit E. Hammer u. A. Honneth) The Routledge Companion to the Frankfurt School (2018), Migrants in the Profane: Critical Theory and the Question of Secularization (2020), (Hrsg. mit E. Hammer u. M. Pensky) The Blackwell Companion to Adorno (2020).

Christoph Hesse, Wissenschaftlicher Mitarbeiter am Institut für Kommunikationsgeschichte und angewandte Kulturwissenschaften der Freien Universität Berlin. *Veröffentlichungen u. a.:* Filmform und Fetisch (2006), (Hrsg. mit H. Haarmann) Briefe an Bertolt Brecht im Exil. 3 Bände (2014), (Hrsg. mit D. Dumbadze) Unreglementierte Erfahrung (2015), (mit O. Keutzer, R. Mauer u. G. Mohr) Filmstile (2016), Filmexil Sowjetunion (2017), (Hrsg. mit H. Haarmann) Briefwechsel zwischen Hermann Borchardt und George Grosz (2019).

Antonia Hofstätter, Wissenschaftliche Mitarbeiterin an den German Studies der University of Warwick. *Veröffentlichungen u. a.:* (Hrsg. mit D. Steuer) Adorno's Rhinoceros: Art, Nature, Critique (2021). Artikel: Adorno's „Meditations on Metaphysics" and Beethoven's Late Style (2018), Catastrophe and History: Adorno, the Anthropocene and Beethoven's Late Style (2019), Under the Skin of Modernity: The „Subcutaneous" (2020), Falling Star and Rising Hope: Reading Adorno's Aesthetic Theory Today (im Erscheinen).

Philip Hogh, Gastprofessor für Kritische Gesellschaftstheorie an der Justus-Liebig-Universität Gießen. *Veröffentlichungen u. a.:* Kommunikation und Ausdruck. Sprachphilosophie nach Adorno (2015), (Hrsg. mit S. Deines) Sprache und Kritische Theorie (2016), (Hrsg. mit S. Ellmers) Warum Kritik? Begründungsformen kritischer Theorien (2017). Artikel: Sprachähnlichkeit der Musik, Musikähnlichkeit der Sprache. Eine Lücke in Adornos Musikästhetik (2020), Two Sorts of Natural History. On a Central Concept in Critical Theory and Ethical Naturalism (im Erscheinen).

Robert Hullot-Kentor, em. Gründungsdirektor des Graduate Program in Critical Theory and the Arts an der School of Visual Arts New York. *Veröffentlichungen u. a.:* Things Beyond Resemblance: Collected Essays on Theodor W. Adorno (2006), Undreamt Nation (im Erscheinen). Übersetzer von Werken Adornos, darunter Ästhetische Theorie (1997) und Philosophie der neuen Musik (2007). Herausgeber von Adornos Current of Music (2006).

Gertrud Koch, Professorin i. R. für Filmwissenschaft an der Freien Universität Berlin und Gastprofessorin an der Brown University. *Veröffentlichungen u. a.:* (mit H. Brunkhorst) Herbert Marcuse zur Einführung (1987), „Was ich erbeute, sind Bilder". Zur filmischen Repräsentation der Geschlechterdifferenz (1988), Die Einstellung ist die Einstellung. Zur visuellen Konstruktion des Judentums (1992), Siegfried Kracauer zur Einführung (1996), Breaking Bad (2015), Die Wiederkehr der Illusion. Film und die Künste der Gegenwart (2016), Zwischen Raubtier und Chamäleon. Texte zu Film, Medien, Kunst und Kultur (2016). Mitherausgeberin zahlreicher Zeitschriften.

Martin Mettin, Wissenschaftlicher Mitarbeiter beim Ausbildungsinstitut für Humanistische Lebenskunde Berlin. *Veröffentlichungen u. a.:* Echo im Sprachwald. Figuren dialektischen Hörens bei Walter Benjamin (2019), Kritische Theorie des Hörens. Untersuchungen zur Philosophie Ulrich Sonnemanns (2020), (Hrsg. mit T. Heinze): „Denn das Wahre ist das Ganze nicht ..." Beiträge zur Negativen Anthropologie Ulrich Sonnemanns (2021). Artikel zur Ästhetik, Sprach- und Sozialphilosophie.

Sebastian Tränkle, Wissenschaftlicher Mitarbeiter am Exzellenzcluster „Temporal Communities" und am Institut für Philosophie der Freien Universität Berlin. *Veröffentlichungen u. a.:* Nichtidentität und Unbegrifflichkeit. Philosophische Sprachkritik nach Adorno und Blumenberg (2021), (Hrsg. mit R. Zwarg) Widerhall. Die Dialektik der Aufklärung in Amerika (im Erscheinen). Artikel zur Ästhetik, Rhetorik, Sprach-, Kultur- und Sozialphilosophie.

Robert Zwarg, Wissenschaftlicher Mitarbeiter an der International Psychoanalytic University Berlin. *Veröffentlichungen u. a.:* Die Kritische Theorie in Amerika. Das Nachleben einer Tradition (2017), (Hrsg. mit S. Tränkle) Widerhall. Die Dialektik der Aufklärung in Amerika (im Erscheinen).

Personenregister

Adorno, Gretel 6–8, 29, 212, 219, 223
Amfortas 62
Anders, Günther 151
Andersson, Harriet 159
Aristoteles 64, 164, 233, 237

Bach, Johann Sebastian 30, 34, 67, 109, 111, 140–142, 147, 151, 153, 182, 188, 195, 197, 200
Bacon, Francis 233
Baudelaire, Charles 43, 49, 63, 128, 153, 201
Beckett, Samuel 35, 40, 43, 54, 60, 136, 150f., 174, 194, 199, 201, 210, 212–214, 250
Beethoven, Ludwig van 33, 109, 113, 125, 133f., 141f., 147, 153, 177, 183, 188, 191, 195, 197, 199, 201, 243, 251, 253–255
Benjamin, Walter 4, 99, 128, 131, 133, 165, 170, 172, 174, 176–178, 182, 189f., 196, 198f., 212, 242–245, 249
Benn, Gottfried 60
Berg, Alban 92, 198f.
Bergman, Ingmar 159, 162
Bergson, Henri 234
Bernhard, Thomas 30
Bloch, Ernst 61
Boulez, Pierre 241, 245, 247
Brahms, Johannes 191
Brecht, Bertolt 150, 196, 207, 209
Brodsky, Joseph 21
Buber, Martin 189
Burke, Edmund 68

Cage, John 119, 151
Celan, Paul 199
Cervantes, Miguel de 150, 209
Cézanne, Paul 80
Chopin, Frédéric 191
Church, Frederic Edwin 86
Cocteau, Jean 150
Cohen, Hermann 247
Croce, Benedetto 244f.

Debussy, Claude 150, 198
Degas, Edgar 85
Dewey, John 246
Durkheim, Émile 205

Eichendorff, Joseph von 174
Eisler, Hanns 150

Fechner, Gustav Theodor 69
Flaubert, Gustave 162
Frenzel, Ivo 241, 244
Freud, Sigmund 30, 37f., 59, 65, 150, 153

Geiger, Moritz 244
George, Stefan 217
Gernhardt, Robert 69
Giotto 197
Goethe, Johann Wolfgang von 32, 150, 153, 209, 246
Grab, Hermann 151
Greenberg, Clement 84

Hamann, Johann Georg (Magus des Nordens) 26
Hanslick, Eduard 142f.
Hauptmann, Gerhart 63
Haydn, Joseph 165
Hegel, Georg Wilhelm Friedrich 12, 39, 44, 59–64, 66, 75, 78, 80f., 89, 91, 93, 100f., 106f., 110, 124, 134, 142, 150, 153, 155, 160, 178, 193–195, 197, 233, 238, 241, 245, 248f., 252f., 255, 257–259, 261, 263f., 266–271
Heidegger, Martin 127, 182, 235
Hölderlin, Friedrich 36, 87, 108
Horkheimer, Max 25, 61, 235, 265
Hotho, Heinrich Gustav 267

Ibsen, Henrik 250
Ivens, Joris 150

Jandl, Ernst 69

Jauß, Hans Robert 69
Joyce, James 115

Kafka, Franz 125, 210–213, 245
Kandinsky, Wassily 149
Kant, Immanuel 30, 37–39, 61–63, 65, 67f., 73–78, 83, 85f., 91, 106f., 131, 142, 147, 151, 155, 183, 206, 223, 241, 247, 250, 252, 255, 257–267, 269–271
Kierkegaard, Søren 43, 150, 153
Klages, Ludwig 149
Klee, Paul 68
Kraus, Karl 150, 170

Leibniz, Gottfried Wilhelm 162, 178, 230
Lenk, Elisabeth 151
Lessing, Gotthold Ephraim 150
Lichtenberg, Georg Christoph 150
Ligeti, György 150
Loos, Adolf 150
Luhmann, Niklas 32
Lukács, Georg 55, 207f., 212f., 244f.
Lyotard, Jean-François 68

Mallarmé, Stéphane 178
Marsden, William 76
Marx, Karl 29f., 34, 39, 61, 63, 66, 153, 164f., 171, 193, 204, 206–209
Mauss, Marcel 65
Merleau-Ponty, Maurice 238
Messiaen, Olivier 34
Michelangelo 30
Mondrian, Piet 80
Mörike, Eduard 227
Mozart, Wolfgang Amadeus 147, 192, 200, 223

Newton, Isaac 75, 260
Nietzsche, Friedrich 47, 62, 64, 68, 149, 189, 235
Noguchi, Isamu 80

Olbrich, Elfriede 7

Penelope 176
Picasso, Pablo 54, 109, 153, 176, 192
Piero della Francesca 197
Platon 59, 64, 107, 120, 164, 188, 240

Pollock, Jackson 80
Proust, Marcel 131

Rimbaud, Arthur 60, 63
Rosenkranz, Karl 60

Saint-Simon, Henri de 199
Sartre, Jean-Paul 43, 162, 207
Schelling, Friedrich Wilhelm Joseph 61f., 75, 78, 89, 238, 244
Schiller, Friedrich 32, 106, 150, 153, 247, 251
Schönberg, Arnold 33, 43, 50, 54, 136, 142f., 146f., 149, 153, 171, 188, 191f., 199, 217
Schopenhauer, Arthur 250
Schubert, Franz 153, 197
Sedlmayr, Hans 183
Serra, Richard 21
Shakespeare, William 198, 209
Simmel, Georg 244
Soutine, Chaim 80
Stein, Erwin 148
Stein, Gertrude 150
Sterne, Laurence 150
Stockhausen, Karlheinz 150, 152
Strauss, Richard 198f.
Strawinsky, Igor 33
Strindberg, August 217
Szondi, Peter 8

Tiedemann, Rolf 6–8, 29, 212, 219f., 223
Trakl, Georg 128

Valéry, Paul 128, 141, 171, 209
Van Gogh, Vincent 150
Verlaine, Paul 150
Voltaire 34

Wagner, Richard 62, 118, 133, 135, 165
Warburg, Aby 182
Weber, Max 66
Webern, Anton 149, 152, 197
Winckelmann, Johann Joachim 247

Zeisig, Adolf 148
Zeno 21

Sachregister

Abbild 16, 34, 82, 113, 118, 127–129, 150, 170, 209, 236–238
Absolutes, Gott 12, 15f., 38f., 49, 55, 63, 66f., 107, 111, 118, 129–131, 146, 148, 151, 155, 188, 194, 199, 211, 216, 234, 266–270
Abstraktes 2f., 5, 12, 48–51, 53–55, 64, 79f., 84, 88, 95, 100, 119, 136, 155, 159, 164, 181, 189, 195, 206, 209, 216, 224, 234, 238, 242 254f., 269
Absurdes 53, 151, 174f., 200, 213, 246–248, 250
Affirmation 36, 56, 109, 136, 139, 141, 143, 145, 147, 149, 151, 176, 184, 187, 192, 195
Allegorie 49, 51, 82, 131, 136, 176
Allgemeines 2f., 12, 31, 49, 51f., 60, 64, 69, 74f., 87f., 101, 109, 111, 115, 124, 133, 136, 140, 144, 146, 150, 152f., 156–158, 162, 164f., 169, 171f., 181f., 187–192, 194, 200, 205, 228f., 242–246, 251–253, 260–262
Analyse 17, 26f., 37f., 61–63, 69, 108f., 126, 160, 165, 170, 173f., 178, 181, 238, 241, 250–252, 254, 257, 260, 262
Anschauung 34, 74–76, 86, 89, 92, 100f., 197, 234, 247, 259–262, 264, 268
An sich 61, 82f., 85f., 107–109, 111, 113, 115–118, 129, 133, 135, 137, 164, 207, 259–262, 264, 266–269
apparition siehe Erscheinung
Arbeit 36, 39, 82, 91, 148, 156, 162–165, 171, 205, 208, 212, 214f., 246, 265f.
Archaik 59, 62, 65f., 233, 238f., 251
Artikulation 4, 84f., 87, 116, 130, 139f., 144, 146, 157, 167, 169f., 172, 174f., 177, 181, 212, 223, 240
Ästhetizismus siehe l'art pour l'art
Aufklärung 34, 37, 65, 79, 94, 129, 145, 153, 164, 208, 238, 246, 248, 255, 265f.
Augenblick 31, 81, 99, 102, 134, 137, 141, 156, 163, 170, 172, 177, 180, 210, 223
Aura 174, 198, 225

Auschwitz, Zivilisationsbruch 13, 47, 124, 135, 151, 183
Ausdruck 3, 10, 13, 15f., 39f., 44f., 47–52, 55f., 60, 63, 74, 83f., 86–88, 95, 97, 105, 112–120, 124, 132f., 135, 137, 139, 144, 157, 161–163, 166, 172f., 176, 188f., 191, 197, 201, 203, 205, 207f., 210, 212–214, 216, 227, 236, 239, 246, 252, 258, 265–267
Authentizität 111, 137, 151, 175, 191, 197
Autonomie 12f., 16, 31f., 34–36, 38, 73, 78, 83f., 95, 106, 114, 118, 120, 132, 147, 156, 158–160, 162, 164–166, 172, 178f., 187–189, 191, 196, 198f., 203–209, 213–217, 226, 265
Avantgarde 16, 31f., 49, 151, 193, 216

Banausie 39, 126, 148f., 225, 247
Bann 37–39, 55, 87, 92, 136, 145, 191, 193f., 210, 235, 250, 253
Barbarei 24, 35, 40, 47, 125, 148, 153, 194
Bedeutung 13, 22, 32, 44, 53, 59–61, 67f., 78–81, 83–85, 87, 89, 92–97, 99, 103, 106f., 110, 112f., 117, 120, 128–131, 133, 142, 150f., 157, 165, 181, 190, 198, 201, 205, 213, 240, 245, 271, 274, 284, 287
Bedürfnis 26, 30, 33, 46, 51, 54, 85, 124f., 131, 140, 143, 151, 160, 174, 194, 234, 239, 245f., 249, 252, 259, 263, 268, 271
Begriff, Begrifflichkeit 1–4, 9–12, 14f., 24, 26, 29–31, 44, 46, 59, 61, 65, 67, 73–79, 83, 86, 90–93, 98, 101–103, 105, 107f., 110, 114f., 124f., 130, 139f., 144–147, 153, 155, 158, 160, 166, 169f., 172, 176f., 181, 183, 190, 228f., 234–236, 239, 242f., 246, 249, 252–255, 257, 259–262, 268–270
Begriff der Kunst 14, 33, 100f., 109, 149, 182, 212, 224, 240, 246
Begriffslosigkeit, Unbegrifflichkeit 1, 3, 91f., 108f., 130, 134, 169, 198, 239, 262f.

Sachregister

Besonderes 3, 12, 52, 74f., 88, 98, 101f., 115, 129, 133, 135f., 140, 146, 152, 164, 170, 172, 181, 183, 187–190, 192, 200, 223, 243, 245, 252

bestimmte Negation (s. auch Negation) 50f., 53, 59, 64, 81, 213, 244, 249

Bewegung 2–5, 9f., 14, 26, 30, 56, 61f., 64–66, 73, 75, 80, 84, 90, 98–100, 102, 105, 107–110, 117, 130, 132, 140–144, 147f., 151–153, 156, 160, 169f., 172–176, 178–181, 183f., 187, 190, 200f., 205, 221, 226, 257f., 260, 262f., 265, 267, 269

Bewusstsein 3, 5, 32, 37, 40, 51–53, 56, 79f., 83, 93, 108f., 123f., 126, 135–137, 140, 151, 169, 171, 174, 176, 181f., 184, 194, 197, 200, 204, 215, 224–228, 234, 239, 245, 248f., 251f., 254, 266, 268

Bild, Bildlichkeit 55f., 65, 80, 82, 95, 99f., 105f., 111, 114, 116, 127–132, 134f., 162, 164, 170–172, 174, 176, 181, 184, 191, 210, 220, 227, 236f., 252, 257, 264

Bilderverbot 111, 145

Blindheit 35, 48, 53, 116, 119, 130, 146, 162, 178, 198, 258f., 263

Block 61, 131, 259, 261, 264, 266, 269, 271

Bruch 12f., 44, 49f., 53, 74, 97, 118, 124, 137, 143f., 174, 176, 188, 243

Buchstäblichkeit 52, 66, 84f., 116, 119f., 211

Bürger, Bürgertum 11, 14, 32, 39, 91, 94, 100, 111, 133, 166, 191, 196f., 205f., 208f., 212, 215, 246f., 251

Dadaismus 54, 151, 213, 252

Darstellung 1–5, 8–10, 27, 35, 49, 51, 75f., 95, 109f., 130, 142, 177f., 211, 213f., 236, 242, 257–259, 264, 268, 271

Dauer 50f., 54, 99, 102, 136, 141, 147, 152, 167, 176, 181, 193, 218, 230, 253

Deutung, Interpretation 1, 9, 13, 30, 37–39, 43, 53, 86, 92, 109, 124f., 127, 130–133, 137, 139, 152, 172, 179f., 209, 211, 236, 242f., 246, 255, 257, 263

Dialektik 1, 4, 10–17, 29f., 44, 53, 59, 62f., 66f., 99, 102, 107, 113, 140–143, 145f., 148f., 151–153, 155, 161, 163, 169f., 172–176, 178f., 181, 184, 188–190, 192–195, 197f., 200f., 203, 210, 216, 233, 235–237, 239, 255, 258, 262, 264, 266f.

Ding 32, 36, 46, 49, 61, 66, 68, 75, 83, 87, 110f., 116, 120, 134, 139, 146, 150, 156, 158, 164–166, 171–173, 175, 178, 181, 185, 208, 211f., 215, 225, 236, 239, 253, 260f., 264, 266f., 269

Diskursivität 25, 83–87, 110, 115, 128–131, 172, 174, 244, 250, 254

Dissonanz 56, 60, 109, 113f., 148, 174, 176

Distanz 46, 49, 65, 93, 126, 135, 170, 181, 188, 214, 227, 243, 250

Doppelcharakter 36, 49, 84f., 115, 144, 147, 196, 203f., 214

Drama siehe Theater

Einbildungskraft, Imagination (s. auch Phantasie, Phantasmagorie) 50, 74–77, 114, 148, 174, 211, 261f., 264f.

Einheit 53, 74–78, 88, 100, 107–109, 113, 118, 128, 136, 142, 144, 169, 176–178, 180, 183, 189, 192, 195, 199, 209, 214, 220–222, 224f., 227–229, 234–237, 260, 264f., 268

Emanzipation 35, 38, 50, 54, 81, 111, 113, 119, 129, 147f., 153, 164, 176, 187, 191, 197, 205f., 211, 229, 237, 239, 264f.

Empirie 12, 15, 29, 33, 36, 56, 69, 74f., 82, 106–108, 110, 128, 133, 135f., 139f., 144–146, 156, 158, 167, 169–171, 179, 184, 188, 224–226, 244, 246, 259, 261, 267, 271

Ende der Kunst 40, 50f., 167, 225, 241, 248f., 253f., 269

Engagement 39, 118, 181, 204, 207–209, 213

Entfremdung, Fremdheit 34, 48, 54, 126f., 136, 143, 160, 165, 167, 174, 181–183, 201, 216

Entkunstung 17, 44–46, 118f., 169

Entzauberung 66f., 80, 84, 86, 209

Erfahrung 2, 5, 8, 10, 13, 15, 17, 22, 24, 30, 36–39, 43, 46, 49f., 55f., 62–64, 76–78, 81–87, 90, 97, 103, 111, 113, 115, 120, 125–128, 130f., 137, 143, 145,

148, 151, 156, 162, 166, 169–172, 176 f.,
179–184, 188–190, 192, 194, 197–199,
204, 207, 212, 222 f., 226 f., 239, 241 f.,
245, 249–251, 257–267, 270 f.
Erhabenes   24 f., 63, 68, 77, 82, 84, 145,
169, 180, 183 f., 223, 264–266
Erinnerung, Spur   23, 30, 40, 52, 61, 64, 80,
87 f., 106, 112, 116, 118, 125, 129, 135,
137, 144 f., 152, 165, 180, 198, 218, 221,
239 f., 258, 261
Erkenntnis   11–13, 18, 31, 38, 40, 47, 66,
73–75, 77–79, 82–85, 87, 91, 107,
110 f., 114, 117, 125, 127–131, 147 f., 156,
170, 172 f., 178–180, 207, 225 f., 228,
233 f., 237–240, 244, 250, 253, 257,
259–265, 267 f., 270
Erlösung   80 f., 215, 230
Erscheinung, apparition   62, 76 f., 81 f.,
84 f., 87–89, 95–97, 99, 101 f., 105,
107–114, 117 f., 120, 128 f., 134, 140,
145 f., 152, 162 f., 165, 171, 174, 176 f.,
204, 206, 210, 216, 228, 234 f., 258,
260, 262, 267 f., 270
Expressionismus   69, 80, 113, 118 f., 212,
252

fait social   36, 203–205, 215, 217, 250 f.,
254
Fetisch   14, 36, 199 f., 216, 241, 246, 248,
255
Fiktion   56, 158 f., 225, 248
Film   22, 34 f., 40, 150, 158 f., 162
Finsteres, Schwarzes   35, 44, 53, 56, 61,
136 f., 164
Flüchtiges   128, 176 f., 179 f., 199, 253
Form   3 f., 8, 10, 12 f., 16, 26, 29 f., 33,
36–38, 44 f., 48 f., 59–65, 67 f., 73 f.,
76, 81 f., 87 f., 94, 96 f., 99–101, 107–
109, 111, 113 f., 116 f., 119 f., 133, 136,
139, 142–152, 155, 159, 161 f., 164,
166 f., 169, 171, 173–183, 187–189,
191–193, 195, 198, 200 f., 203, 208–
211, 213 f., 217, 221, 223, 236, 238 f.,
245 f., 249, 251, 253, 255, 257–259,
261–263, 268–271
Formalismus   63–65, 116, 139, 142 f., 146 f.,
167, 198, 204, 209

Formgesetz   3, 16, 30, 35, 60, 96, 106, 108,
113, 128, 146 f., 164, 170, 178, 182, 203,
206, 209, 213, 215, 266
Fortschritt   13 f., 17 f., 24 f., 33 f., 40, 53–55,
84, 93 f., 142, 148, 151, 192–197, 204,
208, 241, 265 f.
Fragment   1, 3, 10, 25, 27, 29, 57, 79, 137,
150, 175 f., 195, 219–221, 223
Freiheit   5, 32, 35 f., 38 f., 61, 76–78, 144 f.,
156, 158–160, 163–166, 187 f., 191, 193,
197, 212, 214, 222, 224 f., 228, 234, 254,
259–261, 269, 271
Fremdheit   siehe Entfremdung
Funktionalisierung   12, 16 f., 111, 120, 123,
163, 166 f., 184, 189, 198, 204, 266
Funktionszusammenhang   110, 123, 136

Ganzes   siehe Totalität
Gattung   33, 106, 145, 157, 169, 182, 187–
189, 195 f., 200, 207, 213, 242, 244 f.,
249, 254
Gedicht   siehe Lyrik
Gefühl   22, 35, 39 f., 59, 64, 77, 84, 86, 98,
115, 128, 150, 155, 158, 167, 176, 224–
227, 240, 247, 261–265, 270
Gehalt   2, 8, 13 f., 40, 53, 80, 89, 97 f.,
100 f., 107, 127–130, 133–135, 137, 140,
172, 182, 203, 208 f., 214, 267
Geist   4 f., 13, 30, 33, 37 f., 40, 46, 74 f.,
77–80, 88–94, 96–103, 106 f., 112,
114, 117, 120, 123 f., 127 f., 130 f., 133 f.,
136 f., 144, 152, 155, 158, 169 f., 172 f.,
177 f., 180–184, 187 f., 191, 194, 197,
205, 214 f., 220, 226, 228, 230, 244,
249, 251, 253, 255, 262, 266–270
Gemälde   63, 95, 99 f., 128, 153, 172, 196 f.,
200
Genie   162–164, 171, 188, 199, 223, 228,
230
Genuss, Kulinarik, Konsum   34, 36, 38 f.,
46, 81, 123–126, 149, 158, 165, 170,
181, 193, 207, 216, 225, 245, 247
Geschichte, Geschichtlichkeit   2, 11, 13 f.,
18, 29, 31–34, 40, 43–45, 48–54, 56,
59, 61–64, 69, 79 f., 83, 93 f., 101, 103,
114 f., 123, 129, 131–133, 135–137, 139–
142, 145, 148, 150 f., 153, 161, 163, 165–

167, 169, 175f., 178–184, 187f., 191–193, 195–197, 203, 205–207, 209, 213f., 218, 220, 222, 228, 234–237, 240, 242f., 248f., 254, 257, 265, 267–269
Geschichtsphilosophie   12f., 16f., 31, 43f., 48, 50, 55, 57, 59, 62, 64, 105, 114, 235, 252, 254f.
Geschlossenheit   2, 32, 87, 118, 140, 143f., 146f., 151, 166, 175, 191, 200, 217
Geschmack, Geschmacksurteil   15, 38, 74–78, 155, 245, 261–264, 271
Gesellschaft   12, 14–16, 18, 23, 28f., 31–33, 35f., 38–40, 43–47, 49–51, 54–56, 61, 63f., 66, 68, 73, 75, 78–83, 85, 87, 93–95, 101–103, 109–112, 118, 123, 125, 129, 132f., 135, 137, 139f., 144–148, 150f., 153, 156, 158, 161–167, 170f., 175f., 178f., 183, 189, 191–196, 199, 201, 203–218, 220, 222, 224–228, 234, 237, 246, 251, 257, 268
Gesellschaftstheorie   siehe Soziologie
Gestaltung   16, 29f., 35, 85, 99, 130, 212f., 223, 249
Gewalt   3, 51, 53, 61, 63f., 135, 139f., 146f., 152, 166, 175, 177, 179, 181, 183f., 207, 217, 239, 265f.
Gewaltlosigkeit   36, 108, 174, 177, 223
Glück   31, 39, 56, 127, 137, 173f., 227, 246
Gott   siehe Absolutes

Harmonie   60, 63, 109, 113f., 136, 142, 148f., 151f., 174, 176, 190–192, 264
Hässliches   59–64, 68f., 84, 209, 217
Herrschaft   59f., 62–65, 67f., 77f., 80, 86, 88, 94, 126, 135, 141, 146, 164, 167, 178, 184, 193f., 203, 205, 215, 223, 234, 265f.
Heteronomie   57, 140, 203, 205, 207, 214f., 222, 226
Hoffnung, Hoffnungslosigkeit   24, 36, 133–137, 167, 201, 211f., 216, 253f.

Idealismus   11, 26, 32, 37, 39, 73, 89, 91f., 100, 149, 156, 159, 246

Idee   3, 32, 64, 76, 81, 83f., 90, 94, 106, 129, 135, 163–165, 188, 191, 200, 204, 234f., 240, 250, 266–270
Identifikation   48, 85, 92, 102, 115f., 126, 128, 142, 157f., 166, 219, 225, 234, 249, 258
Identität   4, 17, 82, 87f., 91, 129f., 133, 146, 148, 152, 157, 176, 180, 227, 229, 234f., 250, 258, 267, 269, 271
Illusion (s. auch Schein, Phantasmagorie)   4, 21, 49, 51, 105, 107–114, 117–120, 133, 147, 164f., 190, 248
Imagination   siehe Einbildungskraft
Impressionismus   141f., 196, 247
Individuum   45, 51f., 54, 68, 82, 92, 133, 157, 163, 167, 170f., 187f., 191, 195, 197f., 205f., 209f., 228, 230, 262, 265
Inhalt   16, 27, 29, 38, 48f., 59f., 62f., 65, 84, 91, 111, 136, 139, 145f., 148, 150, 152, 179, 190, 197f., 200, 203, 209f., 213–215, 261, 268f.
Inkommensurables (s. auch Unverständliches)   82, 88, 126, 131, 143, 177, 197
Intention   29, 53, 87, 94, 128, 130, 139, 143, 150, 152, 172, 184, 208f., 214, 221, 250, 263
Interesse   38f., 115, 194, 262
Interesselosigkeit   38, 185, 206, 250, 263
Interpretation   siehe Deutung
Invarianten   2f., 30, 169, 182, 194, 228
Irrationalität, Irrationales   35, 66, 114–117, 126, 238, 263

Kapitalismus   46, 66f., 153, 169, 203, 208, 210, 214, 228
Katastrophe   11, 17, 51, 123, 136, 169, 176, 194, 214, 288
Kategorien   2f., 11–14, 17f., 31, 37, 59, 68, 83, 85, 105, 125, 130, 142, 147, 151f., 169, 174–176, 178, 182, 184, 200f., 208, 226, 242, 248f., 254, 258–262, 271
Klassik, Klassizismus   31f., 34, 57, 65, 69, 91, 113, 134, 139–143, 147f., 151–153, 191f., 194–196, 245, 268
Kollektiv   52, 87, 169–171, 184, 188f., 228, 230

Komisch 27, 35, 245
Kommunikation 36, 39, 45, 83, 97, 115, 178, 197, 203, 210, 213, 216, 243, 276, 286
Komposition 33, 40, 67, 130, 140–143, 146–149, 151, 153, 161, 188, 191, 195 f., 198–200, 241
Konfiguration siehe Konstellation
Konkretes 2, 5, 12, 51 f., 162 f., 164, 170, 172, 237, 242 f., 245, 253 f.
Konstellation, Konfiguration 1–5, 7, 9, 33, 43, 57, 61, 90, 95–100, 102 f., 105, 108, 111, 147, 156, 163, 165, 169, 177, 235, 257 f., 264, 270 f., 278
Konstruktion 34, 50, 53, 56, 67, 74, 109, 116 f., 119, 200 f., 145 f., 155 f., 158, 161 f., 165, 167, 170, 200 f., 217, 228, 234 f., 254 f., 257, 264
Konsum siehe Genuss
Konvention 14, 54, 106, 119, 163, 181 f., 187–190, 197, 200, 204, 254
Kraftfeld (s. auch tour de force) 3 f., 108, 140, 144, 175, 177 f., 180, 192, 223, 257 f.
Krise (der Kunst, der Ästhetik, des Sinns, des Scheins, des Werks) 11, 13, 80, 105 f., 117 f., 120, 139, 141, 147, 150 f.
Kritik 1, 17 f., 24, 30, 32, 37 f., 47, 52 f., 55 f., 63, 93 f., 101–103, 114, 125, 131, 133, 135–137, 139, 141–143, 146, 148 f., 153, 155, 159, 163, 177, 184, 187, 200, 214 f., 222, 233–235, 246, 249–251, 253 f., 257–261, 266, 269–271
Kulinarik siehe Genuss
Kult, Religion 83, 106, 111, 118, 129, 131, 145, 187, 194, 204 f., 236, 267 f.
Kultur 6, 11, 24, 32–34, 40, 56, 61 f., 79, 81–86, 93, 123, 132, 139, 150, 167, 170, 182, 184, 193, 198, 214 f., 222, 228, 233 f., 265 f.
Kulturindustrie 14, 17, 25, 32, 40, 46, 109, 118, 137, 145, 150, 167, 179, 183, 187, 193, 216, 247, 249
Kunstgeschichte 13, 31, 33, 119, 149, 190, 193–197, 230, 238, 267
Künstler 5, 17, 21, 29–33, 35–39, 43, 45, 52–54, 59 f., 67, 87, 98, 102 f., 105, 113, 115–118, 141, 146, 149 f., 156 f., 160–163, 165, 169–172, 179, 185, 189, 191–193, 195, 199, 207 f., 213–217, 224 f., 229 f., 234, 236, 241 f., 245–247, 249–251, 253, 258, 264
Kunstwerk siehe Werk

l'art pour l'art, Ästhetizismus 16, 118, 207, 215
Leben, Lebendiges 2, 4, 12, 16 f., 23, 27 f., 32, 39, 44, 49, 51 f., 63 f., 73–75, 78, 81 f., 87, 99, 107 f., 134, 145 f., 149, 156, 159–161, 165, 169 f., 172 f., 180–182, 184, 189, 194 f., 205 f., 211 f., 215, 222, 247 f., 265
Leiden, Leid 30, 44–48, 50 f., 56, 62 f., 87, 93, 113 f., 119, 124, 135, 167, 218, 227, 239
Literatur 5, 11, 16, 22, 37 f., 45, 92, 128, 142, 157, 161, 172, 187, 199 f., 207, 210–213, 225, 236, 242
Logik, Logizität 38, 53, 66, 74 f., 77, 91, 102, 108, 128 f., 131, 139, 143–146, 152, 157, 176, 189, 198, 206, 229, 238, 251, 260, 267
Lüge 34, 39 f., 111, 118, 142 f., 149
Lust 30, 32, 39, 56, 65, 68, 84, 159, 183, 261 f., 264
Lyrik, Gedicht 39, 47, 56, 63, 95, 97, 108, 124, 128, 150, 157 f., 164, 196, 199, 227

Magie 65–67, 129, 190, 193, 236, 249, 252
Malerei 5, 63, 73, 95, 99, 119, 140 f., 145, 149 f., 157, 172, 177, 196 f., 200, 204, 237
Markt 16, 36, 146, 181, 214–216
Material 2 f., 6, 9, 11–13, 29 f., 37, 45, 48, 52, 54, 60, 68, 75 f., 80, 83, 87, 89–95, 97, 99–101, 103, 108, 128 f., 133, 139, 142, 145 f., 150, 152, 155–158, 160–166, 169–170, 175, 178 f., 184, 196 f., 200, 206, 212 f., 228, 236, 249, 268–270
Materialbeherrschung 54, 178, 196 f., 238
Materialismus 29 f., 37, 47, 55, 63, 162, 206, 269
Metaphysik 12, 67, 123 f., 129, 132–137, 139, 167, 171, 190, 233 f., 240, 244, 246, 248, 270

Methode (s. auch Verfahren) 2, 4, 12 f., 27, 53 f., 63 f., 69, 142, 146, 152, 177, 195 f., 199, 205, 233, 244, 252 f.
Mimesis (s. auch Nachahmung) 46, 48, 59, 62, 64–67, 79 f., 86, 88, 92 f., 96–100, 112–117, 119, 129–131, 135, 140, 143–145, 155, 159, 170, 178, 190, 199, 204, 209, 216, 233, 237–241, 246, 248, 253, 255
(künstlerische) Mittel 26, 32, 39 f., 49, 52, 56, 66 f., 87, 93, 151, 189, 197–200, 205, 238, 257
Moderne 11, 13 f., 31 f., 36, 40, 43 f., 47–50, 52 f., 55 f., 59–61, 69, 73, 78–80, 83 f., 86, 94, 109, 111, 113, 123, 136, 140–143, 145, 150–153, 158, 184, 191, 193–195, 198, 200, 203, 206 f., 212, 214, 216, 228, 234, 241, 248, 269
moderne Kunst 43 f., 47–50, 52, 55, 60, 73, 79–81, 84, 86, 105, 115, 137, 150, 152, 187 f., 197, 200 f., 246, 269
Modernismus 13, 17, 25, 191 f., 196, 199
Möglichkeit 2, 36, 47–52, 54 f., 61, 84 f., 87, 94, 97, 108–112, 117, 120, 123 f., 135–137, 139 f., 142 f., 148–153, 155, 157 f., 166, 169, 174, 179 f., 184 f., 193–195, 206 f., 214–216, 226, 241 f., 244 f., 248, 250, 254, 257, 259–263, 265–267, 271
Monade 4, 81 f., 144, 162, 164, 171, 178 f., 181, 196, 206
Musik 4 f., 11 f., 14, 17, 20, 22, 33, 37, 40, 45, 50, 67, 73, 92, 95–97, 108 f., 118, 123, 125, 130, 133–135, 139, 141–143, 145, 147 f., 150 f., 153, 157, 177, 179, 183, 187 f., 191 f., 195–200, 205 f., 216, 234, 242, 247, 250, 253, 268
Mythos 25, 64, 129, 133, 164, 176, 189, 210, 230, 235

Nachahmung (s. auch Mimesis) 48 f., 62, 65, 84, 86, 92, 129, 189, 237 f.
Naivität 22, 193 f., 222–227, 241, 246 f., 251, 269
Natur 13, 59, 61 f., 64 f., 68, 73–89, 90–94, 97, 103, 115 f., 131 f., 135 f., 144, 146 f., 161 f., 172, 179, 183 f., 190, 193, 199, 206 f., 212, 219 f., 228, 236–239, 259 f., 265–267, 277, 279, 281
Naturbeherrschung 46, 54, 61, 66, 79 f., 83, 93 f., 102, 117, 142, 193, 238 f.
Negation (s. auch bestimmte Negation) 50, 61, 84, 90, 102, 110, 133–135, 152, 157, 165, 173 f., 185, 189, 195, 213, 269
Negativität 2, 7, 11, 15–17, 27, 31, 39, 44, 47 f., 51 f., 61 f., 67, 69, 84, 86, 88, 91, 93 f., 102 f., 110 f., 114, 124 f., 127 f., 131–134, 136, 140, 153, 157 f., 165, 171, 175, 184 f., 193, 208, 211, 214–216, 218, 229 f., 235, 238 f., 243, 248, 260 f., 265 f., 271
Neues 2, 11 f., 14, 17, 21, 24 f., 29, 33–35, 40, 43 f., 47–51, 53–56, 61, 63, 69, 99 f., 103, 109, 119, 141, 147–149, 151, 153, 161–163, 169, 184, 187, 189, 193, 195 f., 200, 205 f., 216, 220, 228–230, 242, 244 f., 251, 255, 267
Nichtidentisches 5, 87 f., 114, 116 f., 124, 132 f., 146, 148, 172, 180, 183 f., 209, 236, 258, 266, 271
Nichts 23, 109, 126, 137, 150, 162 f., 171, 178, 213, 229, 261
Nichtseiendes 80, 110–113, 131, 134
Nominalismus 74, 152, 166, 187–189, 200, 241, 244 f., 252, 262
Norm 5, 43, 49, 52, 55 f., 60 f., 125, 159, 171, 182, 188, 192 f., 245
Normativität 12, 14 f., 18, 44–49, 52, 57, 66 f., 80, 182, 242 f.
Notwendigkeit 12, 48, 50, 52, 59, 61, 63 f., 74 f., 88, 130, 144, 147, 165, 171, 188, 194, 196, 214–216, 221, 233, 242, 244, 250, 257, 259–262, 265, 270

Objekt 1–3, 15, 22, 26 f., 30, 32, 34, 38, 55, 64 f., 67, 69, 75 f., 83–86, 113–115, 126 f., 140, 143, 147, 155–167, 169 f., 173, 176, 181, 184, 209, 226, 238, 250, 252 f., 257, 259 f., 262–264, 267–271
Objektivation 116, 156, 163, 172 f., 176, 178, 268
Objektivität 13, 15, 30, 33, 36, 38 f., 43, 47, 49, 51–53, 55, 69, 84, 86, 100, 105, 113–117, 124, 128, 130, 132, 155–157,

160–163, 166f., 169–171, 173, 188,
191f., 197, 199, 224, 229f., 244f., 247f.,
250, 253, 259, 262f., 267–269
Offenbarung 90f., 96, 111f.
Ökonomie 30, 66, 79, 148, 153, 167, 181,
205, 210, 216, 265f.
Ontologie 56, 82, 127, 139, 182, 233f.
Oper 35, 62, 95
Ordnung 6f., 9f., 54, 56, 76f., 90, 93,
102f., 140, 158, 259
Originalität 162, 179, 187, 228

Paradoxie 12, 43, 49, 55, 107, 116, 131, 134,
169f., 173f., 177f., 180–184, 190, 205,
212, 223, 243, 261, 269f.
Parataxe 3f., 8, 27, 108, 223
Phantasie (s. auch Einbildungskraft, Phantasmagorie) 37, 49, 56, 163f., 166, 192,
199
Phantasmagorie (s. auch Einbildungskraft,
Illusion, Phantasie, Schein) 118, 134,
207
Philosophie (und Kunst) 1–4, 8, 10f.,
13–15, 25–27, 31, 33, 43f., 61, 64,
67–69, 73, 78, 80f., 86, 88f., 91, 105,
110, 114, 117, 120, 124, 127, 131–136,
142, 150, 153, 155, 169, 172, 174, 193,
204, 206, 217, 224, 226, 229, 233f.,
241–246, 248f., 251f., 254f., 257f.,
263f., 266–271
Photographie 22, 34, 151
Politik 6, 16f., 30, 39, 55, 57, 66f., 69, 80,
120, 123, 166f., 188, 203f., 207–209,
214f., 234
Positivismus 139, 148, 170, 179, 235, 239,
250
Postmoderne 69, 119, 125
Praxis 5, 30, 36, 39, 45–47, 65, 73, 79, 84,
87, 89, 102, 107, 109, 117, 123f., 142,
144, 157, 164–166, 169f., 172f., 177,
184f., 188, 198, 204, 206f., 209, 212,
216, 226, 242, 245, 248, 252, 265–267
Produkt 16, 30, 36, 38, 46, 109, 118, 149,
153, 191, 196, 205, 215f., 266
(künstlerische) Produktion 9, 14, 30, 36,
39, 52, 54, 59, 81, 87, 90, 93, 116, 118,
124, 139, 144–146, 148f., 151, 153, 161,

163–165, 170, 226, 237, 245–247, 251,
268
Produktionsverhältnisse 55, 164f., 171, 179,
215
Produktivkräfte 33, 51, 55, 61, 164, 171,
205, 265
Projektion 37, 76, 126, 159, 166, 173, 235,
249, 260
promesse siehe Versprechen
Prosa siehe Roman
Psychoanalyse 30, 37f., 63, 65, 244, 246
Psychologie 37, 63, 115, 155f., 158f., 163,
166f., 188, 233, 236

Rationalisierung 79, 114, 119, 179, 182, 188
Rationalität 44, 46f., 52f., 62, 65–67, 79f.,
87f., 116f., 119f., 126, 129, 135, 147, 172,
198, 201, 233, 237–240, 246f., 258,
263, 266, 270f.
Rätselcharakter 83f., 111, 117, 123–137
144, 149, 159f., 162, 172, 182, 211, 213,
220, 241, 250f., 253, 258, 264, 271
Reaktion siehe Regression
Realismus 55, 84, 118f., 204, 207, 209f.,
212–214, 236f.
Realität 16, 26, 29, 33, 36f., 44, 49f., 55f.,
106, 135–137, 147, 151, 166, 174f., 181,
188, 199, 207, 210–212, 217, 247, 251,
268
Reflexion 1–6, 10f., 23f., 27, 43, 45f., 53,
67, 69, 73f., 109, 115–117, 127f., 132,
134, 137, 143f., 147, 155, 157f., 160, 169,
171, 175, 178, 181f., 193, 197, 199, 203f.,
209, 214–216, 221, 224, 225–227, 234,
237, 240, 242–244, 246–249, 251, 253,
257f., 260, 263, 268, 270
Regression, Reaktion 14, 17, 24f., 33, 36,
54, 142, 150f., 195, 204, 234, 240
Religion siehe Kult
Rettung 38, 49f., 64, 80, 82, 105f., 117f.,
120, 124, 139–143, 151–153, 163, 176f.,
217, 239, 248
Rezeption 10, 16–18, 34, 75, 84f., 87, 98,
102, 119f., 130, 141, 144–147, 153, 164,
170, 179, 184, 226, 228, 237
Roman, Prosa 37f., 40, 73, 115, 150, 153,
194, 205, 209–213, 245, 248

Romantik 36, 61, 74, 100f., 131, 142, 147, 153, 157, 162, 176, 191f., 199, 268

Sache 5, 11, 15f., 30, 39, 43, 53f., 57, 63, 106, 115, 140, 155–158, 160, 163, 165f., 169, 171f., 206, 208, 225f., 230, 233–236, 255, 258

Sachlichkeit 56, 119, 151, 211

Schein, Scheincharakter (s. auch Illusion, Phantasmagorie) 13, 16, 51, 64, 84, 88, 90, 92, 105–120, 125, 130–137, 139, 144f., 150, 158, 164–166, 176, 181f., 215–218, 236, 268–270

Schmerz 26, 56, 87f., 113f., 177, 266

Schönes 13f., 30, 32, 34, 38f., 59–65, 68f., 73f., 76–78, 80–93, 102, 105, 115, 128, 151f., 178, 215, 217, 219f., 223, 259, 264, 266, 268

Schöpfung 148, 155, 163, 171, 229f.

Schrift 89, 94–101, 103, 129–131, 172, 216

Schwarzes siehe Finsteres

Sehnsucht 27, 51, 87, 112, 152, 233, 239, 266

Seiendes 15, 36, 86f., 98, 107, 111f., 130–132, 148, 212, 268

Sein 34, 36, 39, 45, 47, 69, 82, 85, 106–111, 113, 118, 123, 127, 131f., 136f., 139, 146, 151–153, 164–167, 173f., 176–178, 181f., 184, 207, 216, 221, 223–230, 233, 235–240, 246, 248, 252, 257, 263–266, 268, 270

Sinn 13, 33f., 47f., 53, 60, 67, 95, 97–99, 101, 103, 107f., 112, 114–116, 120, 123, 127–132, 134, 136, 139–144, 147f., 150f., 153, 160, 169, 172–175, 178, 209, 213f., 235, 238, 245, 248, 250–252, 255

Sinnlichkeit 30, 39, 56, 64, 74–78, 82, 86–95, 97, 100–102, 106, 112, 125f., 128–131, 134, 136f., 149, 170, 172f., 175, 177, 180, 190, 204, 224, 240, 266–270

Sinnzusammenhang 16, 50, 89, 103, 106–111, 114, 174, 209

Situation 6, 16, 26, 43–45, 54f., 99, 105, 148, 153, 175, 183, 191, 205, 216, 227, 248, 252

Soziologie, Gesellschaftstheorie 12, 15, 37, 56, 66, 196, 205, 210f.,

Spannung 1, 3, 44, 55, 66f., 93, 96, 100f., 107–109, 115, 133f., 136, 140, 144–146, 149f., 152, 165, 169f., 175f., 180f., 183, 187, 192, 200, 207, 216, 224, 228, 235, 242f., 248, 254

Spiel 32, 35, 39f., 76, 120, 130f., 146, 148, 159, 172, 203, 209, 211, 246, 261–264

Spontaneität 26, 43, 55, 76, 143f., 149, 169, 171, 174, 191, 207, 222

Sprachcharakter 11, 18, 31, 35, 38, 40, 43, 45, 48, 50, 55, 62, 79, 89f., 94–102, 112, 114–116, 128, 130f., 143, 157, 169f., 172, 174, 177, 207f., 216, 225, 239, 259, 269

Sprache 1f., 25, 45f., 50, 53, 63, 67f., 81, 85, 88f., 96–102, 108, 115, 117, 124f., 128, 130, 143, 155–159, 161, 163f., 166f., 171f., 174, 184, 187, 189f., 195, 203, 210–212, 217, 237, 239, 257, 266, 268

Spur siehe Erinnerung

Stil 24, 32, 48, 64, 68, 113, 139, 142, 153, 164, 187, 190–192, 195, 214, 235

Stimmigkeit (s. auch Unstimmigkeit) 15, 52, 60f., 97, 106–111, 113, 118, 120, 134, 139f., 142–144, 146–148, 150, 152f., 169, 173, 175, 199

Stoff 36f., 60, 65, 82, 119, 149f., 161f., 179, 182, 208–213, 236, 259, 264, 268

Subjekt 36, 39, 46, 53–55, 61, 78, 84, 86, 108, 113–116, 125f., 136, 140, 155–167, 169, 171–174, 179f., 183, 191f., 197, 200f., 207, 212f., 224–227, 230, 236, 238, 250, 253, 257, 259f., 262–267, 269

Subjektivität 13, 15, 30, 33f., 38f., 43, 46, 52, 54f., 64, 67, 75, 82, 84–86, 105, 114, 116, 118, 126, 128, 143, 147, 150, 155–163, 165, 169–173, 179, 191f., 212, 224, 227, 236, 238, 247, 250, 252f., 259–263, 266f., 270

Substanz 45, 52, 78, 126f., 164, 234–236, 250, 268f., 271

Symbol 55, 79, 131, 161, 211, 236f., 268

Synthesis 75, 78, 83, 101, 106–109, 111, 128 f., 169, 173–175, 180, 257, 259–263, 266 f.
(philosophisches) System 1 f., 4 f., 9–11, 13, 17, 21, 26, 50, 73 f., 102, 114, 117, 155 f., 171, 178, 183, 222, 234, 242, 245 f., 257–260, 264, 267, 270 f.

Tausch 21, 49, 81, 111, 146, 148, 165, 189, 205, 210, 214–216
Technik 14, 22, 33 f., 38, 40, 54 f., 59, 61 f., 65, 67 f., 79, 81, 87, 108 f., 116, 128, 133, 145, 151, 164, 171, 175, 179, 193, 196–199, 213, 237 f., 248, 250 f., 258, 265
Telos 51, 74, 116, 188, 244, 250, 252, 255
Theater, Drama 13, 22, 32, 63, 109, 118, 120, 177, 187, 189, 198, 209, 213, 248, 250
Theologie 111, 153, 211, 226, 230
Theorie 1–3, 8, 12 f., 15, 18, 37, 73, 86, 120, 124, 127, 137, 139 f., 142, 149, 152, 155, 160, 165 f., 169, 183, 224–227, 233, 236, 239, 242–245, 248–250, 254 f., 257 f., 262 f., 270 f.
Tod 25 f., 48, 51, 53, 65, 86, 136, 146, 173, 176, 195, 197, 218, 238, 248 f., 258, 263
Totalität, Ganzes 11, 15, 21, 23, 39, 51, 74 f., 81, 88, 107 f., 111, 128 f., 131, 133, 136 f., 144, 146, 149 f., 157, 160 f., 164, 167, 173–175, 177–180, 183, 192 f., 196, 205, 210, 212, 221, 223, 236, 255, 257, 260
tour de force (s. auch Kraftfeld) 108–110, 118, 179
Tradition 2, 4, 11, 13, 22, 31, 34, 43 f., 47–50, 52–54, 57, 64, 66, 69, 73, 80, 85, 106, 139–145, 147, 151–153, 161, 169, 182, 184 f., 189, 191 f., 196, 199 f., 227, 229 f., 238, 241, 244 f., 250, 258, 263, 271
Transzendenz 16, 46, 56, 75, 89–92, 94, 110, 112, 120, 124, 128, 131, 133 f., 137, 140, 171, 177, 179, 190, 196, 198 f., 204, 210 f., 227, 239, 243 f.
Trauer 69, 79, 112, 227

Unbegrifflichkeit siehe Begriffslosigkeit

Unbestimmtes 38, 85–87, 128, 164, 170, 174, 216, 235 f., 257, 259, 267, 271
Unmittelbarkeit 13 f., 24, 27, 29, 36, 39, 46, 51 f., 68, 81–83, 89, 91 f., 94 f., 97, 99, 101, 107 f., 111, 114, 118 f., 127 f., 135, 149, 152, 160, 163, 165, 180, 183, 185, 199, 203, 205, 207, 209, 225, 228, 232–234, 236, 247, 251, 265, 268
Unmöglichkeit 26, 47, 50, 94, 108 f., 124, 128, 137, 174, 176, 179 f., 189, 199, 213, 261
Unstimmigkeit (s. auch Stimmigkeit) 108 f., 111, 113, 118, 174–176
Unterdrücktes 61, 63, 79 f., 83, 86–88, 94, 98, 102, 113, 124, 132, 207, 217, 239 f., 266
Unverständliches (s. auch Inkommensurables) 84, 86, 174, 216, 250 f.
Unwahrheit (s. auch Wahrheit) 15 f., 124, 132 f., 135 f., 151, 171, 175, 250 f.
Ursprung 33, 53, 64–66, 74, 165, 182, 197, 219, 233–237, 239 f., 247, 260 f.
Urteil 12–16, 18, 38, 62, 74–78, 84, 86 f., 108, 115, 124, 128 f., 135, 142, 144, 148, 156, 206, 208, 217, 224, 228, 245, 248, 250, 259–267, 270 f.
Urteilskraft 38, 67, 73–76, 79, 258 f., 261 f.
Utopie 51 f., 61, 63, 112, 119, 131 f., 134–137, 199, 201, 241, 252 f.

Verbindlichkeit 8 f., 17, 27, 54, 67, 81, 83 f., 86–88, 144
Verdinglichung 46, 56, 81, 88, 119, 135, 164–167, 171, 173, 176, 181, 198, 200, 208, 212, 236 f., 239, 270
Verdrängung 15, 35, 59, 63, 69, 78–80, 82–84, 88, 93, 109, 114, 119, 124, 135, 183, 188, 229, 239, 258, 266
Verfahren (s. auch Methode) 1, 3 f., 9, 13, 17, 30, 34, 37, 45 f., 48, 53 f., 67, 116, 119, 133, 140 f., 145, 147, 149 f., 153, 171, 173, 177, 184, 228, 230, 238 f., 241, 258, 261
Vernunft 15, 36, 73, 77, 82, 88, 106, 115, 132, 143 f., 172, 216, 238, 259–261, 264–267

Versöhnung 39, 50f., 53, 61, 63, 108f., 111, 120, 124, 127, 132f., 136f., 146, 152f., 164, 173–175, 180, 183f., 187, 192, 201, 209, 217, 266, 268

Versprechen, promesse 30, 39, 85, 87, 112, 128f., 134, 137, 159, 175, 184, 191, 201, 215, 228, 241

Verstehen 1f., 6, 12–15, 18, 22f., 27, 34, 37f., 43f., 47–50, 53–55, 57, 73f., 80, 84f., 89–93, 96, 98, 101f., 109, 114–116, 125f., 129f., 143, 146, 148, 150f., 153, 159, 161, 165, 174, 179, 182f., 193, 198, 203f., 207, 224, 226, 228, 238, 242, 247, 249–251, 254, 269

Verstummen 47f., 56, 81, 86, 115f., 130, 170, 172, 174, 176f., 194, 212, 216, 229, 235, 239

Wahrheit (s. auch Unwahrheit) 3, 15f., 25, 30f., 44, 51, 53, 55, 65–67, 80f., 105, 107–112, 114f., 117–120, 124, 126, 131–133, 135f., 142f., 149–151, 164, 169, 171, 173, 175–177, 179f., 182, 184, 190–192, 194, 199, 208, 211, 213, 216, 220, 225–228, 230, 233f., 236, 239, 243f., 247, 250f., 254f., 258, 266, 269f.

Wahrheitsgehalt 2, 10, 15, 27, 51, 53, 79f., 84, 110, 112, 114, 117, 120, 123–125, 132, 134, 136f., 169, 171f., 175, 195, 205, 209f., 215, 242–244, 246, 248–252, 254, 270

Ware 21, 36, 46, 49f., 54, 111, 119, 141, 165, 199, 210, 215f.

Werk, Kunstwerk 12f., 17, 30, 33f., 52f., 82, 89–103, 105–112, 118, 120, 125–137, 139–153, 155f., 162, 169–185, 189–189, 192, 198f., 203f., 206f., 215f., 226f., 242f., 250f., 264, 267–271

Wesen 1, 6, 12f., 26, 33, 36f., 59, 66, 73, 81, 84, 106, 110–114, 128, 130, 141–143, 164, 171, 178, 182, 203, 205f., 208, 210, 216, 221, 233–235, 237f., 244, 246, 251–253, 258

Wirkung 30, 35, 39, 65f., 130f., 151, 162, 170, 173f., 203, 207–211, 224, 260, 263

Wissenschaft 2, 12, 26, 67, 69, 74, 79, 82, 119, 145f., 150, 170, 220, 222, 224, 233, 235f., 245–248, 250, 265, 267

(interesseloses) Wohlgefallen 30, 38, 76f., 250, 262f.

Zeichen 103, 115, 129, 131f., 157, 172, 183, 190, 234f.

Zeit, Zeitlichkeit 2, 6, 14, 18, 27, 33f., 40, 45, 50f., 67f., 89f., 98–102, 123, 133, 135f., 139, 144f., 153, 159f., 167, 169, 171f., 174, 176f., 180–185, 214, 230, 233, 236, 237, 239, 242f., 252f.,

Zivilisationsbruch siehe Auschwitz

Zufall 17, 53, 56, 74, 119, 146, 151, 163, 200, 221, 235, 248, 252, 259, 261

Zwang 30, 65, 77, 84–86, 118, 130, 133, 147, 151, 179, 189, 205, 210, 218, 234, 254, 265

Zweck Zweckmäßigkeit 16, 36, 39, 51, 61f., 66f., 74f., 79–81, 84, 87, 106f., 116, 119f., 126, 128f., 131f., 147, 151, 169, 174, 178f., 185, 199, 205–208, 214, 238, 261–263, 268f., 271

Zwölftontechnik 50, 146

www.ingramcontent.com/pod-product-compliance
Lightning Source LLC
Chambersburg PA
CBHW071813230426
43670CB00013B/2440